21 世纪高等院校物流专业创新型应用人才培养规划教材

物 流 金 融

主　编　李蔚田　谭　恒　杨丽娜
副主编　孙学军　王趁荣　杨锐征
主　审　黄　乾

北京大学出版社
PEKING UNIVERSITY PRESS

内 容 简 介

针对创新型人才的培养目标，本书系统介绍了物流金融的理论构架，包括它的含义、性质、特点、职能、形成发展、环境因素、基础理论、应用、实践和创新等问题。本书内容以专业性、实践性、应用性和创新性为主，集实践与理论于一体，使其理论叙述少、应用示例多，力避空洞枯燥。使读者能系统地学习物流金融的理论与方法，掌握基本理论和实践技能，培养学生作为未来实践者所具备的技能，学会用理论分析和解决实际问题的方法。

本书可作为高等院校物流管理、物流工程、物资管理、供应链管理等专业本科生、硕士研究生和 MBA 物流管理方向的教学用书，也可作为物流领域研究人员、物流企业管理人员的参考用书。

图书在版编目(CIP)数据

物流金融/李蔚田，谭恒，杨丽娜主编. —北京：北京大学出版社，2013.7
(21 世纪高等院校物流专业创新型应用人才培养规划教材　　)
ISBN 978-7-301-22699-5

Ⅰ．①物… Ⅱ．①李…②谭…③杨… Ⅲ．①物流—金融业务—高等学校—教材 Ⅳ．①F250②F830.4

中国版本图书馆 CIP 数据核字(2013)第 139499 号

书　　　名：物流金融
著作责任者：李蔚田　谭　恒　杨丽娜　主编
策 划 编 辑：翟　源
责 任 编 辑：翟　源
标 准 书 号：ISBN 978-7-301-22699-5/F · 3649
出 版 发 行：北京大学出版社
地　　　址：北京市海淀区成府路 205 号　100871
网　　　址：http://www.pup.cn　新浪官方微博：@北京大学出版社
电 子 信 箱：pup_6@163.com
电　　　话：邮购部 010-62752015　发行部 010-62750672　编辑部 010-62750667
印　刷　者：北京虎彩文化传播有限公司
经　销　者：新华书店
　　　　　　787mm×1092mm　16 开本　20.5 印张　471 千字
　　　　　　2013 年 7 月第 1 版　2021 年 7 月第 5 次印刷
定　　　价：58.00 元

未经许可，不得以任何方式复制或抄袭本书之部分或全部内容。
版权所有，侵权必究
举报电话：010-62752024　电子信箱：fd@pup.pku.edu.cn

21世纪高等院校物流专业创新型应用人才培养规划教材
编写指导委员会
(按姓名拼音顺序)

主 任 委 员	齐二石			
副主任委员	白世贞	董千里	黄福华	李向文
	刘元洪	王道平	王海刚	王汉新
	王槐林	魏国辰	肖生苓	徐　琪
委　　　员	曹翠珍	柴庆春	陈　虎	丁小龙
	杜彦华	冯爱兰	甘卫华	高举红
	郝　海	阚功俭	孔继利	李传荣
	李学工	李晓龙	李於洪	林丽华
	刘永胜	柳雨霁	马建华	孟祥茹
	乔志强	汪传雷	王　侃	吴　健
	于　英	张　浩	张　潜	张旭辉
	赵丽君	赵　宁	周晓晔	周兴建

丛 书 总 序

物流业是商品经济和社会生产力发展到较高水平的产物,它是融合运输业、仓储业、货代业和信息业等的一种复合型服务产业,是国民经济的重要组成部分,涉及领域广,吸纳就业人数多,促进生产、拉动消费作用大,在促进产业结构调整、转变经济发展方式和增强国民经济竞争力等方面发挥着非常重要的作用。

随着我国经济的高速发展,物流专业在我国的发展很快,社会对物流专业人才需求逐年递增,尤其是对有一定理论基础、实践能力强的物流技术及管理人才的需求更加迫切。同时随着我国教学改革的不断深入以及毕业生就业市场的不断变化,以就业市场为导向,培养具备职业化特征的创新型应用人才已成为大多数高等院校物流专业的教学目标,从而对物流专业的课程体系以及教材建设都提出了新的要求。

为适应我国当前物流专业教育教学改革和教材建设的迫切需要,北京大学出版社联合全国多所高校教师共同合作编写出版了本套"21世纪高等院校物流专业创新型应用人才培养规划教材"。其宗旨是:立足现代物流业发展和相关从业人员的现实需要,强调理论与实践的有机结合,从"创新"和"应用"两个层面切入进行编写,力求涵盖现代物流专业研究和应用的主要领域,希望以此推进物流专业的理论发展和学科体系建设,并有助于提高我国物流业从业人员的专业素养和理论功底。

本系列教材按照物流专业规范、培养方案以及课程教学大纲的要求,合理定位,由长期在教学第一线从事教学工作的教师编写而成。教材立足于物流学科发展的需要,深入分析了物流专业学生现状及存在的问题,尝试探索了物流专业学生综合素质培养的途径,着重体现了"新思维、新理念、新能力"三个方面的特色。

1. 新思维

(1) 编写体例新颖。借鉴优秀教材特别是国外精品教材的写作思路、写作方法,图文并茂、清新活泼。

(2) 教学内容更新。充分展示了最新的知识以及教学改革成果,并且将未来的发展趋势和前沿资料以阅读材料的方式介绍给学生。

(3) 知识体系实用有效。着眼于学生就业所需的专业知识和操作技能,着重讲解应用型人才培养所需的内容和关键点,与就业市场结合,与时俱进,让学生学而有用,学而能用。

2. 新理念

(1) 以学生为本。站在学生的角度思考问题,考虑学生学习的动力,强调锻炼学生的思维能力以及运用知识解决问题的能力。

(2) 注重拓展学生的知识面。让学生能在学习了必要知识点的同时也对其他相关知识有所了解。

(3) 注重融入人文知识。将人文知识融入理论讲解,提高学生的人文素养。

前　　言

本书作为 21 世纪高等院校创新型规划教材，主要从国内的具体实际出发，选择典型范例施教，并尽可能将国外的先进理论、方法和实践经验与我国的实际需要紧密联系起来。

本书可作为高等院校物流管理、物流工程、物资管理、供应链管理等专业本专科生、硕士研究生和 MBA 物流管理方向的教学用书，也可作为物流领域研究人员、物流企业管理人员的参考用书。

在本书编写过程中，编者按照理论与应用相结合的方针，始终以技能培养为编写的主线，根据应用型教学的特点，内容上以实用、够用为原则，做到理论教学和应用相结合。为了逐步推广高等教育应用型教学，既要求突出重要的理论又要求注重实际的应用技术，故将本书定位为技术应用型教材。

目前，我国物流金融的应用还处在吸收引进和探索阶段，尤其是一些热点仍处于探讨与争议之中，本书中的大部分理论是国内外实践中已取得的成果，编者对一些理论与实务方面的内容进行了长期的探索、整合、编排，但是依然会有一些自己的构想和设计。

物流金融所涉及的理论较多，对于学科而言是一个新型交叉学科，包括经济学、金融学、管理学、物流学、供应链管理、信息技术等多项内容。对于物流金融理论的研究已经逐步面向社会，其应用也开始渗透到企业的经营与管理之中。

本书的编者，有技术工作和管理工作的经历，在多年来从事教学和科研工作中取得了丰硕的研究成果；本书的编写分工如下：王趁荣副教授撰写了第 1 章、第 2 章，杨丽娜教授撰写了第 3 章，杨锐征老师撰写了第 4 章、第 5 章，谭恒教授撰写了第 6 章、第 8 章，孙学军博士撰写了第 9 章、第 10 章，李蔚田博士负责设计全书的体系构架和统稿工作并撰写了第 7 章，黄乾教授担任本书的总纂和主审。

物流金融是一门新兴的学科，尚没有可以借鉴的教材范本，也是国内第一部列入高校教学的规划教材。通过对教学实践与应用的体验，编者在本书中所采用的主要理论大部分是通过参考和借鉴国内外众多专家学者的著述或研究成果后，并对其经过加工整理和延伸而成的。在此对这些文献的作者一并谢忱，同时对提供资料和参加编写的各位老师表示感谢！

由于时间仓促，不足和遗漏之处在所难免，特别是许多新的资料还来不及补充，殷切希望读者批评指正。

李蔚田
2012 年 8 月

目 录

第1章 绪论 ... 1
1.1 物流金融综述 ... 2
- 1.1.1 物流金融简介 ... 3
- 1.1.2 物流金融概念的界定及其意义 ... 5
- 1.1.3 物流金融的相关概念 ... 8
- 1.1.4 物流与金融、贸易的关系 ... 12

1.2 物流金融业务分类与运作流程 ... 14
- 1.2.1 物流金融的分类 ... 14
- 1.2.2 物流金融业务运作流程 ... 16
- 1.2.3 UPS的金融物流模式应用案例 ... 19

1.3 物流金融的特点、职能与发展战略 ... 22
- 1.3.1 物流金融的特点 ... 22
- 1.3.2 物流金融的重要职能 ... 25
- 1.3.3 物流金融在企业经营过程中的三大职能 ... 29
- 1.3.4 物流金融的发展战略构架 ... 30

本章小结 ... 31

第2章 现代物流金融的运作模式 ... 33
2.1 现代物流金融概述 ... 34
- 2.1.1 现代物流金融的基本运作模式 ... 34
- 2.1.2 物流金融商业运作模式 ... 36
- 2.1.3 物流金融服务价格 ... 39
- 2.1.4 第三方物流的金融服务创新 ... 41
- 2.1.5 物流金融发展策略 ... 44

2.2 物流金融风险与控制 ... 45
- 2.2.1 实施物流金融面临的风险 ... 45
- 2.2.2 第三方物流金融服务中的风险控制 ... 52
- 2.2.3 物流金融风险的应对策略 ... 53

本章小结 ... 56

第3章 物流银行与融资物流业务 ... 58
3.1 物流银行 ... 59
- 3.1.1 物流银行发展分析 ... 60
- 3.1.2 物流银行的基本模式 ... 62

3.2 开展物流银行业务的综合分析 ... 63
- 3.2.1 物流金融发展中存在的问题 ... 64
- 3.2.2 商业银行发展物流金融的基本思路 ... 65

3.3 融资物流业务 ... 66
- 3.3.1 主要业务模式和基本术语 ... 66
- 3.3.2 业务流程 ... 67
- 3.3.3 仓单质押业务 ... 68
- 3.3.4 标准仓单质押业务 ... 73
- 3.3.5 动产质押业务 ... 76
- 3.3.6 保兑仓业务 ... 81
- 3.3.7 海陆仓业务 ... 85
- 3.3.8 池融资业务 ... 88

3.4 融通仓创新模式 ... 91
- 3.4.1 融通仓的服务功能 ... 91
- 3.4.2 融通仓的运作模式 ... 92

本章小结 ... 94

第4章 物流保险 ... 96
4.1 物流保险概述 ... 97
- 4.1.1 风险基本概要 ... 98
- 4.1.2 风险与保险的关系 ... 99
- 4.1.3 保险的含义和基本要素 ... 100
- 4.1.4 物流保险的概念、风险及种类 ... 101

4.2 物流保险的职能和原则 ... 104
- 4.2.1 物流保险的职能 ... 104
- 4.2.2 物流保险的基本原则 ... 104

4.3 物流保险合同 ... 106
- 4.3.1 物流保险合同的概念和特征 ... 106
- 4.3.2 物流保险合同的主体、客体和内容 ... 107
- 4.3.3 物流保险合同的订立、效力、变更和终止 ... 109

4.4 国内货物运输保险 113
 4.4.1 水路、陆路货物运输保险 114
 4.4.2 国内航空货物运输保险 116
 4.4.3 国内铁路包裹运输保险 117
 4.4.4 物流运输保险业务的办理 118
4.5 物流保险市场 119
 4.5.1 物流保险市场概述 120
 4.5.2 物流保险市场的需求 121
 4.5.3 我国物流保险市场的发展 122
本章小结 125

第 5 章 农产品物流金融 127
5.1 农产品物流的范畴界定 129
 5.1.1 农产品物流相关概念的界定 129
 5.1.2 农产品物流分类与特征 131
 5.1.3 鲜活农副产品物流配送体系 133
5.2 农产品物流金融发展模式构建 135
 5.2.1 我国农产品物流金融的发展与运作模式 135
 5.2.2 农产品物流金融协同发展模式 136
 5.2.3 物流金融产品的选择 148
5.3 融资产品风险控制 150
 5.3.1 农产品物流金融风险概述 150
 5.3.2 农产品物流金融产品的风险分析 151
 5.3.3 质押品和金融产品的风险控制 153
本章小结 155

第 6 章 农村物流金融 156
6.1 农村物流金融综述 158
 6.1.1 我国农业物流现状 158
 6.1.2 农村物流金融的研究 161
 6.1.3 农村物流金融理论创新 164
6.2 农村物流金融产品设计 165
 6.2.1 农村物流发展对金融产品的发展要求 166
 6.2.2 现代农村物流金融产品的创建 168

 6.2.3 农村物流金融产品经济学分析 172
6.3 农村物流金融运作 175
 6.3.1 农村物流金融运作模式设计 175
 6.3.2 农村物流金融的整合形式创新 179
本章小结 183

第 7 章 供应链金融服务 184
7.1 供应链金融综述 186
 7.1.1 供应链金融的概念 186
 7.1.2 供应链金融与传统信贷的区别 188
7.2 物流金融与供应链金融的关系 189
 7.2.1 相关概念及两者区别 189
 7.2.2 两种融资方式的区别 191
7.3 供应链金融的应用与创新 193
 7.3.1 供应链融资的特点与方式 193
 7.3.2 供应链金融的主要内容及应用流程 197
 7.3.3 供应链金融的发展与创新 205
7.4 供应链融资担保 206
 7.4.1 融资担保分析 206
 7.4.2 融资担保的难点 207
 7.4.3 应用模式与收费 208
7.5 农业供应链金融 209
 7.5.1 农业金融与供应链金融发展现状 210
 7.5.2 农业供应链结构与融资需求 .. 211
 7.5.3 农业供应链金融设计 213
本章小结 216

第 8 章 物流金融服务创新 217
8.1 物流金融创新概述 218
 8.1.1 物流发展对金融创新的推动作用 219
 8.1.2 物流金融创新的基本运作模式 220
8.2 供应链采购管理中的金融服务 222
 8.2.1 采购管理面临新挑战与机遇 222

8.2.2 采购合同组合管理决策 223
8.2.3 金融衍生产品中的采购风险管理 227
8.3 国际贸易背景下物流金融的运作模式 228
  8.3.1 跟单托收结算方式中的物流金融运作模式 228
  8.3.2 信用证结算方式中物流金融的运作模式 230
  8.3.3 保理结算方式中物流金融的运作模式 230
  8.3.4 物流金融在国际贸易中的优势 231
8.4 销售管理中的金融服务管理 232
  8.4.1 现金折扣的供应链创新思想 232
  8.4.2 收益管理 234
  8.4.3 电子商务平台供应链金融服务创新 236
8.5 供应链资金流管理的自动化模式 238
  8.5.1 供应链资金流管理中存在的问题 238
  8.5.2 资金流管理的新趋向 239
  8.5.3 物流金融与资金流管理 240
本章小结 242

第 9 章 物联网环境下的物流金融 244

9.1 物联网与金融服务 246
  9.1.1 对物联网金融服务的认识 246
  9.1.2 动产质押管理系统 248
  9.1.3 二维码的安全应用 251
9.2 物联网技术在金融行业的应用 252
  9.2.1 云计算金融服务 252
  9.2.2 金融行业中物联网应用示例 256
  9.2.3 城市智能一卡通应用系统 261

9.3 物流金融安全监控 266
  9.3.1 银行智能联网监控管理系统 266
  9.3.2 物流金融产品安全监控设计架构 268
  9.3.3 银行物联网反盗卡系统 270
  9.3.4 金融 IC 卡的密钥管理 271
本章小结 274

第 10 章 物流金融移动支付 275

10.1 物流金融移动支付平台 276
  10.1.1 支付模式与方式简介 277
  10.1.2 支付平台系统分析 278
10.2 手机银行与支付 280
  10.2.1 手机银行概述 280
  10.2.2 USSD 的手机银行技术 284
  10.2.3 手机支付的商业模式 287
10.3 物联网环境下的移动支付 289
  10.3.1 非接触支付移动 NFC 概述 289
  10.3.2 3 种非接触式移动支付技术标准比较 292
  10.3.3 NFC 终端的实现 293
  10.3.4 物联网的移动支付组网技术与应用 297
  10.3.5 EasyPay 移动支付平台 299
10.4 移动支付安全策略 300
  10.4.1 无线支付智能卡的安全技术 301
  10.4.2 无线支付智能卡安全解决方案 302
  10.4.3 WPKI 的安全移动支付系统 304
本章小结 309

参考文献 311

第1章 绪 论

【学习目标】

1. 掌握物流金融的基本概念；
2. 领会物流金融的本质和特点；
3. 熟悉与物流金融相关的理论知识；
4. 明确物流金融研究的对象；
5. 了解物流金融的体系框架；
6. 掌握物流金融业务运作流程；
7. 了解物流金融的职能与发展战略。

【教学要求】

知识要点	能力要求	相关知识
物流金融的基本概念	(1) 掌握物流金融的基本概念、特点 (2) 了解物流金融的体系框架 (3) 明确物流金融研究的对象 (4) 熟悉物流金融的主体和内容	(1) 相关概念 (2) 与物流金融相关的理论知识
运作流程	(1) 了解物流金融的体系框架 (2) 掌握物流金融业务运作流程	(1) 掌握物流金融基本知识点 (2) 物流金融的运作模式
职能特点与发展战略	(1) 熟悉包裹追踪系统解决方案 (2) 熟悉智能移动电子商务和条码技术	物流金融体系运行结构

引例

UPS 物流金融操作实例

美国联合包裹速递服务公司(United Parcel Service Inc., UPS)在其开展的物流金融(logistics finance)服务中,兼有物流供应商和银行的双重角色。1998 年,UPS 在美国收购了一家银行,成立了 UPS 资本公司,为客户提供包括代理收取货款、抵押贷款、设备租赁、国际贸易融资等服务。托收是 UPS 金融服务的核心。UPS 在收货的同时直接给出口商提供预付货款,货物即是抵押。这样,小型出口商们得到及时的现金流;UPS 再通过 UPS 银行实现与进口商的结算,而货物在 UPS 手中,也不必担心有进口商赖账的风险。对于出口企业来说,借用 UPS 的资金流,货物发出之后立刻就能变现,如果把这笔现金再拿去做其他的流动用途,便能增加资金的周转率。而通过传统的国际贸易电汇或放账交易方式,从出货装箱到真正拿到货款,至少需要 45 天,营运周转的资金压力极其沉重。

例如,一家纽约的时装公司向香港的服装供应商订购货物。UPS 收到香港供应商交运的货物后,可以即时向其支付高达 80%的货款。货物送交到纽约的收货人手中后,由 UPS 收取货款,再将余额向香港供应商付清。

UPS 开展这项服务时,同样有一个资金流动的时间差,即这部分资金在交付前有一个沉淀期。在资金的这个沉淀期内,UPS 等于获得了一笔无息贷款。UPS 还可用这笔资金从事贷款,而贷款对象仍为 UPS 的客户或者限于与快递业务相关的主体。在这里,这笔资金不仅充当交换的支付功能,而且具有了资本与资本流动的含义,而且这种资本的流动是紧密地服务于业务链的。

面对中国巨大的需求市场,类似于花旗银行这样的国际金融机构也来"凑热闹"。据介绍,花旗银行的物流金融服务主要针对解决中国企业在海外市场进口原材料的需求和遇到的困难。花旗银行通过与物流公司的合作,向其提供资金支持,间接帮助生产企业。

章前导读

物流金融是为物流产业提供资金融通、结算、保险等服务的金融业务,它伴随着物流产业的发展而产生。在物流金融中涉及 3 个主体,即物流企业、客户和金融机构,物流企业与金融机构联合起来为资金需求方企业提供融资,物流金融的开展对这三方都有非常迫切的现实需要。物流和金融的紧密融合能有力支持社会商品的流通,促使流通体制改革顺利进行。物流金融正成为国内银行一项重要的金融业务,并逐步显现其作用。

物流金融是物流与金融相结合的复合业务概念,它不仅能提升第三方物流企业的业务能力及效益,还可为企业融资及提升资本运用的效率。对于金融业务来说,物流金融的功能是帮助金融机构扩大贷款规模,降低信贷风险,在业务扩展服务上能协助金融机构处置部分不良资产,有效管理客户关系客户,提升质物评估、企业理财等顾问服务项目。从企业行为研究出发,可以看到物流金融发展起源于"以物融资"业务活动。物流金融服务是伴随着现代第三方物流企业而生,在金融物流服务中,现代第三方物流企业业务更加复杂,除了要提供现代物流服务外,还要与金融机构合作一起提供部分金融服务。

1.1 物流金融综述

快速发展的现代物流业对物流企业运作提出了更高的要求,物流管理已从物的处理提升到物的附加值方案管理。可以为客户提供金融融资的物流供应商在客户心中的地位会大幅度提高，物流金融将有助于形成物流企业的竞争优势。物流企业开展物流金融服务，无论是对客户、金融机构、客户的客户，还是物流企业本身都是一个共赢的选择。

1.1.1 物流金融简介

随着经济区域化、国际化、全球一体化发展趋势的形成，贸易成为世界各国和各地区在经济上相互依赖、相互联系最基本的表现形式，而贸易要最终完成必须依赖于物流。如何利用金融对资源的宏观调控功能和服务特性服务于物流行业，提高物流业的效率已成为当务之急。因此，物流金融也逐渐成为当代商品发展的必然趋势和重要特征。

1. 物流金融的概念

物流金融是指在面向物流业的运营过程中，通过应用和开发各种金融产品，有效地组织和调剂物流领域中货币资金的运动。这些资金运动包括发生在物流过程中的各种存款、贷款、投资、信托、租赁、抵押、贴现、保险、有价证券发行与交易，以及金融机构所办理的各类涉及物流业的中间业务等。

物流金融是为物流产业提供资金融通、结算、保险等服务的金融业务，如图 1.1 所示，它伴随着物流产业的发展而产生。在物流金融中涉及 3 个主体，即物流企业、客户和金融机构，物流企业与金融机构联合起来为资金需求方企业提供融资，物流金融的开展对这三方都有非常迫切的现实需要。物流和金融的紧密融合能有力支持社会商品的流通，促使流通体制改革顺利进行。物流金融正成为国内银行一项重要的金融业务，并逐步显现其作用。

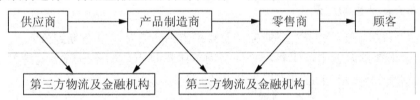

图 1.1 物流金融服务体系

物流金融是物流与金融相结合的复合业务概念，它不仅能提升第三方物流企业的业务能力及效益，还可为企业融资及提升资本运用的效率。对于金融业务来说，物流金融的功能是帮助金融机构扩大贷款规模降低信贷风险，在业务扩展服务上能协助金融机构处置部分不良资产，有效管理客户关系，提升质押物评估、企业理财等顾问服务项目。从企业行为研究出发，可以看到物流金融发展起源于"以物融资"业务活动。物流金融服务是伴随着现代第三方物流企业而生，在金融物流服务中，现代第三方物流企业业务更加复杂，除了要提供现代物流服务外，还要与金融机构合作，一起提供部分金融服务。于是，物流金融在实践上已经迈开了步子，这个起因将"物流金融学术理论"远远地甩在了后边。

2. 学习物流金融的意义

物流金融是一个新的概念，是指在现代物流供应链活动中，运用金融工具有效地组织和调剂物流领域中货币在供应链业务中的活动，使物流产生价值增值的融资活动。参与物流金融的三方主要是物流企业、中小融资企业及银行等金融机构。三方在物流金融的活动中各自获益。对于厂商而言，可以通过暂时抵押货权，从银行取得贷款，用于开展业务，提高企业的融资能力和资金利用率。对于银行而言，由于有实实在在的货物作抵押，又有信誉好的仓储企业作为担保或货物管理,其贷款的风险得到降低,而且可以扩大和稳固客户群,树立自己的竞争优势,开辟新的利润来源,也有利于吸收由此业务引发的派生存款。对于物流企业而言,物流金融业务的开展实际上为其开辟了新的增值服务业务,不但可以促进其传统仓储业务的开展,实现客户的个性化、差别化服务,而且物流企业作为银行和客户都相互信任的第三方,可以更好地融入客户的商品产销供应链中去,同时也加强了与银行的同盟关系,给自己带来新的利润增长点。这样,就实现了物流企业、中小融资企业及银行三方的共赢。所以说,对物流金融进行研究不但可以解决中小企业融资难的问题,也为物流企业的多层次发展提供了平台,同时也使得银行等金融机构更加积极、更加放心地扩大自己的融资规模及客户群,增加利润来源。物流金融业务流程如图1.2所示。

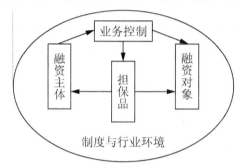

图1.2 物流金融业务流程

3. 物流金融产生的背景

物流金融发展起源于物资融资业务。金融和物流的结合可以追溯到公元前2400年,当时的美索布达米亚地区就出现了谷物仓单。而英国最早出现的流通纸币就是可兑付的银矿仓单。现代物流金融的产生背景有以下几个方面。

(1) 第三方物流服务的革命。物流金融,是物流与金融相结合的产品,其不仅能提高第三方物流企业的服务能力、经营利润,而且可以协助企业拓展融资渠道,降低融资成本,提高资本的使用效率。金融物流服务将开国内物流业界之先河,是第三方物流服务的一次革命。

(2) 中小型企业融资困境。在国内,由于中小型企业存在着信用体系不健全的问题,所以融资渠道贫乏,生产运营的发展资金压力大。金融物流服务的提出,可以有效支持中小型企业的融资活动。另外,金融物流可以盘活企业暂时闲置的原材料和产成品的资金占用,优化企业资源。

(3) 供应链"共赢"目标。对于现代第三方物流企业而言,金融物流可以提高企业一体化服务水平和竞争能力,扩大企业的业务规模,增加高附加值的服务功能和企业的经营利润。对于供应链企业而言,金融物流可以降低企业的融资成本,拓宽企业的融资渠道;可以降低企业原材料、半成品和产品的资本占用率,提高企业资本利用率,实现资本优化配置;可以降低采购成本或扩大销售规模,提高企业的销售利润。对于金融机构而言,金融物流服务可以帮助金融机构扩大贷款规模,降低信贷风险,甚至可以协助金融机构处置部分不良资产。

(4) 金融机构创新意识增强。当前金融机构面临的竞争越来越激烈,为在竞争中获得优势,金融机构,如银行,不断地进行业务创新,这就促使了金融物流的诞生。金融物流可以帮助银行吸引和稳定客户，扩大银行的经营规模，增强银行的竞争能力；可以协助银行解决质押贷款业务中银行面临的"物流瓶颈"——质押物仓储与监管；可以协助银行解决质押贷款业务中银行面临的质押物评估、资产处理等服务问题。

1.1.2 物流金融概念的界定及其意义

现代物流发展离不开金融服务的支持。物流金融作为一种全新的理念，超越了金融行业与物流企业之间单纯金融服务的联系形式，大大提高了两者的整体效率，对金融业、物流业及企业都产生了深刻的影响。

尽管当前一些金融机构和物流企业已经进行了一定的探索和实践，但对物流金融运作发展模式的探讨尚有欠缺，学术界也未形成完备的理论体系框架，致使物流金融在我国物流企业和金融机构之间未能大范围实践和推广。

1．对物流金融概念的界定

物流金融是近几年才在我国流行起来的。关于物流金融的概念，目前学术界主要有以下3种提法。

(1) 认为物流金融从广义上讲就是面向物流运营的全过程，应用各种金融产品，实施物流、商流、资金流、信息流的有效整合，组织和调节资金运行效率的一系列经营活动。从狭义上讲就是物流供应商在物流业务过程中向客户提供的结算和融资服务，这类服务往往需要银行的参与。

(2) 认为物流金融是指在供应链业务活动中金融工具使物流产生的价值增值的融资活动。

(3) 认为物流金融是指物流业与金融业的结合，是金融资本与物流商业资本的结合，是物流业金融的表现形式，是金融业的一个新的业务领域。

以上3种观点虽然在认识上存有分歧，但共同之处是显而易见的，即从不同的角度强调了物流与资金流的整合。

因此，从供应链的角度，物流金融的概念可以分为广义和狭义两种。广义的物流金融是指在整个供应链管理过程中，通过应用和开发各种金融产品，有效地组织和调剂物流领域中货币资金的运动，实现商品流、实物流、资金流和信息流的有机统一，提高供应链运作效率的融资经营活动，最终实现物流业与金融业融合化发展的状态，如图1.3所示。狭义的物流金融是指在供应链管理过程中，第三方物流供应商和金融机构向客户提供商品和货币，完成结算和实现融资的活动，实现同生共长的一种状态。

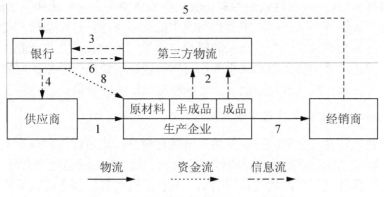

图1.3 供应链级别的物流金融服务模式

物流金融作为物流业和金融业的有机结合，不仅是金融资本业务创新的结果，也是物流业发展壮大的需要，更是经济发展的必然。因此，根据现代金融理论，可从3个方面理解和把握物流金融的概念。

(1) 整个供应链的有效运转需要金融业的大力支持。以2006年的数据统计为例，我国物流总费用是3.8万亿元，其中运输费用为2.10万亿元，占物流总费用的54.7%；保管费用为1.23万亿元，占物流总费用的32.1%；管理费用为0.50万亿元，占物流总费用的13.2%。物流业固定资产投资为12 169亿元，其中交通运输9 775亿元，仓储投资470亿元，批发业固定资产投资1 827亿元，配送、加工、包装业用固定资产投资58亿，邮政业固定资产投资40亿。如此大规模的资金投入，几乎都是靠商业银行提供。如果没有银行业的鼎力支持，物流业的迅速发展将难以想象。

(2) 金融机构金融服务业务创新更需要参与物流供应链的实际运作。这主要表现在信用贷款、仓单质押、权利质押、信托、贴现、融资租赁、保险、有价证券的交易和担保业务中。对金融机构而言，物流金融不仅降低了信息不对称产生的风险，成为客户与金融机构的"黏合剂"，而且也为新兴的金融衍生品提供了销售平台，成为金融机构业务创新的重要形式。由于物流业与金融业的结合，金融机构可以利用其在融资活动中的特殊地位和信用，通过有效的供应链管理，全面了解物流企业库存商品的规格、质量、原价和净值、销售区域、承销商、库存的变动状况和充分的客户信息，由物流服务供应商作为担保方进行操作，利用保单、提单和仓单质押等业务可使物流企业从银行融资。

(3) 供应链管理的效率有赖于物流金融的发展。"零库存"是供应链管理追求的理想目标，也是提高供应链运行效率的关键。但在实际运行中，库存在所难免，且多为不合理库存，使得交易成本增加，运行效率降低。而存货占用资金又常常使企业陷入流动资金不足的困境，严重制约了企业发展。过多的库存商品与过低的资金周转率，使企业大量占用银行资金，也使银行面对大量不良资产而束手无策。物流金融的提出和物流金融业务的应运而生，解决了供应链上相关企业因资金不足而产生的困难，拓宽了供应链上相关企业发展的空间，提升了供应链的运作效率。因此，物流业与金融业的结合，不仅代表了一种全新的理念，而且也使金融业开辟了一个新领域。

2. 物流金融的定义

物流金融是指金融服务和物流服务相互集成的创新综合服务。本书从广义和狭义两个方面定义物流金融的概念。广义的概念是指物流金融可以协助供应链实现实物流、资金流和信息流的协调管理。一方面通过金融服务解决供应链中资金流供应和需求的不匹配问题；另一方面通过物流服务协助供应链实现物料流中的效率问题，以创造供应链新的价值，提高各参与企业的效益和竞争能力。狭义的概念是指第三方物流企业与金融机构合作为资金不足的供应链提供融资和物流集成式服务，有效解决供应链资金约束的问题，为资金不足的供应链各相关企业、第三方物流企业及金融机构创造新的价值。

3. 物流金融对供应链运转效率的意义

按照美国物流管理协会发布的最新供应链管理概念，供应链管理既涉及渠道伙伴供应商、中间商、第三方物流服务供应商和客户之间的协调合作，又包括了对涉及采购、外包、转化等过程的全部计划和全部物流管理活动。从供应链管理的概念可以看出，它包括了上述过程中的所有实物流与资金流活动，也包括了整个生产运作。可见，供应链是物流管理在深度和广度方面的扩展。所以，供应链运作和管理效率的提高，对于许多物流企业乃至整个生产企业的生存发展都是至关重要的。而物流金融的结合与发展，能够有效提升供应链运作和管理的效率，增强供应链的竞争力，进而推动现代物流业的迅速发展。

1) 物流金融是实现供应链协调发展的关键

相对发达国家而言，我国物流业水平低下的一个深层次原因是没有推进商品流、实物流、资金流和信息流的一体化。大量的资金搁置在供应链的各个环节中，既影响了供应链的顺利运转，又导致了物流运作的资金成本居高不下，更使得物流企业因资金紧张而无法对信息系统、操作系统进行必要的技术改造。而物流金融的发展，为物流业和金融业同时提供了商机，这主要表现在以下几方面。首先，现代物流业是一个以供应链一体化为核心的社会大系统，涉及社会经济生活的多个方面，而物流金融业务的发展，创造了多行业相互交叉发展和运作的领域，这既为物流业和金融业走向差异化和个性化经营提供了可能，同时也为金融产品的创新提供了运作平台。其次，物流金融的发展为商业银行完善现代结算支付工具，增加中间业务收入创造了机会。由于物流与金融的结合，产生了许多跨行业的服务产品，相应也就出现了对许多金融衍生品的需求，如汇兑、银行托收、汇票承兑、贴现、网上支付、信用证等结算工具，这必将增加商业银行的资金结算、资金查询、票据承兑等中间业务，同时物流企业在运营过程中会产生大量稳定的现金流，商业银行可以利用自身特有的创造存款货币优势，为物流企业提供高效的理财服务，从而获得相关收益。最后，在发展物流金融的同时，也为商业银行开发了新客户，尤其是培育了优质客户。商业银行作为资金流动的枢纽，在同物流企业建立长期稳定业务关系的同时，还可以提供延伸服务，拓展与物流企业相联系的上下游优质企业，使得生产企业、物流企业、零售商或最终消费者的资金流在银行体系内部实现良性循环，从而得到较好的投资收益。

物流金融的出现不仅提高了金融业和物流业各自的效率，而且为整个供应链的协调发展提供了条件。就供应链而言，商品从生产到消费的整个供应链过程中都存在着大量的库存，虽然合理的库存可以满足消费者的需求，但在市场竞争日趋激烈的今天，供应链上的企业纷纷视库存为一大负担。因为大量的库存意味着有大量的流动资金被占用，资金运作效率降低，交易成本增加，企业其他交易活动也无法正常进行。所以，供应链上的企业都想尽办法以降低库存。而他们所采用方法的最终结果都只会让其上游或下游企业承担负担，对于整个供应链来说库存并未减少而只是转移。而物流金融业务的开展可以使物流企业充分利用创新的金融产品和金融手段盘活这部分资金。对第三方物流服务供应商而言，既壮大了自身的实力，又提高了企业一体化服务的水平和竞争能力；对供应链上其他企业而言，不但降低了企业的融资成本，拓宽了企业的融资渠道，而且降低了企业原材料、半成品和成品的资金占用率，加速了资金的周转，同时也降低了采购成本，提高了企业的销售利润；对金融机构而言，可以帮助金融机构扩大贷款规模，降低信贷风险，甚至可以协助金融机构处置部分不良资产；对整个供应链而言，整合了资源，提升了供应链的竞争力。

2) 物流金融能破解中小企业融资难题

作为供应链上的两个等量反向流，实物流与资金流之间的协调运作不仅可以促进供应链的良性发展，而且可以有效支持中小企业的融资活动。然而，由于市场环境的瞬息万变及交易规则的多样化，加上中小企业存在着信用体系不健全的问题，实物流与资金流的运作常常出现不和谐。例如，供应链上下游企业之间的三角债问题，以及中小企业与商业银行之间出现的想借借不着和想贷不敢贷的尴尬局面，都体现了实物流与资金流不相匹配的矛盾。而物流企业通过库存管理和配送管理，对客户的信息有比较充分的了解，可以作为客户与金融机构的"黏合剂"，在金融业务中发挥特殊的作用。因此，通过发展物流金融，以资金流盘活物流，以物流拉动资金流，使两者相互促进，实现一体化发展，是提高我国企业整体效率的有效途径。同时，在实际操作中，由于物流企业在供应链中的特殊地位，能清楚地了解到商业银行不易掌握的有关信息，如企业库存产品的动态信息等。这为物流企业向商业银行提供担保，或由商业银行统一授信于物流企业的融资服务提供了可能性。这样不仅使中小企业盘活了流动资金，商业银行降低了业务风险，而且使物流企业可以与上下游企业和商业银行建立长期稳定的合作关系，不断提升其在客户心目中的地位和信誉度。

3) 物流金融的开展能有效控制金融风险

长期以来，如何有效控制放贷风险一直是金融机构面临的一大难题。在经济活动中，不管融资企业的产权和经营权如何变化，商品的流通渠道是不变的。因此，掌控企业实时物流活动的第三方物流服务供应商，就成为协助银行控制风险的最直接、最有效的合作者。第三方物流服务供应商通过发挥自身业务优势，为商业银行了解质押物的一系列信息，并接受其指令控制质押物的进出库，可以有效控制由于信息不对称给商业银行造成的放贷风险。另外，物流企业也可以先替购货商向供货商预付一部分货款，待购货商提货时交付全部货款，再由物流企业将另一部分货款交给供货商。这样不仅使供购双方放心，而且物流企业也可以充分利用资金流动的时间差，从事贷款业务。商业银行作为资金的供给者，在同物流企业建立长期合作关系的同时，还可以将服务延伸拓展到供应链上其他优质企业，实现资金流的良性循环。

就完善信用机制来讲，如果信用机制不完善，整个供应链就会中断，管理效率就会降低。一般而言，经济社会中的信用机制是由信用监管体系、企业自律体系和社会信用体系相互作用、相互促进形成的。而物流金融业务就是通过第三方物流服务供应商的实力和信用，控制了供应链运作的风险，促进了中小企业的诚信和自律，由此保障了金融机构资金的安全性、流动性和盈利性。因为金融业、物流业、中小企业的这种业务联系在很大程度上是以信用和自律为基础的，物流业承担信用监管的职责，中小企业承担信用还贷的职责，金融机构承担信用放贷的职责，因此，物流金融的发展必将有效促进信用机制的完善。

1.1.3 物流金融的相关概念

"物流"在几年前可能还是一个"时髦"词汇，但随着现代物流业的不断发展壮大，"物流"已经日益走向"务实"。如今，现代物流业与信息网络系统、电子商务、供应链管理等一起，改变了各国经济运行模式，成为经济全球化与世界经济发展的内在推动力。

1. 物流金融融资业务的内容

物流行业是中国服务业中最有发展前景的行业之一，发展的空间非常大。同时，资金流在国民经济体系中与物流同量反方向循环，如果银行从资金融通的角度支持物流，对于支持物流企业融资、控制银行风险及推动经济增长都具有非常积极的意义。

1) 基本概念

物流金融是指在物流运营过程中，与物流相关的企业通过金融市场和金融机构，运用金融工具使物流产生的价值得以增值的融资和结算的服务活动。这种新型金融服务原本属于金融衍生工具的一种，之所以称为物流金融业务，而不是传统的抵押贷款或者质押融资，是因为在其发展过程中，逐渐改变了传统金融贷款过程中银行、申请贷款企业双方面的权责关系，也完全不同于担保贷款中担保方承担连带赔偿责任的三方关系。它越来越倚重于第三方物流企业，目前主要表现为物流企业的配套管理和服务，形成了银行、物流企业、贷款企业的三方密切合作关系。

2) 物流金融的主体

物流金融涉及 4 个主体，即买方、卖方、第三方物流企业和金融机构。买方是指商品市场中对某类商品有需求，并愿意通过支付一定的货币获得商品的所有权的政府、企事业单位或自然人，通常表现为资金的供给者，商品的需求者。

卖方是指商品市场中商品所有权的拥有者，愿意通过合理的价格将商品所有权转让给买方。同样，商品卖方既可能是政府、企业，也可能是普通自然人。卖方通常表现为商品的供给者，资金的需求者。

第三方物流企业是相对"第一方"发货人和"第二方"收货人而言的。第三方物流企业是指除货物有关的发货人和收货人之外的专业物流企业，即第三方来承担企业物流活动的一种物流形态。第三方物流企业既不属于第一方，也不属于第二方，而是通过与第一方或第二方的合作来提供其专业化的物流服务，它不拥有商品，不参与商品的买卖，而是为客户提供以合同为约束、以结盟为基础的、系列化、个性化、信息化的物流代理服务。最常见的第三方物流企业的服务包括设计物流系统、电子数据交换(electronic data interchange，EDI)能力、报表管理、货物集运、选择承运人、货代人、海关代理、信息管理、仓储、咨询、运费支付、运费谈判等。由于它的服务方式一般是与企业签订一定期限的物流服务合同，所以有人称第三方物流为"合同契约物流"(contract logistics)。

金融机构是指专门从事货币信用活动的中介组织。我国的金融机构，按地位和功能可分为四大类：第一类，中央银行，即中国人民银行；第二类，银行，包括政策性银行、商业银行；第三类，非银行金融机构，主要包括信托投资公司、国有及股份制的保险公司、城市信用合作社、证券公司、财务公司等；第四类，在境内开办的外资、侨资、中外合资金融机构。以上各种金融机构相互补充，构成了一个完整的金融机构体系。

第三方物流企业与金融机构联合起来为资金需求方提供融资，促成交易的实现对于提高商品流通和物流管理效率有着非常迫切的现实需要。同时，第三方物流企业借助金融机构给客户提供金融担保服务可成为一项物流增值服务项目。

3) 物流金融的内容

物流企业的衍生服务可以实现在物流过程中的资金支付、结算、信贷、保险的功能，由物流企业衍生的以上这些金融延伸服务称为物流金融。

物流金融是物流企业在提供物流服务过程中，由物流企业为物流需求方提供的与物流相关的资金支付结算、保险、资金信贷等物流衍生的金融服务，其功能是实现物流与资金流的一体化。物流金融正成为物流企业进行高端竞争的服务创新，并带动银行共同参与的新型金融业务。

物流金融还包括银行参与物流业的运营过程，通过针对物流运作开发和应用各种金融产品，有效地组织和调剂物流领域中货币资金的运动。这些资金运动包括发生在物流过程中的各种存款、贷款、投资、信托、租赁、抵押、贴现、保险、有价证券发行与交易，以及金融机构所办理的各类涉及物流业的中间业务等。

4) 物流金融运作模式和物流金融业务

(1) 运作模式。物流金融运作模式主要有质押、担保、垫资等，在实际运作过程中，可能是多种模式的混合。例如，在取货时，物流企业先将一部分钱付给供应商，一部分仓单质押，货到收款后再一并结清。这样既可消除厂商资金积压的困扰，又可让买家卖家两头放心，资金可由银行提供，如果物流企业自有资金充足的话，也可由物流企业全部垫资。

面对全球化竞争的加剧，物流巨头们认为，对卡车运输、货物代理和一般物流服务而言，激烈的竞争使利润率下降到平均只有2%左右，已没有进一步提高的可能性。而对于供应链末端的金融服务来说，目前由于各家企业涉足少，发展空间巨大，于是包括UPS在内的几家跨国物流商都在业务中增加了金融服务，将其作为争取客户的一项重要举措。

跨国企业的发展动向代表着这个行业发展的风向标。事实上，金融服务在物流发展过程中的作用显得越来越重要，绝大多数物流企业在发展中最感头疼的是资金不足。资金犹如血液，目前物流行业存在的一个令人忧心的现象是，大量"血液"已经离开了企业，在体外循环，其结果是仓库里的存货不断增多。商品从制造商到消费者的过程中，存在着大量的库存，企业与销售商依靠合理的库存能满足顾客的需求，应付供货周期与制造周期的不匹配。合理的库存有益于发展，但同时也带来了成本。企业在追求理想化的"零库存"，就是在追求库存资金成本的减少。在解决企业大量资金沉淀的问题上，利用金融业务的多样性特点，应当是一条行之有效的途径，企业现有的资源即"仓单、存货"等，完全可以使之盘活，变成新鲜血液。

(2) 物流金融业务。在实际操作中，如何降低风险是最重要的。那么，掌控着企业物流的机构应当成为最直接、最有效力的发言者。企业存在着分立、合并、兼并、重组、托管、联营等方式进行产权、经营权的交易。在实际商品的流通渠道不变的情况下，作为企业，需要将沉淀的资金盘活，但作为银行考虑的是如何控制风险，那么就需要了解抵押物的规格、型号、质量、原价和净值、销售区域、承销商等，要查看权利凭证原件，辨别真伪。另外，资金流的运作过程非常烦琐，不管是供应商还是消费者，为避免风险，大多通过银行借助信用进行交易。其手续烦琐不说，还会产生不必要的成本，资金积压产生利息成本，设立收款中心产生运营成本，中小厂商还要背负沉重的资金周转负担。这些原因促使物流企业应当成为第三者介入到融资过程中，给客户提供金融担保服务就是一项物流增值服务。

在整个运作过程中，物流企业承担的风险相对最小，因为有货物质押。假如物流企业手中再有相当多的资金，就可以不必通过银行，在取货时物流公司先将一部分钱付给供应商，货到收款后再一并结清。这样既可消除厂商资金积压的困扰，又可让买卖双方放心。对物流企业而言，其盈利点就在于，将客户与自己的利益连在一起，"你中有我，我中有你"，客户群的基础越来越稳固。值得一提的是，目前能从事这种服务的物流公司实在是凤毛麟角，因为这需要强大的实力和庞大的资金做后盾。也正因为此，谁能做到这一点，谁就牢牢地抓住了客户，取得了决胜的资本。UPS是少数几家可以做到这点的物流企业，在UPS的众多业务中，金融公司也是其中一部分，它主要从事与物流有关的金融和资金运作，可以做融资、收款等一些相当于银行职能的业务。在实际的操作过程中，银行需要物流企业对抵押货物进行"保兑仓"业务的操作，典当行需要物流企业对质押商品进行监管操作，这种增值服务对于长期从事仓储、运输的物流企业是非常陌生的，而如何操作好这项业务是现代物流企业必须掌握的。

对于中小企业来说，由于还没有与金融机构建立良好的关系，所以银行对它们的信誉等级无法评估。但是，在物流供应商的记录中，中小企业的销售、库存记录非常明了，由物流供应商作为担保方开展以商品进行抵押的"保兑仓"业务是可行的，在一些经济发达地区，物流企业与金融机构已经广泛地开展了这项业务。

从广义上讲，物流金融就是面向物流行业的运营过程，通过应用和开发各种金融产品，有效地组织和调剂物流领域中货币资金的运动。这些资金运动包括发生在物流过程中的各种存款、贷款、投资、信托、租赁、抵押、贴现、保险、有价证券发行与交易，以及金融机构所办理的各类涉及物流业的中间业务等。简言之，物流业涉及的金融业务主要有物流结算业务、物流融资业务、物流金融客户服务业务、物流金融技术支持业务、物流金融政策支持等。

目前，为物流商提供的金融服务形式多种多样，如以托运人的应收账款冲抵物流费用；货物在途就可向托运人支付货款，以使托运人资金周转加快，并提前向供应商支付费用，让供应链迅速周转；将一个长期合同的费用化整为零，多次支付，客户可以多次获得收入，直接给予贷款服务等。一些物流商为了从头到尾控制供应链、保证特殊产品的运输质量与长期稳住客户，都开始关注金融市场，但物流商也担心此类服务的风险，因为，有此项服务需求的客户，其金融信誉度很有可能极低，它们在银行已无法成功融资。

2. 物流金融服务内容

物流金融服务包括以下类型。
(1) 物流金融，物流与资金流互动中的增值服务。
(2) 物流银行，库存商品融资金融服务，物流仓储、抵押融资与物流监管相结合。
(3) 物流保险，物流风险控制与物流业保险服务。

3. 物流金融的研究对象

物流金融是一门对金融服务业如何利用其金融机构和金融工具的宏观调剂功能和服务特性，在物流行业内进行系统的价值分析和资源配置的学科。这种创新资源流动的金融服务在进行分析时，很大程度上优化和调整了物流的价值目标；通过金融模型化、金融精算化与金融管理的应用，使物流金融更具现代金融理论特征；同时，也是物流设计理论中不可缺少的重要部分。

4. 物流金融的学科性质

物流金融是一个新的学科概念，已从微观领域延伸到了宏观领域。它存在的理由和价值，是它为实现物流金融业务"催化"服务的手段后，向微观物流金融投资及宏观金融衍生方向转化作用的结果，这个"转化"是物流金融脱颖而出走向独立学科的基本依据。

物流金融是两个综合学科的结合，其结合关系、兼容关系及共同发展，是物流金融发展的关键。物流自身不能进行价值分析，它必须以金融的特殊性与之共同协调发展，从金融的角度进行资源的最佳配置和价值分析。

无论是物流保险还是物流金融服务，对于年轻的中国物流产业来说，都还只是一种尝试，距离形成规模还有很长的路要走。而且这些业务的推出虽然效果显著，但也需要各方配套设施的完备，才能有效地控制风险，如物流公司的规范、银行信贷的风险控制、商品的市场风险、中小企业的征信系统完善等。在目前的市场条件下，这些还很不完善，但物流、信息流、资金流这三大关键要素日益融合毕竟已经形成一种趋势。人们将物流企业比做"强力胶"，因为，唯有物流企业才有可能将整个物流环节中的物流、资金流、信息流三大要素黏合在一起。尽管存在风险，但物流金融服务市场仍然被人看好，前途未有穷期。

我国对物流金融的研究起步较晚，但是，物流金融已经成为我国经济发展中一门重要的经济学科。

物流与金融如何共同发展，直接关系着工商业资本在途积压负担、资金周转速度快慢、金融在物流融资和衍生工具服务领域里的通畅程度。物流金融概念和理论的建立，其目的就是要充分利用宏观的金融服务特性，解决经济发展中的资源流通瓶颈现象，从而优化物流企业的流通环节，提高物流供应链的运转效率。

5. 实施金融物流面临的风险

发展金融物流业务虽然能给金融物流提供商、供应链节点企业和金融机构带来"共赢"效果，但提供商却面对各种各样的风险。有效地分析和控制这些风险是金融物流能否成功的关键之一。金融物流提供商主要的风险可以归纳如下。

(1) 内部管理风险。这也是企业中普遍存在的风险之一，包括组织机构陈旧松散，管理体制和监督机制不健全，工作人员素质不高，管理层决策发生错误等。在中国，企业内部管理风险往往较大。

(2) 运营风险。物流企业都会面临运营方面的风险。但从事金融业务的物流公司，由于要深入客户产销供应链中提供多元化的服务，相对地扩大了运营范围，也就增加了风险。从仓储、运输，到与银企之间的往来，以及和客户供销商的接触，运营风险无处不在。中国的物流运输业还处在粗放型的发展阶段，因此运营风险不容忽视。

(3) 技术风险。指金融物流提供商因缺乏足够的技术支持而引起的风险。例如，价值评估系统不完善或评估技术不高，网络信息技术的落后造成信息不完整、业务不畅等。

(4) 市场风险。主要针对库存质物的保值能力，包括质物市场价格的波动，金融汇率造成的变现能力改变等。

(5) 安全风险。质物在库期间金融物流提供商必须对其发生的各种损失负责，因此仓库的安全、员工的诚信，以及提单的可信度都要加以考虑，还包括对质物保存的设施能否有效防止损坏、变质等问题。

(6) 环境风险。指政策制度和经济环境的改变，包括相关政策的适用性，新政策的出台，国内外经济的稳定性等。一般情况下，中国的政治和经济环境对金融物流造成的风险不大。但国际环境的变化，会通过贸易、汇率等方面产生作用。

(7) 法律风险。主要是合同的条款规定和对质物的所有权问题。因为业务涉及多方主体，质物的所有权在各主体间进行流动，很可能产生所有权纠纷。另一方面，中国的《中华人民共和国担保法》(以下简称《担保法》)和《中华人民共和国合同法》(以下简称《合同法》)中与金融物流相关的条款并不完善，又没有其他指导性文件可以依据，因此业务合同出现法律问题的概率也不低。

(8) 信用风险。包括货物的合法性、客户的诚信度等，同时信用风险还与上述财务风险、运营风险、安全风险和法律风险等联系密切。在具体实施金融物流业务时，应该结合上述的主要风险问题进行相应的风险管理。

1.1.4 物流与金融、贸易的关系

物流与金融在性质、业务上，既有共同之处，又各有特点；既有区别，又存在着密切的联系。

1. 物流与金融的共同点

(1) 无论是物流还是金融，都属于经济活动中的流通领域，都属于交换活动。交换作为流通过程，是把生产、分配和消费联系起来的中间环节。其目的都是为了增加经济效益、获得利润、发展经济。资源的区位优势导致了物流的必然产生，而同一地区或者不同地区之间货币资金的清算促成了银行业的诞生。商品流和资金流在整个社会商品经济交换中，扮演着十分重要的角色。

(2) 在物流与金融中，价值规律都起着调节作用，不仅如此，二者都受商品和货币流通领域中固有的其他规律，如自愿让渡规律、供求规律、竞争规律和利润规律的制约。

(3) 物流与金融同时具有服务特性。从产业划分，二者都属于第三产业即服务业。金融是因为解决社会资金融通问题而产生的，尤其是解决贸易、投资和消费领域的资金融通问题而产生的。16世纪末17世纪初，随着荷兰贸易的迅猛发展，荷兰的经济血脉开始变得拥堵起来。当大量的金银货币以空前的速度进入流通环节时，建立银行成了荷兰人解决问题的探索和手段，阿姆斯特丹银行成立于1609年，大约比英国银行早100年，它是一个城市银行、财政银行和兑换银行，吸收存款，发放贷款。当时，荷兰所有一定数量的支付款都要经过银行，因此，阿姆斯特丹银行对于荷兰的经济稳定起到了重要作用。更重要的是，阿姆斯特丹银行发明了我们现在所说的信用，那时叫做"想象中的货币"。同属于服务行业的物流业和金融业在贸易中的作用相辅相成，从商品的物理性位移到交换后货币的流通，两者的结合使物流和贸易的效率急剧提高，运动结果一样。两者的流动结果都形成了资源的最佳配置。

2. 物流与金融的不同点

(1) 两者的流向刚好相反。在贸易方面，资金的供给方和货物的需求方通常是同一人；反之，资金的需求方和货物的供给方通常也是表现为同一人。物流环节作为贸易的动态表现，物流与金融在这个过程中的流向刚好相反。

(2) 两者流动的形态不一样。物流以商品形态存在，资源在以物流的形式进行配置时，是以具体的实物形态运动的，并且，物流的参与工具是各类具体的运输工具，如飞机、货轮、叉车及传送带等。而金融参与流通的形态则是以一般等价物的货币形态存在的，其流通方式则是我们平常直接接触的信用载体，如各国货币、支票、本票、银行及商业汇票、信用证等结算工具(或称为信用工具)。

3. 物流与贸易的关系

物流与国际贸易是相互依存、相互促进的。国际贸易是国际物流产生的前提，没有国际贸易就不会有国与国之间的物流。同时，国际物流又是国际贸易的重要保障，没有国际物流，国际贸易也就无法最终实现。

(1) 规则、惯例和方法的关系。贸易在更多的时候强调规则和惯例，而物流则强调方法。贸易从合同谈判到运输再到结算的整个过程中，处处都涉及规则和惯例。在贸易概念中，合同的签订有较为规范的合同格式和合同要素；运输涉及规范的各种运输单据，如海运提单、铁路运单、航空运单、邮包收据和联合运输单据等；结算过程又涉及各种通用的结算方式和规范的结算票据。尤其在国际贸易中，一个贸易的完成需要很多国际规则和惯例来约束，甚至国际贸易纠纷都涉及一系列标准的国际贸易仲裁和国际商法。

诸如此类的规则、惯例、公约和协定有很多，具有代表性的有《联合国国际货物销售合同公约》、《1932年华沙-牛津规则》、《1931年关于统一支票法的日内瓦公约》、《2010年国际贸易术语解释通则》、《跟单信用证统一惯例》、《国际商会调解与仲裁规则(1975年)》等。

随着网络技术与应用的不断发展，网络与现代物流的关系越来越紧密。一方面，网络的不断发展给物流的发展提供了一个非常广阔的发展前景和技术支持，可以说没有网络就没有现代物流；另一方面，网络又给现代物流提供了新的发展方向和新的客户需求，现代物流已经成为网络不可分割的一部分，并支撑着现代网络的商业应用。物流已经从传统单一的运输方式中获得革新。例如，传真和网络的运用使具有很大局限性的、面对面的买卖谈判发展到了电子商务阶段；各种物流机械的运用突破了人力的限制，使物流效率大大提高。

(2) 物流是贸易的动态表现。商品的流动和资金结算是构成一个完整贸易过程的两个主要方面。商品的物理性位移是贸易在具体的物的方面的动态表现，是构成贸易的必要条件。物流完成了贸易中商品流动的方面。最早的贸易是以物物交换(barter)的形式产生的，是具体商品的相向流动，货币产生以后，表现为具体商品的单向流动和资金的反方向流动。

(3) 贸易范围较物流范围窄。贸易是商品交换，而物流的范围大于商品交换。贸易的对象是具有价值和实用价值的商品，而物流的对象是一切物质资料，不只限于商品交换，凡是物质资料的流动都属于物流，其范围大于贸易所包含的商品交换。

1.2 物流金融业务分类与运作流程

早在物流金融这个词汇在中国尚未出现之时，物流金融的业务早已在国企内部、民间流通领域及外贸运输专业相关金融机构中悄悄地运行着了，不过那时的物流金融业务单一，还仅限于简单信贷的小品种业务之内。随着对信贷金融服务需求的增加，物流运营中物流与资金流的衔接问题日益凸显。结算类及中间业务是由于现代物流业资金流量大，特别是现代物流的布点多元化、网络化的发展趋势要求银行能够为其提供更高效、快捷和安全的资金结算网络及安装企业银行系统，以保证物流、信息流和资金流的统一。

1.2.1 物流金融的分类

随着现代金融和现代物流的不断发展，物流金融的形式也越来越多，按照金融在现代物流中的业务内容，物流金融分为物流结算金融、物流仓单金融、物流授信金融。

1. 物流结算金融

物流金融业务在国际结算中的应用，完整地继承了国际货物运输金融服务的标准规范，并逐步改造为本土内贸企业试行。特别是加入世界贸易组织(World Trade Organization，WTO)后中国的物流业将全面对外开放，由于克服贸易壁垒的费用下降将推动进出口贸易的迅速增长，一些跨国物流公司也将加入国内物流业的竞争，使本土的物流业趋向国际化，各银行将为物流企业提供优质的信用证开证、结算、多币种汇入汇出汇款、出口托收和进口代收、进出口押汇、打包贷款等全功能贸易融资服务和非贸易国际结算服务。同时也开办了保证业务，为保证资金及时安全回收、减少资金占用，物流企业需要银行提供与其贸易结构相适应的应收账款保理业务及其他保证业务，主要包括关税保付保证、保释金保证、付款保证、为港口施工企业提供投标保函、履约保函、预付款退款保函等，物流金融结算流程如图 1.4 所示。

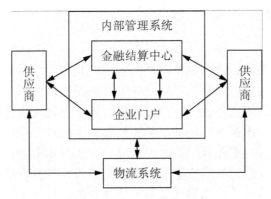

图 1.4　物流金融结算流程

这些带有国际金融性质的物流金融服务产品，比单一的物流金融信贷有了长足的发展，它除了带有国际金融、国际贸易结算的历史痕迹外，还借鉴了国际保险与金融证券业务的功能特征，使得今天的物流金融业务向规范化、国际化迈进奠定了基础。物流金融业务扩展方向与特征还表现在其个性化服务的方面，针对不同规模的物流企业，物流金融业务可采用不同的平台实现其扩展功能。例如，网上银行的 BtoB(business to business)业务主要适用于中小型规模的物流企业。

物流结算金融是指利用各种结算方式为物流企业及其客户融资的金融活动。目前主要有代收货款、垫付货款、承兑汇票等业务形式。

(1) 代收货款业务是物流公司为企业(大多为各类邮购公司、电子商务公司、商贸企业、金融机构等)提供传递实物的同时，帮助供方向买方收取现款，然后将货款转交投递企业并从中收取一定比例的费用。代收货款模式是物流金融的初级阶段，从盈利来看，它直接带来的利益属于物流公司，同时厂家和消费者获得的是方便快捷的服务。

(2) 垫付货款业务是指当物流公司为发货人承运一批货物时，物流公司首先代提货人预付一半货款，当提货人取货时则交付给物流公司全部货款。为消除垫付货款对物流公司的资金占用，垫付货款还有另一种模式：发货人将货权转移给银行，银行根据市场情况按一定比例提供融资，当提货人向银行偿还货款后，银行向第三方物流企业发出放货指示，将货权还给提货人。此种模式下，物流公司的角色发生了变化，由原来商业信用主体变成了为银行提供货物信息，承担货物运送，协助控制风险的配角。从盈利来看，厂商获得了融资，银行获得了利息收入，而物流企业也因为提供了物流信息、物流监管等服务而获得了利润。

(3) 承兑汇票业务也称保兑仓业务，其业务模式如下：开始实施前，买方企业、卖方企业、物流企业、银行要先签订《保兑仓协议书》，物流公司提供承兑担保，买方企业以货物对物流公司进行反担保，并已承诺回购货物；需要采购材料的借款企业，向银行申请开出承兑汇票并缴纳一定比例的保证金；银行先开出银行承兑汇票；借款企业凭银行承兑汇票向供应商采购货品，并交由物流公司评估入库作为质押物；金融机构在承兑汇票到期时兑现，将款项划拨到供应商账户；物流公司根据金融机构的要求，在借款企业履行了还款义务后释放质押物。如果借款企业违约，则质押物可由供应商或物流公司回购。从盈利来看，买方企业通过向银行申请承兑汇票，实际上是获得了间接融资，缓解了企业流动资金的紧张状况。供方企业在承兑汇票到期兑现即可获得银行的支付，不必等买方是否向银行付款。银行通过为买方企业开出承兑汇票而获取了业务收入。物流企业的收益来自两个方面：第一，存放与管理货物向买方企业收取费用；第二，为银行提供价值评估与质押监管中介服务收取一定比例的费用。

2. 物流仓单金融

物流仓单金融主要是指融通仓融资，其基本原理是生产经营企业先以其采购的原材料或产成品作为质押物或反担保品存入融通仓并据此获得协作银行的贷款，然后在其后续生产经营过程中或质押产品销售过程中分阶段还款。第三方物流企业提供质押物品的保管、价值评估、去向监管、信用担保等服务，从而架起银企间资金融通的桥梁。其实质就是将银行不太愿意接受的动产主要是原材料、产成品转变成其乐意接受的动产质押产品，以此作为质押担保品或反担保品进行信贷融资。从盈利来看，供方企业可以通过原材料产成品等流动资产实现融资。银行可以拓展流动资产贷款业务，既减少了存贷差产生的费用，也增加了贷款的利息收入。

物流企业的收益来自两个方面：第一，存放与管理货物向供方企业收取费用；第二，为供方企业和银行提供价值评估与质押监管中介服务收取一定比例的费用。

另外，随着现代物流和金融的发展，物流仓单金融也在不断创新，出现了多物流中心仓单模式和反向担保模式等新仓单金融模式。多物流中心仓单模式是在仓单模式的基础上，对地理位置的一种拓展：第三方物流企业根据客户不同，整合社会仓库资源甚至是客户自身的仓库，就近进行质押监管，极大降低了客户的质押成本。反向担保模式对质押主体进行了拓展：不是直接以流动资产交付银行作抵押物而是由物流企业控制质物，这样极大地简化了程序，提高了灵活性，降低了交易成本。

3. 物流授信金融

物流授信金融是指金融机构根据物流企业的规模、经营业绩、运营现状、资产负债比例及信用程度，授予物流企业一定的信贷额度，物流企业直接利用这些信贷额度向相关企业提供灵活的质押贷款业务，由物流企业直接监控质押贷款业务的全过程，金融机构则基本上不参与该质押贷款项目的具体运作。该模式有利于企业更加便捷地获得融资，减少原先质押贷款中一些烦琐的环节；也有利于银行提高对质押贷款全过程的监控能力，更加灵活地开展质押贷款服务，优化其质押贷款的业务流程和工作环节，降低贷款风险。

从盈利来看，授信金融模式和仓单金融模式的各方收益基本相似，但是由于银行不参与质押贷款项目的具体运作，质押贷款由物流公司发放，此程序更加简单，形式更加灵活。同时，也大大节省了银行与供方企业的相关交易费用。

1.2.2 物流金融业务运作流程

物流金融将上下游企业和银行紧密地联系在一起，银行能够在一定程度上规避风险，企业也能够做到信息流、物流、资金流的整合，加速了物流和资金流的高速运转。

1. 垫付货款业务

垫付货款模式，是在货物运输过程中，发货方将货权转移给银行，银行根据市场情况按一定比例提供融资，当提货方向银行偿还货款后，银行向第三方物流供应商发出放货指示，将货权还给提货方，具体模式如图1.5所示。

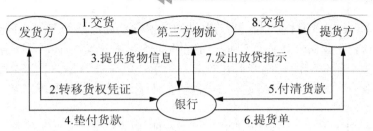

图 1.5　垫付货款业务模式

2. 代收货款业务

第三方物流企业在将货物送至提货方后，代发货方收取货款，并在一定时间内将货款返还发货方。第三方物流企业收取现款后，由于时空、技术条件等限制，一般需要滞后一段时间向发货方返款，随着不断的收款付款业务的开展，在一定的时间后就会积淀下相当规模的资金，不仅方便了客户，而且也大大改善了企业的现金流。代收货款模式常见于 BtoC (business to customer)业务，并且在邮政物流系统和很多中小型第三方物流供应商中广泛开展。

3. 仓单质押业务

关于仓单质押模式的说明。融通仓不仅为金融机构提供了可信赖的质物监管，还帮助质押贷款主体双方良好地解决质物价值评估、拍卖等难题。在实际操作中，货主(借款人)一次或多次向银行还贷，银行根据货主还贷情况向货主提供提货单，融通仓根据银行的发货指令向货主交货，具体模式如图 1.6 所示。

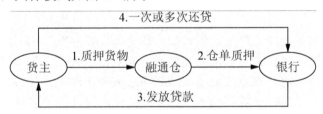

图 1.6　仓单质押业务模式

由于仓单质押业务涉及仓储企业、货主和银行三方的利益，因此要有一套严谨、完善的操作程序。

首先货主与银行签订《银企合作协议》、《账户监管协议》；仓储企业、货主和银行签订《仓储协议》；同时仓储企业与银行签订《不可撤销的协助行使质押权保证书》。

货主按照约定数量送货到指定的仓库，仓储企业接到通知后，经验货确认后开立专用仓单；货主当场对专用仓单作质押背书，由仓库签章后，货主交付银行提出仓单质押贷款申请。

银行审核后，签署贷款合同和仓单质押合同，按照仓单价值的一定比例放款至货主在银行开立的监管账户。

贷款期内实现正常销售时，货款全额划入监管账户，银行按约定根据到账金额开具分提单给货主，仓库按约定要求核实后发货；贷款到期归还后，余款可由货主自行支配。

4. 保兑仓业务

保兑仓是指以银行信用为载体，以银行承兑汇票为结算工具，由银行控制货权，卖方(或仓储方)受托保管货物，由卖方对承兑汇票保证金以外金额部分以货物回购作为担保措施，由银行向生产商(卖方)及其经销商(买方)提供的以银行承兑汇票结算的一种金融服务。

通俗一点讲，企业向合作银行交纳一定的保证金后开出承兑汇票，且由合作银行承兑，收款人为企业的上游生产商，生产商在收到银行承兑汇票前开始向物流公司或仓储公司的仓库发货，货到仓库后转为仓单质押，若融资企业无法到期偿还银行贷款，则上游生产商负责回购质押货物。

制造商、经销商、第三方物流供应商、银行四方签署保兑仓业务合作协议书，经销商根据与制造商签订的购销合同向银行缴纳一定比例的保证金，该款项应不少于经销商计划向制造商此次提货的价款，申请开立银行承兑汇票，专项用于向制造商支付货款，由第三方物流供应商提供承兑担保，经销商以货物对第三方物流供应商进行反担保。银行给制造商开出承兑汇票后，制造商向保兑仓交货，此时转为仓单质押，具体模式如图1.7所示。

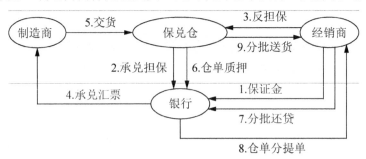

图1.7　保兑仓业务模式

5. 动产质押业务

动产质押是指债务人或者第三人将其动产移交债权人占有，将该动产作为债权的担保。债务人不履行债务时，债权人有权依照契约或合同规定以该动产折价或者以拍卖、变卖该动产的价款优先受偿。前款规定的债务人或者第三人为出质人，债权人为质权人，移交的动产为质物，出质人以银行认可的动产作为质押担保，银行给予融资，如图1.8所示。

动产质押业务可分为逐笔控制和总量控制两类。

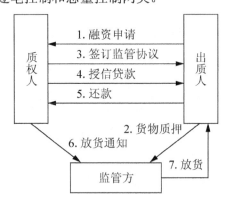

图1.8　动产质押与兼管流程

6. 开证监管业务

开证监管是指银行为进口商开具立信，进口商利用信用证向国外的生产商或出口商购买货物，进口商会向银行缴纳一定比例的保证金，其余部分则以进口货物的货权提供质押担保，货物的承运、监管及保管作业由物流企业完成。

7. 物流保理业务

物流保理模式是保理市场迅速发展的产物，客户在其产品置于第三方物流企业监管之下的同时，就能凭提单获得物流企业预付的货款，货物运输和保理业务的办理同时进行。该业务是物流企业联合金融机构为其他中小企业提供的融资服务。从保理业务的服务内容来说，物流保理业务与银行保理业务无本质不同，但是其经营的主体由银行变为了第三方物流企业，使物流和金融流的联系更为紧密。

与金融机构相比，第三方物流企业在对客户的供应链管理中，对于买卖双方的经营状况和资信程度都有相当深入的了解，在进行信用评估时不仅手续更为简捷方便，风险也能够得到有效控制。金融机构保理业务的主要风险来自于买卖双方的合谋性欺骗，一旦金融机构在信用评估时出现失误，就很可能财货两空，而在物流保理业务中，由于货物尚在物流企业控制之下，可以降低这一风险。

即使第三方物流企业因无法追讨货款而将货物滞留，由于对该货物市场有相当的了解，与该行业内部的供应商和销售商具有广泛的联系，在货物变现时能够享受到诸多的便利，使货物得到最大程度的保值。

8. 直接融资业务

在第三方物流企业的物流业务流程中，当第三方物流企业为发货人承运一批货物时，第三方物流企业首先代提货人预付一半货款，当提货人取货时则交付给第三方物流企业全部货款。第三方物流企业将另一半货款交付给发货人之前，产生了一个资金运动的时间差，即这部分资金在交付前有一个沉淀期。在资金沉淀期内，第三方物流企业等于获得了一笔不用付息的资金。第三方物流企业用该资金从事贷款，而贷款对象仍为第三方物流企业的客户或者限于与物流业务相关的客户。在这里，这笔资金不仅充当交换的支付功能，而且具有了资本与资本运动的含义，而且这种资本的运动是紧密地服务于物流的。这不仅加快了客户的流动资金周转，有助于改善客户的财务状况，而且为客户节约了存货持有成本。

1.2.3 UPS的金融物流模式应用案例

UPS由吉姆·卡塞于1907年8月28日在美国华盛顿州西雅图成立，后总部迁至亚特兰大，起初名为美国信使公司。经过近百年的不断发展，UPS成为了世界上最大的包裹快递公司和专业化运输及物流服务的全球顶尖供应商。自20世纪90年代以来，UPS的发展动向在业界备受瞩目，主要原因是其独具匠心的供应链解决方案。供应链解决方案是一个流线型组织，能够提供货物配送、全球货运、金融服务、邮件包裹服务和业务拓展咨询等一揽子服务方案，从而真正实现货物流、信息流和资金流的"三流合一"。在该方案的形成过程中，金融物流模式的引入堪称典范。就目前发展情况看，UPS和其他国际型物流公司(如马士基集团)的第一位利润来源均为金融物流服务。

1. UPS金融物流的引入阶段

UPS的金融物流在世界各地受到了广泛的赞誉。但是，金融物流的引入并非一蹴而就，UPS大约花了10余年的时间，分两个阶段才真正把金融资本融入物流产业资本中来。

(1) 第一阶段。货物流的扩张带动信息技术的创新。截至1993年，UPS每天为100万个固定客户传递1 150万件包裹和公文。如此繁重的工作量迫使UPS不得不发明新技术以提高效率，保持价格竞争性和提供新的产品搭配。1986—1991年，UPS花费了15亿美元用于技术改造，并在1991—1996年又投入约32亿美元用于技术创新。可以这么认为，UPS的技术创新几乎无孔不入。从手持传递信息获取设备(DIAD)，到专业化设计的包裹快递设备，再到全球计算机互联网系统和专用卫星。以DIAD为例，它由每个UPS的驾驶员使用，能够立即记录和向UPS网络系统上传货物传递的动态信息。DIAD存储的信息甚至包括收货人签字的数字照片，以便向发货人提供货物运输的最鲜活信息。这种专用设备也允许驾驶员远程联系总部，与变更后的送货计划、交通路况及其他重要信息保持实时一致。通过技术创新和信息化建设，UPS的综合吞吐能力激增，客户需求得到进一步满足，实现了货物流与信息流的结合。总体上看，这一阶段至关重要，为后来金融物流模式的引入打下了坚实的物质基础。

(2) 第二阶段。货物流和信息流的成熟催生金融物流模式。20世纪90年代末，UPS处于第二次重要的转型当中。尽管核心业务是货物和信息配送，并且独占鳌头，但UPS高层认为，企业的可持续性发展必须摆脱这种结构单一的物流运作模式。基于广泛的市场调研，UPS发现，未来商业社会最重要的力量是"全程供应链管理"，成为"全程供应链主"才是UPS未来发展的原动力，并且公司在货物流和信息流方面的领先技术能比较容易地匹配金融流，从而形成完整的供应链解决方案。所以，UPS开始调集核心资源向这一新领域迈进，战略性地重组公司。

1995年，UPS成立了UPS物流公司，基于顾客的个性需求提供物流解决方案和咨询服务。1998年，UPS资本公司成立，其宗旨是提供综合性金融产品服务。该公司是UPS供应链解决方案的"金融臂膀"。1999年11月10日，UPS在纽约证券交易所首次向社会公众发行股票，使公司具备在世界重要金融市场上进行战略性收购和兼并的能力。这一举措相当重要，为UPS的长远发展提供了强大的资本支持。为了壮大UPS资本公司实力和稳步引入金融物流模式，UPS于2001年5月并购了美国第一国际银行(First Commercial Bark，FIB)，并将其融入UPS资本公司。2002年，UPS成立了UPS供应链解决方案公司，将UPS的业务扩展到以物流、金融、供应链咨询为核心的全方位第四方物流管理。2003年4月4日,美国康涅狄格银行委员会通过一项由FIB提出的申请,把它的名称变更为UPS资本商业信贷。

UPS资本商业信贷成为UPS资本公司的组成部分，专门为中小企业提供信贷、贸易和金融解决方案。

通过一系列的兼并重组后，UPS形成四大支柱部门，形成了供应链解决方案。
① UPS包裹快递公司：负责传统的UPS业务。
② UPS物流公司：主要提供供应链和电子商务，其目标是设计、再造和管理供应链的所有或任何部分，如运输服务、电子商务物流、全球服务和供应链管理。
③ UPS资本公司：负责内部和外部金融服务，包括C.O.D.增值服务、设备租赁、电子发票与支付、全球贸易金融、保险。
④ UPS零售：当UPS于2001年收购Mail Boxes Etc，之后便成立了UPS零售服务。UPS零售负责监管所有UPS拥有和运作的零售实体。

2. UPS资本公司的金融物流体系

UPS资本公司在UPS供应链解决方案中地位举足轻重。通过对美国FIB的并购，UPS资本公司能够向广大中小企业的传统业务领域中融入金融力量，从而创造出新的利润空间。

通过了解客户的目标、运作策略和供应链结构，UPS 资本公司开创性地重新定义了金融服务提供商的职能。

UPS 资本公司的新型服务体系包括传统和非传统的金融产品，主要集中于 4 个关键区域。

(1) 加强现金流。包括 C.O.D 增值服务、基于资产的贷款、设备租赁、UPS 资本 Visa 白金商务卡、商人服务计划。

(2) 管理贸易风险。包括货物保险、C.O.D 安全、信贷保险、弹性包裹保险。

(3) 国际贸易。包括应收账款管理服务、出口运作资本、出口信贷代理金融、商务信用证。

(4) 小额商业信贷。包括 SBA7(A)计划、SBA504 计划 SBA 专业贷款、特许权融资、商务购置、商业建设贷款、商业抵押贷款、商业期贷款、循环贷款。

典型的增值服务和垫资服务模式如下。

(1) 物流的增值服务。UPS 资本公司作为中间商在大型采购企业和数以万计的中小出口商之间周旋，在两周内把货款先打给出口商，前提条件是揽下其出口清关、货运等业务和得到一笔可观的手续费。这样，小型出口商们得到及时的现金流；而拥有自己银行的 UPS 再与大型采购企业进行一对一结算。同时，UPS 资本公司还为中小出口商提供为期 5 年的循环信用额度，并确保该公司规避客户赖账的风险。

(2) 垫资服务。在 UPS 的物流业务流程中，当 UPS 为发货人承运一批货物时，UPS 首先代提货人预付一半货款，当提货人取货时则交付给 UPS 全部货款。UPS 将另一半货款交付给发货人之前，产生了一个资金运动的时间差，即这部分资金在交付前有一个沉淀期。在资金的这个沉淀期内，UPS 等于获得了一笔不用付息的资金。UPS 用这一不用付息的资金从事贷款，而贷款对象仍为 UPS 的客户或者限于与快递业务相关的主体。在这里，这笔资金不仅充当交换的支付功能，而且具有了资本与资本运动的含义，而且这种资本的运动是紧密地服务于业务链的运动的。

从本质上看，UPS 资本公司提供的金融物流(以产业资本为主导)比一般意义上的物流银行(以金融资本为主导)更具优势。

(1) 可以降低银行风险。从目前物流的发展趋势来看，物流企业越来越多地介入到客户的供应链管理当中，因而往往对于买卖双方的经营状况和资信程度都有相当深入的了解，因此在进行信用评估时不仅手续较银行更为简捷方便，而且其风险也能够得到有效的降低。此外，物流银行业务的主要风险来自于买卖双方对银行的合谋性欺骗，一旦银行在信用评估时出现失误，就很可能陷入财货两空的境地。而在金融物流中，由于货物一直在物流企业手中，这一风险显然已经得到大大的降低。

(2) 融资快速方便。物流客户通常在其产品装(柜)箱的同时就能凭提单获得物流企业预付的货款，物流运输和融资业务的办理是同时并行的。而物流银行一般必须在货物装运完毕后再凭相应单据向银行要求预付货款。比较而言，显然前者更为简捷方便。

(3) 货物易于变现。在物流银行业务中，有时为了实现债权需要处理货物的是金融机构，而在金融物流中则为物流企业。金融机构一般都没有从事商品贸易的工作经验，与商品市场也缺乏必要的沟通和联系，因此在货物变现时常常会遇到很多困难。而物流企业，尤其是一些专业化程度很高的物流企业，对于所运输的货物市场却会有相当深入的了解，而且由于长期合作的关系，与该行业内部的供应商和销售商往往有着千丝万缕的联系，因此在货物的变现时能够享受到诸多的便利。

3. 启示

(1) 金融物流是物流产业资本高度发达以后产生的对金融资本的迫切需求，是一种以物流产业资本为主导的兼并性需求。而在物流产业资本不够发达的时候，才会孕育出物流银行这种以金融资本为主导的中间业态。所以，在我国新兴的物流银行正是物流产业资本欠发达情况下的一种中间形式。

(2) 物流产业资本对金融资本的需求并不是体现在对大型金融机构的需求，而是对能够服务于广大中小企业，特别是进出口企业的中小金融机构的需求，并将其转化为物流企业的一个职能部门。这种融合能够使中小金融机构真正地为中小企业服务，切实解决中小企业融资难的问题。

(3) 物流产业资本和金融资本的融合需要一个完善的法律法规体系、良好的信用环境和发达的资本市场，否则金融物流的发展将举步维艰、如履薄冰。UPS 在我国引入金融物流模式的最大障碍就在于此。

1.3 物流金融的特点、职能与发展战略

随着我国一系列宏观调控措施的相继实施，企业的融资环境再次发生了较大的变化，这些政策直接引起了相关产业整个产、供、销链的资金紧张，加大了企业的资金困难。同时，由于投资渠道多元化及利率市场化的进程加快，银行资金成本增加，带来企业融资成本的增加，影响了企业生产与销售，导致库存的不断增加。如何在新形势下解决企业的融资问题，推动企业更快发展，已经成为企业、金融机构和政府共同关注的热点问题。

1.3.1 物流金融的特点

达尔文的"生存法则"告诉我们，在竞争社会，最后存活的生物不是最大的，也不是最聪明的，而是对环境的变化反应最快的。21 世纪，积极利用国际国内经济形势的有利变化，主动抓住机遇并战胜挑战，这对于我国的许多物流企业乃至整个物流业的生存发展都是至关重要的。

1. 服务性

(1) 物流金融的服务前景。物流金融服务在国际乃至未来中国，都有广阔的前景，不管是世界最大的船运公司马士基集团，还是世界最大的快递物流公司 UPS，其第一位的利润来源都已经是物流金融服务。这些跨国公司依托良好的信誉和强大的金融实力，结合自己对物流过程中货物的实际监控，在为发货方和货主提供物流服务的同时，也提供金融性的服务，如开具信用证、仓单质押、票据担保、结算融资等。这样不仅吸引了更多客户，并且在物流金融活动中还创造了可观的利润。

以 UPS 为例，为了推进物流金融服务，该公司于 2001 年 5 月并购了 FIB，将其改造成 UPS 金融部门。人们看到，在 UPS 提供的物流金融服务中，UPS 在收货的同时，直接给出口商提供预付货款，货物即是抵押。这样，小型出口商们得到及时的现金流，UPS 再通过 UPS 银行实现与进口商的结算，而货物在 UPS 手中，也不必担心进口商赖账的风险。对于

出口企业来说，借用 UPS 的资金流，货物发出之后立刻就能变现，如果把这笔现金再拿去作其他的流动用途，便能增加资金的周转率。

另外，在 UPS 的物流业务流程中，当 UPS 为发货人承运一批货物时，UPS 首先代提货人预付一半货款，当提货人取货时则交付给 LIPS 全部货款。UPS 将另一半货款交付给发货人之前，产生了一个资金流动的时间差，即这部分资金在交付前有一个沉淀期。在资金的这个沉淀期内，UPS 等于获得了一笔不用付息的资金。

UPS 用这一不用付息的资金从事贷款，而贷款对象仍为 UPS 的客户，或者限于与快递业务相关的主体。在这里，这笔资金不仅充当交换的支付功能，而且具有了资本与资本流动的含义，并且这种资本的流动是紧密地服务于业务链的。

(2) 物流银行的服务性职能。物流银行可以帮助需要融资的企业(即借方企业)，将其拥有的动产作为担保，向资金提供企业(即贷方企业)出质，同时，将质物转交给具有合法保管动产资格的中介公司(物流企业)进行保管，以获得贷方企业贷款，具体流程如图 1.9 所示。

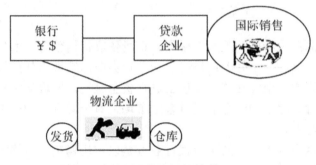

图 1.9 物流银行关系

动产及货权质押授信业务已覆盖钢铁、建材、石油、化工、家电等行业，授信额度和授信企业大增。这项业务已在全国范围内进行推广，其他一些商业银行也陆续开展了这项业务。

"货权"质押撬动中小企业融资

谭先生是一位专门从事铝锭贸易的公司总经理，由于资金和资产有限，而很多流动资金又大都被途中的货物所占压，业务量始终没有做大。2001 年 8 月，在一次银行业务部来讲述需求的沟通会上，他提出能否用自己手中的待售货品和货权单证及产品销售合同等作为质押品，从银行获得授信。

没想到，不久深圳发展银行广州分行便使这一设想变成了现实，在 5 000 万元的货权质押贷款帮助下，这位谭先生的公司销售收入从原来的 500 多万元做到了现在的 6 亿多元。

2. 增值性

当前，国际竞争日益加剧，如何才能在微利时代节约成本，实现利润最大化的问题无论是对企业的生存发展还是国家的繁荣昌盛，都具有非常大的现实意义。"中国 2 000 多亿美元在物流环节中白白损失掉了"。随着经济全球化的发展，从德鲁克提出"黑色大陆"观点到今天，物流也以秋风扫落叶之势席卷全球。物流已从原先的常规物流和物流概念的传递阶段,向倡导高附加值现代物流服务的阶段发展。因此,物流金融的结合将为物流和金融企业带来双赢和增值。

例如,对于具有成熟销售网络和物流配运系统的大型制造企业,其经销商遍布全国。物流金融通过物流银行业务具有的标准化、规范化、信息化的服务优势,能给予企业经销商融资和资金结算业务支持,有效促进企业销售,拓展市场份额。

对于中型制造(商贸)企业,其业务正处于高速发展阶段,销售网络和物流配运系统尚未成熟,可借助物流银行业务帮助企业迅速建立销售、配运网络,提供集融资支持、资金结算、物流配送、仓储监管为一体的综合金融服务解决方案,使其迅速扩展全国经销网络。

对于小型商贸企业,其资产规模小,急需资金扩大销售,物流银行业务可以增加企业的流动资金,降低其营运成本,提高效率,扩大销售,提升竞争力。

对于批发商来说,其都希望扩大销售,降低仓储资金占用,物流银行业务则可以为他们解决库存资金占压问题,扩大销售。

3. 市场性

市场是提供资源流动和资源配置的场所。市场依靠价格信号,引领资源在不同部门之间流动并实现资源配置,一个好的市场可以帮助社会资源实现最佳配置。金融市场属要素类市场,专门提供资本。企业在这个市场上进行资金融通,实现借贷资金的集中和分配,完成金融资源的配置过程。物流企业通过金融市场上对金融资产的交易,最终可以帮助实现社会实物资源的配置。

例如,物流金融中较为突出的物流银行业务是以市场畅销、价格波动幅度小、处于正常贸易流转状态且符合质押品要求的物流产品质押为授信条件,运用较强实力物流公司的物流信息管理系统,将银行资金流与企业的物流有机结合,向公司客户提供集融资、结算等多项银行服务于一体的银行综合服务业务。该业务通过银行、生产企业及多家经销商的资金流、物流、信息流的互补,突破了传统的地域限制,使厂家、经销商、下游用户和银行之间的资金流、物流与信息流在封闭流程中运作,迅速提高销售效率,降低经营成本,达到多方共赢的目的。

4. 时代导向性

在美国,由于服务费高涨,产品的制造成本已不足总成本的10%,而物流成本却占商品价值的 30%~50%。随着新经济和电子时代合并的完成,现代物流正在进行一种从商场购物到网上购物、从门行取货到送货上门的变革。

面对这一变革,企业可通过物流金融实现。

(1) 信息化。所有质押品监管,都借助物流公司的物流信息管理系统进行,从银行总行到分行、支行的有关该业务的管理人员,都可以随时通过互联网,输入密码后登录物流公司的物流信息管理系统,检查质押品的品种、数量和价值。

(2) 远程化。由于借助物流公司覆盖全国的服务网络,再加上借助于银行系统的全国资金清算网络,使得动产质押业务既可以在银行所设机构地区开展业务,也可以在全国各地开展异地业务,并能保证资金快捷汇划和物流及时运送。

5. 效率性

全球经济一体化逐渐消除了国家的经济边界,跨国公司能在全球范围内配置资源,压缩了一些环节，最终效率得到提高，资源的优势可以得到更好的发挥。进入 21 世纪，现代物流提出了整合供应链与供应链一体化的思想，这都是为了更好地提高物流效率与服务质量，同时降低物流成本。面对这一趋势，物流金融也应将此目标作为物流与金融结合的契机。一方面，物流和供应链管理能帮助解决融资的金融风险问题，克服"想贷怕贷"的困境；另一方面，金融机构多年风险管理的经验和发展的金融衍生品可以帮助企业降低供应链风险，提高供应链效率。

我国一般的产品出厂经过装卸、储存、运输等各个环节到消费者手中的流通费用约占商品价格的 50%，物流过程占用的时间约占整个生产过程的 90%。并且，经销商用于库存占压和采购的在途资金也无法迅速回收，大大影响了企业生产销售的运转效率。而物流金融将经济活动中所有供应、生产、销售、运输、库存及相关的信息流动等活动视为一个动态的系统总体，通过现代化的信息管理手段，对企业提供支持，从而使产品的供销环节最少、时间最短、费用最省。

6. 广泛性

物流金融的广泛性具体体现在以下几个方面。

(1) 服务区域具有广泛性，既可以在金融服务所设机构地区，也可以超出金融服务所设机构地区开展业务；凡有银行网点的区域和物流公司服务区域，都可以办理业务。

(2) 物流金融所涉物流品种具有广泛性，可以上溯到物流公司能够看管的所有物流品种，包括各类工业品和生活品等。

(3) 物流金融服务客户对象具有广泛性，既可以是制造业，也可以是流通业；既可以是国有企业，也可以是民营企业和股份制企业；既可以是大型、中型企业，也可以是小型企业。只要这些企业具有符合条件的物流产品，都可以开展该项业务。对于流动资金缺乏的厂商，物流银行业务可增加厂商流动资金；对于不缺乏流动资金的厂商，物流银行业务也可增加其经销商的流动资金；亦可二者有机结合，促进企业销售，增加利润。

1.3.2 物流金融的重要职能

现代金融对物流的服务职能包括业务保障、市场扩张和强化供应链。在金融对物流服务的过程中，正确区分服务对象及其金融需求，是实现金融服务职能、设计与推广融资产品的前提。大型物流公司需要的是套餐式服务，包括融资安排、融资项目顾问、资本运作顾问、投资中介、常年财务顾问、金融咨询、代客理财和电子商务等，小型物流公司对服务与产品的需求差异大。在仓单质押贷款中，要考虑相关人的利益，确定规范的融资程序，充分考虑融资的风险及其防范措施。但这仅仅是物流金融的基本职能，它更重要的职能如下所述。

1. 深化国际贸易和国际分工

国际分工是世界各国之间劳动的分工，是一个国家内部社会分工的延伸和继续，是一个国家内部社会分工向国际领域扩展的结果。国际分工具体表现在各国社会总产品中，各有不同的一种或少数几种产品占较大的比重。

商品交换的利益是物流和贸易的根本目的，物流金融的发展提高了物流和贸易的效率，从而深化了国际贸易和国际分工。因为资源的区域性和稀缺性，导致地区与地区之间的生产出现差异化，这种差异化突破了国家疆界，使得国际分工成为必然。物流金融以其庞大和便捷的银行间结算网络，缩小了资源流动的时间距离和空间距离，在货币收付和结算上大大提高了国际贸易效率。并且物流金融越发展，社会分工越细化。随着地区与地区之间的交往日益增多，特别是国际交往频度的显著增加，国际分工也随之逐渐深化，国与国之间的货币收付也越来越频繁。对外往来使各国利用外资、引进先进技术及对外贸易等涉外经济关系得到了飞速发展。

2. 服务资源的区域性限制，平衡地区经济发展

物流和物流金融不单单是解决商品交换的问题，它还关系到各地区经济的组成部分，如产业部门结构、产业组织结构、科学技术、生产力发展水平及各种资源等问题。可见，物流和物流金融已成为影响一个国家、地区乃至全球经济发展越来越重要的因素。物流和物流金融对世界经济的促进作用体现在可使世界的总体生产规模不断扩大，产量增多，生产费用降低，节约社会劳动，提高劳动生产率，从而获得超额利润，实现超额价值。物流和物流金融把世界上生产发展水平差异较大的发达国家和发展中国家相互联系起来，使生产和经济活动在一定程度上具有普遍的世界性质，使各国生产要素优势在较大范围内充分发挥出来，避免了封闭经济条件下进行生产的弱点，使世界范围内生产要素的使用率大大提高。

由于生产要素分布状况的不同、科学技术和生产力发展水平差异等各种因素的影响，各个国家和地区的生产存在着较大的差异，某些资源、产品总会出现空缺或供应不足的情况。例如，资源贫乏的国家缺乏经济发展所需的原材料，技术落后的国家又不能生产高精尖产品。同时，世界各国各地区大多都有某些产品过剩的状况，这种资源的区位优势又在一定程度上制约了当地经济的发展。通过物流和物流金融可以获得本国或本地区发展所需的原材料或资金，使国民生产的领域全面化和完善化，扩大生产的广度，开拓更多的生产领域，物流金融的目的是使全球生产要素的价格趋于一致。

3. 构建物流企业融资平台，实现供应链协调运作

物流金融是金融部门专门针对物流行业而进行的金融服务，其目的是提高物流效率，实现供应链的价值增值。

金融机构通过分析与其合作的物流企业的业务往来情况，能够对这些物流企业进行信用评级。信用评级是金融机构对其客户融资管理最关键的参考，通过信用评级金融机构可以将其客户分类，以保证信贷资金的安全。同时，金融机构通过横向联系能分享这些信用评级信息，其结果是优质的物流企业将会得到便利的资金融通，而信用级别差的将会被市场淘汰，从而使物流进入一个良性循环的状态。

4. 物流金融实现供应链的有效运作

在第三方物流中，资本的作用主要表现在物流的商业信用基础、支付工具及构建并产生供应链的推动作用上。

中国基础铝的供应链

以中国基础铝2004年年产700万～850万吨铝锭的产能来计算,2004年基础铝的产值是1000亿～1 200亿元人民币。以中国氧化铝每年缺口约40%～50%来计算,2004年氧化铝缺口应为630万吨左右。630万吨氧化铝的缺口意味着一个怎样的物流供应链?

图1.10是第三方物流供应链中几种提供给铝厂的主要融资方式。

(1) 通过国内最终用户融资(包装制造商、烟草供应商)。

(2) 通过国内、国外客户进料加工、来料加工融资。

(3) 通过产品的仓储,实现串换或现金融资(物流仓储实际起到信用保障作用,相当于水库的蓄水功能)。

铝厂在这里仅起到一个加工的作用,用"三个二"的(市场/资金/资源)方式实现流动资金筹资。它和有些企业将第三方物流实际做成垫资的做法相比,有本质区别。

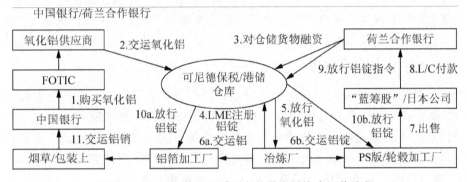

图1.10　中国与荷兰铝系列产品供应链资本运作流程

通过上例让我们认识到利用供应链融资的特点:首先是建立、理顺与供产销三方及物流企业相对称的信息流,然后再用其对称、稳定、可监管的应收应付账款信息及现金流引入投融资机构的参与。投融资机构关注的投资风险的平息,是靠监控供应链上下游企业物流、资金流的信息公开、透明、真实、对称来保障实现的。实现这一流程融资的推动力是订单、信息、资本三要素。订单是真实、可靠的市场需求;信息是有获利能力的对称、透明和可信赖的各项实时运作数据;资本是信用保障的助推剂和润滑剂,推动着物流有序、高效运转。

1999年4月—2000年10月中国共进口氧化铝约450万吨,由于市场的剧烈波动,平均每吨氧化铝成本增加了150美元;而同时,中国铝锭的销售价格平均每吨又减少了约150美元,这样算下来,中国铝业在这期间共损失约40亿～60亿美元。也就是说,中国在这一时间段上,是高价买原料,低价卖产品,不但没有附加值,而且还形成了巨额的亏损,同时又波及很多中小铝厂及上下游企业的资产负债实际形成了负值,既伤了筋,又动了骨。

2000年2月1日是中国铝业戏剧性的一天,这天也是中国的春节。这是乔治·索罗斯继1997年阻击港币汇率失利后,利用中国的春节跟中国铝业开了一次玩笑。国际基金正是在这一天凭借着中国对国际市场氧化铝的依赖,成功地在伦敦金融交易所进行了抛盘。1999年4月—2000年10月,利用伦敦金融交易所对中国铝业完成了一次价格吞吐,在短短10个月中从中国市场取得了40亿～60亿美元的巨额利润。

从依托第三方物流,体现第四方物流结合物流金融运作的实质形式上看,价值链是资本从源头注入终端产品回笼的资金流过程,但它在具体运作中却没有那么简单、直观。其间,资金流必须满足各生产企业的采购、排产、供应、时间等要素需求，尤其有时还要应对市场的价格变化，回避市场风险，合理库存，以稳定供应链上下游企业的正常生产安排。在供应链上用订单、资本的组合，锁定特定产品在同一市场、时间状态下对应国际市场商品的价格，甚至对某些商品还要使用金融衍生工具在市场中采取价格吞吐等技术手段来满足产品在加工制造过程中的多次市场形态的转换，从而实现最优换汇成本和效益最大化。依托第三方物流，选择资本在一定物流运行行业、时间、空间的不同组合介入方式，就是第四方物流可以产生价值链的内容所在，追求价值链的附加值应是第四方物流资本作用的实质。

5. 强化供应链整合

物流金融、供应链金融是推进供应链整合，提高整个供应链资金使用效率的重要措施，对提高供应链的竞争能力具有很大的作用。在国际上，不管是作为供应链的核心企业的大型制造企业，还是承担供应链整体物流业务的大型物流企业，承担供应链资金流服务的金融企业都积极参与了物流金融活动。在物流金融活动中，这些企业既强化了自己的竞争地位，又获得了巨大的利润。

世界排名第一的船运公司马士基、世界排名第一的快递公司 UPS 都是物流金融活动的参与者，物流金融已经成为这两个超大型公司的最重要的利润来源。在金融业中，法国巴黎银行、荷兰万贝银行等对大宗商品提供融资服务，并提供以销售收入支付采购贷款等服务。

6. 调剂国内外市场供求关系

调剂国内外市场供求关系，促进价格稳定，解除消费心理负担，完善需求链管理。

(1) 物流金融中融通仓业务提供的一体化服务，可以解决质押贷款业务的外部条件瓶颈。在质押业务中，融通仓根据质押人与金融机构签订的质押贷款合同及三方签订的仓储协议约定，根据质押物寄存地点的不同，对客户企业提供以下两种类型的服务。

① 对寄存在融通仓仓储中心的质物提供仓储管理和监管服务。

② 对寄存在质押人经金融机构确认的其他仓库中的质物提供监管服务，必要时才提供仓储管理服务。

借助融通仓的参与，针对中小企业的动产质押贷款业务的可操作性大大增强。在中小企业的生产经营活动中，原材料采购与产成品销售普遍存在批量性和季节性特征，这类物资的库存往往占用了大量宝贵资金。融通仓借助其良好的仓储、配送和商贸条件，吸引辐射区域内的中小企业，作为其第三方仓储中心，并帮助企业以存放于融通仓的动产获得金融机构的质押贷款融资。融通仓不仅为金融机构提供了可信赖的质物监管，还帮助质押贷款主体双方良好地解决了质物价值评估、拍卖等难题，并有效融入中小企业产销供应链，提供良好的第三方物流服务。同时，融通仓也将商贸平台作为发展目标之一，借助"前店后仓"的运作模式，成为聚集区域内众多中小企业的采购与销售平台。

(2) 物流金融整合实现信用整合与信用再造。一方面，作为企业需要将沉淀的存货资金盘活，作为金融机构的银行考虑的是如何控制风险，那么就需要了解抵押物、质物的规格、型号、质量、原价和净值、销售区域、承销商等，要察看权力凭证原件，辨别真伪。这些工作超出了金融机构的业务范围，这时金融机构便离不开物流企业的帮助。另一方面，融通仓作为联结中小企业与金融机构的综合性服务平台，具有整合和再造会员企业信用的重要功能。融通仓与金融机构不断巩固和加强合作关系，依托融通仓设立中小企业信用担保体系，金融机构授予融通仓相当的信贷额度，以便于金融机构、融通仓和企业更加灵活地开展质押贷款业务。充分发挥融通仓对中小企业信用的整合和再造功能，可帮助中小企业更好地解决融资问题。

(3) 物流金融促进电子商务物流的发展，满足网络时代消费的需求(链)。目前，利用互联网做生意和要涉入电子商务的企业急速增加，不但有网络公司，零售商家也积极投入，让人有不做电子商务就跟不上时代的感觉。

1.3.3 物流金融在企业经营过程中的三大职能

物流金融在企业经营过程中的三大职能分别是物流融资职能、物流结算和物流保险职能。三大职能的正常运作，可为现代物流业发挥不可估量的作用。

1. 物流融资职能

该项职能体现在物流工作整个流程中，包括采购、生产、加工、仓储、运输、装卸、配送直至到达需求方手中。由于物流业务地理范围广阔，需要巨大的基础设施投资，单个企业难以形成规模经济，必然需要银行、资本市场、政府财政的大量资金支持。1993 年，美国的商业物流投入是 6 700 亿美元，相当于美国当年 GDP 的 11%。高资金的投入促进了美国高效率的物流发展，物流现代化又极大地刺激了美国经济。这都离不开美国财政金融对基础设施建设的鼎力相助。

2. 物流结算职能

为物流业服务的金融机构面临大量的结算和支付等中间业务。为了实现 B to B、B to C 的流程，诞生了现代物流，物流的发展方向就是满足不同批量、不同规格、不同地区的需求。随着物流业的顾客扩展到全国乃至世界范围，金融服务也就随之延伸到全国和世界范围。如果没有金融结算及资金划转等服务措施的配套，物流企业的成本无法降低，中小企业就会对现代物流服务望而却步；大型物流企业会对订单较小、运送距离较远、服务要求较多的产品失去兴趣，物流的灵活性、多样化、个性化的发展优势就会丧失；对于客户而言，如果网上下单不能获得应有的服务，物流的价值将大打折扣。我国现行的结算方式主要有支票、汇兑、委托收款、托收承付、银行汇票、商业汇票、银行本票和信用卡等 8 种代表性的结算工具，另外还有多种的结算服务可供选择，如信用证、国际保理等。

每一种方式都有自身的特点，银行承兑汇票由于有银行作为付款人，付款保证性强，具有融资功能，但同时票据的流转环节多，查询难度大；商业承兑汇票是由付款人或收款人签发，付款的保证程度视企业的信誉高低而定；本票是由出票银行签发，支票则由出票单位签发，都适合在同城使用；信用卡属于电子支付工具，方便、灵活、快捷，但是该结算方式受银行网络的限制；汇兑是异地结算的主要方式，适用于付款人主动付款；委托收款是收款人委托开户银行收款的结算，同城、异地结算都可以使用，属于商业信用，保付性较差；托收承付要求购销双方必须签订购销合同约定，现实中经常发生付款争议；国内信用证通过银行传递，手续严密，具有融资功能，但是手续烦琐，手续费用也比较高。物流企业选择这些方式的时候要兼顾安全性、时效性和经济性。

物流企业在异地结算方式的选择：如果是一次性交易，宜采用先收款后发货或一手钱一手货的方式，如现金、信汇、电汇、自带汇票等方式；经常往来的客户，可先发货后收款，采用汇款、异地托收承付、委托银行收款等方式。

3. 物流保险职能

物流业的责任风险几乎伴随着业务范围的全程：运输过程、装卸搬运过程、仓储过程、流通加工过程、包装过程、配送过程和信息服务过程。物流保险作为物流金融的重要组成部分，提供一个涵盖物流链条各个环节的完整的保险解决方案，努力帮助物流公司防范风险。

针对这个具有巨大潜力的市场，保险公司应整合相关险种，为物流企业量身设计各种新的保险组合产品，如物流综合责任保险，使保险对象可以扩大到物流产业任何一个环节，如物流公司、货运代理公司、运输公司、承运人、转运场码头和车站等。

物流公司的责任较传统的运输承运人大得多，服务的内涵和外延远比运输服务要广，并且不同的服务受不同的法律制约。但是国际国内都还没有关于物流服务的专门法律，因此，物流保险作为针对物流企业定制和设计的金融产品，能较大地简化物流业的复杂环境，为物流业的拓展提供保障。

1.3.4 物流金融的发展战略构架

建立和谐的物流金融需要多方面的配合，除了要有政府政策的支持、相关法律制度的保障外，还需要物流和金融从业者的开拓创新，将金融服务的内容注入物流工作，在物流工作领域创新金融工具。

1. 物流金融与物流集成式的创新服务

物流金融在微观经济结构中的功能突出的表现为物流金融服务，特别是在供应链中第三方物流企业提供的一种金融与物流集成式的创新服务，其主要服务内容包括物流、流通加工、融资、评估、监管、资产处理、金融咨询等。

2. 加强银行和物流企业的合作

物流企业应与金融部门建立长期互信的合作关系，以赢得金融机构的最大支持。首先可以对物流业开展统一授信。统一授信就是银行把贷款额度直接授权给物流企业，再由物流企业根据客户的需求和条件进行质押贷款和最终结算。

3. 加强物流保险，使物流企业轻装上阵

现代物流业的服务领域已远远超越了传统运输仓储的范畴，向集运、存货管理、分拨服务、加贴商标、订单实现、属地交货、分类包装等多领域发展。各种无法预测的自然灾害、意外事故和任何一个环节经营管理的疏忽，都有可能造成物流企业的重大损失，因此迫切要求配套的保险服务予以支持，分担经营过程中的风险。

4. 通过资本市场，壮大物流企业

物流企业发展到一定规模，急需物流网络的再扩张，而这需要强大的资金支持，同时随着企业的不断扩张，原有的传统管理模式也渐渐力不从心。此时，谋求上市可谓一条出路。如果上市成功，企业处于严格的监管之下，要求管理水平与国际接轨，这对于谋求上市的物流企业既是压力也是动力；同时，通过上市募集到的大量资金，对于企业扩张网络、增强实力、增强对外竞争能力也是一种推动。

中华人民共和国国家发展和改革委员会、中华人民共和国商务部等九部委于 2004 年 9 月联合制定的《关于促进我国现代物流业发展的意见》指出，要支持鼓励资产质量好、经营管理好、具有成长潜力的物流企业上市。在国家政策鼓励的大环境中，大中型物流企业应加强自身资本运营能力，通过创业板上市、买壳上市等多种方式实现境外上市。

5. 提高整个供应链资金使用效率

物流金融是推进现代物流整合、支持，提高整个供应链资金使用效率的重要措施，通过与银行合作，监管客户在银行质押贷款的商品，增加配套功能，增加附加值，提升了企业综合价值和竞争力。第一，发挥物流融资功能。第二，可以降低企业原材料、半成品和产品的资金占用率，提高企业资金利用率，实现资金优化配置，提高企业一体化服务水平。第三，为物流企业提供资金结算服务。可以提高资金使用率，实现服务增值。目前最普遍的是开办仓单质押、保兑仓、担保、垫资业务。

6. 开辟新的业务增长点

物流金融为金融业开辟了新的业务增长点，成为拓宽服务领域的重要渠道。第一，物流企业作为第三方可为金融机构的质押贷款业务提供库存商品充分的信息和可靠的物资监管，降低了信息不对称带来的风险，促使金融机构扩大贷款规模，使银行有可能对中小企业发放频度高、数额小的贷款，协助金融机构处置部分不良资产，提升质物评估服务。第二，物流金融为创新的金融产品提供了销售的平台，如仓单质押、融通仓、保兑仓等业务。第三，物流金融的发展为银行完善现代结算支付工具，提高中间业务收入创造了机会，如物流业一般采用信用证、网上支付、银行托收、汇票承兑等结算工具，势必增加银行资金结算、资金查询、票据承兑等中间业务的服务机会。第四，在发展物流金融的同时，也为银行扩大和稳固客户群，尤其是培育了金融业优质的客户。第五，物流金融可提供银行理财服务。物流网络在业务运营过程中会产生大量稳定的现金流，产生派生存款，银行可以利用自身的资金管理优势，为物流企业提供高效的理财服务。这一切都将成为金融业务创新不可忽视的盈利源。

物流金融是物流和金融理论与实践两个层面上相结合的产物，属于一种创新的金融产品，它为金融业提供了新的销售平台，增强了金融机构的主动性。物流业的壮大发展，给金融业创造了新的业务拓展空间，物流企业也将成为银行等金融机构的理财对象。

保运通提醒：对于银行业而言，物流金融既满足了企业经营发展的需要，又有利于控制信贷风险，同时物流公司也借此业务扩大了业务范围和业务量。

本 章 小 结

通过本章的学习，能够从全新的视角了解现代物流发展中的前沿问题，对物流金融有一个较为全面的、宏观的认识和理解。本章全面介绍了物流金融发展现状、发展趋势，物流金融概念与基本功能及技术分类。通过对我国物流发展过程中存在的主要问题进行分析，了解了国内外发展现状及相关产业链运作模式等方面的内容。通过学习物流金融相关知识，重点论述了物流金融的基本功能及业务分类，树立了现代物流的理念。

关键概念

物流　物流依存度　物流金融　物流量　物流值　物流地区分布

 讨论与思考

1. 简述物流与金融的联系和区别。
2. 简述物流金融的主体。
3. 简述物流金融的作用。
4. 简述物流金融的特点。
5. 举例说明物流金融的职能。
6. 物流金融如何推动第三方物流的发展?
7. 物流金融与物流保险如何实现现代供应链管理?

第 2 章　现代物流金融的运作模式

【学习目标】

1. 掌握现代物流金融的基本概念；
2. 掌握现代物流金融的基本运作模式；
3. 熟悉物流金融的商业运作模式；
4. 熟悉物流金融的市场作用；
5. 了解物流金融的创新作用；
6. 熟悉物流金融风险与控制的基本理论。

【教学要求】

知识要点	能力要求	相关知识
现代物流金融概述	(1) 理解发展现代物流金融的意义 (2) 了解物流和金融的整合创新作用	(1) 物流金融相关概念 (2) 金融衍生品
现代物流金融的重要作用	(1) 了解银行保险和企业的关系 (2) 掌握物流金融基本知识点	(1) 物流金融模式的建立 (2) 物流金融创新作用
物流金融风险与控制	(1) 熟悉 TPL 金融服务中的风险控制 (2) 熟悉物流金融风险的应对策略	物流金融风险的规避

物流通——物流金融无阻畅通

物流金融是我国物流产业和金融机构一直关注的概念，金融机构为物流产业提供了资金融通、结算、保险等服务，提高了资本运用效率。近期，中信银行开发了一种新的物流金融产品。

网购货到付款后，发现物品被调包的案例近年来频繁见诸媒体。从中信银行获悉，由该行研发的"物流通"产品近期上线，将为每件物流配上"金融身份证"，不仅提高了资金结算效率，而且增强了物流配送的安全性。

据介绍，中信银行广州分行零售银行部门开发的"物流通"产品——每件物流都贴上条形码，收货时用读写器读一下，相关支付信息就一目了然了。在中信银行"物流通"所提供的综合支付解决方案中，物流企业 ERP 系统与银行合作的第三方公司对接在一起，信息交互的结果是，每笔订单都在物流账单支付系统内生成了唯一的账单号。当消费者通过线上的网络银行或线下 POS 机消费时，物流账单支付系统将会实时把支付信息传递给物流企业 ERP 系统。

中信银行表示，应用"物流通"就相当于给每单物流货品佩戴上了"金融身份证"，让人们轻松了解每一单物流的来龙去脉和支付情况。更重要的是，"物流通"整合了各方信息，提高了资金流转速度，缩短了商家的资金回笼时间。

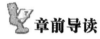

章前导读

物流金融、供应链金融是推进供应链整合，提高整个供应链资金使用效率的重要措施，对提高供应链的竞争能力具有很大的作用。在国际上，不管是作为供应链的核心企业的大型制造企业，还是承担供应链整体物流业务的大型物流企业，承担供应链资金流服务的金融企业都积极参与了物流金融活动。在物流金融活动中，这些企业既强化了自己的竞争地位，又获得了巨大的利润。世界排名第一的船运公司马士基、世界排名第一的快递公司 UPS 都是物流金融活动的参与者。物流金融已经成为这两个超大型公司的最重要的利润来源。在金融业，法国巴黎银行、荷兰万贝银行等对大宗商品提供融资服务、以销售收入支付采购贷款等服务。

物流金融在我国还是一个崭新的商业活动，中国建设银行、浦东发展银行、中国物资储运总公司（以下简称中国储运）等单位已经在这方面做了有益的尝试，但是总体来看，物流金融对我国大部分企业来讲，还是一个崭新的概念。

2.1 现代物流金融概述

物流金融是物流与金融相结合的复合业务概念，一般意义上的物流金融，是指在供应链业务活动中，通过运用结算、融资、保险等金融业务和服务，提高资金运行效率，达到物流、信息流和资金流的有机统一，产生价值增值的金融活动。

2.1.1 现代物流金融的基本运作模式

这种新型金融服务原本属于金融衍生工具的一种，之所以称为物流金融业务，而不是传统的抵押贷款或者质押融资，是因为在其发展过程中，逐渐改变了传统金融贷款过程中银行—申请贷款企业双方面的权责关系，也完全不同于担保贷款中担保方承担连带赔偿责任的三方关系。它越来越倚重于第三方物流企业，目前主要表现为物流企业的配套管理和服务，形成了银行—物流企业—贷款企业的三方密切合作关系。

1. 权利质押物流金融模式

权利质押的物流金融业务模式，即仓单质押融资，是指借方企业以物流企业开出的仓单作为质物向银行申请贷款的信贷业务，是物流企业参与下的权利质押业务。仓单是保管人(物流企业)在与存货人(借方企业)在签订仓储保管合同的基础上，对存货人所交付的仓储物进行验收之后出具的物权凭证，如图2.1所示。

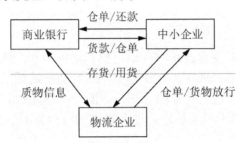

图 2.1　仓单质押模式

从物流金融的角度，则是将质押仓单价值视为融资对价，融资的期限、金额、贷后管理等都以质押的仓单为基础。这一观念的转变将大大拓展仓单质押融资的目标市场，并提高风险管理的精度。从我国的实际情况看，由于开展仓单质押融资业务的市场和制度基础环境尚未完全成熟，一般物流企业(非期货市场交割仓库)签发的仓单没有权威的机构认证，仓单的标准化程度低、使用和流通范围有限。因此，完全意义上的仓单质押融资在国内开展得很少，仓单更多的是作为一种存货凭证，仓单的流通机制还未形成，因而物流金融业务更多地是以动产质押融资的形式出现。

2. 动产质押物流金融模式

动产质押的物流金融业务模式，即存货质押融资，是指借方企业将其拥有的动产作为担保，向资金提供方(如银行)出质，同时，将质物转交给具有合法保管动产资格的物流企业(中介方)进行保管，以获得贷款的业务活动，其流程如图2.2所示。存货质押融资业务是物流企业参与下的动产质押业务。在我国现实实践中，此类业务已经覆盖有色金属、钢材、建材、石油、家电等十几个行业。粮油、棉花、有色金属、钢材、纸浆、玻璃、汽车、橡胶、化肥、原油等，因价值稳定及市场流通性好，而被纳入质押的范围。动产质押品种的选择，在一定程度上反映出商业银行对风险规避的考虑。另外，一些商业银行和物流企业在实践中逐步摸索出了"总量控制"和"不断追加部分保证金以赎出部分质物"等操作方式，在确保信贷安全的前提下，增强了质押商品的流动性。

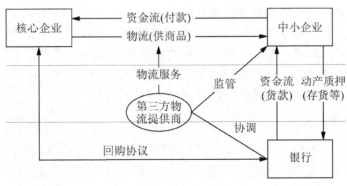

图 2.2　动产质押模式

2.1.2 物流金融商业运作模式

在物流过程中开展金融服务对中小企业、银行及第三方物流企业本身都具有重要的意义,大力推广物流过程中的金融服务,不仅可以有效地提高企业的资金利用效率,使资金流和物流结合更加紧密、物流环节更加畅通,而且将有利于物流业乃至整个经济社会的健康、高效、快速发展。

1. 商品货权和库存混合融资模式

商品货权和库存混合融资模式是结合运用权利质押和动产质押的模式。商品货权和库存质押融资模式的区别主要表现在:在法律上,两种业务的标的物的性质不同,在第一种业务形态中,标的是仓单,它是物权的凭证,如图 2.3 所示;在第二种业务形态中,标的是动产,属于实物范畴,如图 2.4 所示。业务操作的流程有所区别。

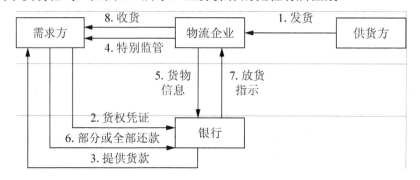

图 2.3 企业货物质押模式

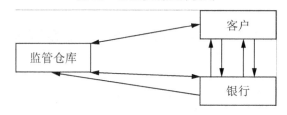

图 2.4 企业存货类融资模式

权利质押模式需要考察仓单的信息和真实性,而动产质押模式需要对动产的价值、进出进行管理等。两种模式的共同之处表现在两种业务模式都属于质押范畴,被用来作为规避贷款风险的手段,两种模式实质上都要关注质押商品的价值及其浮动和变化,业务参与方相同,都包括银行、借方企业和物流企业。

从业务对象上看,该融资模式与进口押汇业务有一些类似,但其对银行债权的保障要远高于押汇业务,因此可以进一步放松融资企业条件,适用性更强。随着银行对物流金融风险特征把握能力的增强,在一些特定的贸易情况下,该融资模式还可以将物流监管前移至货物装船启运,实现从开证开始的商品质押全程监管融资。

2. 厂商银融资模式

厂商银融资模式是商品经销商从生产厂家购买货物时,提前向银行存入部分价格风险保证金(一般为 20%~30%),银行代经销商支付货款,然后生产商以银行为收货人向指定的仓库发货,货物到仓库后由第三方物流公司代银行验收并进行质押监管,如图 2.5 所示。

企业归还银行借款，银行释放相应比例的商品提货权给借款人，直至保证金账户余额等于未偿借款余额。

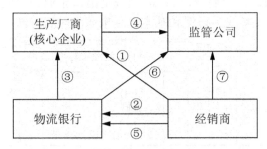

图 2.5　厂商银融资模式

厂商银融资模式多用于以预付款方式购买商品的国内贸易结构中，采用的金融工具多为银行承兑汇票和国内信用证。厂商银融资模式涉及银行、生产商、经销商、物流公司四方，从风险控制角度，生产厂家按合同要求交付合格商品的履约能力、物流公司的监管能力和质押商品的销售变现能力非常重要，因此实践中该融资模式多围绕大宗商品重点生产企业，对其经销商提供集中融资。在厂商银融资模式中，一些生产厂承诺在经销商不能归还融资时可以对质押商品进行回购，从而锁定了银行面临的商品价格下跌风险，扩大了银行可进行融资的商品种类，这也被称为保兑仓模式。厂商银融资模式能够加快经销商资金周转，促进生产厂家商品销售，加快回款速度，并带动物流公司的监管、储运等业务，受到了各参与方的广泛欢迎，在钢材、汽车、家电、化肥、纸品、建材等大宗商品领域具有广阔的市场空间。

3. 融通仓模式

融通仓模式以物流公司为中心建立一个融质押商品仓储与监管、价值评估、融资担保、物流配送、商品处置为一体的综合性物流服务平台，银行根据融通仓的规模、经营业绩、运营现状、资产负债比例及信用程度，授予融通仓一定的信贷额度，物流公司可以直接利用这些信贷额度向相关企业提供灵活的质押贷款业务，由融通仓直接监控质押贷款业务的全过程，金融机构则基本上不参与该质押贷款项目的具体运作，如图 2.6 所示。根据我国金融法律，由于物流公司不能从事金融业务，所以实践中一般是采取由物流公司提供担保，借款人将商品质押给物流公司进行反担保来进行融资的方式。

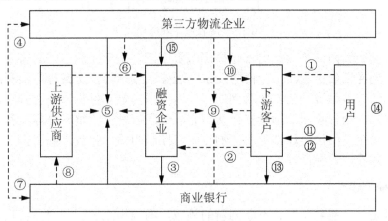

图 2.6　融通仓委托代理模式

4. 应收账款融资模式

(1) 结构性出口前融资。结构性出口前融资是出口企业在已签订购销合同的条件下，以履行该合同产生的应收账款为担保和基本还款来源的融资方式，如图2.7所示。

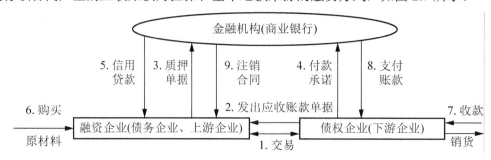

图 2.7　应收账款融资模式

应收账款融资模式具体根据结算方式，包括赊销(O/A)或承兑交单(D/A)项下的出口发票融资、信用证结算项下的出口打包贷款等。在结构性出口前融资中，银行最关注的是借款企业根据合同要求生产、交付商品的履约能力和买方按期支付货款的能力。因此银行对物流的监控主要是企业按照合同生产、交付等履约情况，而不再是商品本身变现价值，由于销售价格多在合同中约定，因此可以进行此类融资的商品种类也更加广泛。对于买方付款的风险，主要通过选择信用良好的大型买家(或者接受信用高的银行开出的信用证)，在一些情况下也可以辅之以出口信用方担保措施来规避。

(2) 应收账款保理。应收账款保理主要用于针对上游供应商的融资业务。其基本流程如图2.8所示。

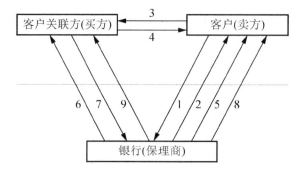

图 2.8　应收账款融资模式

供应商接到经销商订单后，向银行提出融资申请，用于组织生产和备货；获取融资并组织生产后，向经销商供货，供应商将发票、送检入库单等提交银行，银行即可办理应收账款保理，归还订单融资；应收账款到期，经销商按约定支付货款资金到客户在银行开设的专项收款账户，银行收回保理融资，从而完成供应链融资的整套办理流程。这一模式以供应链中上下游企业的信用迁移为主，物流跟踪控制为辅，解决了融资企业的信用缺失和信息不对称问题等，效果良好。

5. 其他融资模式

物流金融是一个蓬勃发展、不断创新的领域，围绕物流运行和商品特点，时有新产品出现，如商品物流证券化融资、担保公司参与下的物流融资等。具体案例中的模式设计千差万别，但万变不离其宗，关键是控制货权，把握商品价格，保持商品总值对融资敞口的保障效应。除了物流融资业务以外，物流费用保理、物流结算、物流担保、物流保险等业务也可以纳入物流金融的广义范畴。物流金融业务扩展方向与特征还表现在其个性化服务的方面，针对不同规模的物流企业，物流金融业务可采用不同的平台实现其扩展功能。结算业务是广义的最早的物流金融服务。

物流企业需要银行提供与其贸易结构相适应的应收账款"保理业务"及其他"保证业务"，主要包括关税"保付保证"、"保释金保证"、"付款保证"、"为港口施工企业提供投标保函"、"履约保函"、"预付款退款保函"等。这些带有国际金融性质的物流金融服务产品，比单一的物流金融信贷有了长足的发展，除了带有国际金融、国际贸易结算的历史痕迹外，还借鉴了国际保险与金融证券业务的功能特征，使今天的物流金融业务向规范化、国际化迈进奠定了基础。

2.1.3 物流金融服务价格

金融服务具有服务的无形性、同步性、异质性、易逝性等共同特征并拥有信托责任性、消费持续性、消费偶然性、风险性等金融服务独特性质。物流金融服务作为金融服务的一个分支，主要为企业客户服务，除了具有以上金融服务的特征，还有与客户关系的双重性的显著特征。

1. 物流金融服务管理的内涵

(1) 物流金融服务范围。物流金融服务范围广泛，包括银行业务、保险、证券交易、资产管理、信用卡、外汇、贸易金融、风险投资等，并且金融服务产品期限各异、复杂性不同，客户对金融服务产品的认识理解程度不一。

(2) 物流金融服务管理。物流金融在中国还是一个崭新的商业活动，对于我国大部分企业目前还是一个新的概念。物流金融是指在面向物流业的运营过程中，通过应用和开发各种金融产品，有效地组织和调剂物流领域中货币资金的运动。这些资金运动包括发生在物流过程中的各种存款、贷款、投资、信托、租赁、抵押、贴现、保险、有价证券发行与交易，以及金融机构所办理的各类涉及物流业的中间业务等。

物流金融管理就是对物流过程中的各种存款、贷款、投资、信托、租赁、抵押、贴现、保险、有价证券发行与交易，以及金融机构所办理的各类涉及物流业的中间业务等进行管理。

2. 物流金融服务价格的概念

营销组合中，定价是面临问题最多的一个要素，与组合的其他部分不同，定价事关组织的收入，对产品利润最终确定起着至关重要的作用。

对许多产品而言，价格只是出现在价格标签上的简单数字，但金融服务的价格可以以许多种形式出现，有隐性定价、显性定价，有货币形式价格和非货币形式价格，具体形式有利率、保费、开户费、年费、汇兑费、手续费、留置费等。通常价格被定义为在市场交换中对买卖双方来说一个产品或一项服务的价值表现，可以解释为货币价值，作为组织的财务绩效评估的尺度。一般金融服务的价格构成包括两部分：利率和各种费用。利率，也称利息率，是金融组织在一定时期内收取的利息额与借出本金的比例，是资金的使用费用，即使用可贷资金而支付的租用价格。最基本的利息计算方法包括单利计算和复利计算，利率是金融服务价格的重要组成部分，是金融组织收益的主要来源。各类金融服务的费用是金融服务价格的重要组成部分，是金融组织进行产品定价时需要考虑的重要方面。

金融组织的业务收入是企业收益的重要来源，主要由传统业务收费和创新业务收费构成。传统业务收费包括汇费、账户费、兑换费、结算费、保管费、担保费、咨询费等，创新业务收费以表外业务为主导形式，主要表现为日益增多的品类繁多的金融衍生产品，具有高收益、高风险的特征，依赖现代信息技术发展迅速。作为金融服务的新兴领域，物流金融服务定价符合以上介绍的金融服务定价的特征，同时又有独特性。物流金融业务范围广泛，具体品类和具体产品的定价没有简单而统一的模式。

3. 物流金融服务价格决策与影响因素

物流金融服务定价非常复杂，与定价联系的术语就是一个复杂的体系，如物流保险的保费、无担保贷款的利率、信用卡的年费等。金融服务的价格名称是多种多样的，费用体系也非常复杂，需要处理风险问题、变动性问题，客户理解价格存在一定困难，对金融服务价格决定是一个挑战。

金融服务定价的复杂性和由其带来的困惑导致成本与定价透明度的相对不足，因此，区分金融服务的显性定价和隐性定价是有益的。显性定价方法使为某项服务支付的价格非常清晰，客户要为一项服务支付的价格是清晰准确的数字，如信用卡的年费。这种方法对供应商与客户来说都很清楚，供应商容易测算可能的收益，客户更加清楚服务的成本。而且显性定价允许组织识别不同服务的成本并利用价格作为影响消费者行为的手段。运作一个有效的显性定价体系需要对成本基础和成本分配原则的彻底掌握，这对金融服务组织来说是一个很困难的事情。隐性定价是客户对所支付的实际价格不甚清楚，并且表现出客户没有为此进行明显的支付，如银行提供的免费银行业务，但是客户账户上的贷方余额是免息的，意味着通过没有支付给客户利息而隐性地收取了费用。传统上金融机构提供免费服务是用来招揽客户，通过客户购买其他产品来补偿免费的服务。

由于物流金融服务与客户的双重关系，进行定价时要考虑与物流业务的相互影响，基于物流业务形成的范围经济效应，开展物流金融服务可以分摊一部分间接成本，同时降低了单位物流费用和金融服务费用，在考虑组织目标与定价目标时要充分考虑这种特殊关系。外部因素包括股东、客户、竞争者、中介、管制。股东提供股本，有权获得回报，股东直接或间接地影响价格；客户对服务的感知和需求状况影响服务的最终价格；在金融服务市场，了解竞争者的价格及其变动决定组织提供服务的竞争力；在使用中介机构的情况下，通过中介提供服务，增加了服务的整体成本，会使产品价格上升；利率管制使得组织的利率必须以基本利率为准做出价格决策。

4. 物流企业开展金融服务的问题和对策

1) 物流企业开展金融服务注意的问题

物流企业开展物流金融服务，无论是对客户、金融机构、客户的客户，还是物流企业本身来说，都是一个多赢的选择。但是，作为物流金融服务的主体来说，必须注意以下几个问题。

物流金融服务存在着一定的风险，如仓单质押业务有 5 种潜在风险。

(1) 客户资信风险。选择客户要谨慎，要考察其业务能力、业务量及货物来源的合法性(走私货物有罚没风险)；在滚动提取时提好补坏，有坏货风险；还有以次充好的质量风险。

(2) 仓单风险。现在系统多以入库单作质押，和仓单的性质相同，但仓单是有价证券，也是物权凭证，因此必须有科学的管理程序，保证仓单的唯一性与物权凭证性质。

(3) 质押品种要有选择。要选择价格涨跌幅度不大、质量稳定的品种，如黑色金属、有色金属、大豆等。

(4) 提单风险。目前大多由货主和银行开提货单，要逐步转向仓单提货。由货主与银行共开提货单的，要在合同中注明仓单无提货功能，同时要有鉴别提货单真伪的措施。

(5) 内部操作风险。严防内部人员作案和操作失误。物流金融服务的效率问题。质押贷款手续复杂、所需时间长，这无疑降低了资金流的周转速度，并且增加了仓单质押的风险，所以物流企业要提高金融服务的效率，使仓单质押变成一种简便、可控性好的融资模式，这也是物流企业今后开展金融服务的发展方向。

2) 物流企业开展金融服务的对策

(1) 物流企业与客户建立长期的合作伙伴关系。物流企业为客户提供物流金融服务的基础是对客户有充分的了解，建立长期的合作关系，更有利于提高效率，防范物流金融风险。

(2) 加强对客户的信用管理。信用管理是现代企业的核心管理内容之一。信用作为买卖双方交易完成的根本保障，构成了契约关系的最重要基础。在物流企业金融服务过程中，通过对客户的资料收集制度、客户资信档案管理制度、客户资信调查管理制度、客户信用分级制度、合同与结算过程中的信用风险防范制度、信用额度稽核制度、财务管理制度等，对客户进行全方位的信用管理。

(3) 建立与金融机构的长期合作关系。通过与银行建立合作关系，取得银行的信用，可以有效地解决在金融服务中的效率问题。目前已有企业开展的统一授信的方式可以达到这个目的，同时再造了企业的信用。统一授信就是银行把贷款额度直接授权给物流企业，再由物流企业根据客户的需求和条件进行质押贷款和最终结算。物流企业向银行按企业信用担保管理的有关规定和要求提供信用担保，并直接利用这些信贷额度向相关企业提供灵活的质押贷款业务，银行则基本上不参与质押贷款项目的具体运作。该模式有利于企业更加便捷地获得融资，减少原先质押贷款中一些烦琐的环节，也有利于银行提高对质押贷款全过程的监控能力，更加灵活地开展质押贷款服务，优化其质押贷款的业务流程和工作环节，降低贷款的风险。统一授信这种方式在实践中也已被广大的金融机构所接受。通过与担保公司、保险公司的合作，可以有效减少金融服务风险。

(4) 实施有效的过程监控。在物流过程中，对企业和市场必须有充分的了解，对商品的市场价值、企业的运营状况必须进行充分的了解和监控，方可防范物流金融的风险。

2.1.4 第三方物流的金融服务创新

在企业的经济活动中，经济运行过程总是资金流、物流和信息流的统一。从物流的角度来看，物流活动不仅伴随着资金流动，而且受资金流制约。因此从这种意义上来说，资金流不仅决定着物流活动状况，而且决定着整个社会资源的配置效率和经济运行效率。

从企业角度来看，企业尤其是中小企业由于在物流过程中占有大量的资金，且再生产也需要大量资金，迫切需要提高企业的资金利用效率，充分利用物流过程中的资金占用。从第三方物流企业角度看，由于第三方物流行业竞争的日趋激烈，行业的利润率越来越低，第三方物流企业为了提高竞争力，需要进一步拓展为企业服务的能力，而物流活动中开展融资服务就是适应社会和企业的需求，开展金融服务也是生产企业、银行、第三方物流企业的共同需求。

1. 中小企业融资与物流中的金融服务需求

目前我国中小企业已超过1 000万家,数量占企业总数的99%,产值占64%,税收占43%,但是中小企业融资只占30%左右,在中小企业的整个经济活动中,物流过程占用资金很大。如果能有效地利用资金,企业即能很快地扩大生产,占领市场。但很多企业尤其是中小企业却很难直接从资本市场上融资,银行融资更加困难,主要原因有几点:①中小企业经营效益相对低下,资信普遍不高。②中小企业财务管理水平有待规范。③社会中介服务机构不健全,中小企业担保难、抵押难。④银行信贷管理体制也使中小企业的融资变得困难。

同时,由于中小企业贷款具有金额小、频率高、时间急等特点,银行对中小企业贷款的管理成本相对较高,这就影响了银行的贷款积极性。而中小企业底子薄、固定资产规模小,必须借助金融支持才能尽快发展壮大,而在具体的融资活动中往往因无法提供银行认可的固定资产抵押担保而缺乏银行的贷款。

解决中小企业融资难除了需要政府及有关部门的关注外,金融机构也有很多创新融资方法。例如,在物流环节中产品的占用资金比较大,时间也长,如果利用物流环节的产品进行融资就是一个比较可行的办法,如为了满足中小企业的融资需求,经济贸易发达地区的股份制商业银行率先开办了以电器、酒类、钢材等质物为代表的动产质押贷款业务,取得了初步成功,满足了拥有大量动产而缺乏自有固定资产的中小企业的潜在需求。接着众多中小股份制商业银行便纷纷涉足。其中仓储质押贷款便是典型的代表。中小民营企业以动产仓储质押的融资需求非常大,但是动产抵押存在着很大缺陷,如下所述。

(1) 抵押贷款缺乏担保,手续复杂。金融部门在贷款过程中均实行"谨慎性原则",考虑的是资金的安全性,并建立了一套手续繁杂的审批程序,同时实行严格的财产抵押担保制度。而中小企业由于自身发展的限制,经济效益普遍低下,依靠自身的实力不足以提供担保,而且担保连带责任重大,很少有单位或个人愿为中小企业提供担保。

(2) 贷款在办理财产抵押过程中,抵押登记和评估费用较高,而贷款抵押率较低。一般房产抵押率为70%,生产设备抵押率为50%左右,动产抵押率为20%~30%,而专用设备抵押率只有10%。中小企业的资产主要由产品、原料、和一些专用设备构成,贷款抵押率明显较低,同时金融部门还要根据企业的经济效益和信用度来调整贷款抵押率,并且抵押物品还要满足金融部门的其他要求,在这种体制下,中小企业融资额度十分有限。由于金融部门贷款门槛和融资费用较高,贷款抵押率较低,因此现行信贷机制大大降低了中小企业的融资需求。

(3) 金融部门注重"盈利性",在信贷过程中倾向于"短、平、快"项目,而中小企业属于国民经济基础行业,投资回收期较长,金融部门不愿为其贷款。因此,动产抵押贷款虽然有利于中小企业融资,但由于缺乏中间担保机构或企业,这种融资方式对于中小企业来说,不是非常有效的融资方式。这为第三方物流企业进入新的金融领域创造了一个非常好的机会。

2. 第三方物流企业开展金融服务的意义

(1) 提高自己的竞争力重要手段。第三方物流企业开展金融服务不仅有利于中小企业融资和银行金融业务的创新,也是提高自己的竞争力重要手段,可以说是一个"多赢"的合作,增强了第三方物流企业的竞争力。我国第三方物流企业为了生存和发展纷纷在物流活动中提供金融服务,以提高企业竞争力。

(2) 有利于制造企业集中主业、提高核心竞争力。在企业的经营活动中，原材料和流动产品占用了大量的资金，金融服务解决了在物流过程中的融资问题，使生产企业能够把有限的资金用在产品开发和快速扩张方面，有效地盘活物流过程中的资金沉淀，提高企业核心产品的市场占有能力。同时由于物流企业通过金融服务更加有效地融入企业的供应链中，有利于企业集中主业、提高企业的核心竞争力。

(3) 给银行带来新的业务和利润空间。当前银行的贷款资产质量不高、呆坏账比例居高不下，如何提高贷款质量、控制贷款风险、发展新的业务成为银行关注的首要问题。中小企业虽然有大的融资市场，但由于中小企业自身的原因，银行不可能满足中小企业的融资需求。物流企业的仓单抵押、信用担保就成为银行新的利润源泉。例如，深圳发展银行2000年就与一家物流企业合作，为企业进行质押贷款，银行的授信用了一年的时间就实现了全部收回。

(4) 金融服务成为物流企业的新利润源。企业竞争的结果导致物流服务的利润下降，迫使物流企业开辟新的服务领域，金融服务就成为一个提高企业竞争力，增加利润的重要业务。UPS 认为对卡车运输、货代和一般物流服务而言，激烈的竞争使利润率下降到平均只有 2%左右，已没有进一步提高的可能性。而对于供应链末端的金融服务来说，由于各家企业涉足少，目前还有广大空间，于是包括 UPS 在内的几家大型第三方物流商在物流服务中增加了一项金融服务，将其作为争取客户、增加企业利润的一项重要举措。

3. 第三方物流企业开展金融服务的模式选择

第三方物流企业开展金融服务的模式多种多样，但是归结起来只有两种基本运营模式。第三方物流企业开展金融服务可以结合自身的条件进一步创新，选择适合本企业和服务企业的金融服务模式。

国内金融供应链融资产品的研究最初是沿着物资银行、仓单质押和保兑仓的业务总结开始的，第三方物流提供的物流金融服务主要是融通仓和全程物流模式。物流企业从服务客户的金融需求出发，通过融资解决方案的设计，以客户货物资产的占有为授信支持，向银行申请融资。

1) 融通仓模式

(1) 融通仓模式按照功能可以划分为以下 3 种模式。

① 融通仓融入企业原材料采购链之中。企业先获得贷款采购原材料，然后将采购的原材料交付给第三方物流仓储中心作质押，在贷款期间分多次偿还。方式一：金融机构先开出银行承兑汇票交给企业，企业凭银行承兑汇票向供应商采购原材料，将原材料准确地评估后交付给第三方仓储中心入库，金融机构在银行承兑汇票到期时将汇票兑现，将款项划拨回原材料供应商的账户。方式二："先抵押，后质押"。企业先以金融机构认同的动产做抵押，获得银行承兑汇票用于购买原材料，待原材料经评估并交付仓储中心入库后，金融机构在银行承兑汇票到期时将汇票兑现，并将抵押贷款转为以该批原材料为质物的质押贷款。

② 融通仓融入企业分销链之中。企业产成品下生产线后直接运至第三方物流融通仓存储，以备销售旺季之所需。以该批成品库存做质押，获得金融机构质押贷款，并以产品销售收入分批偿还贷款。为保障金融机构的利益，企业在金融机构开设专门账户，接收销售货款，此时通常要求企业实行款到发货的销售政策，如果企业与金融机构另有约定，金融机构亦可按企业接到的销售订单确认质物出库申请。第三方物流融通仓此时作为企业分销链的一环，提供优良的仓储服务，并作为质押企业的承运人或协助其承运人安排货物出库与发运，保证企业产品分销物流的顺畅。

③ 融通仓对企业信用的整合与再造。获得金融机构的授信额度和成立独特的信用担保体系是信用整合和再造的两个重要方式。方式一：融通仓享有金融机构相当的授信额度。融通仓向金融机构按中小企业信用担保管理的有关规定和要求提供信用担保，金融机构授予融通仓一定的信贷额度。方式二：融通仓构建信用担保体系，包括融通仓直接成立信用担保体系、融通仓为企业申请质押贷款提供担保、融通仓以自身担保能力组织企业联保或互助担保 3 种方法。

(2) 按照企业运营过程中的风险和资金缺口需求，融通仓可分为以下 3 种模式。

① 基于动产管理的融通仓运作模式。基于动产管理的融通仓运作模式主要适用于企业运营中"支付现金"到"卖出存货"的资金缺口期。融资模式体现为动产抵押和质押贷款(以供应链企业中的库存、仓单等动产作为质物进行融资)。这种模式把"死"的物资或权利凭证向"活"的资产转换，加速"动产"的流通，能够创造更大的利润空间。具体业务形式主要有仓单质押、动产抵押和质押、保兑仓等。

② 基于资金管理的融通仓运作模式。基于资金管理的融通仓的运作模式主要是应付账款管理和应收账款管理，即使用应付或应收账款的单据凭证作为担保信物向金融机构申请贷款。其中应付账款管理适用企业运营周期的采购阶段，而应收账款管理适用融资企业"卖出存货"至"收到现金"的资金缺口期。

③ 基于风险管理的融通仓运作模式。基于风险管理的融通仓运作模式适用于企业运营周期的各个阶段。例如，在企业采购期，原材料价格波动或需求变化将会导致供应链风险。基于风险管理的融通仓运作模式则借助金融衍生产品(如期权、期货等)来管理风险，从而提高供应链绩效。融通仓服务可以一定程度降低供应链风险，但是，融通仓服务本身又有其固有风险，如市场风险、商业环境风险、运营风险和信用风险等。有效风险管理是成功实施融通仓服务的关键。融通仓相关企业可以通过调整战略、战术、组织结构和风险控制机制，利用金融衍生产品和保险产品及运营控制来管理融通仓的相关风险。

2) 全程物流模式

全程物流模式是现货动态质押业务的衍生和发展，是基于"多节点在库+在途"抵押监管下的存货融资模式。具体来说，全程物流是指在企业自身或企业集团系统合法拥有的货物存放于多个仓储节点或者运输过程的情况下，由银行认可合作的第三方物流企业对上述货物进行 24 小时全流程封闭监管，保证总体价值高于银行授信所要求的最低价值，在完善抵押登记的基础上，银行向企业融资。

在此业务模式下，第三方物流企业提供的全程物流核定库存现货抵押监管是本业务风险控制的关键。因此，第三方物流企业责任重大，物流公司需要派驻监管员对各个仓储地点及运输渠道实施全程监管，并将各仓储地点的存货和渠道上的在途货物核定总量总额，并纳入库存总量的统筹管理。监管范围涵盖仓库、各类运输方式的监管。

2.1.5 物流金融发展策略

随着物流金融的发展，金融机构过度开展金融创新，追求最大利益，而忽略了对相应风险的承担与控制。这是金融危机产生的原因之一，同时，也给物流金融创新以重要的警示，在金融创新过程中，如何有效监管金融机构的具体运作，促使其对业务风险进行识别及有效管理，至关重要。

1. 加强物流金融的风险管理

我国物流金融业务目前主要存在的风险：一是法律风险，主要是物流金融业务中的合约欺诈及质权是否成立的风险等；二是操作风险，主要是物流金融业务中质物的管理等；三是信用风险，主要是借款企业的违约风险；四是市场风险，主要包括质物的价格风险和变现风险等。全球金融危机爆发历程，彰显了从系统角度考虑金融创新风险管理的重要性。

2. 关注与控制物流金融的新增风险

类似于住房抵押贷款，物流金融创新可以缓释信用风险，但同时又会增加一些新的风险，如担保品价格风险、变现风险等，对新增风险的分析与控制是业务能否正常发展，以及风险管理水平高低的关键，将最终影响银行资产的安全。

3. 利用金融衍生工具建立物流金融分散机制

物流银行应该利用金融衍生工具建立物流金融风险的分散机制，如构建担保池、应收账款资产池，促使物流金融资产证券化等，这些有利于将业务风险有效分散和转移。但在这一过程中，必须注意金融创新与风险控制的平衡，即便在业务蓬勃发展时，实时的监管、贷款审核条件的严格遵守等仍然需要，这是全球金融危机给我们的一个重要启示。

4. 建立物流金融的保障机制

在银行内部确立和完善制度保障。首先，制定科学的定价机制；其次，制定独立的考核机制；再次，建立专业的培训机制；最后，制定快捷的信息传导机制。

另外，应该鼓励银行基于物流金融的风险，采用内部评级模型来设置相应的资本金，确保银行的资本充足率，防止流动性问题产生。

2009 年全球金融危机以来，有可能是中国物流业发展最为困难的时期。结合我国经济运行和物流发展的实际，中国物流业将进入增长趋缓、结构调整阶段。客户要求高、运营成本高、市场波动大、经营风险大、服务价格低、企业利润低，将成为总的基调。对此，要充分估计、审慎决策、积极应对。同时，也需要国家政策上的支持与理论上的指导。宏观的经济政策保持相对的稳定与连续；相关法律的进一步完善与增强可操作性，如严厉打击在金融业务中的违法犯罪行为；同时，国内的理论界要加快引进与创新相关理论的步伐。此外，政府应扶持发展专业监管物流企业，以树立良好的市场典范，促进物流金融这一事物得以在我国健康有序的发展，更好地为经济建设服务。

2.2 物流金融风险与控制

物流金融作为新兴经济利润增长点将会带来多方共赢的局面，但依据我国发展现状来看，它还处于探索期，风险因素，如供应链风险、法律风险、宏观经济风险等不容忽视，风险监管的完善势在必行。

2.2.1 实施物流金融面临的风险

物流金融风险有业务风险、法律风险、宏观环境风险等，风险管理将是推动物流金融正规化、国际化发展的关键，如何加强物流金融风险的管理已经是业界研究的主流课题。

1. 现代物流金融业务的内涵及价值分析

对于什么是物流金融,目前尚无定性的概念。基于供应链的角度,我们可以从广义和狭义两个方面来理解。广义的物流金融是指在整个供应链管理过程中,通过应用和开发各种金融产品,有效地组织和调剂物流领域中货币资金的运动,实现实物流、资金流和信息流的有机统一,提高供应链运作效率的融资经营活动,最终实现物流业与金融业融合发展的状态。狭义的物流金融是指在供应链管理过程中,第三方物流供应商和金融机构向客户提供商品和货币,完成结算和实现融资的活动,实现共同发展的一种状态。

物流金融是推进供应链整合,提高整个供应链资金使用效率的一个重要措施,对提高供应链的竞争能力具有很大的作用。在国际上,承担供应链整体物流业务的大型物流企业,以及承担供应链资金流服务的金融机构都积极参与了物流金融活动。例如,世界物流快递业巨头 UPS 收购了 FIB,成立了专门的 UPS 金融公司,为客户提供全方位的物流金融服务,实现了物流、信息流和资金流的同步化,其业务利润成为 UPS 目前最重要的利润来源。物流与金融的业务整合,也成为我国物流业与金融业共同关注的新兴领域,并表现出旺盛的生命力。

有学者利用国际货币基金组织的研究成果,采用多元回归统计分析的方法得到了我国 GDP 增长速度与银行贷款和上市融资的回归参数和回归方程,计算各省市物流类上市公司的融资增量和银行贷款增量,进而对 2008—2015 年我国物流产业资金需求的总量和地区结果进行了分析。其计算结果显示,在 2008—2015 年,我国现代物流产业金融资金需求总规模预计 7 2917.784 亿元,其中银行各项贷款总需求 32 688.384 亿元,上市公司市价总值总需求 40 229.4 亿元,直接融资(上市方式)与间接融资(银行贷款)的增量比例约为 5∶4。可见未来我国的物流产业发展需要更多的资金支持。

对于物流企业来说,物流金融业务可以使物流管理从物的处理提升到物的附加值方案管理,从而提供较多的利润并能够使业务有效扩展;可以通过业务的开展获得更多的物流服务客户;可以通过协助金融机构控制业务获得相应的监管和信息咨询收益;可以直接参与借贷获得一部分利差,甚至还可以与金融机构合作实施供应链的一体化运作,整合整个供应链条的资金流、物流和信息流,从而获得增值服务利润。

对于金融机构来说,物流金融业务使得金融机构可以在物流企业的协助管理下充分考虑供应链上下游企业关系所产生的存货、应收账款和订单,从而提供相应的融资产品,解决供应链上的资金瓶颈和保证供应链条的畅通。这种供应链上资金流和物流的匹配,将使得物流无缝化、不间断地运行,有效提高供应链的运作效率。对提供资金和结算服务的金融机构特别是中小银行来说,不仅可以扩展新的融资业务,获得丰厚的利差,而且可以从细分市场中获取经营优势,培育自身的核心竞争力,开拓中间收入。更重要的是,它们还可以通过供应链上交易关系提供的担保及物流企业的评估和监控有效地降低贷款风险,推进银行由单纯的资金运营商向资金管理商转变,使金融资产由专门的资金"出租"变为真正的资金"运营",银行和企业由原来的"租借"关系变为真正的战略合作伙伴关系,在供应链上实现共赢。

但物流金融业务作为一种新型的具有多赢特性的物流延伸业务品种,在促进国民经济发展的同时,也蕴含了很多风险因素。只有充分认识、理解业务中的风险,才能有针对性地采取措施,预防和控制风险,也才能使物流金融业务健康有序地发展。

2. 物流金融的风险分析

环境风险是指政策制度和经济环境的改变,包括相关政策的适用性、新政策的出台、国内外经济的稳定性等。一般情况下，中国的政治和经济环境对物流金融造成的风险不大，但国际环境的变化会通过贸易、汇率等方面产生作用。宏观环境因素是影响物流的重要因素之一，包括国内外经济环境因素，如汇率和利率因素及国际物流整体需求因素等，物流业务的国际结算必然要牵涉到这类因素；另外还有我国物流业目前的整体发展状况，虽然发展迅速、业务剧增，但是成本高、资质差等问题非常严重。发展物流金融业务虽然能给物流金融提供商、供应链节点企业和金融机构带来共赢效果，但提供商却面对各种各样的风险。有效地分析和控制这些风险是物流金融能否成功的关键之一。

物流金融提供商主要的风险可以归纳如下。

1) 物流金融自身风险

由于我国现行经济体制及法律体系的限制，国有商业银行还不能收购物流公司，非金融机构不能提供金融服务。物流金融在我国虽然有着很大的发展空间，但鉴于法律未作许可及市场准入的限制，目前的步伐还很小，仅有中国远洋运输(集团)总公司(以下简称中远)、中国海运(集团)总公司(以下简称中海)等大型物流企业在以物流银行的形式与各大商业银行合作开展物流金融业务。并且这项业务涉及众多市场主体，物流业务的风险和金融业务自身的风险在物流金融业务中同时存在，在分担风险方面还没有建立互惠、互利、互相制约的协议，金融机构、出质人、物流公司之间的风险划分关系不一致，各个主体都会片面强调、规避和转嫁风险，造成风险与收益之间不对等，一定程度上会放大物流金融的风险。

2) 经营风险

目前我国的物流产业还处在粗放型的发展阶段，经营风险不容忽视。开展金融业务的物流公司由于要深入产销供应链中提供多元化的服务，所以相对地扩大了运营范围，其所面临的经营风险也就随之增加。

(1) 政策与市场风险。目前我国物流金融业务的可靠资金来源主要是银行贷款，这种单一的外部融资行为除了受到法律、政策的限制和影响外，也给物流金融业务本身增加了诸多不确定性。例如，当国家采取收缩银根的政策时，金融机构就会缩小对物流企业的授信额度甚至要求提前还款，这样就有可能导致物流企业对融资企业的违约，从而增加了经营风险。市场风险主要针对库存质物的保值能力，包括质物市场价格的波动、金融汇率造成的变现能力改变等。

(2) 内部管理风险。在物流企业方面，如组织机构、管理体制和监督机制松散、不健全，工作人员素质不高，管理层决策发生错误，运输、存储不当造成质物损毁、灭失，监管企业资质差、监守自盗，以及对质物的定价评估不够公正、准确等，都会造成质物不足或落空的风险。在我国，企业内部管理风险往往较大。

在金融机构方面，由于介入物流金融业务的时间不长，在贷款工具设计、资金筹集、风险管理方法和内部监控方面经验不足，又受到各种制度、法律瓶颈的制约，因此操作疏漏和失误也难以避免。

(3) 技术风险。技术风险主要是指物流金融业务开展过程中，物流金融提供商因缺乏足够的技术支持而引起的风险，如价值评估系统不完善或评估技术不高，网络信息技术的落后造成信息不完整、业务不畅等。例如，物流硬件陈旧、功能单一、工作效率低下，无法实现机械化、自动化；价值评估系统不完善，评估技术不高，网络信息技术落后，造成信息不完整，业务不通畅，工作效率不高；标准化程度低，包括各种运输方式之间装备标准不统一，物流器具标准不配套，物流包装标准与物流设施标准之间缺乏有效的衔接等。

(4) 运营风险。物流企业都会面临运营方面的风险。从事金融业务的物流公司,由于要深入客户产销供应链中提供多元化的服务,相对地扩大了运营范围,也就增加了风险。从仓储、运输,到与银企之间的往来,以及和客户供销商的接触,运营风险无处不在。中国的物流运输业还处在粗放型的发展阶段,因此运营风险不容忽视。

(5) 操作风险。操作风险是指物流金融业务是通过对出质人的资金流和物流的全程控制来控制风险的,其业务流程较复杂,操作节点较多,因此来自于操作过程的风险也较多。有些第三方物流企业的信息化水平较低,还停留在人工作业阶段,难免出现操作失误。第三方物流企业要指定专门负责金融物流业务的工作人员,制定规范的金融物流业务操作办法,严格按照管理办法进行操作。例如,基于货物质押的业务中,需要按规定控制质物的质量、数量,与此同时,货物是流动的,因此要求第三方物流企业不但要保证质物的名称、规格型号、材质等属性,还要使质物的库存数量保持在规定的额度。否则,如果不能控制物品存量,或者物品进出库时没有避免以次充好的现象发生,将给整个业务带来很大风险。有条件的第三方物流企业应通过计算机管理信息系统辅助操作人员进行货物的管理,避免操作风险。

3) 信用风险

我国的供应链管理和银行信用体系建设还处在初始阶段,完整的信用体系尚未形成,没有全国统一的信用评估系统和较为严格的失信惩罚规定,金融机构信用模型和数据业务流程信息化发展程度不够。在供货商、制造商、销售商、金融机构、客户间的信用保证缺乏协调监管,在企业之间的商业合同与商业信用存在信息不对称现象的情况下,一方面,金融机构无法利用自身的专业优势对企业所属行业的发展前景做出正确、全面的判断,帮助企业发展;另一方面,中小企业在采购数据、生产数据、销售数据等方面有可能给金融机构提供虚假或不实信息,使金融机构因无法获得真实数据而不能采取相应的管理措施来降低资金的使用风险。

物流企业作为第三方介入融资过程,一方面可能为拉拢自己的客户而向金融机构提供虚假数据,这种粉饰会给金融机构造成误导;另一方面由于信用风险管理所需的数据信息是由基础数据(主要是制造企业的流动资产信息)、中间数据和分析结果三部分组成的,而物流企业所搜集的只是原始数据,所以在制造企业和物流企业间存在信息不对称的情况下,信用风险管理决策的正确性就存在着很大的疑问。

信用风险包括货物的合法性、客户的诚信度等,运营风险、安全风险和法律风险等联系密切。在具体实施物流金融业务时,应该结合上述的主要风险问题进行相应的风险管理。

(1) 质物风险。合适的质物可以提高金融机构放贷的几率,也可以降低金融机构或第三方物流企业(主要指在融通仓业务中)的信贷风险。在物流金融业务中,有合法来源(走私货物有罚没风险)的质物的风险主要来自于以下几个方面。

① 品质风险。质押期间,若质物的物理或化学性质发生改变,影响到质物的价值,会增加金融机构和物流公司的业务风险,同时还会影响到质物的销售;质押期间的损耗越大,质物的稳定性越差,未来价值的变动就越大,业务风险也越大。总之,市场需求量大而稳定、市场流动性好、吞吐量大、质量稳定、易储藏保管、市场价格涨跌不大的质物,其风险相对较小。

② 变现风险。质物的市场价格波动较大会增加信贷的风险。如果出质人没有偿还贷款的能力,依据我国《担保法》,贷方有权对质物进行拍卖来抵偿贷款的损失。但若质物在拍

卖时因市场价格大幅下降而贬值，则可能使拍卖质物所得不足以弥补贷款损失；若外界因素(价格、天气、季节)对质物销售的影响过强，则质物有可能出现滞销、无法变现的风险；在质物价值评估过程中，物流金融提供商因缺乏足够的技术支持、价值评估系统不完善或评估技术不高、网络信息技术落后，造成信息不完整、业务不畅，造成各种评估方法和标准不统一，使得质物的价值和融资金额差距过大，那么融资回收的隐性风险相对要大。

质押品种的选取存在市场风险，因此在质物的选择过程中，所选质物最好为价值易确定且相对透明稳定，市场需求量大、流动性好、变现性较好、质量稳定、容易储藏保管的大众化物品。可以通过控制贷款期限的长短、质押贷款的比例，设立风险保证金制度等方法，尽量避免货物的市场价值波动风险。当市场价格下跌到预警线时，按协议规定通知融资企业增加质物和保证金。第三方物流企业可以搜集市场信息，了解市场容量、价格变动趋势、产业产品的升级等情况，通过调查行业内人士，征求专家意见，利用统计资料，参考现行成价和销售价等方法来准确评估质物的价值。

(2) 仓单风险。仓单质押是由借款企业将动产抵押给提供融通仓业务的第三方物流公司，并由它向银行进行仓单质押，银行审核单据后给借款企业一定的信用额度。

(3) 保兑仓风险。与前者的区别是仓单质押模式是质押单据引发融资，而保兑仓是担保融资，此模式的风险如下。

① 质物风险，包括质物保管过程中的变质、损毁等保管风险和质物变现风险。

② 担保风险。风险可能来自两个方面：一是第三方物流公司和供销商可能形成联合骗取银行贷款的行为，二是担保合同责任风险。

仓单是保管人(物流企业)与出质人签订仓储保管合同时，对出质人所交付的质物进行验收之后出具的物权凭证。从业务发展的需要看，仓单应该成为一种可流通的、可背书转让的有价证券。但我国关于仓单的规定还存在很多空白，除期货市场以外的真正的市场仓单流通管理体制还没有建立起来。例如，相关法律法规(包括物权法)没有明确仓单内容是不是绝对需要记载(即缺少其中的一项是否使仓单无效)；仓储业服务不统一，仓单缺乏统一的格式，不同物流企业有不同的做法；提取货物者是否必须是出质人，如何识别仓单的合法持有者，对此，各物流企业都是自行规定；具体业务中，出质人可能需要将若干仓单合并，或者需要将仓单分割使用，这些方面都没有明确的规定。

防止虚假仓单造成损失是第三方物流企业控制风险的重点。第三方物流企业要规范空白仓单的领用登记制度。领取数量、仓单编号、密码、领取人、领取时间、批准人、发放人等必须按照规定进行登记。空白仓单和仓单专用印鉴一定要指定专人负责，妥善保管，防止丢失。在办理各种出库业务时要根据预留的印鉴，进行验单、验证、验印，必要时还要与货主联系或者确认提货人身份。在金融物流业务中，还应根据业务要求及时与银行联系，取得银行的确认与许可。同时第三方物流企业还可以利用带密码的提单，在提货时进行密码确认，防止假提单的风险。

4) 人才风险

物流金融业务品种繁多，涉及的客户多，质物种类多，市场行情变化也较大，物流金融从业人员不仅要熟悉相关金融业务，还要谙熟质物及其所属行业(如钢铁、汽车)的情况，对市场走势要有准确的判断，并具备敏捷的思维判断能力和应变能力。实际工作中，由于各运作主体的员工素质参差不齐，理解工作岗位相关要求时有着不同程度的偏差，所以在物流金融业务中存在道德风险，容易出现内部、外部欺诈行为等。

5) 环境风险

在我国的物流金融业务中，外部环境风险主要是指制度安排方面的一些缺陷。例如，我国尚未建立流动资产评估体系，评估方法和标准的不统一使得质物的价值难以和信贷资金数额相一致，贷款回收的隐性风险非常大；由于企业信用档案不健全，信用评估机制也不完善，所以信用制度作用的发挥受到一定的限制；质押制度也存在标准仓单设置难、质押登记制度不健全、质物处置难等问题；传统保险各环节的投保相对独立，仅对部分环节进行承保，未能提供包括包装、装卸搬运、流通加工、配送等诸多物流环节在内的全程保险服务；现代物流的制度设计在实际运行中与准时制(just in time，JIT)和快速响应运行机制(quick response，QR)不相适应。这些制度安排自身的缺陷会弱化信用制度、质押制度、担保保险制度和运行制度这些转移风险的手段防范风险的效果，甚至可能增大风险。

6) 法律风险

法律风险主要是合同的条款规定和对质物的所有权问题：一方面，因为业务涉及多方主体，质物的所有权在各主体间进行流动，很可能产生所有权纠纷；另一方面，中国的《担保法》和《合同法》中与物流金融相关的条款并不完善，又没有其他指导性文件可以依据，因此业务合同出现法律问题的概率也不低，因此实际业务中可能出现利用法律漏洞牟取利益的情况，这些都会影响物流金融业务的发展。目前我国的物流金融还处于初级发展阶段，还没有专门的法律法规对物流金融的业务操作进行规范整合，以及整个供应链的业务操作进行规范整合，这就会使物流金融业务无法可依，可能形成利用法律漏洞牟取利益，影响社会秩序和经济发展的情况，并且法律风险也可能引发其他风险的发生。

7) 效率风险

效率的降低就意味着风险的增加。以中国对外贸易运输(集团)总公司(以下简称中外运)为例。中外运是我国开展物流金融业务较早、发展较快的第三方物流企业，与国内各大金融机构签订了总对总的战略协议，下属物流企业与各地银行的分支机构按照规范的合同文本进行业务操作，使其物流金融业务迅速成为重要的利润增长点，并获得了较大的战略发展空间。截至2006年末，集团仓单质押业务的市场份额为全国第一。2005年，中外运(包括其股份公司)仓单质押业务中累计监管货物总值超过177亿元，监管业务相关的收入达4 267.6万元；2006年累计监管货值456亿元，较2005年增长157%，监管业务收入达8 288.6万元，较2005年增长93%。由此我们看到，物流金融业务利润的增长是低于业务量的增长的，业务的增加并没有带来相应的利润，就是说，物流金融服务的效率是下降的。

8) 其他方面的风险

这主要包括内部欺诈风险和货物灭失风险。第三方物流企业应加强内部人员管理，避免内外串通作案，给企业带来很大的损失；第三方物流企业也可以要求货主为仓储物办理财产保险，以避免意外灾害造成存储物灭失而带来的风险；第三方物流企业还可以通过购买第三者责任保险，积极寻求分散风险。

(1) 垫资模式风险。在此种模式下，银行先预付一半或一半以上的资金，再由银行将收回垫款后的剩余款项交付给供货商。该模式对银行的风险，主要是垫资的利率、汇率风险和采购方违约风险。

(2) 结算服务中介模式风险。该模式是由第三方物流公司代收货款，这种物流金融模式可以帮助甲乙双方节省成本，提高效率，也是物流公司扩大客户群的有效形式。此方式也应用于交易对象规模较小或新贸易对象之间的贸易，应用物流公司的资信规避企业的违约风险。此模式中，第三方物流公司只是收付款中介，金融风险小，主要承担信誉风险，结算双方一旦有一方违约，都会给第三方物流企业带来"无形资产"的损失。

(3) 融资业务模式风险。在物流金融业务中，来自于融资企业的风险主要是融资企业的信用风险，包括货物的合法性、客户的诚信度等。物流金融业务能否顺利开展最大的风险，取决于合作企业是否具有诚信经营的素质和意识。在出质人进行货物质押时，第三方物流企业要严格考核该货物是否合法，是否为走私货物或是否为合法渠道取得，以避免风险。同时有的客户资信不好，在滚动提取时存在提好补坏和以次充好等动机，这样就会形成一定的质量风险。因此，在选择客户时要谨慎，在合作前要对其业务能力、业务量及货物来源的合法性进行全面的了解和考察。

(4) 统一授信模式风险。此模式在物流公司提供担保的前提下，银行将授信权交由物流公司，借款企业只需向物流公司提供质押即可获得贷款，而不必和银行交涉。此模式银行的授信风险较大，无论作为中介的物流公司违约，还是借款企业违约都可能使银行受到损失。物流公司是此业务模式的核心，如果借款企业有违约风险，那么它将承受最大的损失。

(5) 共性风险。①链接风险。银行、物流公司、生产商和供应商之间的供应链衔接受到企业文化、人员监管、运输等多方面的影响，某一方的低效或管理不当甚至违约都会给供应链的运行带来风险；运输也是风险之一，运输是物流业务中重要的一环，运输途中可能产生意外风险，以及由于运输人员不负责任延误运输或货物损失，如天气灾害、货物变质等。②委托代理风险。供应链的完成涉及多方利益，这也就容易产生此类风险。每一方都可能因为一己之利而在业务流程中造成其他方的损失。第三方物流企业、银行、供销商是共同利益的联合体，在全程供应链中有担保关系、信贷关系、买卖关系，每一个关系都涉及至少两方，这就引发委托代理风险的发生。

3. 加强风险管理

我国物流金融业还处在发展中，且有巨大潜力，但是在业务量激增的同时也暴露了风险的所在，不论是宏观还是微观实体的风险都成为限制物流金融发展，以及影响物流金融收益的重要因素，因此风险管理将是推动物流金融正规化、国际化发展的关键。

(1) 完善法律法规，规范物流金融业务。需要在逐步的摸索中建立物流金融的法律，并完善物流金融过程中的相关法律，如担保法。在法律约束的同时应该建立由中央银行和物流管理委员会牵头的宏观管理机构，对业务实行规范管理，并制定合理的惩罚程序和措施。

(2) 设计更加丰富的物流金融产品。现在我国进行的物流金融业务大多是仓单质押业务和保兑仓业务，应该适当创新业务，寻求利润增长点。例如，可以把保证金率、抵押率、期限和信用评级相结合，针对不同期限、不同产品和不同公司信用，设计多种产品；可以和银行进一步合作拓宽业务对象，只要是有能力的企业和机构都可以参与进来。

(3) 金融投资的创新。在供应链运行之中会产生一定的资金沉淀期，在资金沉淀期如何利用资金是需要探讨的问题之一，其中的风险更是一定要考虑的因素。现在的操作都是将这笔款项贷给资信客户，还可以由银行设计一些信用衍生工具，在套期保值的基础上形成新的利润。

(4) 建立完善的企业风险评级体系和信息系统。首先，银行和物流公司应该建立统一并且规范的信息系统，将客户资料、信用情况、产品信息等一系列信息指标纳入计算机管理系统，形成联网操作。其次，在信息体系之上建立风险评级体系，针对指标和数据及专业部门的实地考察、业务监管进行信用评级，并且事后备案，以减少风险。

(5) 适时成立物流金融公司或者物流企业的资本部门，专门从事物流金融业务，因为我国现在的物流金融必须是靠物流企业和银行的合作进行，依靠优势互补来进行操作，但这仍然会因为双方的信息不对称或种种风险存在诸多弊端。再者，我国现阶段的银行间业务以及银行与金融机构之间的业务往来仍然有衔接的诸多不便和漏洞。如果建立物流金融公司将二者合二为一，那么风险必将大大减少，也有助于提高效率，使物流金融业务更加专业化，也给监管带来便利。

我国第三方物流市场潜力巨大，现代物流业正走向正规化、大型化和专业化。同时，金融机构和中小企业则挣扎在"想贷不敢贷"，"想借借不到"的尴尬中。物流金融是一种创新型的第三方物流服务产品，其为金融机构、供应链企业及第三方物流企业(第三方物流服务提供者)之间的紧密合作，提供了良好的平台，使得所有合作能达到"共赢"的效果。

但是物流金融作为一种创新产品，企业界还没有大范围进行实践运作，学术界尚未形成理论框架体系。我们也仅仅是对物流金融的理论研究和运作模式进行初步探讨。相信随着物流金融实践的不断积累和理论研究的不断深入，物流金融服务将在国内拥有广阔的市场和良好的前景。

2.2.2 第三方物流金融服务中的风险控制

物流金融在物流管理活动及金融活动中呈现出独特的优势及活力，但在实际操作中又存在一些问题，其中如何规避风险已成为当前物流金融工作中迫切需要解决的问题。

物流金融作为一种涉及银行、融资需求企业、物流企业等多主体的创新型业务，不仅帮助融资企业大大提高了融资的可能性和可行性，而且为银行的金融业务创新也提供了条件，同时也提高了第三方物流企业的服务能力和经营利润。于是许多第三方物流企业都在传统物流服务中竞相提供物流与金融集成化服务，并将此作为吸引客户的一项重要举措。

第三方物流金融服务的风险控制策略如下所述。

1. 提升物流服务的能力和水平

作为第三方物流企业首先要树立"一体化物流服务"理念。要突破原来的仓储、运输等功能性物流服务，向客户提供更加完善和全面的物流服务，即从客户整个系统的角度出发对客户物流运作进行总体设计和管理，为客户提供多种物流管理和决策服务。其次要使用新的物流管理技术，强化物流管理。使企业从操作技术、设施设备、配送工具，从物流流程控制、物流信息处理到配送过程的决策管理等全过程始终跟上现代物流发展和企业生产经营活动的需要。最重要的是为客户提供专业化、个性化的增值服务。在服务内容上，物流企业要跨越常规服务，为客户提供专业策划，提供个性化的增值服务。

2. 加强客户管理的创新

第三方物流企业接受银行委托，代理金融机构监管仓库中的货物或商品，向金融机构提供的是代理监管的服务。同时它也接受货主的委托，管理仓储的货物或商品，为货主提供仓储和其他物流服务。做好客户管理就是要做好物流企业与金融机构和货主的客户关系管理，包括物流企业与金融机构和货主的业务关系和信用关系的建立、维护和发展。面对金融机构，第三方物流企业要以自身实力和规模、良好的信誉、规范的业务管理和广泛的客户网络关系，与金融机构建立良好客户关系以取得金融机构支持。面对货主，第三方物流企业要在提供优良的仓储服务和其他配套物流服务的同时，通过对货主的信誉和资质调查、监管商品或货物的市场分析，联合金融机构为货主提供金融服务，并通过异地物流仓库监管、客户自有仓库监管等形式，把服务方式向客户端延伸，降低客户的融资成本，提高服务的质量。

3. 明确物流金融风险管理的重点并进行方法的创新

对第三方物流企业来说，风险主要来源于客户资信、质物的选择和保管，以及内部操作运营。首先，必须加强对客户的信用管理。通过建立客户资信调查核实制度、客户资信档案制度、客户信用动态分级制度、财务管理制度等一系列制度，对客户进行全方位信用管理。其次，建立灵活快速的市场商品信息收集和反馈体系。这样才能把握市场行情的脉搏，掌握商品的市场价值和销售情况变化规律，及时获得真实的资料，以利于对质物的评估和选择，避免信息不对称的情况下对质物的评估失真。再次，加强业务运营管理和内部操作规范管理。第三方物流企业要根据物流金融服务的不同方式，有针对性地制定严格的操作规范和监管程序，杜绝因内部管理漏洞和不规范而产生的风险。最后，充分发挥与银行的合作关系在风险管理中的作用。第三方物流企业应借鉴银行对信用评估和风险控制的方法，利用自己掌握客户及质物第一手资料的优势，在双方信息共享的情况下，与银行联系开展融资项目的信用和风险评估。在业务开展过程中，形成互动的监管和控制机制。这样既能更加有效地控制风险，又能加强与银行的信用关系。

4. 提高自身的信息化管理水平

物流金融是建立在物流信息平台之上的，物流企业对质物进行有效监管，必须实时掌握客户、产品和市场动态，需要收集和处理大量的信息。因此，信息化管理是开展物流金融服务的保障。物流企业的信息管理，首先是企业信息系统的建立和信息技术的应用，其次是信息的收集和处理，最后是信息的管理和反馈。物流企业在开展物流金融服务过程中，应以内部管理流程的信息化来协调各个部门和环节的工作，优化操作流程的服务系统，提高工作效率，防范和减少内部操作的失误。而与银行、客户等合作伙伴的协同作业信息化，能使物流企业高效地同他们进行信息的沟通和共享，减少信息不对称所产生的风险，方便银行对业务的监管和客户对服务过程的跟踪，提高物流企业对风险的反应和处理效率，为客户提供更完善更高效的物流及其增值服务。

5. 重视员工的素质教育

每个人在生产、生活中都有可能会出现不安全行为，错误的行为从而导致了风险的发生和损失的产生。在物流金融业务中，需要员工识别和评估风险，需要员工监管抵押货物，同样需要员工预防企业中可能存在的各种风险，因此员工的素质很大程度上影响着物流金融的风险。物流企业要加强员工的岗位培训和职业道德教育，通过培训，一方面提升员工的业务能力；另一方面加强员工的责任心及主人翁意识，降低操作和道德风险，避免造成无法挽回的损失。

2.2.3 物流金融风险的应对策略

物流金融是传统物流向现代物流过渡中服务的延伸。积极应对物流金融业务中的风险，是保证这一新兴业务健康发展的核心。物流金融业务作为一种新型的、具有多赢特性的物流服务品种，在促进国民经济发展的同时，也蕴含了很多风险因素，包括物流和金融业务自身的风险,还有业务发展过程中的经营风险。只有从风险降低、风险消除、风险保留、风险转移等角度积极应对,才能保证物流金融业务的健康发展。

1. 风险降低策略

应通过改进现有的方式方法和采用新的工作模式,分散和降低物流金融的风险。

(1) 通过与金融机构紧密合作和核心能力互补,争取稳定的授信额度。金融机构(如商业银行)将经营管理和市场前景较好,但由于资本金不足而陷入困境的物流企业及第三方物流服务供应商超过一定年限的部分贷款转为对该类企业的股权投资,把融资额度直接授权给相关物流企业,再由物流企业根据客户的需求和条件进行质押融资和最终结算。物流企业向金融机构按企业信用担保管理的有关规定和要求进行信用担保,并直接利用这些信贷额度对相关企业开展灵活、便捷的质押融资业务,金融机构则基本上不参与融资项目的具体运作。

(2) 扩展融资渠道,改变依赖银行贷款的单一方式。运用资本营销手段,以资产重组、参股控股、资产并购、产权置换、发行股票或债券、发起或借壳上市、票据性融资等多种方式扩大自身的规模,增强实力和扩大市场份额;开拓实物型、技术型融资业务,进行实物型租赁和技术参股,特别是与物流经营相关的大型耐用设备租赁和关键技术合作;开发商业贷款以外的金融授信业务,如银行承兑汇票、支票、信用证、保函等,以适应现代物流企业的发展;拓展物流发展基金和风险基金(可以是已经上市的投资基金,也可以是未上市的投资基金,其资金来源主要是财政补贴和企业的多元化投资);争取境外资金和政府财政的战略投资。

(3) 组建金融控股公司。应利用大型物流集团的优势组建金融控股公司,通过购买股权,直接控股地区性股份制商业银行,将地区性股份制商业银行、生产企业及多家经销商的资金流、物流、商品流、信息流有机整合,服务与融资、收款捆绑,封闭运作,为整个供应链提供全程性,满足个性化需求的服务,并采取灵活的定价方式(如货在途中付款、折价销售、附加服务及各种定价组合等)。其收益构成包括利益、中间收入和成本节约等。这也是解决物流企业融资难、高负债,保全金融资产,强化物流企业对相关企业监督和管理的一个捷径。

(4) 建立符合物流金融业务实施要求的企业组织结构。随着物流行业独立性的增强,其服务领域日益扩大,由仓储、运输、电子商务发展到物流方案设计、包装分装、多式联运等,在这种情况下,金融服务将贯穿物流业务的始终。物流企业必须理顺操作流程,完善运行机制,明确权责安排,建立起符合物流金融业务实施要求的企业组织结构。

(5) 控制信用风险。信用管理上,可以尝试把整个供应链看成一个经济实体,把各环节视作大企业的生产部门,建立信用模型和数据库,给供应链各方之间的相互关系设置信用值,实施评级、授信、物流资质考评和关联客户相互监管等管理,对单一的授信主体进行"主体+债项"的评级,变过去的静态评估为动态评估,运用信息共享技术,向企业及其供货商、销售商提供供应链融资服务。

(6) 控制操作风险。控制操作风险有以下 4 个方面内容。

① 防范质物风险。尽量选择市场畅销、适用广泛、变现能力强、易于处置、价格波动幅度较小且不易变质(保存期至少一年)的商品(如各类基础性生产资料,包括钢材、有色金属、棉纱类、石油类等,成品中的家电产品、陶瓷产品、家具产品等);考查质物来源的合法性,杜绝走私、违禁物品,以及国家禁止交易和限制交易的商品;质物产权要明晰,并已足额缴纳了相关税费,不存在经济纠纷等。

② 实施标准仓单制度。防止虚假仓单是控制经营风险的一个重点。仓单要实行指定印刷、固定格式、预留印鉴，由金融机构监督制作，并在协议中声明；物流企业要完善空白仓单的领用登记制度，领取数量、仓单编号、密码、领取人、领取时间、批准人、发放人等必须按照规定进行登记，空白仓单和仓单专用印鉴由专人负责。业务办理过程中，应根据业务要求及时与金融机构联系，取得其确认与许可；同时物流企业还可以设计带密码的提单，在提取质物时进行密码确认，防止出现假提单。

③ 根据经济特点和质物的性质，核定恰当的融资折扣率。融资折扣率是出质人在其商品质押后能得到的融资金额与其商品的评估总价值的比值。这一比值的高低会对金融机构控制融资风险和提高客户满意度产生直接的影响。当宏观经济环境和产业经济环境好的时候，融资折扣率可以相应的上调，而宏观经济不景气，质物价格波动大甚至不断贬值的情况下，融资折扣率又可以相应的下浮；品质较高、变现能力较强的质物，融资折扣率就应制定得高些，反之，融资折扣率就要低些。从事物流金融业务的物流企业应充分利用其掌握的更充分、更清晰的宏观与微观经济信息(如商品每天的到货数量、库存数量、销售数量等大量的行业交易信息)的优势，向银行等金融机构提供动产质押商品价值的历史资料分析、定期的商品价值报告特别是减值报告等，帮助银行和出质企业确定质物的范围和核定贷款价值比、贷款期限和变现等级等内容。

④ 加强质物管理。建立内部制约机制，明确分工，责任到人；健全仓储管理制度，按合同约定的责任范围，完善质物的标识、贮存、保护、入库及出库控制，不允许强制提货；保证仓单与货物、货单一致，手续完备，货物完好无损；实行定点存放、专人管理制度；对质物的存量下限进行严格控制，当质物的存量达到规定限度时，要有应对措施(如警告、冻结等)。

(7) 加大物流金融人才培养的力度。一定意义上说，人才因素也是影响物流金融发展的一个决定性因素；在物流金融业务中，需要员工识别和评估风险，监管质物，预防可能发生的各种风险。员工的素质很大程度上决定着物流金融的风险。通过教育培训和吸引高素质的复合型人才，不仅能提升员工的业务能力和工作效率，降低操作风险，而且有助于员工增强风险意识和责任意识，降低道德风险。

2. 风险消除策略

应从政策法规的完善、企业对自身实力的科学评价入手，从根本上消除物流金融的风险。

(1) 完善政策法规体系。一方面要完善现有法规体系，提高可操作性，加大执行力度，严查违法违规行为。特别要完善客户资料收集制度、客户资信档案管理制度、客户资信调查管理制度、客户信用分级制度、合同订立与结算过程中的信用风险防范制度、信用额度稽核制度、财务管理制度等，对客户进行全方位的信用管理，建立企业信用制度，逐步完善风险预警的基础条件；另一方面要完善包括贷款政策、质押及质押权让渡政策、金融担保政策、保险政策、资本证券化政策等在内的政策体系，以及物流金融业的准入资格规定、行业管理办法和操作指南等，逐步完善物流金融经营风险的防范体系。

(2) 促使企业科学评价自身实力。目前，我国物流市场仍处在粗放经营阶段，物流企业起点低、发育慢，"小、散、差、弱"的现象还比较严重。初级物流服务多，高端物流服务少；单一物流服务多，一体化物流服务少。大部分企业在离散的物流功能上过度同质竞争。在供应链管理的需求分析、模式创新、运作执行和风险控制等方面还存在不小差距，难以满足上下游企业对供应链服务的要求。因此，物流金融服务目前只适合在具备较大的资产规模和较强经营实力、拥有全国范围的仓储监管网络和现代化的物流信息管理系统、拥有规范化和标准化的品牌服务、具有物资销售资质的大型第三方物流企业中开展。中小物流企业要对物流金融风险进行科学评估，结合自身实力，综合考虑是否开展物流金融服务及服务深入的程度。

3. 风险保留策略

对于不可避免的风险应采取积极的措施加以应对和预防。

(1) 计提损失准备。根据相关财税制度，对融资企业计提一定比例的风险损失准备，在质物的市场价值低于融资额时，除通知融资企业增加质物外，还可以损失准备金抵补质物损失。

(2) 实行风险保证金制度。根据融资期限的长短及质押融资的比例，让融资企业预交一定数量的风险保证金，以承担质物市场价格波动的风险。当市场价格下跌到预警线时，按协议规定通知融资企业增加质物和保证金。如果出质人超过融资期限，则以风险保证金抵充融资额或质物变现的差额；如果出质人按期归还，则退还保证金。

4. 风险转移策略

通过一定的方法、措施，出让一部分风险收益，将物流金融的业务风险部分或全部地转移给别人，从而达到降低业务总体风险的目标。

(1) 物流金融保险。物流产业的责任风险几乎伴随着业务的全程：运输、装卸搬运、仓储、流通加工、包装、配送和信息服务等。因此，物流保险是物流金融业务的重要组成部分。保险公司应针对这个具有巨大潜力的市场，整合相关险种，为物流企业提供一个完整的保险解决方案，如物流综合责任保险，使保险对象扩大到物流产业的每个环节(如物流公司、货运代理公司、运输公司、承运人、转运场、码头和车站等)。通过在综合责任险中对投保人、被保险人、保险责任、保险金额(赔偿限额)、保险期限、保险费等各项保险要素进行明确约定，保险公司在创新自身业务和增加利润的同时，也可帮助物流公司防范金融风险。

(2) 物流风险基金。在从事物流金融服务的第三方物流企业中，应建立合理的风险损失补偿基金，来分摊风险损失。即物流企业面向出质人，对每笔融资业务按照一定的比例收取合理的风险补偿金，形成物流风险基金，对于物流业务中发生的风险损失，由物流风险基金承担赔偿责任。与物流企业向保险公司投保相比，由物流企业自我保险来建立物流风险基金，能更好地避免物流企业因投保而在物流作业中不负责任的道德风险。

本 章 小 结

通过本章的学习，学生应该能够了解现代物流金融理论中的前沿问题，对物流金融风险控制有一个较为全面的理解。本章详细论述了物流金融的基本功能、类型、要素与学术意义，介绍了物流金融的科学理论的种种描述，以及物流金融服务中的风险控制与评价指标，给出了一个关于现代化物流金融理论的整体图景，以便能够对其理论建设有一个比较全面而准确的认识。全面介绍了物流金融的主要内容、总体框架和系统，以及物流的学术概念及学术性意义。通过对物流金融相关知识的描述，重点论述了现代物流金融创新的学术价值，确立了物流金融对现代物流理论新的运作模式。

关键概念

仓单质押模式　动产质押模式　商品货权融资模式　库存混合融资模式　厂商银融资模式　融通仓模式　供应链　物流金融风险　风险控制　第三方物流

讨论与思考

1. 简述现代物流金融的基本运作模式。
2. 简述物流金融的商业运作模式。
3. 简述物流金融发展策略。
4. 举例说明物流金融的市场作用。
5. 物流金融风险的应对策略都有哪些？

第3章 物流银行与融资物流业务

【学习目标】

1. 掌握物流银行的基本概念;
2. 了解物流银行的本质和特点;
3. 熟悉物流银行的基本运作模式;
4. 理解商业银行发展物流金融的基本思路和基本方法;
5. 了解融通仓创新模式的体系框架;
6. 掌握融资业务的主要模式、基本术语和基础理论。

【教学要求】

知识要点	能力要求	相关知识
物流银行	(1) 掌握物流银行的基本概念、特点、基础理论 (2) 了解物流银行的体系框架 (3) 熟悉物流银行的基本运作模式	(1) 相关概念 (2) 相关理论
融资物流业务	(1) 了解相关运作模式的主要内容 (2) 掌握基本知识点 (3) 掌握保兑仓业务 (4) 掌握海陆仓业务 (5) 掌握池融资业务	(1) 标准仓单质押业务模式 (2) 管理系统运行结构
融通仓创新模式	(1) 熟悉融通仓的服务功能 (2) 熟悉融通仓运作模式 (3) 了解融通仓模式的解决方案	相关理论、基本内容和原则

引例

"物流银行"风靡山东

一种既能帮助生产企业获得原材料贷款，又能让贷款银行放心的"物流银行"新业务，在山东省物流业流行开来。以临沂立晨公司一家为例，半年来就给企业启动"物流银行"融资 2 000 万美元。

据山东省经贸委交通物流处刘处长介绍，"物流银行"业务学名叫"仓单质押融资"。在没有"物流银行"前，生产企业要想大额贷款购买批量原材料，可能性很小，因为银行担心原材料资产不安全。有了物流企业在中间做担保，生产企业拿着贷款可以较低的价格批量购进原材料，但购进的原材料必须存放在银行指定的物流公司仓库里。企业每次从物流仓库里小批量拉走原材料，需要拿着小钱来购买，每小批量的现金是企业归还贷款的，原材料拉完了，银行的贷款也还完了。"物流银行"作为现代物流业务的新内容、新形式，一年多来，被山东省物流领军企业迅速消化和实施。目前，山东省内开展这项业务的物流企业有中储青岛公司、中外运青岛公司、博远、环鲁、烟台海通、临沂立晨等公司。

临沂立晨物流公司则利用"物流银行"做起了跨国买卖。临沂立晨与农业银行、建设银行合作，按照生产企业的要求，国外供应商将货物发往临沂立晨公司的监管仓库，立晨公司将仓单抵押给银行，银行将货款支付给供应商，相当于由银行垫付资金进口货物。生产企业可以根据自己的需要分期、分批向立晨公司付款提货。这样做，一方面生产企业解决了进口大批原料资金占用过多的问题；另一方面缩短了供应链时限。原来从国外进货需要 7 天到 15 天时间，现在直接在立晨公司仓库提货，只需要 1 天或者几个小时。另外，生产企业可以通过批量购买获得优惠价格。一年多来，临沂立晨公司已为山东新光纺织、百华鞋业、华祥塑料、力健粮油、卡特重工、鲁南纸业等生产企业提供了物流金融服务。

章前导读

"物流银行"的解决思路：首先，建立、理顺供应链上相关企业的信息流和物流；其次，银行根据稳定、可监管的应收、应付账款信息及现金流，将银行的资金流与企业的物流、信息流进行信息整合；最后，由银行向企业提供融资、结算服务等一体化的综合业务服务。因此，从广义的角度讲，为物流企业资金运营提供金融服务的机构都可称为物流银行。而从狭义的角度，"物流银行"则专指物流质押银行贷款业务，即企业以市场畅销、处于正常贸易流转状态的产品抵押作为银行授信条件；银行根据物流公司的物流信息管理系统，向物流企业提供贷款。

3.1 物流银行

物流银行(Logistics Bank)，全称是"物流银行质押贷款业务"，是指商业银行以市场畅销、价格稳定、流通性强且符合质押物品要求的商品质押作为授信条件，运用物流商的物流信息管理系统，将商业银行的资金流与物流商的物流有机结合，向客户提供集融资、结算等多项服务于一体的综合服务业务。从这个定义中可以直观地看出，物流银行不是传统意义上的、单纯的金融服务抑或物流服务，而是将两者有机结合的一项综合服务。物流银行以商业银行与物流商两个支点，为商贸公司架起了资金融通的大桥。

3.1.1 物流银行发展分析

物流金融已成为物流企业提高物流质量、加速供应链周转的有效途径,也为银行提供了较低风险下的利润增长点。

1. 提升竞争力

现代物流的发达程度已成为衡量一个国家现代化程度和综合国力的重要标志之一。目前,我国政府已将物流业列入国家的重点发展产业。而当国内的物流商将满腔的热情倾注在仓储、配送、电子网络的时候,跨国物流业巨头们却开始瞄准供应链的另一个关键环节——资金流。未来的物流企业谁能掌握金融服务,谁就能成为最终的胜利者,这是因为对一般物流服务而言,激烈的竞争使利润率下降到平均只有 2%左右,已没有进一步提高的可能性。而对于供应链末端的金融服务来说,目前由于各家企业涉足少、发展空间大,于是包括美国 UPS 在内的几家跨国物流商在业务中增加了金融服务,将其作为争取客户和提高利润的一项重要举措。

2. 金融创新

金融产业有着悠久的历史,但不同于传统金融,现代金融最重要的特征就是金融创新。作为金融业支柱之一的商业银行,同样在日新月异的今天,为金融创新进行着不懈的努力。

信贷业务是商业银行的主要业务之一,但目前国内商业银行大都存在着过分依赖大客户、贷款收信额度过于集中的情形,这不仅会给商业银行带来信贷风险集中的问题,而且由于不少大客户物流并不活跃,造成了现金流与资金流不匹配的问题,再者,由于大客户通常提供不动产抵押,商业银行在变现时通常会遇到耗时、手续烦琐等诸多问题。物流银行的业务流程如图 3.1 所示。

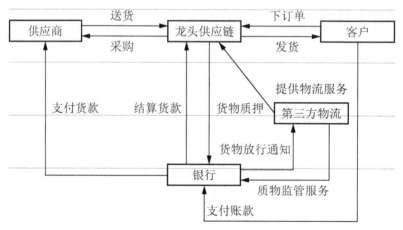

图 3.1 物流银行业务流程

鉴于此,不少商业银行在扩展信贷市场时,不约而同地选择了中小企业。中国目前的中小企业占据全国企业总数的 95%,其资金需求绝不亚于分量重但数量少的大型企业,尤其是一些从事商贸的中小企业,由于其经营的产品市场畅销、价格波动幅度小,处于正常贸易流转状态,以这种产品向银行提供质押担保,也便于银行的变现。因此,越来越多的商业银行在拓展信贷业务时,把目光瞄准了中小企业。

3. 融资难的困境

在国家相关政策的鼓励下,中小企业如雨后春笋般成立了。但是,中小企业很快就遇到了企业发展的拦路虎——资金短缺。资金是企业发展的血液,充足的资金可以使企业具备更广阔的发展空间。反过来说,资金短缺却会极大地影响企业的顺利成长。由于融资渠道单一,商业银行贷款成为中小企业融资的首选,但是,中小企业信用级别低,可抵押固定资产普遍较少,也难以得到大企业提供的担保,在经营活动中商业票据使用较少,要获得商业银行提供的融资服务在目前的状况下仍然很难。

但我们同时也看到,这些中小企业的动产资源潜力巨大,他们每个企业手上都会有原材料、半成品、成品库存等,若这些资源可以作为质物,那融资的情况就会大大不同了。

由于中小企业的蓬勃发展,他们越来越需要更多的融资渠道,而物流商也正朝着金融服务方向而努力探索着,商业银行更是迫切地希望借助社会上的一切力量推动其金融创新,物流银行业务的正式开展正是顺应了这方面的需要。

4. 博弈分析

尽管物流商将提供金融服务作为提升竞争力的首选,但从中国目前物流业的现状来看,具备雄厚资金实力的物流商几乎不存在;另外,中国现有的法制也没有完全为物流商提供金融服务敞开大门。因此,中国的物流商如果要单纯靠自己的力量提供金融服务的话,它将为此付出较大的融资成本,其收益率较低。图 3.2 为物流商业银行保持商业生态环境的模式。

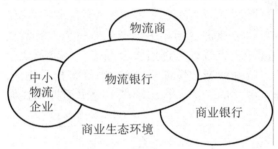

图 3.2　物流商业银行保持商业生态环境的模式

假设物流商为中小企业提供融资的收益为 3,物流商的融资成本为 2,可能的损失为 1。如果物流商不为中小企业提供融资服务,其收益为 0;如果物流商单独为中小企业提供融资服务,其支付融资成本是必须的,考虑到其损失的可能性为 50%,物流商的收益将会是 3-2-1×50%=0.5。

相同的道理,对于渴望金融创新的商业银行而言,由于其专长在于金融服务方面,商业银行没有精力和能力去监督、保管中小企业为获得融资而提供质押的实物动产,商业银行要获知这些质押动产的市场销售情况,快速实现质押动产的变现也不得不付出较大的监督成本。也就是说,商业银行单独为中小企业提供动产质押贷款的收益率将会很低。

同样假设商业银行为中小企业提供融资服务的收益为 3,商业银行的监督成本为 2,可能的损失为 1。如果商业银行不为中小企业提供融资服务,其收益为 0;如果商业银行单纯靠自己为中小企业提供融资服务,考虑到其损失的概率为 50%,商业银行最终的收益将会是 3-2-1×50%=0.5。

如果物流商与商业银行能够携手合作,以人之长补己之短,情况又将会如何呢?

假设为中小企业提供融资服务的收益仍为 3，由于是物流商与商业银行共同为其提供融资服务，二者的收益各为 3÷2=1.5。双方的收益看似由于合作各自减少了一半，但因为二者的合作，双方无须再为提供融资服务而支付融资成本或监督成本，即数量为 2×2=4 的成本将因为双方的合作而节约，或者双方支付的成本为 0，再考虑 50% 的概率损失 1，无论是物流商还是商业银行，其合作以后的收益将变成：3÷2-0-1×50%=1，合作后的收益明显大于合作前的收益 0.5。

从以上简要分析可以看出，由于物流商与商业银行的合作，使彼此相互借助了对方的优势，节省了经营活动中成本的支出，从而提高了各自的收益率。

由此可见，物流银行这项新兴的业务，既能满足社会第三方的需要，更能提高物流商与商业银行各自的经济效益，物流银行自然能够成为物流商与商业银行的理性选择。

3.1.2 物流银行的基本模式

物流银行其根本，应该属于金融衍生工具的一种，它之所以区别于传统的抵押贷款或质押贷款，是因为在其发展过程中，逐渐改变了传统金融贷款中银行与申请贷款企业双方面的权责关系，也完全不同于担保贷款中担保方承担连带赔偿责任的三方关系。它越来越倚重于第三方物流商，目前主要表现为物流商的配套管理和服务，形成了商业银行、物流商、贷款企业的三方密切合作关系。

根据物流商介入融资服务的阶段或深度的不同，可以将物流银行的模式归纳为如下两种。

1. 仓储货物质押模式

即质押人与商业银行签订质押合同，用已经或即将放入物流商仓库中的动产做质押；质押人、商业银行及物流商三方签订质押监管合同，由物流商负责监督管理质押动产；一旦质押人向商业银行归还贷款或增加保证金，商业银行将指示物流商释放监管的质押动产，而物流商则严格根据商业银行的指令存、放动产。仓单质押模式如图 3.3 所示。

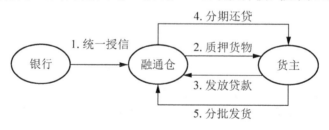

图 3.3 仓单质押模式

需要说明的是，现实中很多银行采用的是仓单质押方式，而非动产质押方式，究其原因，是因为用作质押的动产不同于用作抵押的不动产，后者可以用登记的方式证明其所有权的归属，前者只能用占有的方式证明所有权，现实中的商业银行似乎都怀疑"占有"这种公示方法。而在合同法确认了仓单的法律地位后，人们认为这一权利凭证能够弥补动产占有公示的不足，因此更倾向于接受仓单质押。

根据仓储货物所在位置的不同，又可将这种业务模式细分为库内监管与库外监管。库内监管就是在物流商自己所有的仓库中监管质押动产，库外监管则是在物流商有限享有使用权的仓库中监管质押动产，通常情况下是在出质人自己的仓库中监管。库外监管超出了物流商的自有库，扩大了物流银行的服务领域，也可能节省整个质押贷款业务中发生的费用，但这一模式有其局限性，无论是商业银行还是物流商都应谨慎使用。从商业银行的角度来看，由于出质人出质的质物仍在出质人的仓库中，物流商能否实际控制出质的动产无法事先确定，这可能违反现行法律关于质押必须以质物交付质权人方可生效的规定而使商业银行的质权不成立；从物流商的角度来看，实施库外监管的一大前提是物流商具备了输出仓储管理的能力，而且，对出质人自有库进行监管的风险更大，因为出质人作为质押动产的所有人，比其他任何第三人更有"理由"违反游戏的规则，如果物流商不具备强大的输出管理的能力，库外监管将是空话，物流商将无法利用自己的仓储专长避免承担监管不力的责任，也将因此而回到历史上简单的为他人提供保证担保的地步。因此，为了规避前述库外监管必然的风险，商业银行有必要从增加的收益中拿出一部分转移给物流商，以支付物流商为加强控制增加监管作业而承担的费用；作为物流商，则应该从人的控制、作业设备的控制、作业程序的控制、管理软件的控制等多方面尽快提高自身的管理能力。只有通过双方的共同努力，才能巩固库外监管这一模式，从而在空间上扩大物流银行的服务领域，扩大商业银行与物流商的盈利领域。

2. 保兑仓模式

保兑仓模式即质押人、物流商、商业银行及供货商四方签订合同，商业银行根据质押人与供货商的供货合同直接代质押人向供货商支付货款，供货商根据供货合同，以及与商业银行达成的协议向物流商交付货物，物流商从接到货物之时开始承担监管责任。保兑仓模式如图3.4所示。

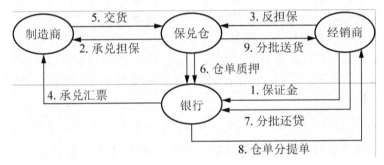

图3.4 保兑仓模式

保兑仓区别于仓储货物质押贷款之处在于，在仓储货物质押贷款中，仓储货物在进入指定仓库之前并不是质物，只在进入仓库之时或之后才成为质物，而物流商的监管责任也只从货物进入指定仓库之后才开始，从商业银行的角度看，即先有质物后有贷款；而对于保兑仓而言，货物在进入指定仓库之前就已成为了质物，物流商在货物入库之前就应开始履行其监管职责，也许是从供应商交付货物之时，也许是从进口货物入关之时。

保兑仓是物流银行的高级形态。在这种模式里，物流商提供的不仅仅是传统的仓储服务，而是货物在不同社会主体间流转移动的全过程；商业银行的客户对象也将极大地增加，因为它允许了用作质押的货物在空间上的位置移动及形态上的变动转化(如涉及加工环节时)。

3.2 开展物流银行业务的综合分析

随着全球经济一体化进程的加快及金融国际化趋势的进一步加深，金融业的竞争日趋激烈。物流金融这一处于旺盛成长期的金融创新业务，成为商业银行新的利润增长点，当前关于物流金融的理论研究也有一些成果。

3.2.1 物流金融发展中存在的问题

物流金融的概念，就是面向物流业的运营，通过开发、提供和应用各种金融产品和金融服务，有效地组织和调剂物流领域中资金和信用的运动，达到信息流、物流和资金流的有机统一。物流金融发展中主要存在以下几方面的问题。

1. 第三方物流企业发展落后

第三方物流作为国民经济的命脉，在日常生产和生活中起着不可替代的作用。然而，中国第三方物流起步较晚，远远跟不上时代发展的需要。在改革开放以前，涉及物流的各个环节，包括运输、仓储、配送环节等都是通过计划手段按行政部门、行政区划管理的。改革开放以来，中国经济体制逐步转型，整个生产、流通和消费发生了深刻的变化，国内从商业、物资储运企业改造、运输与货运代理延伸等，出现了不同形式的物流服务企业，但是物流的观念尚未在工商企业中得到普及，物流服务企业提供服务的质量不高、数量有限。同时中国的第三方物流企业规模偏小、管理水平不高、利用现代技术程度低、服务功能单一、缺乏管理人才等导致第三方物流企业难以发展。

2. 物流金融服务不规范，效率不高

由于物流金融服务在中国发展的历史时间不长，还没有制定相对科学、合理、统一的作业规范，物流企业和银行没有统一标准可以参照。银行没有专门针对物流金融信贷业务的操作规范，还是运用一般信贷操作流程规则来办理物流金融信贷业务，致使物流金融信贷业务手续异常烦琐，效率低下。同时，由于物流企业的信息化程度不高，没有办法在实施物流金融业务时实现协同信息化，及时进行信息的沟通和共享，以及银行对业务的监管和客户对服务过程的跟踪，影响了物流金融业务实施过程中对风险的反应和处理效率，客户的服务质量不高。

3. 物流金融人才严重匮乏

西方国家物流业和物流金融业务蓬勃发展的一个决定性因素就是拥有大批的精通物流、金融、法律，具有创新意识的专业人士。而我国，由于现代物流发展的历史只有20多年，人才匮乏的问题相当突出。懂得物流管理和经营的人才缺乏，而懂得物流金融的人就更寥寥无几了。因此，在金融领域，熟悉国内外金融知识而懂得物流业务开展工作的双专业人才将是市场的抢手人才。

中国物流业面对着这些变革、发展都需要依靠懂得现代物流技术，能进行实际操作的物流人才。怎样为我国现代物流提供所需的大量专业人才，是银行、企业和物流商及理论界要讨论的重要问题。

4. 相关法律法规建设滞后

我国目前只有《合同法》和《担保法》中的某些条款才能够作为法律上的依据来判定相关业务纠纷的法律属性，2007年10月1日执行的《中华人民共和国物权法》(以下简称《物权法》)虽然扩大了可用于担保的财产范围，但有些条款还不适合物流金融实际业务的开展。而且处理业务纠纷时多采用的是法律程序，这样不仅执行过程低效，成本高，更为严重的是存在着许多不可预见的因素，使债务人违约时债权人损失很大。我国还处于物流金融业务的初级阶段，相应的担保文件，如仓单，不标准且缺少流通性；参与物流金融业务的物流仓储企业鱼龙混杂，缺乏相应的行业规范，甚至出现了借款人与物流企业联合欺诈银行的现象。

3.2.2 商业银行发展物流金融的基本思路

经过对商业银行发展物流金融的 SWOT 分析，针对商业银行本身的优势，以及外界的机会，商业银行应该抓住机遇，积极迎接挑战，充分发挥本身的优势，弥补劣势，促进我国物流金融的稳定健康发展。为此，有关方面提出了一条商业银行发展物流金融的基本思路。

1. 第三方物流企业进行资源整合

第三方物流企业应运用资本营销手段，以资产重组、投资参股、资产并购、产权置换、发起或借壳上市等多种方式迅速扩大自身的规模，快速增强实力和扩大市场份额；发挥集团优势，开展多元化经营。由于第三方物流企业连接产需，必须延伸出去获得能量，紧紧联系生产一端，争取直接掌握甚至控制一批关键性的、在市场上知名度高的产品，取得市场竞争主动权。同时，第三方物流企业要走工、商、贸相结合的道路。只有如此，企业才会有长足的发展后劲，在激烈的市场竞争中立于不败之地。

2. 开展统一授信的方式

统一授信就是银行把贷款额度直接授权给物流企业，再由物流企业根据客户的需求和条件进行质押贷款和最终结算。物流企业向银行按企业信用担保管理的有关规定和要求提供信用担保，并直接利用这些信贷额度向相关企业提供灵活的质押贷款业务，银行基本不参与质押贷款项目的具体运作。这有利于企业更加便捷地获得融资，减少原先质押贷款中一些烦琐的环节，也有利于银行提高对质押贷款全过程的监控能力，更加灵活地开展质押贷款服务，优化其质押贷款的业务流程和工作环节，降低贷款的风险，从而提高物流金融服务效率。

3. 加强物流金融人才的培养

针对中国物流人才紧缺的现状，应加大人才培养。一方面应积极进行先进的物流管理和物流技术知识、电子商务、金融、贸易经济、信息管理等知识的培训。对物流从业人员，可通过长期培养与短期培训，学校培养与在职培训等多种方式，加强物流企业与科研院所的合作，使理论研究和实际应用相结合。另一方面要形成较合理的物流人才教育培训系统。在大学和学院设置物流管理、金融专业，培养复合型人才，形成一定规模的研究生教育系统。通过多个层面的教育与培训，可以为中国培养出大量的各层次、各方面的物流专业人才。

4. 完善相关政策和法规

完善法律法规，规范物流金融业务。在法律约束的同时应该建立由中央银行和物流管理委员会牵头的宏观管理机构，对业务实行规范管理，并制定合理的惩罚程序和措施。建立完善的企业风险评级体系和信息系统。首先，银行和物流公司应该建立统一并且规范的信息系统，将客户资料、信用情况、产品信息等一系列信息指标纳入计算机管理系统，形成联网操作。其次，在信息体系之上建立风险评级体系，针对指标和数据及专业部门的实地考察、业务监管进行信用评级，并且事后备案，以减少风险。政府要完善相关政策和法规，为发展物流金融创造良好的制度环境。

物流金融对于企业、物流公司和金融机构来说都是一个新的领域。中国物流金融正处于发展的良好时机，这是中国物流金融理论体系不断完善，实践经验不断总结，国家法律政策逐渐扶持的结果。当然，物流金融的顺利开展也需要政府、物流企业、金融机构的共同努力。这种新兴的业务在给商业银行提供诸多利益的同时，也带来了一定的风险。通过对物流金融理论进行梳理，识别了商业银行开展物流金融业务的利与弊，并针对这些利弊提出了相应的防范对策，为商业银行从事物流金融业务提供一些运作思路。希望对商业银行从事物流金融有一定的启发，同时一些新的对策有待于进一步探索。

3.3 融资物流业务

融资物流(业务)是质权人(通常是指银行)为了更安全地控制质押货物，利用物流公司对货物实时、实地监管的能力，与物流公司合作推出的一种业务模式。

3.3.1 主要业务模式和基本术语

融资物流的主要模式包括4类，仓单质押(实物仓)、保兑仓、融通仓及海陆仓。融资物流是近年来根据中国经济、相关行业、相关企业发展需要而大力推广的一项创新金融产品。

1. 主要业务模式

融资物流的主要业务模式是质押监管业务。

(1) 质押监管业务是指出方以合法占有的货物向质权方出质，作为质权方向出质方授信融资的担保，监管方接受质权方的委托，在质押期间按质权方指令对质物进行监管的业务模式。

(2) 质押监管业务监管方的职责。监管方接受质权方的委托，对出质方的质物进行监管。质物在质押期间的提取，必须按照监管协议的约定执行。监管方通过监管或委托监管质物承担控货责任。

(3) 质押监管业务模式。按照业务类型分为仓单质押、动产质押逐笔控制、动产质押总量控制、买方信贷(保兑仓)和进口开证监管等5种，根据今后业务的发展再补充新的类型。

2. 基本术语

(1) 仓单质押。是指出质人以监管方开出的仓单作为质押担保，银行给予融资的授信业务。从担保种类而言，仓单质押属于权利质押类，质押标的是物权化的权利凭证——仓单，银行对质物的占有方式为占有经过出质人和监管方同时背书过的仓单，监管方为仓单的出单人。

(2) 动产质押逐笔控制。是指出质人以银行认可的合法的动产作为质押担保，银行给予融资，且在授信期内通过银行审批更换所质押的动产授信业务。

(3) 动产质押总量控制。是指出质人以银行认可的合法的动产作为质押担保，银行给予融资，且在授信期内在满足银行核定的库存基础上可更换所质押的动产的授信业务。质押的标的为监管方仓储保管的货物，银行委托监管方不间断地占有质物，但监管的质物是不断更换的，在不同的时间表现为不同批次、种类，故称为动态质押总量控制。

(4) 买方信贷(保兑仓)。银行又称之为厂商银，是指银行在取得商品控制权的条件下，为买卖双方之间的先款后货贸易提供封闭式采购融资支持。出质人及供应商实行先款后货的结算方式，出质人不能提供现货供质押，但其供应商能配合银行控制货权。该业务通过监管方全程办理物流服务(包括提货、运输、仓储)，使质权人达到对质物全程监控的目的。

(5) 进口开证监管。是指银行为进口商开立信用证向国外的生产商或出口商购买货物，进口商缴纳一定比例的保证金，其余部分以进口货物的货权提供质押担保的质押业务。

(6) 货物合法性检查。指检查货物的购货合同、购货发票、材质证明、产品合格证、货运单等，进口货物还应提供进口货物检验检疫证明、完税证明和信用证。

(7) 置换。指出质人以质权人认可的货物作为新的出质物，换取原有等值质物。

(8) 授信敞口。是指质权人为出质(债务)人提供的最高贷款金额。

(9) 风险敞口。是指质权人为出质(债务)人提供的贷款金额或者开立的承兑汇票票面金额，减去债务人为此存入质权人处的保证金金额后的余额。

3.3.2 业务流程

融资物流是指客户(出质企业)以市场畅销、价格波动幅度小、处于正常贸易流转状态且符合要求的产品向银行抵押作为授信条件，运用物流企业的物流信息管理系统和人、财、物资源，将银行的资金流与客户的物流进行结合，向客户提供融资、结算等服务于一体的综合服务业务。其业务流程如下。

1. 确定目标客户

质押监管部门根据公司任务拟定开发客户策略，制定客户开发计划，确定目标客户。

2. 融资需求

业务开发经理通过与客户联系交流，判断目标客户是否有质押融资需求。

3. 信息收集

业务开发经理对有质押融资需求的客户进一步确定其详细情况。主要包括①质押融资额；②目标客户提供的质物；③质物数量；④质押融资模式；⑤质物的控制方式；⑥质押融资银行；⑦质押监管仓库(或质押监管地点)；⑧质押监管时间。以上为质押监管业务前期操作流程。

4. 资质信息

业务开发经理判断目标客户是否为初次质押贷款，对于初次质押贷款的目标客户要检查企业资质等相关信息，包括以下资料：①企业营业执照；②企业税务登记证；③企业代码证；④法定代表人身份证；⑤近三年资产负债表；⑥损益表。

对于再次质押贷款的目标客户，要判断目标客户质押贷款资质是否有变化，对于有变化的质押贷款目标客户，要重新检查上述相应的企业资质信息，同时检查合作历史记录。

5. 确定质押监管业务模式

根据客户的情况，从以下模式中选择一种质押监管模式：①仓单质押；②动产质押逐笔控制；③动产质押总量控制；④保兑仓(卖方担保下的买方信贷)；⑤开证监管业务。

6. 资料提交

各分公司根据集团下发的《各分公司审批项目资料上报要求》提交给集团投资发展部审批。集团审批流程质押监管业务模式及流程仓单质押权利质押，仓单出具方保证仓单的真实性、有效性、唯一性。适用于质物不流动、整进整出的业务。监管方不负责价值，只负责仓单注明的仓储物的数量。对仓储企业的资质要求高。如果使用仓单部分提货，要收回原先出具的仓单再重新出具。

3.3.3 仓单质押业务

仓单质押在国外已经成为企业与银行融通资金的重要手段,也是仓储业增值服务的重要组成部分。仓单质押业务流程如图3.5所示。

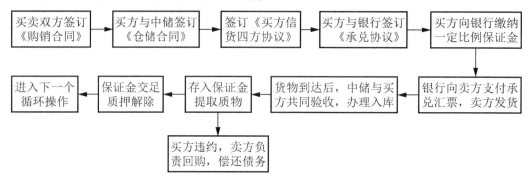

图 3.5 仓单质押业务流程

1. 仓单质押业务简介

仓单质押是以仓单为标的物而成立的一种质权。仓单质押作为一种新型的服务项目,为仓储企业拓展服务项目,开展多种经营提供了广阔的舞台,特别是在传统仓储企业向现代物流企业转型的过程中,仓单质押作为一种新型的业务应该得到广泛应用。在我国,仓单质押作为一项新兴的服务项目,在现实中没有任何经验可言,同时,由于仓单质押业务涉及法律、管理体制、信息安全等一系列问题,因此可能产生不少风险及纠纷,如果仓储企业能处理好各方面的关系,并能够有效地防范以上风险,相信仓单质押业务会大有所为的。

关于仓单质押的性质,即仓单质押为动产质押还是权利质押,学术上有不同的看法。日本专家认为,仓单是表彰其所代表物品的物权证券,占有仓单与占有物品有同一的效力,因而仓单质押属于动产质权。《日本商法典》第575条规定,交付提单于有受领运送物权利之人时,其将就运送物所得行使的权利,与运送物之交付,有同一效力。这里明确规定的提单的交付与运送物的交付有同一效力,即泛指就运送物所得行使的权利,所以除运送物所有权转移外,还包括动产质权的设定。而《日本商法典》第604条规定,关于仓单准用于第575条的规定,因而,可解释为仓单质押为动产质权。仓单质押模式如图3.6所示。

2. 我国法律上的保障依据

我国法律上的仓单质押在性质上应为权利质押。

(1) 从我国《担保法》的规定看,仓单质押是规定在权利质押中的。

我国《担保法》第75条规定,下列权利可以质押。

① 汇票、支票、本票、债券、存款单、仓单、提单。
② 依法可以转让的股份、股票。
③ 依法可以转让的商标专用权,专利权、著作权中的财产权。
④ 依法可以质押的其他权利。

由此可见,仓单质押应为权利质押的一种。

(2) 如果认定仓单质押为动产质押,则说明仓单质押的标的物为动产。但是,仓单是一种特殊的物,并不是动产,而是设定并证明持券人有权取得一定财产权利的书面凭证,是代表仓储物所有权的有价证券。仓单质押的标的物为仓单，仓单是物权证券化的一种表现形式，合法拥有仓单即意味着拥有仓储物的所有权。也正因如此，转移仓单也就意味着转移了仓储物的所有权。同时，由于仓单为文义证券，仓单上所记载的权利义务与仓单是合为一体的。从最纯粹的意义上讲，仓单本身只不过是一张纸而已，无论对谁来讲均无任何意义，有意义的是记载其上的财产权利，所以仓单质押在性质上不能认定为动产质押。

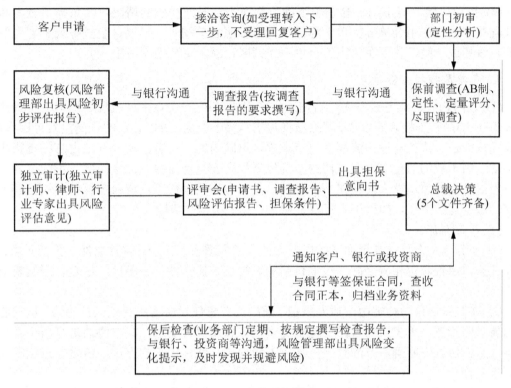

图 3.6　仓单质押模式

(3) 根据我国《担保法》的规定，质押分为动产质押和权利质押两种，这两种质押担保方式的区分标准在于标的物的不同。仓单质押作为一种质押担保方式，我们认为其在性质上为权利质押，最为关键的是仓单作为仓单质押的标的物，其本身隐含着一项权利——仓单持有人对于仓储物的返还请求权，由此，仓单设质可以"使商品之担保利用及标的物本身之利用得以并行"。

(4) 仓单质押的标的物为仓单，但实际上该仓单质押存在于对仓储物的返还请求权上。如果否认了这一点，则在质权人实行质权时便无权向仓储物的保管人提示仓单请求提取仓储物，而只能将仓单返还给出质人，由出质人从保管人处提取仓储物，然后为债务的清偿。这样一来，设定仓单质押也就形同虚设，无任何意义而言。最后，根据我国《合同法》第387条的规定，出质人背书并经保管人签字或盖章，可以转让提取仓储物的权利。由此可知，在仓单质押中，提取仓储物的权利是仓单质押的标的权利。从这种意义上说，仓单质押在性质上应为权利质押而不能为动产质押。

3. 仓单质押的风险

(1) 企业信用风险。如果选择的客户经营能力和信用状况不好，将来回款的可能性就会很小，使银行和物流企业都遭受损失。

(2) 质押商品风险。质押商品的种类要有一定的限制,并不是所有的商品都适合进行仓单质押,商品在某段时间的价格涨跌幅度和质量的稳定状况都是选择的时候需要考虑的内容,也会带来一定程度的风险。

(3) 仓单不规范风险。仓单是质押贷款和提货的凭证,是有价证券,也是物权证券,有些时候往往忽略了仓单不规范所带来的风险。

(4) 提单风险。对于同一仓单项下的货物在不同时间提取的情况,要依据借款人和银行共同签署的"专用仓单分提单"释放,同时按照仓单编号、日期、金额等要素登记明细台账,每释放一笔,就要在相应的仓单下作销账记录,直至销完为止。

4. 仓单质押的风险防范

(1) 风险内容。业务开发人员对出质人的需求(如生产企业生产流程、原料领用规律和每天消耗用量)和质权人的出质、解除质押需求掌握不全面,所以签订的合同没有可操作性,造成违规操作。协议与操作流程不符合风险,风险内容:只有出质人合法占有的货物才能够出质,由于质物的合法性存在问题,导致质权人在行使质权时发生问题,不能有效对抗第三方,从而导致质权人的债权不能履行。第三方协助银行确认货权过程中,承担着审查质物合法占有的责任,如果辨别货权证明失误,就会产生风险。

(2) 控制措施。

① 业务开发人员认真全面掌握出质人的需求和质权人出质、解除质押和控货需求,根据业务操作流程制定相应合同,注重合同的可行性、操作性、完备性,达到合同的要求和操作一致。

② 在监管协议中约定由出质人承担,质权人有责任对质物所有权进行确认,质押监管部门要求监管方不承担质物合法性检验的责任。如质权人要求监管方协助进行质物合法性检验,应在协议中明确双方的责任,质权人应提供合法性检验的方法,监管方按照质权人的要求进行。

(3) 应全面审核质物的真实性、合法性,同时评价出质人的资信,由出质人提供合法的货权证明、质量证明和《承诺书》或者在发票上加盖货物质押印章,出质人应出具下列文件资料:铁路运达的货物要有铁路运单、购货合同、购货发票(或货权证明)、货物的材质证明、货物检验报告、入库验收单及银行需要的其他资料;汽车运达的货物要有汽车运单、购货合同、购货发票(或货权证明)、货物的材质证明、货物检验报告、入库验收单及银行需要的其他资料;进口货物要有购货合同、信用证、船运单、进口货物完税证明、进口货物商检证明及银行所需要的其他资料。

5. 仓单质押的效力

仓单质押的效力,主要包括仓单质押担保的效力范围、仓单质押对质权人的效力、仓单质押对出质人的效力及仓单质押对仓储物保管人的效力。

(1) 担保的效力范围。仓单质押担保的效力范围包括其所担保的债权范围和仓单质押标的物范围。关于仓单质押所担保的债权范围,我国现行法上并无明确的规定,但《担保法》第81条规定:"权利质押除适用本节规定外,适用本章第一节的规定。"而该法第67条规定:"质押担保的范围包括主债权及利息、违约金、损害赔偿金、质物保管费用和实现质权的费用。质押合同另有约定的,按照约定。"因此,仓单质押应该适应这项规定。据此,仓单质押所担保的债权范围,除仓单质押合同另有约定外,应包括主债权及利息、违约金、损害赔偿金、质物保管费用和实现质权的费用。这里有疑问的是，质物的保管费用是否属于仓单质押担保的范围。在动产质押中，质物的保管费用是质权人在占有质物期间，为保管质物所支付的必要费用。但在仓单质押中，由于转移占有的并不是仓储物，而只是仓单。而一般地说，保管仓单无须支出费用。所以，在一般情况下，仓单质押所担保的债权范围并不包括质物的保管费用。当然，如果质权人将仓单委托他人(如委托银行等)保管而需要支出一定费用的，该费用的支出只要是合理的，也应属于仓单质押所担保的债权范围。

仓单质押标的物的范围即为仓单，当无疑义。需要说明的是，如前所述，仓单本身并无多大意义，有意义的是记载其上的财产权利，因为仓单与记载其上的财产权利是合为一体，不可分割的，故而仓单设质之后质押担保标的物范围限于仓单并无不妥。另外，依《合同法》第390条的规定，仓储物的保管人对入库仓储物发现有变质或其他损坏，危及其他仓储物的安全和正常保管的，除催告存货人或者仓单持有人做出必要的处置外，在紧急情况下，保管人可以做出必要的处置。保管人对仓储物的处置多为将其变价，从而保管仓储物的代位物。由此若该仓单已经设质，则该权利质权仍存在于该代位物上；如果仓储期间届满存货人或者仓单持有人没有提取仓储物，则保管人有权将仓储物依法提存，于此情况下，仓单质押的效力仍存在于该提存物上。换言之，如果仓储物有代位物或者提存物的，则仓单质押的效力仍及于该代位物或者提存物。同时，如果仓储物生有孳息的，则仓单质押的效力也及于该孳息。

(2) 质权人的效力。仓单质押对质权人的效力，表现在因仓单设质而发生并由质权人所享有和承担的权利和义务。

① 仓单留置权。仓单设质后，出质人应将仓单背书并交付给质权人占有。债务人未为全部清偿以前，质权人有权留置仓单而拒绝返还之。依质权一般法理，质权人对标的物的占有有质权的成立要件，而质权人以其对标的物占有在债务人未为全部清偿之前，得留置该标的物，其目的在于迫使债务人从速清偿到期债务。这种留置在动产质权中表现得最为明显，因为动产质押的质权人直接占有设质动产，当债务人不能清偿到期债务时，质权人当然首先留置其所占有的动产，从而才能将该动产变价并优先受偿。而在仓单质押中，质权人占有的是出质人交付的仓单而并不是直接占有仓储物。但是，仓单是提取仓储物的凭证，因此仓单质押的质权人在债务人不能清偿到期债务时留置仓单，就可以凭其所占有的仓单向保管人请求提取仓储物而进行变价并优先受偿届期债权。

② 质权保全权。仓单设质后，如果因出质人的原因而使仓储物有所损失时，会危及质权人质权的实现，于此情形下，质权人有保全质权的权利。我国《合同法》第388条的规定："保管人根据存货人或者仓单持有人的要求，应当同意其检验仓储物或者提取样品"。第389条规定："保管人对入库仓储物发现有变质或者其他损坏的，应当及时通知存货人或者仓单持有人"。从这两条规定并结合我国《担保法》的有关规定，仓单设质后，因质权人依法占有仓单，因此质权人有权依照《合同法》的有关规定向仓储物的保管人请求检验仓储物或者提取仓储物的样品，保管人不得拒绝，并且无须征得出质人的同意。质权人在检验仓储物或者提取仓储物的样品后，发现仓储物有毁损或者灭失之虞而将害及质权的，质权人可以与出质人协商由出质人另行提供足额担保，或者由质权人提前实现质权，以此来保全自己的质权。

③ 质权实行权。设定质权的目的在于担保特定债权能够顺利获得清偿，因此在担保债权到期而未能获得清偿时，质权人自有实现质权的权利，以此为到期债权不能获得如期清偿的救济，从而实现质押担保的目的。这在仓单质押中亦同，且为仓单质押担保权利人的最主要权能。仓单质押的质权实行权包括两项：一为仓储物的变价权，二为优先受偿权。

④ 质权人的义务。质权人的义务主要包括保管仓单和返还仓单。在前者，因为仓单设质后，出质人要将仓单背书后交付给质权人占有，但质权人对仓单的占有，因有出质背书而取得的仅为质权，而非为仓储物的所有权。所以因质权人原因而致仓单丢失或者为其他第三人善意取得，就会使出质人受到损害。因此，质权人负有妥善保管仓单的义务。至于后者，乃为债务人履行了到期债务之后，质权担保的目的既已实现，仓单质押自无继续存在的必要和理由，质权人自当负有返还仓单的义务。

(3) 出质人的效力。仓单质押对出质人的效力主要表现为其对仓储物处分权受有限制。仓单作为一种物权证券，是提取仓储物的凭证，取得仓单意味着取得了仓储物的所有权。但仓单一经出质，质权人即占有出质人交付的仓单，此时质权人取得的并不是仓储物的所有权而仅为质权；对于出质人而言，因其暂时丧失了对仓单的占有，尽管其对仓储物依然享有所有权，但若想处分该仓储物，则势必会受到限制。出质人若想对仓储物进行处分，应当向质权人另行提供相应的担保，或者经质权人同意而取回仓单，从而实现自己对仓储物的处分权。在前者，表现为仓单质押消灭；在后者，表明质权人对债务人的信用持信任态度而自愿放弃自己债权的担保，法律自无强制的必要。如果此项处分权不受任何限制，则质权人势必陷入无从对质押担保标的物的交换价值进行支配的境地，从而该项权利质权的担保机能便因此而丧失殆尽。

(4) 仓储物的保管人的效力。仓单质押对仓储物的保管人是否发生效力，因现行法上没有明确规定，所以不无疑义。质押对人的效力一般仅限于质押合同的当事人，但仓单质押似有不同。我们认为，仓单质押对仓储物的保管人亦发生效力，只是不如其对质权人和出质人那么强而已。仓单质押对保管人的效力主要表现在如下两个方面。

① 保管人负有见单即交付仓储物的义务。仓单是提取仓储物的凭证，仓单持有人可以凭借所持有的仓单向保管人请求交付仓储物，而保管人负有交付仓储物的义务。因而，在仓单质押中，当质权人的债权到期不能获清偿时，质权人便可以向保管人提示仓单请求提取仓储物从而实现仓单质押担保。从此意义上讲，仓单质押的效力及于保管人。

② 保管人享有救济权。依合同法原理，仓单持有人提前提取仓储物的，保管人不减收仓储费。因此，质权人在实现质权时，尽管仓储期间尚未届满，保管人也不得拒绝交付仓储物。但是，如果由于质权人提前提取仓储物而尚有未支付的仓储费的，保管人得请求质权人支付未支付的仓储费。当然，质权人因此的支出应当在仓储物的变价之中扣除，由债务人最后负责。若质权实行时，仓储期间业已届满，保管人亦享有同样的救济权，由质权人先支付逾期仓储费，债务人最后予以补偿。

6. 仓单质押贷款交易操作

开展期货标准仓单质押贷款是商业银行寻求新的利润增长点的内在需求，是期货市场发展的润滑剂。但同时也存在着风险。要对贷款过程的每个环节认真分析，制定应对策略。仓单质押贷款交易操作流程如图3.7所示。

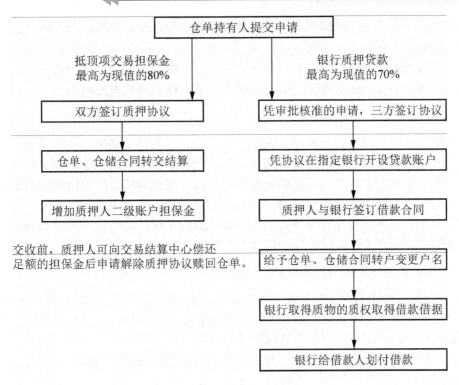

图 3.7 交易仓单质押操作流程

(1) 实施操作要点。由于仓单质押业务涉及仓储企业、货主和银行三方的利益，因此要有一套严谨、完善的操作程序。

首先货主(借款人)与银行签订《银企合作协议》、《账户监管协议》；仓储企业、货主和银行签订《仓储协议》；同时仓储企业与银行签订《不可撤销的协助行使质押权保证书》。

其次，货主按照约定数量送货到指定的仓库，仓储企业接到通知后，经验货确认后开立专用仓单；货主当场对专用仓单作质押背书，由仓库签章后，货主交付银行提出仓单质押贷款申请。

再次，银行审核后，签署贷款合同和仓单质押合同，按照仓单价值的一定比例放款至货主在银行开立的监管账户。

最后，贷款期内实现正常销售时，货款全额划入监管账户，银行按约定根据到账金额开具分提单给货主，仓库按约定要求核实后发货；贷款到期归还后，余款可由货主(借款人)自行支配。

(2) 实施风险及防范。从上述操作程序中可以看出，仓库和银行、货主企业之间都存在着委托代理关系，一种是作为银行的代理人，监管货主企业在仓库中存储货物的种类、品种和数量等；另一种是作为货主企业的代理人管理仓库中货主企业的货物，包括管理货物的进出库，确保仓储货物的安全、防潮、防霉等。正是由于存在这种三方的代理关系，仓储企业实施仓单质押业务有许多潜在风险。

3.3.4 标准仓单质押业务

随着人们对期货市场套期保值和价格发现等基本功能的认知程度不断深化，越来越多的企业开始利用期货市场进行风险管理。然而，这些企业在通过套期保值交易平稳其生产经营的同时，由于手中暂时闲置的标准仓单占压资金而面临短期流动资金短缺的新问题，从而对银行提出了标准仓单质押融资的强烈市场需求。开展标准仓单质押贷款业务，在拓展银行利润增长点的同时，既可有效解决现货企业短期流动资金紧缺的问题，还能起到间接支持企业利用期货市场套期保值以规避现货市场价格波动风险的作用。

1. 标准仓单质押贷款的含义

所谓标准仓单质押贷款是指借款人以其自有的、经期货交易所注册的标准仓单为质押物向商业银行申请正常生产经营周转的短期流动资金贷款业务。由于标准仓单是由期货交易所统一制定，指定交割仓库在完成入库商品验收、确认合格后签发给货主的实物提货凭证，是由期货交易所的信誉作保证的，因此，相对于非标准仓单质押贷款而言，该产品具有贷款监管便利、质物变现力强等优势，从而既有利于缓解企业生产经营过程中流动资金紧缺的问题，又有利于商业银行控制信贷风险。

2. 标准仓单质押贷款的发展现状

(1) 开展标准仓单质押贷款是商业银行发展创新、寻求新的利润增长点的内在需求。

首先，开展标准仓单质押贷款有利于商业银行规避经营风险。金融风险的存在将促进质押融资的发展，为改善信贷资产结构提供良好契机。

其次，开展标准仓单质押贷款有利于商业银行拓展新的利润增长点。银行业面对入世后带有混业经营背景的外资银行的挑战，应开展银企合作，以求在同业竞争中赢得先机。

最后，长期以来由于规模较小、固定资产少，约有80%的中小企业存在贷款难和融资难的问题，探索仓单质押融资业务可以帮助有产品的中小企业获得贷款。

(2) 开展标准仓单质押贷款是期货市场快速发展的润滑剂。标准仓单是指指定交割仓库在完成入库商品验收、确认合格并签发《货物存储证明》后，按统一格式制定并经交易所注册可以在交易所流通的实物所有权凭证。交易所通过计算机办理标准仓单的注册登记、交割、交易、质押、注销等业务。标准仓单的表现形式为《标准仓单持有凭证》，交易所依据《货物存储证明》代为开具。标准仓单持有人可选择一个或多个交割仓库不同等级的交割商品提取货物。标准仓单具有流通性好、价值高的特点，因而，商业银行对期货市场标准仓单抱有很大的热情。

目前，国内期货交易所普遍开展了标准仓单质押业务，规定持有标准仓单的会员或交易所认可的第三人可办理仓单质押，以该品种最近交割月份合约在其前一月最后一个交易日的结算价为基准价计算其市值，质押金额不超过其市值的80%。但这种业务具有一定的局限性：该业务以头寸形式释放相应的交易保证金，只能用于期货交易，相应的手续费、交割货款、债权和债务只能用货币资金结清；交易所按同期半年期贷款利率收取质押手续费，风险的承担者只有交易所，比较单一；仓单质押释放的交易头寸只能用于某交易所的期货交易，不能在整个期货市场流通；对某些套期保值者或现货购买商来说限制了其进一步购买现货的能力。

3. 标准仓单质押贷款的特点

从本质上讲，标准仓单质押贷款属于仓单质押贷款的一种，只是质押标的物为标准仓单而已。由于标准仓单本身的特点，以及在产品设计时考虑了市场需求因素而对传统操作模式有所调整，因此标准仓单质押贷款相对于非标准仓单质押贷款而言，更易控制风险，也更贴近市场。

具体来说，标准仓单质押贷款具有以下四大优势。

(1) 安全性。标准仓单是期货市场的产物，其标准化程度高，并由期货交易所对标准仓单的生成、流通、管理、市值评估、风险预警和对应商品的存储(对指定交割仓库的资格认定、日常管理)等进行严格的监管。银行可以直接利用或借鉴期货交易所这些规范的管理机制控制信贷资金风险。而且，期货交易所对标准仓单项下的商品品质有较高的要求，以及严格的质检系统，使得标准仓单具有很好的变现能力。因此，相对于普通仓单质押贷款而言，标准仓单质押贷款更具安全性。

此外，也可基本排除人们对标准仓单质押贷款存在的"信贷资金违规进入期货市场"的顾虑：一方面，在贷款资金用途上，已明确规定"贷款资金须用于企业的正常生产经营活动"；另一方面，根据期货交易所相关规则，标准仓单可以在期货交易所质押抵作保证金，且相对于银行质押贷款来说，其办理手续和相关费用更为简单和低廉，因此申贷客户不存在用信贷资金进行期货交易的直接内在需求。

(2) 时效性。为了满足客户对贷款时效性的要求，对借款人核定可循环使用信用额度，以简化贷款审批程序，使借款人能够便捷地使用贷款。同时，考虑到标准仓单质押贷款风险的可控性，银行可适当降低对申请可循环使用信用的借款人的信用等级标准。

(3) 实用性。由于是短期流动资金贷款，若贷款到期时客户无法做到资金及时回笼将使银行贷款面临逾期的风险。若客户在贷款未到期前，需要在期货交易所交割出货但又没有足够的资金赎回质押仓单时，银行可通过与该客户及其期货经纪公司签订《三方协议》的方式，先释放标准仓单，即将仓单解冻，恢复为流通状态，并委托期货经纪公司持标准仓单到期货交易所进行交割，然后由该期货经纪公司将交割回笼资金划入客户在银行开立的存款账户，优先用于归还银行的贷款本息。这样做，不但有利于更好地满足客户对银行短期流动资金贷款的切实市场需求，也有利于银行规避贷款逾期的风险。

由于上述委托期货经纪公司持单入场交割、划拨回笼货款的操作方式，完全是遵循期货交易规则——会员交易制度，即由会员(期货经纪公司)代理投资者入场(交易所)进行交易、交割，而相应的资金也是在交易所专用结算账户和会员(期货经纪公司)专用资金账户之间进行划转的。因此，第三方——期货经纪公司的引入，使得借款人无法直接控制质押仓单或交割回笼货款，从而可以有效规避上述"变通"方式使银行面临阶段性质物失控的风险。

(4) 联动性。从某种意义上讲，标准仓单质押贷款的客户是银行与期货经纪公司共同的客户，该项贷款产品的推出，不但能够有效地拓展银行的市场领域，促进金融创新，而且还能吸引客户及其期货经纪公司将期货交易保证金账户转入银行，从而带动银行期货交易结算等中间业务的发展，提高综合竞争力。

4. 标准仓单质押贷款的风险

银行借助期货市场相关规则开展标准仓单质押贷款业务可以在很多环节上节省人力、物力和财力，从而使得信贷成本大大降低。在贷款利率相对固定的情况下，这无疑将使银行的收益增加。因此，标准仓单质押贷款业务相对而言是一项风险低、收益高的优良信贷产品。然而，任何业务都是有风险的，标准仓单质押贷款业务的成功运作还有赖于认清业务操作风险点及采取相应防范措施。

(1) 质物市值波动风险。质物市值波动风险是指，在标准仓单质押期间，由于标准仓单的市值下跌而使银行可能面临质物不足额的风险。

为防范质物市值波动风险，在标准仓单质押期间，银行须指定专人每日日终对质押仓单的市值变动情况进行评估，当质押仓单的市值下跌达到或超过办理质押贷款时核定市值的 10%时(质押率≤80%)，实行贷款风险预警处理，要求借款人及时追加仓单，增加保证金，或提前归还相应贷款，以防范仓单市值下跌风险，确保银行信贷资金安全。

(2) 质物缺失风险。所谓质物缺失风险包括两层含义：一是若在标准仓单质押期间发生仓单遗失或出质人恶意挂失仓单等情况，将使银行面临质押无效的风险；二是货物仓储保管不善而给标准仓单的持有人造成损失的风险。由于标准仓单由期货交易所签发，且交易所有完备的质押登记系统，因此，银行在发放贷款前只要在期货交易所办妥标准仓单的质押登记手续即可规避第一种风险。

根据期货市场的相关规则，标准仓单所代表的货物须存放在期货交易所的指定交割仓库中，即由期货交易所对指定交割仓库进行资格认定和日常监管，如果交割仓库不能在期货交易所交易规则规定的期限内，向标准仓单持有人交付符合期货合约要求的货物，造成标准仓单持有人损失的，交割仓库应当承担责任，期货交易所承担连带责任。所以，期货交易所对交割仓库的直接监控及其连带责任为银行质物保管提供了双保险。这一点也正是标准仓单质押贷款相对于非标准仓单质押贷款而言的主要优势之一。

(3) 质物处置风险。质物处置风险是指，当借款人不能按期归还贷款本息，或因其他违约行为而由银行处置质押仓单时，银行可能面临无法将质押物顺利变现以足额收回贷款的风险。能否科学地评估质物的市值直接关系到能否足额收回贷款。为此，银行在发放贷款前，要参照该品种的现货和期货价格来核定标准仓单市值，并将质押率的上限定为 80%。这样，既有效利用了期货市场发现价格的功能，又在一定程度上规避了期货价格有时会较大偏离现货价格的风险，同时，20%及以上的市值浮动空间，也为银行足额收回贷款提供了有力保障。此外，由于期货市场对所交割的实物有较高的品质要求，标准仓单具有很好的变现能力，从而使银行具有可靠的第二还款来源。

3.3.5 动产质押业务

动产质押是指债务人或者第三人将其动产移交债权人占有，将该动产作为债权的担保。债务人不履行债务时，债权人有权依照中国《担保法》的规定以该动产折价，或者以拍卖、变卖该动产的价款优先受偿。前款规定的债务人或者第三人为出质人，债权人为质权人，移交的动产为质物。动产质押的设定：设定动产质押，出质人和质权人应当以书面形式订立质押合同。根据中国《物权法》的规定，质押合同是承诺合同，并不以质物占有的移转作为合同的生效要件。动产质押业务流程如图 3.8 所示。

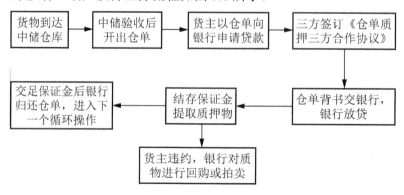

图 3.8 动产质押业务流程

1. 动产质押与权利质押的区别

权利质押与动产质押的根本区别在于,前者以债权、股权和知识产权中的财产权利为标的物,而后者以有形动产为标的物。如果说动产质权是一种纯粹的物权,权利质权严格来说是一种准物权,共性在于二者都是质押的表现形式,具有质押的一般特征。

按照中国《担保法》的规定,能作为权利质押标的物的权利只限于除财产所有权之外的具有可转让性的特定财产权,至于人身权(如姓名权、肖像权、名誉权、荣誉权、婚姻自由等)和专属权(如专利发明者的身份权、作者的署名权)均不得成为权利质押的标的物。中国《担保法》还明确规定,不动产的所有权不能成为权利质押的标的。

2. 动产质押的风险与控制

1) 动产质押的风险
(1) 主要产生于采取不正确的保管方式,造成货物的毁损。
(2) 未尽监管货物状况责任,货物变质及损坏未及时通知出质人。
(3) 动态监管过程中换货出质人以次充好。
(4) 遇有自然灾害和人为事故造成货物损坏,货物被盗抢等。
(5) 缺乏相关质物的保管经验。

2) 控制措施
(1) 严格执行仓储协议和货物仓储保管规则,其保管条件不得低于出质人明确说明的要求、有关货物包装提示的保管要求、国家标准要求及行业标准要求。动产质押风险监控流程如图 3.9 所示。

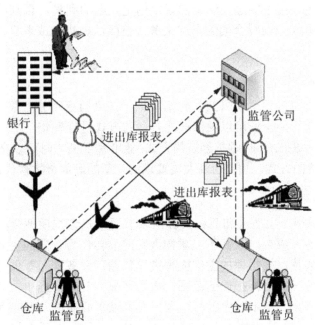

图 3.9 动产质押风险监控流程
图示资料来源:http://baike.baidu.com/albums/556379/556379/0/0

(2) 库外监管应与实际保管人签订《仓储保管协议》,明确责任、义务。
(3) 当质物外观质量、数量发生变化时,及时通知银行。

(4) 换货时要求出质人提供品质证明。

(5) 相关质物要求出质人投保。

(6) 对没有保管经验的质物品种应对相关人员进行培训后再开展业务。

3. 动产质押的特征与范围

动产质押是指借款人或者第三人将其动产移交银行占有,将该动产作为银行债权的担保。动产质押有如下特征。

(1) 动产质权是一种担保物权。即质押权的设定须以有效的债权债务的设定为前提,主债权消失,质权即不存在。

(2) 质物只能是动产,并且是可转移占有权的特定的动产,具有流通性和可转移性。动产质权人必须占有质物,质权人与出质人不能约定由出质人代为占有质物。

(3) 动产质权的客体仅以动产为限。

(4) 动产质权人必须占有质物。

(5) 动产质权的内容在于留置质物,并在债务人不履行债务时以质物的价值优先受偿。

质押担保的范围,原则上应当由当事人自由约定。如果没有约定或约定不明时,应当适用法定质押担保的范围,即主债权及利息、违约金、损害赔偿金、质物保管费用和实现质权的费用。

主债权是指动产质押所担保的主债务合同中债权人对债务人的债权,这里不包括利息及其他因主债权产生的孳息债权。

利息指实行质权时主债权的已届满清偿期的一切利息,利息可以按照法律规定确定,也可以由当事人约定,但不能违反法律的规定约定过高的利息,否则法律不予保护。

违约金是指债务人未履行合同约定的义务,按照法律规定或者合同约定,应当给付债权人的金额。

4. 动产质押的融资方式

动产质押融资支持多种融资方式,包括贷款、开立银行承兑汇票、信用证、保函、保证贴现商业承兑汇票等,企业可以灵活选择合适的方式进行融资。

动产质押可采用逐批质押、逐批融资的方式,企业需要销售时可以交付保证金提取货物,也可以采用以货易货的方式,用符合深发展要求的、新的等值货物替代打算提取的货物。

5. 动产质押的设定

(1) 设定动产质押,出质人和质权人应当以书面形式订立质押合同。根据《物权法》的规定,质押合同是诺成合同,并不以质物占有的移转作为合同的生效要件。质押合同的内容应当包括如下条款:被担保的主债权种类、数额;债务人履行债务的期限;质物的名称、数量、质量、状况;质押担保的范围;质物移交的时间;当事人认为需要认定的其他事项。质押合同不完全具备上述内容时,当事人可以事后补正,不能宣告合同无效。

(2) 质权自质物移交给质权人占有时设立。因此,只有出质人将出质的动产移交给债权人占有,债权人才能取得质权。在质押期间,质权人也必须控制抵押物的占有。对于动产质押中标的物移转占有要注意以下几点。

① 标的物的占有移转不是动产质押合同的生效条件,但是质权设立的条件。

② 债务人或者第三人未按质押合同约定的时间移交质物的,质权不成立,由此给质权

人造成损失的，出质人应当根据其过错承担赔偿责任。

③ 出质人代质权人占有质物的，质权没有设立。

④ 因不可归责于质权人的事由而丧失对质物的占有，质权人可以向不当占有人请求停止侵害、恢复原状、返还质物。

⑤ 出质人以间接占有的财产出质的，书面通知送达占有人时视为移交。占有人收到出质通知后，仍接受出质人的指示处分出质财产的，该行为无效。

⑥ 质押合同中对质押的财产约定不明，或者约定的出质财产与实际移交的财产不一致的，以实际交付占有的财产为准。和抵押合同一样，质权人在债务履行期届满前，不得与出质人约定债务人不履行到期债务时质押财产归债权人所有。如果违反该规定，则约定的"流质条款"无效，但不影响质押合同其他部分的效力。

根据《物权法》的规定，出质人与质权人可以协议设立最高额质权。最高额质权除适用动产质押的有关规定外，参照最高额抵押权的规定。

6. 质物与合同

所谓质物，就是动产质押法律关系的客体，即标的物。质物是由出质人移交给债权人占有的动产，质物是动产质押担保的核心。因为质物是动产质押法律关系中用来担保债权人债权的，债务清偿期届满，债务人不履行债务时，质权人有权以质物的价值最终确保质权人的债权实现。质物必须是动产，这是国际上通行的一个原则，也是和传统上的抵押权(抵押物为不动产)相区别的一个重要标志。

动产质押合同就是指以动产为标的的质押合同，并且该动产须为质权人直接占有。

(1) 动产质押合同生效的时间。中国《担保法》第六十四条规定，出质人和质权人应当以书面形式订立质押合同，质押合同自质物移交于质权人占有时生效。

(2) 动产质押合同的主要内容。根据我国《担保法》第六十五条的规定，质押合同应包括以下内容：①被担保的主债权种类、数额；②债务人履行债务的期限；③质物的名称、数量、质量、状况；④质押担保的范围；⑤质物移交的时间；⑥当事人认为需要约定的其他事项。

另外，质押合同不完全具备前款规定内容的，可以补正。出质人和质权人在合同中不得约定在债务履行期届满质权人未受清偿时，质物的所有权转移为质权人所有。

7. 动产质押逐笔控制流程与具体环节的操作

动产质押融资是指企业以深圳发展银行股份有限公司(以下简称深发展)认可的货物为质押申请融资。企业将合法拥有的货物交付深发展认定的仓储监管公司监管，不转移所有权。企业既可以取得融资，又不影响正常经营周转。

(1) 费用。实现质权的费用是指实现质权时所需的一切费用。例如，质物估价的费用、质物拍卖费用等。

① 赔偿金。损害赔偿金是指债务人未履行合同，给债权人造成损害的，债务人应当赔偿的金额。

② 保管费用。质物保管费用是指质权人占有质物，在保管质物期间所支出的费用。例如，对质物进行必要维护所需费用，对质物(如动物)进行饲养所支出的费用。

(2) 担保范围。当事人约定质押担保范围的，可以小于法定担保范围，也可以不限于法定担保范围，只要当事人的约定不违反平等、自愿、公平、诚实信用的原则，就是有效的，受法律保护的。质权与担保的债权同时存在，债权消灭的，质权也消灭。

(3) 质押形成。监管人和出质人签订《仓储保管协议》，出质人把质押货物存入指定质押监管仓库；监管人、出质人、质权人三方签订适用于动产质押逐笔控制业务的《动产质押监管合作协议》，质权人和出质人共同向监管方出具《查询及出质通知书(附确认回执)》，将质物及设立质押的事实通知监管方，监管方验收货物无误后予以确认，此笔质押监管业务形成，进入监管状态。

(4) 货物置换。出质人向质权人申请质押货物置换并提交质权人审核；质权人出具《质物变更通知书(附确认回执)》，质押监管部收到《质物变更通知书(附确认回执)》后通知仓储部对出质人应入库货物进行验收，确认无误后在该通知书上加盖专用印鉴予以确认，对《质物变更通知书(附确认回执)》中记载的出库货物解除质押，监管方可允许出质人提取该部分货物，此笔货物置换完成。动产质押逐笔控制。

(5) 质物出库。出质人归还部分质押贷款，或者增加质押贷款保证金；出质人向质权人申请部分质物出库；质权人审核通过后开具《质物变更通知书(附确认回执)》，由出质人和质权人签字盖章，质押监管人员检查质权人签字盖章的《质物变更通知书(附确认回执)》，并提交各公司操作部经理审核签字；质押监管人员将《质物变更通知书(附确认回执)》提交仓储部作为解除监管提货凭证；仓储部办理货物出库手续，此笔放货业务完成。

(6) 质押解除。出质人归还全部质押贷款；质权人出具《解除质押监管通知书》，并签字盖章，送交监管方质押监管部；质押监管人员检查质权人签字盖章的《解除质押监管通知书》，签字后提交质押监管部经理审核签字；监管方根据出质人的要求办理货物出库手续，此笔质押解除作业完成。

8. 动产质押总量控制

动产质押总量控制具体环节的操作如下。

(1) 质押形成。和出质人签订《仓储保管协议》，出质人把质押货物存入指定质押监管仓库；监管方、出质人、质权人三方签订适用于动产质押总量控制业务的《动产质押监管合作协议》，质权人和出质人共同向监管方出具《查询及出质通知书(附确认回执)》，将质物及设立质押的事实通知监管方，监管方验收货物无误后予以确认，此笔质押监管业务形成。

(2) 总量控制。质权人出具《质物价格确定/调整通知书》和《质物最低价值通知书》，确定质物品种、价格和最低控货数量或价值。

(3) 质物入库。监管方根据出质人的入库货物出具入库单。

(4) 质物出库。质物的价值超出质物最低价值的，出质人就超出部分提货或者换货时，无须追加或补充保证金，可直接向监管方办理提货或换货，监管方应当严格按照本合同的约定予以办理，并保证提货或换货后处于监管方占有、监管下的质物价值始终不得低于质物的最低价值。质物的价值等于质物的最低价值的，出质人应当事先提出提货申请，经质权人同意后，追加或补充保证金，质权人向监管方签发《质物最低价值通知书》，下调质物最低价值。监管方根据《质物最低价值通知书》作为审核依据办理货物出库手续，此笔放货业务完成。

(5) 质押解除。出质人归还全部质押贷款；质权人出具《解除质押监管通知书》，并签字盖章，送交监管方；质押监管人员检查质权人签字盖章的《解除质押监管通知书》，签字后提交操作部经理审核签字；监管方根据出质人的要求办理货物出库手续，此笔质押解除作业完成。

9. 动产质押总量控制的风险

1) 风险内容

在生产企业监管、露天存放的质物，没有独立封闭的监管区，有时生产企业为了保证不停产，没有经过银行许可，用成品置换原料，造成银行确认的质物发生置换，企业不仅承担置换货物产生的损失，而且在银行界中产生不良影响——企业不具备控货能力。

2) 控制措施

(1) 严格执行质押监管协议和业务流程，质物解除质押和置换品种、规格，一定要有质权人的书面许可，坚决杜绝白条发货。

(2) 与银行的单据传递，预留印鉴的确认必须由质押监管部操作，避免库外监管员直接受理解除质押程序。

(3) 对于总量控制的监管货物，监管员一定要掌握全部库存货物的进出动态和日消耗量，设定高出质押量 20%为安全点，接近安全点时，提醒出质人补货或增加保证金，同时通知银行。

3.3.6 保兑仓业务

保兑仓业务指(承兑银行)与经销商(承兑申请人，以下称买方)、供货商(以下称卖方)通过三方合作协议参照保全仓库方式，即在卖方承诺回购的前提下，以贸易中的物权控制包括货物监管、回购担保等作为保证措施，而开展的特定票据业务服务模式，如图 3.10 和图 3.11 所示。保兑仓业务主要适用于知名品牌产品生产厂家(包括其直属销售部门、销售公司)与其下游主要经销商的批量供货所形成的商品交易关系或债权债务关系。

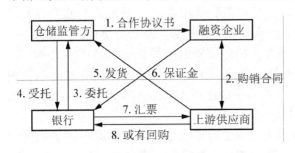

图 3.10 保兑仓融资模式

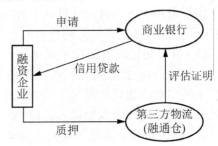

图 3.11 保兑仓业务基本流程

1. 质押形成

银行和出质人签订《仓储保管协议》，监管方、出质人、质权人三方签订适用于动产质押买方信贷业务的《动产质押监管合作协议》；质权人在签发银行承兑汇票或汇出货款后，就应向监管方签发《查询及出质通知书(附确认回执)》，同时将银行承兑汇票复印件或汇出货款证明及购销合同复印件附后，通知监管方接货。如果收货人为质权人代替出质人，质权人还要提供授权书，授权监管方代替质权人办理相关接货手续。出质人保证在甲方的监督下，指示供应商按时运交货物至指定地点。货到后由三方共同办理接货及验收入库手续，货物入库验收后，监管方依据验收结果出具《查询及出质通知书(附确认回执)》的确认回执，此笔质押监管业务形成。

2. 质物出库

出质人向质权人补充或追加一定数额保证金后，可以向质权人申请提取部分或全部质物。出质人凭质权人签发的《质物变更通知书(附确认回执)》，向监管方办理提货。经质权人同意，出质人可凭质权人签发的《质物变更通知书(附确认回执)》向监管方交付新的质物，置换提取既有质物。监管方在收到质权人的《质物变更通知书(附确认回执)》后，应核对有关印鉴、签字、传真机号码，并与质权人指定人员进行电话核实。核实无误后，准予办理出质人的提货。

3. 质押解除

保兑仓业务的质押解除同动产质押。出质人归还全部质押贷款；质权人出具《解除质押监管通知书》，并签字盖章，送交监管方；质押监管人员检查质权人签字盖章的《解除质押监管通知书》，签字后提交操作部经理审核签字；监管方根据出质人的要求办理货物出库手续，此笔质押解除作业完成。

4. 保兑仓业务的风险与控制

(1) 风险内容。动态监管的货物，出质人提供的进出库单据是货物置换的凭证，有的监管员缺乏单据管理意识，不能按期制定，因单据不齐全造成置换凭证缺失。

(2) 控制措施。动态监管时，质物清单、置换通知书、解除质押通知书是货权转移的重要依据，因出质人货物全部出质(包括超过质押量部分)，所以出质人进出库单据也是货物置换的凭证，要求与向银行提供的单据一样管理，按期装订成册。

5. 开证监管

(1) 签订协议。和出质人签订《仓储保管协议》，监管方、出质人、质权人三方签订适用于信用证项下未来货权质押监管业务的《动产质押监管合作协议》；出质人与监管方签订《授权委托书》、《代理报关委托书》、《代理申报检验检疫委托书》及仓储协议。

(2) 单据交付。向质权人或出质人索取报关报检所需资料的原件，包括正本提单、装箱单、检验单(包括质量检验单和重量检验单等)、报关委托书、发票等，监管方应在收到质权人或出质人送达的提单等货权凭证当天，以特快专递或专人送达方式直接向质权人或出质人出具《单据收取确认书》以确认上述单据交接事实。

(3) 报关报检。质物到港后，及时办理报关、报检等通关手续，同时到港口了解质物堆放、货损等情况并通报质权人和出质人。质物清关后，将关单、商检单、进口关税发票、增值税发票等单据送交给质权人。

(4) 质押形成。质权人和出质人共同向监管方签发《出质通知书》，将要出质的货物的信息，以及质权人对于作为质物的货物的具体要求，通知监管方。监管方提取货物后，应向质权人签发《出质通知书回执》。监管方签发《出质通知书回执》时，质物转移占有完成，质押生效。质物入库监管：若质物在进口地当地直接入库，监管方应履行其监管职责，并严格按质权人指示办理质物出入库事宜。质物在途监管：若质物需要运输到异地后入库保管，监管方应根据协议规定办理货物的运输、物流仓储等事宜，并在货物在途期间和入库后履行监管职责，严格按照质权人指示办理质物出入库事宜。

(5) 质物出库。质权人向监管方出具《提货通知书》，作为质权人提取质物出库的唯一有效凭证，监管方按照质权人《提货通知书》在给予出质人提货后应签发《提货通知书回执》，并送达质权人。

(6) 质押解除。当质权人通知解除相关质物的质押监管或出质人根据《提货通知书》办理完全部质押货物的出库手续(以时间在先者为准)时，合同终止。

6. 开证监管的风险与控制

1) 风险内容

(1) 银行对出质人缺乏足够的了解，出质人及其负责人在信誉和道德上存在瑕疵，采取欺诈手段骗取监管人的信任或由于经营问题而存在冒险行为，由此可能潜在发生的对监管方和质权人不利的行为的可能性。

(2) 利用他人的货物质押。

(3) 动态质押换货过程中，以次充好。

(4) 使用虚假海运提单换取现货。

(5) 哄抢质物。

(6) 企业管理混乱。

2) 控制措施

(1) 全面调查出质人在业内的口碑，其负责人在信誉和道德上存在法律瑕疵的，不允许合作。

(2) 出质人管理制度不健全，生产经营活动混乱，不允许合作。

(3) 监管场所质物单独存放并且标示，防止利用他人货物质押。

(4) 在合同中明确规定银行不对质物内在质量负责。

(5) 在没有签订物流业务全程监管协议的前提下，不具备辨别海运提单能力，不允许以海运提单换取现货。

(6) 必须要求出质人的法定代表人签订承诺书，对由此发生的道德风险以其所有个人资产承担连带保证担保责任。

7. 检查内容

融资物流销售部、融资物流操作部、融资物流巡查部、操作经理、各区域巡查经理、主管、区域主管、监管员、质押监管岗位设置检查体系，具体检查内容如下所述。

(1) 资料的管理情况(合同、协议、单据、发票、客户资料、印鉴等建立和存档)。

(2) 质物的管理情况(定期盘库、账实相符情况、监管台账、进出库登记、定期与出质人、仓储公司对账情况)。

(3) 监管现场操作情况(按协议要求对质物进行入库、出库、置换、解除等进行正常操作)。

(4) 监管人员的管理情况(考核监管人员的业务水平，是否定期学习公司质押业务管理规定，填写工作日志)。

8. 工作中的疏漏现象

(1) 未经银行签章许可及手续不全的情况下增减库存量。

(2) 为获取个人利益或为避免承担事故责任而采取不诚实的态度，做虚假报表。

(3) 未按公司相关规定审验单证的有效性而导致公司利益受损。

(4) 无视公司纪律，严重违抗、故意忽视或拒绝服从直接主管的指示命令，不服从工作安排。

(5) 在工作中推诿扯皮、消极怠工、玩忽职守、工作态度恶劣致使公司正常运营或利益受到影响。

(6) 在公司人际关系中制造事端，编造虚假、恶毒的言论，以攻击客户、公司管理人员或其他员工，致使造成恶劣影响；纠集员工对抗公司各项管理制度。员工上述行为被视为严重违纪，如经核查无误，公司将与其解除劳动合同关系，情节严重触犯法律法规的，公司将移交司法部门处理。

(7) 未经适当说明或批准，从质权人或出质人处获得或企图获得物品、材料及其他供应物，或使用欺骗手段获得物品；行贿、受贿、或是接受馈赠物品后未上缴。

(8) 丢失重要文件、泄露机密或由于过失失密，未经批准向外界透露业务计划或公司经营管理的各种材料、信息。

(9) 未按要求点验、监控库存情况。

9. 工作制度内容

为规范质押监管操作，有效防范监管风险，提高质押监管工作效率而制定的制度。

(1) 质押监管日报除特殊情况下必须在每日按时传到公司质押监管部及质押监管部经理处。

(2) 必须严格履行质押监管合同的要求，库存的增减变动必须有银行预留印鉴许可。

(3) 在手续不全或手续未办理完毕的情况下，任何人不得私自进行出入库操作。

(4) 出入库审批、确认手续实行分人管理制度，即一人管理印鉴，一人负责签字。这是质押监管项目管理制度。

(5) 监管部日报表及计算机台账等应账实相符并附有凭证。

(6) 部门内部及各部门之间的上传下达必须用书面或POPO(一种即时通信工具)形式。

(7) 质物如到达预警线，没有指令严禁出库，同时第一时间向本部质押监管项目汇报。

(8) 所有单据必须按要求认真填写，并妥善保存。

(9) 每日盘点库存。

(10) 每月底把当月所有入库单、出库单、保管确认书、盘点表等原件签字盖章邮寄总部。

10. 办理业务基本条件

保兑仓业务项下，核心企业间接授信额度的占用按客户融资敞口余额统计，对所有客户的融资敞口余额之和不得超过核定或分配的间接授信额度。

银行为保兑仓业务项下客户核定保兑仓业务专项授信额度，保兑仓业务专项授信额度应根据客户的资信状况和销售规模合理核定，有效期为一年。

保兑仓业务项下单笔信用业务均为短期融资，具体期限视标的货物周转时间而定，一般情况最长不超过6个月。

办理保兑仓业务的客户须提交首付款或首笔保证金，具体比例由分行业务管理部门充分考虑核心企业经销模式、保兑仓业务项下商品流转速度及回款进度等因素，在制定业务合作方案时予以确定，作为客户办理保兑仓业务时应提交首付款或首笔保证金的最低比例。

办理保兑仓业务提货时，可视情况选择如下方式。

首笔保证金/首付款可全额用于首次提货，后续提货时须向银行追加保证金，银行向核心企业签发相同金额的《提货通知书》。

首笔保证金/首付款不可全额用于首次提货，客户提货时须向银行申请并追加约定比例的提货保证金，提货保证金计算公式为

$$提货保证金=提货金额\times(1-首笔保证金或首付款比例)$$

首付款/首笔保证金不能用于首次提货,全额预留用于最后一次提货。

申请人向经营机构申请保兑仓业务,并提交相关材料。

(1) 与银行合作开展供应链金融服务的核心企业(即保兑仓业务项下供货商)原则上须向经营机构提交如下资料。

① 营业执照副本及年检登记文件、公司章程、组织机构代码证、税务登记证、授权委托书、法人代表身份证明等。

② 经审计的最近三年财务报表、验资报告、贷款卡等。

③ 企业最近三年的生产经营活动及产供销基本情况。

(2) 客户须向经营机构提交的资料,包括以下几项。

① 营业执照副本及年检登记文件、公司章程、组织机构代码证、税务登记证、授权委托书、法人代表身份证明等。

② 近三年财务报表、验资报告、贷款卡等。

③ 企业生产经营活动及产供销基本情况。

④ 买卖双方历史交易记录,包括能证明双方交易情况的增值税发票、货运证明等。

3.3.7 海陆仓业务

海陆仓是针对客户企业在商品生产和贸易过程中,普遍存在对商品流转的空间和时间上的融资需求,结合中远物流传统海运业务,借用仓单质押理念,发展成为基于海上在途货物质押,连带发货地和目的地仓库质押的全程点对点质押融资模式。该种模式横跨时间和空间,可以更大限度地满足供应链中各环节企业的融资需求。

1. 海陆仓业务概要

海陆仓是融资物流方案主要涉及国外采购,银行给出质人开具国内或国际信用证,出质人拿已离港货物物流公司开具的仓单作为授信条件,监管点一般在国内港口,涉及的各方有银行、物流监管公司、出质人,还有货代、港务局,出质人根据监管公司的放货指令放货。

海陆仓业务是指在传统仓单质押融资模式基础上,建立在真实的贸易背景下,发展成为综合"货物在途运输质押融资监管"模式与仓单质押模式为一体的,基于企业商业贸易与供应链条、从货物起运地至目的地,融"仓储质押监管、陆路运输监管、铁路运输监管、沿海运输监管、远洋运输监管"等任意组合的供应链全程质押融资监管模式。从业务是否涉及外贸业务来划分,可分为内贸海陆仓和外贸海陆仓两种形式。

物流企业大多为中小企业,过去的金融模式往往导致中小物流企业在经营遇到困难、资金暂时紧张的时候,很难贷到款。而供应链金融服务则可以针对产业链上的核心和非核心企业提出一个整体的供应链金融优化服务,降低融资成本。中远物流在供应链金融业务的基础上推出海陆仓融资,作为一种不具体确定的物流融资方式,它可以根据客户的具体业务需求,利用中远物流实施的物流、控货服务的渠道范围,结合银行的贸易融资产品,创造性地设计和组合、运用传统的和非传统的融资方式、方法给予客户授信支持。它可以采用量体裁衣的方式,在综合考虑借款人的贸易特点、业务背景和业务量、信誉,以及对资金和物流的把握程度、银行资金的来源、客户承担的融资成本和业务可承受风险、政策方面的要求等基础上,为进出口商客户专门设计个性化的融资方案。

2. 海陆仓业务的作用

海陆仓供应链融资可解决三大问题：一是通过中远物流的全程参与，提供监管，通过质押的方式，帮助生产企业有效缩短资金使用周期，提高资金流转速度；二是中远物流扮演银行和中小企业桥梁的角色，帮助银行将融资服务真正传导到中小企业；三是可帮助银行有效提升融资过程中的信用风险控制力。

此项解决方案的推出，不仅为中小企业、银行带来了好处，同时能够尽快提升中远物流在供应链资金流转方面的能力，提升整体竞争力。如果说奥林科技的货代"大掌柜"全球商务平台是国际物流业 SaaS(一种通过互联网提供软件的模式)应用的旗帜，代表着未来10年国际物流业提升信息化水平、改进经营管理效率的主流趋势，为物流企业南征北战提供信息化动力；那么中远物流的海陆仓供应链融资解决方案则将扮演物流企业的财务管家和融资角色，为物流企业打开新局面提供资金动力。

3. 具体操作流程

(1) 三方签订《进口货物监管和质押协议书》，第三方物流接受银行委托，根据协议内容承担监管责任。

(2) 进口商向银行提交相关资料，申请授信额度。

(3) 经银行有关审批部门核定授信额度，与进口商签订《授信协议》，同时进口商提交一定金额的保证金，申请开立信用证。

(4) 国内第三方物流企业须与其国外装货港代理公司联系，国内银行也该与国外通知行保持联系。

(5) 国外出口商将货送至港口，按信用证要求发货，国外物流代理公司进行装货，装完船后，出口商向进口商银行寄送全套单据，第三方物流企业便开始进行在途监管。

(6) 进口商银行收到并持有全套单据，经进口商确认后，银行签发《单据交接通知》并第三方物流企业签收，信用证项下，银行办理付款。

(7) 货物在途监管过程中，第三方物流企业须确保货物的安全。在船舶抵港前，船代须进行船舶进港申报，等船舶靠岸后由货代安排船舶卸货、换单、进口清关商检等事宜。

(8) 进口商银行可在进口商需要时，向其提供一定量的贷款，以作为通关缴税的费用。

(9) 收到货物后，第三方物流企业履行货物报检及通关手续，将货物运至指定仓储地点。

(10) 第三方物流企业签发以银行作为质权人的《进仓单》，银行与进口商共同在第三方物流企业办理交接登记，由第三方物流企业按照合同规定监管质押货物，进入现货质押流程。

(11) 进口商根据其生产/销售计划安排提货，在提货前都必须归还银行相对应的货款，第三方物流企业在审核银行签发的《出库单》无误后，放行相应货物。

4. 海陆仓业务模式

海陆仓业务模式主要有以下5种形式。

(1) 内贸集装箱模式。操作流程简要说明如下。

① 物流公司、银行和融资企业签订三方协议后，融资企业向银行缴纳一定保证金。

② 物流公司监管人员开始进入融资企业生产厂实施监控，保证货物品质，卡上铅封，做好相关记录。

③ 物流公司安排好舱位后,该企业开始分批向指定堆场发货。
④ 当进入堆场、船上及到达目的地仓库的货物累积到一定数量后,向银行提供仓单(提单)等单据。
⑤ 银行根据物流公司提供的仓单,结合具体信贷政策,以汇票或贷款形式对融资企业做出授信并出账。
⑥ 物流公司全程监管运输到指定堆场。
⑦ 融资企业还款或补货。
⑧ 银行通知物流公司放货额度。
⑨ 物流公司向所属堆场下达可放货数量。
⑩ 客户提货,堆场按操作流程开始放货。

(2) 内贸散货模式,操作流程简要说明如下。
① 在签订三方合作协议以后,贸易公司支付一定比例预付货款给工厂。
② 工厂按品质要求发货到启运地港口的物流公司控制的堆场中。
③ 启运地物流公司将堆场内的货物商检结果和货物数量传达给到岸地的物流公司。
④ 根据上述信息,物流公司给银行开出仓单。
⑤ 银行根据货物情况和信贷政策贷款给贸易公司。
⑥ 贸易公司向工厂支付未付货款。
⑦ 货物装船启运,进入运输监管。
⑧ 目的地物流公司通知需方货物已经到港。
⑨ 需方到堆场验货,支付货款给贸易公司。
⑩ 贸易公司还款给银行;根据银行的通知,到岸地的物流公司放货给需方。

(3) 信用证下进口模式,操作流程简要说明如下。
① 进口商与出口商签订贸易合同,同意采用信用证结算方式。
② 国内进口商向银行缴纳一定数量保证金,申请开出信用证。
③ 银行通过海外分支或代理机构通知到国外出口商。
④ 国外出口商按照信用证要求订舱、发货。
⑤ 物流公司海外机构向内地物流公司提供装运信息和船舶动态。
⑥ 物流公司随时接受银行关于货物相关信息的查询。
⑦ 国内进口商申请付款提货。
⑧ 办理报关报检等手续,向进口商放货。
注:到港后可转为现货质押模式。

(4) 非信用证下进口模式,操作流程简要说明如下。
① 进出口双方签订贸易合同。
② 国内进口商向国外出口商支付一定数量货款,启动第一轮贸易。
③ 国外出口商向中远物流海外机构订舱、发货。
④ 中远物流海外机构将货物信息和船舶动态发送国内中远物流。
⑤ 中远物流开始向银行提供实时动态,全程监管。
⑥ 银行得到中远物流控货具体信息后,依据信贷政策向进口商做出授信。
⑦ 中远物流通知国内进口商货物到港。
⑧ 国内进口商申请还款赎货。

⑨ 银行通知中远物流放货额度。
⑩ 中远物流办理报关等手续，对进口商放货。

(5) 出口模式，操作流程简要说明如下。
① 进出口双方签订贸易合同，约定付款方式等内容。
② 国内出口商与物流公司签订委托协议后开始向指定堆场发货。
③ 物流公司开始监管并向银行开具仓单。
④ 银行向出口商发放一定额度的贷款。
⑤ 物流公司全程监管海运。
⑥ 国外进口商向国内出口商支付货款。
⑦ 国内出口商向银行还款。
⑧ 物流公司海外机构开始向国外进口商放货。

3.3.8 池融资业务

所谓池融资，就是企业无须额外提供抵押和担保，只要将日常分散、小额的应收账款集合起来，形成具有相对稳定的应收账款余额"池"并转让银行，就可以据此获得一定比例金额的融资。

池融资业务几乎可以覆盖企业所有应收款领域，包括出口发票池融资、票据池融资、国内保理池融资、出口退税池融资、出口应收账款池融资等。企业界认为，池融资业务的创新价值在于，全面盘活企业频繁发生的各类分散账款，保障企业的资金流动性，帮助企业成长。

1. 池融资业务的优点

首先，现在企业零散、小额的应收账款可以汇聚成"池"申请融资，无须其他抵押担保。而先前对于中小企业来说，以前银行一般会要求其提供抵押物或第三方担保才能贷到款。其次就是帮助企业管理了应收账款，改善了账款的收款情况，节约了企业的管理成本。由于企业已经将应收账款全权转让给了银行，因此这些应收账款的收款情况已经和企业没有什么关系了。企业当然也就不用派专人对此进行管理，节省了人力和财力。

最后，就是盘活了企业的资金，加速了资金的流转，使企业能更好地进行发展。而且只要将应收账款持续保持在一定余额之上，企业还可以在银行核定的授信额度内，批量或分次支取货款。

池融资方式还有一个好处，就是可以帮助小企业在一定程度上规避人民币升值风险。池融资使企业在应收账款到账之前，就可以用美元贷款的方式提前结汇，帮助企业减少可观的汇兑损失。

2. 出口池融资业务

出口应收账款池融资是由出口商转让出口应收账款债权，银行受让债权，集合符合条件的应收账款入池，按池内余额提供一定比例的短期融资便利。可批量或分次支取融资款，池内业务结算方式可为信用证、付款交单、承兑交单及赊销，银行以应收款回款作为还款保障。通过融资提前取得销售收入，实现提前结汇，规避汇率风险，减少汇兑损失。

该产品主要适用于以下企业。
(1) 融资难、缺少抵押担保的小企业。
(2) 有融资需求、担保成本高的中小企业。
(3) 已有授信支持，需盘活应收账款、扩大业务规模的中大型企业。

出口应收账款池融资的优势有以下几方面。

(1) 该产品可有效拓宽中小企业担保或融资渠道，改善现金流，减少资金占用，提高资金使用率。

(2) 通过融资提前取得销售收入，实现提前结汇，规避汇率风险，可使客户提高谈判地位，增加贸易机会。

(3) 通过银行开发的专门电子业务系统，提供销售分户账管理服务。

(4) 节约融资和管理成本，可按需支取融资款，节约财务成本，融资支取手续简单快捷。

(5) 无须担保或抵押，信用证、付款交单、承兑交单及赊销各种结算方式的出口应收账款均可入池取得融资。

3. 出口发票池融资

出口发票池融资产品适合长期向较为集中(两个或更多)的国外固定买家出口货物，如出口收汇记录良好且保有相对稳定的应收账款余额的、出口规模较大的企业。以深发展为例，企业可将连续、多笔应收账款汇聚成出口发票"池"，整体转让给深发展，即可从深发展获得高达"池"总量80%的融资支持。深发展认可的出口应收账款包括：以赊销、跟单托收(付款交单或承兑交单)、信用证为结算方式的出口商品交易下产生的应收账款，这些应收账款均可溶入发票池进行融资，盘活企业的流动资金。

对于出口企业来说，采取这一融资方式有以下好处，一是盘活应收账款，持续改善企业经营现金流，加速资金周转；二是无需其他担保或抵押，仅凭应收账款转让轻松获得银行融资；三是提供专业化出口应收账款账户管理，节约企业管理成本；四是跨越单笔应收款的账期融资，可批量或分次支取，手续简捷、灵活；五是规避了汇率风险，在人民币不断升值的大环境下，帮助企业规避汇率风险，提前锁定出口收益。

4. 国内保理池融资

保理池融资模式是与发票对应融资模式相对而言的，即保理池融资不根据单笔发票金额及期限设定融资金额及期限，而基于卖方将其对特定买方或所有买方的应收账款整体转让给银行，且银行受让的应收账款保持稳定余额的情况下，以应收账款的回款为风险保障措施，根据稳定的应收账款余额(最低时点余额)，向卖方提供一定比例的融资业务。

由于应收账款分散、发生频繁、期限不一、管理困难，使得应收账款占压资金企业不堪重负，国内保理池融资业务可以帮企业解决资金难题。

企业只需将一个或多个国内不同买方、不同期限和金额的应收账款全部转让给银行，银行根据累积的应收账款"池"余额给予一定比例的融资，为客户提供可跨越单笔账款期限、形式灵活多样的融资支持。

国内保理池融资产品特点如下。

(1) 蓄水成"池"。"池"由一个或多个买方的多笔不同金额、不同期限的应收账款积聚而成，用以企业融资。

(2) 一次通知。银行向买方一次性地发出转让通知，通知方式灵活。

(3) 循环融资。只要应收账款持续保持在一定余额之上，企业就可在银行核定的授信额度内获得较长期限的融资，且融资金额、期限可超过单笔应收账款金额、期限，融资方式灵活多样，包括贷款、开立银行承兑汇票、信用证、保函、商票保贴等，以满足企业的不同需求。

(4) 专业管理。银行为企业提供专业的账务管理、对账服务。

案例

国内保理池融资应用

××医药有限公司通过使用深发展"国内保理池融资",盘活流动资金,销售增长率提高100%。

××医药有限公司2006年销售收入3亿元,应收账款余额保持在6 000万元左右,其中4 000万元应收账款的债务人为当地各大医院,付款期多为半年左右,大量占压了流动资金。

深发展提出的解决方案:国内保理池融资。

深发展针对××医药有限公司应收账款质量良好且余额稳定的特点,采用"国内保理池融资"的方式,对企业与各大医院的应收账款余额提供最高达3 200万元的融资,当应收账款新增发生额与回笼资金形成动态平衡,在保证应收账款余额不低于设定金额时,回笼资金可划回企业的结算账户,由其自由支配。这一灵活的融资方式解决了企业的资金占压难题,提高了资金周转速度,有力地促进了销售增长。经过一年多的运作,企业销售管理和资金管理效果明显好转,稳定并扩大了客户群体,2007年销售收入增加到6亿元,整整翻了一番,企业在银行的"国内保理池融资"额度也随之扩大。

5. 保理池融资的剖析

为进一步帮助中小企业解决融资问题,金融专家认为,推进金融创新,盘活企业资金流,增加资金流动速度,是推动企业有序发展和寻找新机遇的重要渠道。为此,保理池融资就出现了。

6. 保理池融资的管理

应收账款池余额管理是开展池融资业务的基础也是主要风险保障手段。银行需实时监控客户应收账款池余额变化,保证卖方转让给银行的所有合格应收账款余额在任何时点按融资比例进行折扣后均能足够覆盖卖方在银行的保理融资余额。

7. 保理池融资的主要优势

(1) 池融资模式下,如果客户在授信有效期内任何时点均有足额应收账款余额,客户可持续使用融资额度。

(2) 池融资模式下,融资期限可长于实际交易中的付款期限,原则上可将融资期限设为最长不超过一年的特定期限。

(3) 池融资模式下,在银行充分了解买卖双方交易的情况下,可简化卖方客户应收账款转让手续,以及逐笔提供融资申请的相关保理业务操作手续。

8. 保理池融资的主要特点

(1) 买卖双方建立长期稳定供货关系,买卖双方合作时间至少在2年以上。

(2) 买卖双方签订年度供货合同,有明确的年供货安排。

(3) 合同结算方式为赊销付款,付款条件简单明确,不涉及有关安装、调试、验收等复杂条件,有明确的付款到期日。

(4) 有持续稳定的应收账款形成及持续现金流入,季度性销售情况不明显。

(5) 买方付款稳定连续,无不良记录。

3.4 融通仓创新模式

"融"指金融,"通"指物资的流通,"仓"指物流的仓储。融通仓是融、通、仓三者的集成、统一管理和综合协调。所以融通仓是一种把物流、信息流和资金流综合管理的创新。其内容包括物流服务、金融服务、中介服务和风险管理服务,以及这些服务间的组合与互动。融通仓是一种物流和金融的集成式创新服务,其核心思想是在各种流的整合与互补互动关系中寻找机会和时机;其目的是为了提升顾客服务质量,提高经营效率,减少运营资本,拓宽服务内容,减少风险,优化资源使用,协调多方行为,提升供应链整体绩效,增加整个供应链竞争力等。

3.4.1 融通仓的服务功能

广义融通仓是指在工业经济和金融、商贸、物流等第三产业发达的区域产生的一种跨行业的综合性的第三产业高级业态,以物流运作为起点,综合发展信用担保、电子商务平台、传统商业平台和房产开发。

狭义融通仓是指以周边中小城市企业为主要服务对象,以流通商品仓储为基础,涵盖中小企业信用整合与再造、物流配送、电子商务与传统商业的综合性服务平台。这里我们主要介绍的是狭义融通仓。狭义融通仓首先是一个以质押物资的仓储与监管、商品价值评估、公共仓储、物流配送、商品拍卖为核心的综合性第三方物流服务平台,它不仅为银企间的合作构建了一个新桥梁,同时也将良好地融入企业供应链体系之中,成为中小城市企业重要的第三方物流提供者。

1. 融通仓的主要服务功能

(1) 融通仓提供的一体化服务可以解决质押贷款业务的外部条件瓶颈。在质押业务中,融通仓根据质押人与金融机构签订的质押贷款合同,以及与双方签订的仓储协议约定,根据质押货物存储地点的不同,对企业客户提供两种类型的服务,见表 3-1。

表 3-1 物流企业通过融通仓体现的一体化服务内容

一体化服务	
物流业务 (仓储、监管、配送)	增值配套服务 (价值评估、保险与结算代理、商贸)

对寄存在融通仓仓储中心的物资提供仓储管理和监管服务。

对寄存的质押人经金融机构确认的其他仓库中的物资提供监管服务,必要时才提供仓储管理服务。

(2) 信用整合与信用再造功能。融通仓作为连接中小企业与金融机构的综合性服务平台,具有整合和再造会员企业信用的重要功能。融通仓与金融机构不断巩固和加强合作关系,依托融通仓设立中小企业信用担保体系,金融机构授予融通仓相当的信贷额度,以便金融机构、融通仓和企业更加灵活地开展质押贷款业务,充分发挥融通仓对中小企业信用的整合和再造功能,帮助中小企业更好地解决融资问题。

2. 融通仓的参与运作

借助融通仓的参与，参与运作各方都能从中满足各自的需求。

(1) 银行对于中小企业的动产质押贷款业务的可操作性大大增强，动产的质押风险可大大降低。

(2) 在中小企业的生产经营活动中，原材料采购与产成品销售普遍存在批量性和季节性特征，这类物资的库存往往占用了大量的企业资金。利用处于库存状态的原材料、半成品和产成品进行质押融资，可以提高企业的资金利用率，缓解由于生产至销售时延而带来的资金占用。

(3) 第三方物流企业可以凭借融通仓良好的仓储、配送和商贸条件，吸引辐射区域内中小企业，逐渐成为第三方仓储中心，并可作为企业以存放于融通仓的动产获得金融机构的质押贷款进行融资的中介机构。

融通仓不仅为金融机构提供了可信赖的质物监管，还帮助质押贷款主体双方良好地解决了质物的价值评估、拍卖等难题，并有效地融入中小企业产销供应链当中，提供良好的第三方物流服务。同时，融通仓也将商贸平台作为发展目标之一，借助"前店后仓"的运作模式，作为辐射区域内众多中小企业的采购与销售平台。

3.4.2 融通仓的运作模式

融通仓的运作必须服务于两个基本功能，融入中小企业(会员企业)产销供应链，促进金融机构对中小企业的金融服务，整合和再造企业信用。

1. 融通仓选址与布局

融通仓的选址应在工业经济和金融、商贸、物流等第三产业发达的区域的中心地带，有效配送辐射半径为10~20千米，辐射区域内中小企业众多。在珠江三角洲、苏、浙、沪等地区都有许多良好的目标选址。融通仓仓储中心本着为金融机构和企业提供一体化服务的目标，需要着重考虑客户的需求，从客户的角度出发，帮助客户灵活开展质押贷款业务，降低质押贷款业务的成本，提高质押贷款业务运作的效率。这就需要对融通仓的仓储配送网络进行灵活而科学的设计。整体布局"分布式"仓储配送如图3.12所示。

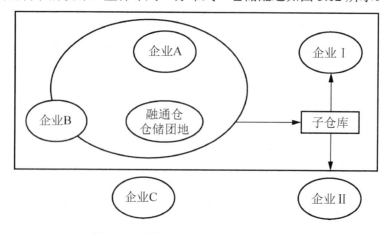

图 3.12 整体布局"分布式"仓储配送

"分布式"仓储也可以称为"网络"仓储。融通仓在目标区域中心建设项目基地，其主要模块之一是质押与公共仓储团地，在距离基地较远的地区以贴近客户的原则设立或者租赁一定规模的子仓库，拓展融通仓的服务范围和辐射半径，实现"分布式"仓储配送的整体布局。图 3.12 中企业 A、企业 B、……和企业 I、企业 II、……同属于融通仓仓储团地辐射半径以内的客户源。企业 A、企业 B、……距离融通仓较近，其开展质押贷款时，需要将质物直接存放在融通仓仓储团地内部；企业 I、企业 II、……距离融通仓仓储团地较远，主要通过子仓库获得融通仓提供的仓储配送服务。

2. 融入会员企业原材料采购供应链之中

由于自身规模与实力的局限，中小企业的原材料采购通常需要以现款结算方式进行，尽管造成资金压力，多数原材料仍难采用零星购买方式。融通仓能够有效融入会员企业原材料采购供应链之中，帮助企业缓解资金压力和改善物流配送。

企业先获得贷款采购原材料，然后将采购的原材料交付给融通仓仓储中心作质押。在贷款期间分多次偿还，并由融通仓协助完成物料配送。

应对措施之一：金融机构先开出银行承兑汇票交给企业，企业凭银行承兑汇票向供应商采购原材料，将原材料准确无误地评估后交付给融通仓仓储中心入库，金融机构在银行承兑汇票到期时将汇票兑现，将款项划拨到原材料供应商账户。

应对措施之二："先抵押，后质押"。企业先以金融机构认同的动产作抵押，获得银行承兑汇票用于购买原材料，待原材料经评估并交付融通仓仓储中心入库后，金融机构在银行承兑汇票到期时将汇票兑现，并将抵押贷款转为以该批原材料为质物的质押贷款。

3. 融入会员区域分销供应链之中

由于市场需求存在季节性特征，通用型产成品库存将占用中小企业大量资金。如果企业的主要产品销售旺季为冬季，产品库存从 5 月开始就逐渐增加，企业需租用临时仓库用于产成品的存放，同时也被库存占据了大量的资金。金融机构开展的质押贷款业务辅助以融通仓仓储中心的配套物流服务，不仅可为该企业提供宝贵的融资机会，盘活库存资金占用，也为其提供了优质的第三方物流服务。

应对措施：企业产成品下生产线后直接运至融通仓储存，以备销售旺季之所需。企业以该批成品库存作质押，获得金融机构质押贷款，并以产品销售收入分批偿还贷款。为保障金融机构的利益，企业在质押权人金融机构开设专门账户，接收销售货款，此时通常要求企业实行款到发货的销售政策。如果企业与金融机构另有约定，金融机构亦可按企业接到的销售订单确认质物出库申请。融通仓此时作为企业分销供应链的一环，提供优良的仓储服务，并作为质押人企业的承运人或协助其承运人及时安排货物出库与发运，保证企业产品分销物流的顺畅。

4. 对会员企业的信用整合和再造

融通仓的重要意义还在于对中小企业信用的整合和再造。获得金融机构的授信额度和成立独特的信用担保体系是信用整合和再造的两个重要模式。

(1) 融通仓享有金融机构相当的授信额度。融通仓向金融机构按中小企业信用担保管理的有关规定和要求提供信用担保，金融机构授予融通仓一定的信贷额度。

该模式有利于企业更加便捷地获得融资，减少原先质押贷款中一些烦琐的环节；有利于融通仓拓展服务范围，加强同企业的客户关系管理，提高对质押贷款全过程监控的能力；有利于金融机构更加灵活地开展质押贷款服务，优化其质押贷款的业务流程和工作环节，降低贷款的风险。金融机构根据融通仓仓储中心的规模、经营业绩、运营现状、资产负债比例及信用程度，授予融通仓仓储中心一定的信贷额度，融通仓仓储中心可以直接利用这些信贷额度向相关企业提供灵活的质押贷款业务，由融通仓直接监控质押贷款业务的全过程，金融机构则基本上不参与该质押贷款项目的具体运作，融通仓直接同需要质押贷款的会员企业接触、沟通和谈判，代表金融机构同贷款企业签订质押借款合同和仓储管理服务协议，向企业提供质押融资的同时，为企业寄存的质物提供仓储管理服务和监管服务，从而将申请贷款和质物仓储两项任务整合操作，提高质押贷款业务运作效率。贷款企业在质物仓储期间需要不断进行补库和出库，企业出具的入库单或出库单需要经过金融机构的确认，然后融通仓根据金融机构的入库或出库通知进行审核，而现在这些相应的凭证只需要经过融通仓的确认，即融通仓确认的过程就是对这些凭证进行审核的过程，中间省去了金融机构确认、通知、协调和处理等许多环节，缩短补库和出库操作的周期，在保证金融机构信贷安全的前提下，提高了贷款企业产销供应链运作效率。

(2) 融通仓构建中小企业信用担保体系。融通仓争取成立信用担保体系。在起步阶段，对于货主企业直接以寄存货物向金融机构申请质押贷款有难度的，融通仓仓储中心可以将其寄存货物作为反担保抵押物，通过担保实现贷款，当业务已全面启动后，融通仓将寄存货物反担保实现贷款与寄存货物质押结合起来，在银企之间搭建桥梁。融通仓可以直接为中小企业申请质押贷款提供担保，间接地提高中小企业的信用。融通仓开展的担保必须取得有关部门和金融机构的支持，有必要向有关部门申请批准取得纳入信用担保体系的资格，享受扶持政策，以支撑担保业务的发展，扶持中小企业的壮大。

(3) 融通仓以自身担保能力组织企业联保或互助担保。具体做法可灵活多样，可由若干企业联合向融通仓担保，再由融通仓向金融机构担保，实现融资；可由融通仓担保能力与中小企业担保物结合起来直接向金融机构担保，实现融资；可以组织动员信用较高的企业为其他企业担保等。

本 章 小 结

通过本章的学习，对物流银行的发展、基本运作模式及物流银行业务创新有了全面的了解。随着现代物流的不断发展，物流企业给客户提供金融担保服务可以成为一项物流增值服务的项目。

物流企业通过库存管理和配送管理，可以掌握库存的变动，掌握充分的客户信息，在融资活动中处于特殊的地位，对库存物品的规格型号、质量、原价和净值、销售区域、承销商等情况都非常了解，由物流供应商作为担保方进行操作，进行仓单质押业务是可行的。物流金融运作模式主要有质押、担保、垫资等模式，在实际运作过程中，可能是多种模式的混合。物流企业开展物流金融服务，不仅可以减少客户交易成本，对金融机构而言则降低了信息不对称产生的风险，成为客户与金融机构的"黏合剂"。而且成为物流企业的重要的业务模式。

关键概念

物流银行　质押贷款　动产质押　仓单质押　保兑仓模式　海陆舱业务　池融资业务　静态质押监管　融资物流业务　融通仓　海陆仓　开证监管　进口开证监管　授信敞口　风险敞口　仓单留置权　质权保全权　质权实行权　标准仓单质押　权利质押　质权人保理业务

 讨论与思考

1. 简述中小企业的新型融资方式。
2. 分析融资物流的市场作用。
3. 简述物流银行的基本运作模式。
4. 简述物流金融的业务流程。
5. 举例说明商业银行发展物流金融的基本思路。
6. 融通仓的服务功能都有哪些？

第4章 物流保险

【学习目标】

1. 了解风险的概念和特征;
2. 认识风险与保险之间的关系;
3. 领会物流保险的本质和特点;
4. 认识物流保险合同和国内货物运输的基本内容;
5. 明确物流保险市场的概念、构成要素和特征;
6. 了解物流保险市场的需求和供给的含义及影响因素;
7. 掌握物流保险业务运作流程;
8. 掌握物流保险的职能与发展战略。

【教学要求】

知识要点	能力要求	相关知识
物流保险	(1) 掌握物流保险的基本概念、特点 (2) 认识风险与保险的关系 (3) 明确物流保险研究的对象 (4) 熟悉风险及其基本特征	(1) 相关概念 (2) 与物流保险相关的理论知识
物流保险的职能	(1) 了解物流保险的体系框架 (2) 掌握物流保险业务的运作流程 (3) 掌握物流保险的基本原则	(1) 掌握基本知识点 (2) 物流金融的运作模式
货物运输保险	(1) 熟悉包裹追踪系统解决方案 (2) 掌握物流保险业务运作流程	物流金融体系运行结构
物流保险市场	了解物流保险市场的需求和供给	掌握物流保险的职能与发展战略

货运代理公司相关案例

根据一般的货运代理公司的业务形式，货运代理公司一般是接受货主委托，在其授权范围内，以委托人的名义从事代理行为，在具体的货运代理公司过程中，货运代理公司产生的法律后果将由相应的货运委托人承担。

某货运代理公司作为进口商的代理人，负责从 A 港接受一批艺术作品，在 120 海里外的 B 港交货。该批作品用于国际展览，要求货运代理公司在规定的日期之前于 B 港交付全部货物。货运代理公司在 A 港接受货物后，通过定期货运卡车将大部分货物陆运到 B 港。由于货运卡车出现季节性短缺，一小部分货物无法及时运抵。于是货运代理公司在卡车市场雇佣了一辆货运车，要求于指定日期前抵达 B 港。而后，该承载货物的货车连同货物一起下落不明。

根据国际货运代理协会联合会(International Federation of Freight Forwarders Associations，FIATA)关于货运代理公司谨慎责任的规定，货运代理公司应恪尽职责采取合理措施，否则需承担相应责任。本案中造成货物灭失的原因与货运代理公司所选择的承运人有直接的关系。由于其未尽合理而谨慎职责，在把货物交给承运人掌管之前，甚至没有尽到最低限度的谨慎——检验承运人的证书，考查承运人的背景，致使货物灭失。因而货运代理公司应对选择承运人的过失负责，承担由此给货主造成的货物灭失的责任。

由于货物的货运委托人和货运代理公司之间存在的是相应的代理合同关系，因此，相应的货运代理公司享有代理人权利，同时也应承担相应的代理人义务，即本案中的货运代理公司应承担相应的货物灭失责任。

章前导读

物流保险本身就是一个综合性极强的概念。从宏观上来讲，物流保险就是一切与物流活动相关联的保险。把这一概念与物流概念相结合，解剖可得出物流保险的真实概念：物流保险即物品从供应地向接受地的实体流动过程中对财产、货物运输、机器损坏、车辆及其他运输工具安全、人身安全保证、雇员忠诚保证等一系列与物流活动发生关联的保险内容，其中还包括可预见的和不可预见的自然灾害。

目前，物流业广泛应用的保险险种主要是财产保险和货物运输保险。这两种险种只能对物流的部分环节进行承保，无法适应当前整个物流市场的需求。例如，在与货主的合同中，大都规定了很多承运人的赔偿责任，但在出现有关情况造成货物丢失、毁损时，保险公司一般只是就货物本身进行赔付，物流公司时常会受到较大数额的所谓经济损失的追讨。另外，物流公司还肩负着保证按时送达的责任，而实际上，因为意外因素延误运输时间的现象并不少见，这种情况并不在货物运输保险赔付条款之内，也只能由物流公司自己负责赔偿等。随着我国社会主义生产力的提高，物流保险中也将充实进去越来越多的内容，只有站在全局的角度考虑问题，才有可能照顾到物流活动中的方方面面，最大限度地减少在货物流通过程中的损失。

4.1 物流保险概述

物流保险即物品从供应地向接受地的实体流动过程中对财产、货物运输、机器损坏、车辆及其他运输工具安全、人身安全保证、雇员忠诚保证等一系列与物流活动发生关联的保险内容，其中还包括可预见的和不可预见的自然灾害。

4.1.1 风险基本概要

风险的存在是保险产生的基础，没有风险也就不可能产生保险。因此研究保险要从风险开始。

1. 风险的概念

风险是指在某一特定环境下，在某一特定时间段内，某种损失发生的可能性。风险是由风险因素、风险事故和风险损失等要素组成。换句话说，在某一个特定时间段里，人们所期望达到的目标与实际出现的结果之间产生的距离被称为风险。风险是在一定环境和期限内客观存在的，导致费用、损失与损害产生的可以认识与控制的不确定性。

2. 风险的特征

(1) 风险的客观性。风险处处存在、时时存在，人们无法回避它、消除它，只能通过各种技术手段来应对风险，从而避免费用、损失与损害的产生。

(2) 风险的可变性。风险来源于社会环境，而环境是变化着的，随着环境的变化及科学技术的发展和普及，可能会有一些新的风险产生，而有的风险可能会发生性质的变化。

(3) 风险的可控性。个别风险的发生是偶然的，人们可以通过对大量偶发事件进行预测分析，揭示风险潜在的规律性。此外，人们可以通过适当的技术来回避或控制风险的影响程度。

3. 风险的定义

风险的定义大致有两种：一种定义强调了风险表现为不确定性，而另一种定义则强调风险表现为损失的不确定性。若风险表现为不确定性，说明风险只能表现出损失，没有从风险中获利的可能性，属于狭义风险。而风险表现为损失的不确定性，说明风险产生的结果可能带来损失、获利或是无损失也无获利，属于广义风险，金融风险属于此类。风险和收益成正比，所以一般积极进取型的投资者偏向于高风险是为了获得更高的利润，而稳健型的投资者则着重于安全性的考虑。

4. 风险因素

风险的基本要素由风险因素、风险事故和损失构成。风险因素是指引起或增加风险事故发生的机会或扩大损失幅度的原因和条件。它是风险事故发生的潜在原因，是造成损失的内在的或间接的原因。风险因素根据性质通常分为实质风险因素、道德风险因素和心理风险因素 3 种类型。

上述 3 种风险因素中，道德风险因素和心理风险因素均为与人的行为有关的风险因素，故二者合并可称为无形风险因素或人为风险因素。

5. 风险事故

风险事故是造成生命财产损失的偶发事件，又称风险事件。也就是说，风险事故是损失的媒介，是造成损失的直接的或外在的原因，即风险只有通过风险事故的发生，才能导致损失。

6. 损失

在风险管理中，损失是指非故意的、非预期的和非计划的经济价值的减少。显然，风险管理中的损失包括两方面的条件：一为非故意的、非预期的和非计划的观念；二为经济价值的观念，即损失必须能以货币来衡量。二者缺一不可。

在保险实务中，损失分为直接损失和间接损失，前者是实质的、直接的损失；后者包括额外费用损失、收入损失和责任损失。每一种风险事故所造成的损失形态均不会脱离上述范畴。

7．风险因素、风险事故、损失三者的关系

风险是由风险因素、风险事故和损失三者构成的统一体，换言之，风险是由风险因素、风险事故和损失 3 个要素共同构成的。风险因素引起或增加风险事故，风险事故发生可能造成损失，如图 4.1 所示。

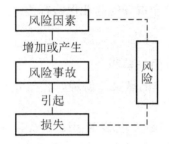

图 4.1　风险因素、风险事故、损失的关系

4.1.2　风险与保险的关系

风险事故是指造成生命、财产损害的偶发事件，是造成损害的直接原因。只有通过风险事故的发生，才能导致损失，才有可能产生出保险(理赔)。风险事故意味着风险的可能性转化成了现实性。

1．风险是保险产生和发展的前提

"无风险则无保险"，风险是客观存在的，时时处处威胁着人类生命和财产的安全，是不以人的意志为转移的。风险的产生直接影响社会再生产的继续进行，因而产生了人们对损失进行补偿的需要。保险是一种被社会普遍接受的经济补偿方式。因此，风险是保险产生和发展的前提，风险的存在是保险关系确立的基础。

2．风险的发展是保险发展的客观依据

社会的进步、生产的发展、现代科学技术的应用，在给人类社会克服原有风险的同时，也带来新的风险，人们生活水平的提高，对个人保险业务有了更强烈的需求。新的风险对保险提出新的要求，促使保险业不断设计险种、开发新的涉险业务。

3．保险是风险处理的传统有效措施

人们面临的各种风险损失中有一部分可以通过控制的方法消除或减少，但不可能全部消除。面对各种风险造成的损失，单靠自己的力量解决，就需要提留与自身财产价值相当的后备基金，这样就造成资金浪费，且难以解决巨灾损失的补偿问题，因此转移就成了风险管理的重要手段。保险作为转移风险的方法之一，长期以来被人们视为传统的风险处理手段。通过保险把不能自行承担的集中风险转嫁给保险人，以小额的固定支出换取到巨额风险的经济保障，这使保险成为处理风险的有效措施。

4. 保险经济效益受风险管理技术的制约

保险经济效益的大小受多种因素的制约。风险管理技术作为非常重要的因素，对保险经济效益产生很大的影响，如对风险的识别是否全面、对损失的频率和损失的程度的估算是否准确、可保风险的范围、保险的成本和效益的比较等，都制约着保险的经济效益。

4.1.3 保险的含义和基本要素

根据《中华人民共和国保险法》(以下简称《保险法》)的规定，保险是指投保人根据合同约定，向保险人支付保险费，保险人对于合同约定的可能发生的事故因其发生所造成的财产损失承担赔偿保险金责任，或者当保险人死亡、伤残、疾病或者达到合同规定的年龄、期限等条件时承担给付保险金责任的商业保险行为。

1. 保险的含义

对保险可以从两个不同的方面来解释。

(1) 保险的法律定义。从法律的意义上解释，保险是一种合同行为，体现的是一种民事法律关系。

保险关系是通过保险双方当事人以签订保险合同的方式建立起来的一种民事法律关系。民事法律关系的内容体现为平等主体之间的权利和义务关系，而保险合同正是投保人与保险人约定保险权利和义务关系的协议。根据保险合同的约定，投保人有缴纳保险费的义务，保险人有收取保险费的权利，被保险人有在合同约定事故发生时获得经济补偿或给付的权利。而保险人有提供合同约定的经济补偿或给付的义务。这种保险主体间的权利义务关系正是保险这种民事法律关系的体现。

(2) 保险的经济学定义。从经济学的角度来看，保险是一种经济关系，是分摊意外损害的一种融资方式。保险体现了保险双方当事人之间的一种经济关系，在保险关系中，投保人把损害风险以交付保险费的方式转移给保险人，由保险人集中了大量同质的风险因而能借助大数法则来预测损害发生的概率，并据此制定保险费率，通过向大量投保人收取的保险费形成保险基金来补偿其中少数被保险人的意外损害。因此，保险既是一种经济关系，又是有效的融资方式，它使少数不幸的被保险人遭受的损害，以保险人为中介，在全体被保险人中得以分摊。

2. 保险的基本要素

(1) 特定风险事故的存在。保险之所以产生并不断发展和完善，就在于具有补偿风险事故所造成损失的功能，没有风险，也就没有保险，但保险只承保特定的风险事故。

(2) 多数经济单位的集合。保险是通过集合危险实现其补偿职能的，即由多数人参加保险，分担少数人的损失，故保险以多数经济单位的结合为必要条件。所谓"多数"的含义，一般没有具体的规定，但必须以收支平衡为最低保险基金，参加保险的经济单位越多，保险基金越雄厚，赔偿损失的能力越强，每个单位的分摊金额也相应减少。

(3) 费率的合理计算。保险不仅是一种经济保障活动，也是一种商品交易行为。保险的费率即商品交易价格如何制定，是不以人的主观意志为转移的，如果费率过高，会增加投保人的负担，从而失去保险的保障意义；如果费率过低，则使被保险人缺乏足额的保险保障。因此，保险的费率必须合理的计算。就一般商品而言，其价格制定要依照"成本+

平均利润"的原则,保险的价格同样要依据这一原则来制定,但由于保险具有自身的核算特点,所以保险的价格制定还要依据概率论和大数法则的原理进行科学计算。

(4) 保险基金的建立。保险基金是通过商业保险形式建立起来的后备基金,它是仅用于补偿自然灾害、意外事故和人生自然规律所致的经济损失及人身伤害的专项货币基金。保险基金具有专项性、退还性、增值性、赔付责任的长期性,以及来源的分散性和广泛性等特点。可见,无保险基金就无保险赔付的保障,也就无保险可言。

4.1.4 物流保险的概念、风险及种类

对于中国保险市场来说,物流保险是一种新兴险种。随着现代物流理论和实践的不断发展,物流保险的说法已逐渐被人们所接受。但是,什么是物流保险?物流保险这个概念究竟该如何定义才算科学?一直以来,这些本质性的问题迟迟没有得到回答。

1. 物流保险的概念

什么是物流保险呢?物流是物品从供应地向接受地的实体流动过程,根据实际需要,将运输、储存、装卸、包装、流通加工、配送、信息处理等基本功能实施有机的结合。物流保险本身就是一个综合性极强的概念。从宏观上来讲,物流保险就是一切与物流活动相关联的保险,把这一概念与物流概念相结合,解剖可得出物流保险的真实概念:物流保险是物品从供应地向接受地的实体流动过程中对财产、货物运输、机器损坏、车辆及其他运输工具安全、人身安全保证及雇员忠诚保证等一系列与物流活动发生关联的保险内容,其中,还包括可预见的和不可预见的自然灾害。

2. 物流业面临的风险

物流业在经营过程中会面临着大量的、各种各样的风险,主要来源于以下两方面:一方面是物流企业在采取海、陆、空等方式进行运输时的运动状态下,其风险主要来自自然灾害等不可抗力、交通事故、偷窃抢劫,以及装卸搬运不当等意外事故(图 4.2);另一方面是物流企业在进行存储、加工时的静止状态下,其风险主要来自自然灾害等不可抗力,如火灾、爆炸的意外事故。归纳起来有以下几种形式。

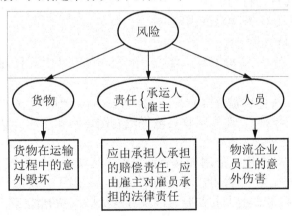

图 4.2 物流行业风险状况分析

(1) 财产风险。财产风险是指物流企业所有或代管的一切有形财产,因发生风险事故、意外事件而遭受的损毁、灭失或贬值的风险。它包括财产本身遭受的直接损失,因财产本

身遭受直接损失而导致的间接损失，因财产本身遭受直接损失而导致的净利润损失。造成财产损失的风险又有如火灾、爆炸等意外事故；地震、暴风雨等自然灾害风险；因过失行为、不当行为、故意行为、盗窃抢劫、玩忽职守等造成的社会风险；因国家发生战争、国家变更法令、政策等造成的政治风险等。

(2) 人身风险。人身风险是指从事物流业务的员工由意外事故引起的人身伤亡风险，人身伤亡风险所致的损失一般有两种：一种是收入能力损失，一种是额外费用损失。

(3) 责任风险。责任风险是指个人或团体的行为违背了法律、契约的规定，对他人的身体伤害或财产损毁负法律赔偿责任或契约责任的风险。物流企业的驾驶员、管理人员、搬运工人在运输中、装卸货中的疏忽和过失使承运的货物或使他人的财产或人身遭受损失或伤害而引起的法律赔偿责任就是责任风险。

(4) 信用风险。信用风险是指在经济交往中，权利人与义务人之间，由于一方违约或违法致使对方遭受经济损失的风险，如托运人拒付运费等。

(5) 其他风险。物流企业在经营的过程中还会遇到，如员工的不忠诚而使企业遭受金钱或财产方面的损失；国家政策改变、战争等风险。

3. 物流保险的种类

以上所述风险，可以分为可保风险和不可保风险两类。可保风险是指用商业保险方式加以管理的风险。一般而言，可保风险都是可管理风险。静态风险、财产风险、人身风险、责任风险、信用风险等都是可保风险。不可保风险是商业保险不予承保的风险，不可保风险是指商业保险无法处理的风险。就目前我国物流保险事业的发展水平来看，对物流企业面临的风险，还没有一家保险公司真正达到物流保险所要求的高度。我国现阶段的物流保险主要有以下几种。

1) 国内货物运输保险

(1) 国内水路货物运输保险。承保沿海、内河水路运输的货物，分基本险和综合险。

(2) 国内铁路货物运输保险。承保经国内铁路运输的货物，分基本险和综合险。

(3) 国内公路货物运输保险。

(4) 国内航空货物运输保险。

(5) 鲜、活、易腐货物特约保险。

(6) 国内沿海货物运输舱面特约保险。

2) 进出口货物运输保险

进出口货物运输保险主要分海洋、陆上、航空和邮包 4 类。针对这 4 类，又分别有主要险和附加险。

(1) 主要险。海洋货物运输保险有平安险、水渍险、一切险 3 种。陆上货物运输保险有陆运险和陆运一切险两种。航空货物运输保险有空运险和空运一切险两种。邮包保险有邮包险和邮包一切险两种。

(2) 附加险。一切险范围内的附加险有偷窃险、提货不着险、淡水雨淋险、短量险等。承保了一切险，对其中任何一种附加险都是负责的。不属于一切险范围内的特别附加险主要有进口关税险、舱面险、卖方利益险、港澳存仓火险、虫损险等。特殊附加险指战争险和罢工险。

3) 企业财产保险

企业财产保险是指投保人将存放在固定地点的财产和物资作为保险标的的一种保险，保险标的的存放地点相对固定且处于相对静止状态。企业财产保险为稳定企业的生产与经

物流保险 第4章

营，发挥了不可估量的作用。它的可保财产包括房屋、其他建筑物及附属装修设备、机器及设备、仪器及生产工具、交通运输工具及设备、管理用具及低值易耗品、原材料、半成品、在产品或库存材料、特种储备商品等。

4) 物流责任保险

针对第三方物流的兴起而开发。第三方物流企业就委托方交来的货物承担着安全仓储、流通加工及运输的责任风险。此险种为专门经营第三方物流业务的物流公司提供了全面有效的保障，负责保障的范围包括在经营物流业务过程中依法应由被保险人承担赔偿责任的物流货物的损失。它将运输中承运人的责任，以及仓储、流通加工过程中保管人及加工人的责任融合在一起，因此物流责任保险的风险大于其他单独责任保险的风险。

5) 机器损坏保险

为提供专业的物流服务，物流公司会购置许多机器设备，为保障这些机器在正常运行中由发生故障及人员的误操作引起的维修费，甚至是因为上述原因造成的经济损失，通过机器损坏险能得到保险公司的赔偿。

6) 雇员忠诚保证保险

物流企业的员工每天都会接触到大量高价值的货物，为避免管理上的失误，以及因雇员的欺诈和不诚实行为而导致的经济损失，可通过投保此险种得到保险公司的经济补偿。

7) 人身意外险

物流企业的员工每天都会面临着各种可能的意外伤害事故的发生，此险种是为保障员工的人身安全，获得保险公司的补偿而进行的保险。

8) 车辆保险

此险种能保障机动车辆在行驶中发生交通事故或自身的单方责任而得到保险赔偿，使驾驶人员更能安心开车。

物流公司损害赔偿

1. 经济纠纷案情简介

深圳市某投资有限公司(以下简称委托人)于2008年4月将一批雕花铝板交广州市某邦物流有限公司(以下简称被告)承运至吉林长春。双方签有《某邦物流货物单》和《某邦物流货物托运书》。货运单载明托运人、目的地、收货人、货物名为铝板、货物数量、提货人姓名、运费、货物保险价值11万元、保险费等内容，并在货运单上注明"不能重压，不能平放"。货物抵达目的地后，收货人在收货时发现货物雕花铝板已压坏变形，拒绝收货。于是委托人要求被告承担相应责任，但被告无正当理由却拒不承担责任，双方由此产生法律纠纷。

2. 办案结果

在接受委托后，律师依法收集相应证据并向相关人员了解详细事实情况，依照法律规定和双方的合同约定向人民法院提起民事诉讼，要求被告赔偿货物损失11万元及相应损失。虽然被告广州市某邦物流有限公司作为知名大型企业，拥有雄厚的资金和广大的社会关系资源，但在通过律师专业的处理后，被告在事实与法律面前却不得不败诉，被人民法院依法判决被告向委托人赔偿货物损失11万元及其他损失。委托人通过律师的办理获得全部胜诉。

4.2 物流保险的职能和原则

中国尚没有一家保险公司在内部成立专门的物流保险部门,物流保险业务还被分散在按传统险种设置的各个部门之中,这不利于对物流保险的长远发展做出统一规划。

4.2.1 物流保险的职能

物流保险的职能是由物流保险的本质和内容决定的,包括物流保险的基本职能和派生职能。物流保险的基本职能是物流保险的原始职能,是物流保险固有的职能,并不会随着时间和外部环境的变化而变化。物流保险的派生职能是随着保险业的发展和客观环境的变化,在基本职能基础上派生出来的职能。一般认为物流保险的基本职能是经济补偿,物流保险的派生职能是融通资金和防灾防损。

1. 物流保险的基本职能

物流保险的经济补偿是指在物流保险活动中,投保人根据物流保险合同的约定,向保险人支付保险费,保险人对于物流保险合同约定的可能发生的事故因其发生所造成的财产损失及其相关利益的损失承担赔偿保险金的责任。

2. 物流保险的派生职能

(1) 物流保险的融资职能。融资是保险人将保险资金中的暂时闲置部分,以有偿返还的方式重新投入再生产过程,以扩大社会再生产规模的职能。保险公司从收取保险费到赔付保险金之间存在着时间差和规模差,这就使保险资金中的一部分资金处于闲置状态,从而为保险公司融通资金提供了可能性。

(2) 物流保险的防灾防损职能。防灾防损是风险管理的重要内容。保险本身也是风险管理的一项重要内容,而物流保险进行风险管理体现在防灾防损工作上。物流保险防灾防损工作体现在从承保到理赔履行社会责任;增加保险经营的收益,增强保险人的经营意识,从而促进其加强防灾防损的意识。

4.2.2 物流保险的基本原则

物流保险本身就是一个综合性极强的概念,从宏观上来讲,物流保险就是一切与物流活动相关联的保险。其具有以下基本原则。

1. 最大诚信原则

(1) 含义。最大诚信原则的基本含义:保险双方在签订和履行保险合同时,必须以最大的诚意履行自己应尽的义务;物流保险合同双方应向对方提供影响对方做出签约决定的全部真实情况,互不欺骗和隐瞒,信守合同的认定和承诺,否则物流保险合同无效。最大诚信原则是物流保险合同成立的基础。

(2) 原则。诚信原则是民事法律关系的基本原则之一。在保险法律关系中对当事人的诚信的要求比一般民事活动更严格,因此必须遵循最大诚信原则。这是由保险的经营特点所决定的。首先,保险业是风险管理行业,对保险人而言,风险的性质及大小直接决定着保险人是否承保及保险费率的高低,而投保人对保险标的的风险最为了解,保险人只能依据投保人告知的风险状况来决定是否承保和确定保险费率,尤其在物流保险中,保险的标的是运输工具上的货物,这与保险合同的订立地之间可能不一致,保险人无法对这些货物进行实际考察,就是可以进行实际考察,也不可能有投保人那样了解。因此,保险人只能根据投保人提供的资料判断风险的大小,从而决定是否承保和确定保险费率。这就要求投保人在投保时如实告之并信守承诺。其次,保险经营的技术程度较高,而物流保险的条款及其费率是由保险人单方拟定的,其技术性较高,复杂程度远非一般人所能了解,投保人是否投保,以及投保的条件完全取决于保险人的告知,这就要求保险人如实向投保人说明主要条款和免除条款。最后,投保人在投保时只需支付少量的保费,而一旦保险标的发生事故就能获得数十倍或数百倍于保险费支出的赔偿或给付。若保险人采取不诚实不守信用的手段来投保和骗取保险金,则保险人无法经营。因此,遵循最大诚信原则有利于保证保险业稳健发展。

2. 保险利益原则

保险利益指投保人或被保险人与保险标的具有法律上承认的利益。这里的利益一般是指保险标的的安全与损害直接关系到被保险人的切身经济利益。这表现为,保险标的的存在,这种利益关系就存在;如果保险标的的受损,投保人或被保险人的经济利益毫无损失,则投保人或被保险人对保险标的没有保险利益。例如,在货物运输保险合同中,保险标的的毁损或灭失直接影响到投保人的经济利益,视为投保人对该保险标的具有保险利益。一般而言,保险利益是物流保险合同生效的条件,也是维持保险合同效力的条件。

遵循保险利益原则的主要目的在于,限制损害补偿的程度,避免将保险变为赌博行为,防止诱发道德风险。

3. 近因原则

损失有可能是由几个原因或一连串原因造成的,那么,哪个原因是出险的真正原因呢?近因原则就是判断风险事故与保险标的损失之间的因果关系,从而确定保险赔偿责任的一项基本原则。保险损害的近因是指引起保险损害最有效的起主导作用或支配作用的原因,而不一定是在时间上或空间上与保险损害最接近的原因。近因原则是指保险赔付以保险风险为损害发生的近因为要件的原则,即在风险事故与保险标的损失关系中,如果近因属于风险保险,保险人应负赔付责任;如果近因属于不保风险,则保险人不负赔付责任。

在物流保险合同中,保险人承担的风险责任范围都是有限的,即保险人承担赔付责任是以物流保险合同所约定的风险发生所导致保险标的的损害为条件的。但在物流保险实务中,有时导致保险标的损害的原因错综复杂,为了维护保险合同的公正,近因原则应运而生。长期以来,它是保险实务中处理赔案时所遵循的首要原则之一。

4. 补偿性原则

补偿性原则是物流保险合同中最重要的原则。大多数货物保险合同是补偿性合同。补偿性合同具体规定了被保险人不应该取得超过实际损失的赔偿。损失补偿性原则是指物流保险合同生效后,当保险标的发生保险责任范围内的损失时,保险赔偿只能使被保险人恢复到受灾前的经济原状,被保险人不能因损失而获得额外收益。

(1) 物流保险合同的补偿是以物流保险责任范围内损失的发生为前提的。没有物流保险责任内的损失则没有补偿。并且，补偿是以保险人的实际损失为限。所以保险人的赔偿额不仅包括被保险标的的损失，还包括被保险人花费的施救费用、诉讼费用。

(2) 补偿性原则是物流理赔的重要原则，在物流保险合同中使用补偿性原则可以防止被保险人从保险中获利。如果发生一次损失，只应该使被保险人大致恢复到与损失发生之前相同的经济状况。这样既保障了被保险人在受损后获得赔偿的权益，又维护了保险人的赔偿以不超过实际损失为限的权益，使物流保险合同能在公平互利的原则下履行。除此之外，补偿性原则还可以减少道德危险因素。如果不诚实的被保险人能从损失中获利，他们就会以骗取保险赔偿为目的故意制造损失。因此，如果损失赔偿不超过损失的实际现金价值。道德危险因素就会减少。

(3) 代位求偿原则是指在财产保险中，保险标的发生保险事故造成推定全损或者保险标的所有权的损失，保险人按照合同的约定履行赔偿责任后，依法取得对保险标的的所有权或对保险标的的损失负有责任的第三者的追偿权。保险人所获得的这种权利就是代位求偿权。

通常，物流保险事故发生后，如果损失是由保险人和被保险人以外的第三者造成的，那么被保险人既可以依据法律规定的民事损害赔偿责任向第三者要求赔偿，也可以依据物流保险合同中规定的索赔权向保险人要求赔偿。如果保险人和第三者同时赔偿了被保险人，那么被保险人就有可能获得双重赔偿，从而使赔偿金额大于损失金额，这与物流保险的补偿性原则相违反。但是，如果仅由第三者赔偿，又往往会使被保险人得不到及时补偿，或者有可能得不到全部补偿。因此，法律规定了代位求偿原则，保证当保险标的因第三者责任而遭受损失时，保险人支付的赔偿金额与第三者赔偿的总额不超过物流保险标的的实际损失。

代位求偿原则的目的在于防止被保险人在同一次损失中取得重复赔偿。此外，代位求偿权使得肇事者对损失负有赔偿责任。保险人通过行使代位求偿权可以从过失方取得补偿。

4.3 物流保险合同

保险合同，又称保险契约，它是经济合同的一种，是保险人与被保险人就保险事项，经过双方协商达成的协议。

4.3.1 物流保险合同的概念和特征

保险合同是保险人(保险公司)和投保人(公民、法人)之间关于承担风险的一种民事协议。根据此协议来明确投保人与保险人之间的权利义务关系，即由投保人向保险人缴纳保险费，保险人则应在约定的保险事故发生后，对事故造成的财产损失承担经济赔偿责任，或者在约定的人身保险事件，如被指定的人死亡、伤残、疾病出现时，或期限届满，如达到合同约定的年龄时，履行给付保险金的义务。因而，保险合同的有效订立问题关系重大，只有保险合同有效订立之后，才能实现保险的目的和意义。

1. 物流保险合同的概念

物流保险合同是合同的一种形式。物流保险合同是投保人与保险人约定物流保险权利和义务关系的协议。

投保人和保险人是直接签订合同的人，是合同的双方当事人，按照合同的约定，投保人应向保险人交付约定的保险费，保险人则应在约定的物流保险事故发生时，履行给付保险金的义务。

根据保险合同的规定，保险人有向被保险人收取约定的保险费的权利，有承担特定责任范围内灾害事故所致损失的经济补偿或支付保险金的义务；被保险人有交付约定保险费的义务，有取得保险赔偿金的权利。保险合同形式有保险单、保险凭证、联合凭证、暂保单等。

2. 物流保险合同的特征

(1) 物流保险合同是射幸合同。一般的民商合同所涉及的权益或者损失都具有相应的对等性，但是在物流保险合同中，投保人支付保险费的行为是肯定的，而保险人对被保险人是否赔偿或给付保险金则依物流保险事故是否发生而定，是不肯定的。由于投保人以少额保险费获取大额保险金带有机会性，所以物流保险合同便具有了射幸性。

(2) 物流保险合同是附合合同。一般民商合同完全或者主要是由各方进行协商以约定合同的内容。但是物流保险合同内容的产生是以附合为主，即由合同的一方提出合同的主要内容，另一方当事人只能做出取舍的决定。由于保险业的特点，使物流保险合同趋于定型性、技术性和标准化。物流保险合同的基本条款一般由保险人事先拟定并印制出来，投保人若同意就投保，若不同意也没有修改其中某项条款的权利。即使有必要修改和变更保险单的某项内容，通常也只能采用保险人事先准备的附加条款，而不能完全按投保人的设想做出改变。

(3) 物流保险合同是双务合同。物流保险合同是一种双方的法律行为，一旦生效，便对双方当事人具有法律约束力。保险双方相互承担义务，同时享有权利。在物流保险合同中，投保人有按照合同约定支付保险费的义务，被保险人在物流保险事故发生时享有请求保险人赔偿或者给付保险金的权利，保险人应承担物流保险合同约定的物流保险事故发生时赔付保险金的义务，享有收取保险费的权利。

(4) 物流保险合同是要式合同。要式是指合同的订立要依法律规定的特定形式进行。订立合同的方式多种多样，但是，根据我国《保险法》的规定，保险合同要以书面形式订立，其书面形式主要表现为保险单、其他保险凭证及当事人协商同意的其他书面协议。保险合同以书面订立是国际惯例，它可以使各方当事人明确了解自己的权利和义务，并作为解决纠纷的重要依据。

(5) 物流保险合同是最大诚信合同。最大诚信是指物流保险合同以最大诚信为基础，合同中任何一方违反最大诚信原则，物流保险合同无效，这在物流保险的基本原则中已做了专门的论述。

4.3.2 物流保险合同的主体、客体和内容

由于物流业的服务方式一般是与企业签订一定期限的物流服务合同，所以有人称第三方物流为"合同物流"(contract logistics)。合同物流企业认为物流的关键不在于基础设施的投资和建设，而在网络的建设和信息的沟通，因此他们可以和各种仓储、运输和简单加工企业签订合同来保证为委托方提供物流服务。这类企业在经营上具有很大的灵活性，并且因其不进行具体的管理，所以能更加集中精力来注重提高物流服务质量。

1. 物流保险合同的主体

1) 物流保险合同的当事人

物流保险合同的当事人是指直接订立物流保险合同的人，具有行为能力的人。物流保

险合同的当事人包括保险人和投保人。

(1) 保险人又称承保人，是与投保人订立物流保险合同，承担保险金责任的保险公司，它依法设立，专门经营保险业务。

(2) 投保人是指与保险人订立物流保险合同，并按照物流保险合同的规定，负有支付保险费义务的人。投保人可以是自然人，也可以是法人。投保人要具备两个条件：一是应该具有相应的民事行为能力，二是应该对保险标的具有保险利益。

2) 物流保险合同的关系人

物流保险合同的关系人是指与物流保险合同的订立间接发生关系的人。在物流保险合同约定事故发生时，物流保险合同的关系人享有保险金的请求权。物流保险合同的关系人包括被保险人和受益人。

(1) 被保险人是其财产和人身受物流保险合同保障，享有保险金请求权的人。被保险人可以是自然人，也可以是法人。当投保人为自己具有保险利益的物流保险标的订立物流保险合同时，则投保人就是被保险人，即物流保险合同订立时，他是投保人，物流保险合同订立后，他便是被保险人；当投保人为具有保险利益的他人订立合同时，则投保人和被保险人不是同一个人。

(2) 受益人是由被保险人或投保人在物流保险合同中指定的享有保险金请求权的人，在我国受益人仅存在于人身保险合同中。

3) 物流保险合同的辅助人

物流保险合同的辅助人是指协助物流保险合同当事人办理保险合同有关事项的人。通常包括保险代理人、保险经纪人和保险公估人。

2. 物流保险合同的客体

物流保险合同的客体，就是保险利益。"保险利益"一词也有称"可保利益"、"被保险利益"、"可保权益"等。我国立法称"保险利益"。保险利益是投保人或被保险人对于物流保险标的，因具有各种利害关系而得以享有的经济利益。在物流保险中，物流保险事故发生后，投保人或被保险人皆未受损，则表明无保险利益存在，物流保险合同因失去客体要件而失效。

3. 物流保险合同的内容

1) 保险条款

保险条款是保险单列明的反映保险合同内容的文件，是保险人履行保险责任的依据。保险条款主要包括以下几个方面。

(1) 基本条款。是标准保险单的背面印就的保险合同文本的基本内容，即物流保险合同的法定记载事项，也称物流保险合同的要素，主要明示保险人和被保险人的基本权利和义务，以及依据有关法规规定的保险行为成立所必需的各种事项和要求。

(2) 附加条款。它是对基本条款的补充性条款，是对基本责任范围内不予承保而经过约定在承保基本责任范围内基础上予以扩展的条款。

(3) 法定条款。它是法律规定合同必须列出的条款。

(4) 保证条款。它是保险人要求被保险人必须履行某项规定所制定的内容。

(5) 协会条款。它是专指由伦敦保险人协会根据实际需要而拟定发布的有关船舶和货运保险条款的总称。

2) 基本条款的主要内容

(1) 当事人和关系人的名称和住所。

(2) 物流保险标的。物流保险标的又称物流保险客体，在财产保险中是指财产本身或与财产有关的利益及责任。物流险主要针对运载车辆所承运的货物，所以它属于财产险中的一种。对于不同的物流保险标的具有不同的风险种类、性质和程度，所以保险标的的不同，使用的费用率各不相同。

(3) 保险价值。又称保险价额，是指投保人与保险人订立物流保险合同时，作为确定保险金额基础的物流保险标的的价值，即投保人对物流保险标的所享有的保险利益在经济上用货币估计的价值额。保险价值的确定有不同的方法：第一种是按照市价确定，第二种是依照合同双方的约定，第三种是依照法律的规定。

(4) 保险金额。又称保额，是指保险人承担赔偿或者给付保险金责任的最高限额，也是投保人对物流保险标的的实际投保金额。保险金额的确定以物流保险标的的保险价值为基础，保险金的确定又以保险金额为基础。在定值保险中，保险金额为双方约定的物流保险标的的价值。在不定值保险中，对保险金额的确定主要有两种方法：第一是投保人按照物流保险标的的实际价值确定，第二是合同双方根据物流保险标的的实际情况协商确定。保险金额和保险价值之间的关系是判断足额保险合同、不足额保险合同和超额保险合同的尺度。

(5) 保险费及支付办法。保险费是指投保人为获得保险保障，按照物流保险合同约定向保险人支付的费用。支付保险费是投保人的基本义务，保险费的多少是按照保险金额的大小、保险期限的长短和保险费率的高低决定的。保险费的支付方法应该在物流保险合同中约定，可以一次性支付，也可以分期支付。

(6) 物流保险责任和物流责任免除。物流保险责任是指保险人承担赔偿或给付保险金的物流风险项目。物流保险责任条款确定了保险人所承担的物流风险范围。物流保险责任依物流保险种类的不同而有所差异，通常由保险人确定物流保险责任的范围，并作为合同的一部分内容。物流责任免除是保险人按照法律规定或者合同约定不承担物流保险责任的范围，即对物流保险责任的限制，是保险人不承担或给付保险金责任范围的具体规定在物流保险合同中的反映。应明确列出物流责任的免除条款，更好地确定物流保险合同双方当事人的权利和义务。

(7) 保险期间。又称保险期限，是保险人对物流保险事故承担责任的起止期限。保险期间规定了物流保险合同的有效期限，是对保险人为被保险人提供保险保障的起止日期的具体规定。

(8) 保险金的赔偿或者给付方法。保险金的赔偿或者给付方法是指保险人承担物流保险责任的方法。保险金的赔偿或者给付方法原则上应采取货币的形式，但也有一些财产保险合同约定对特定的损失，可以采取修复、置换等方法。保险金的赔偿或者给付方法的约定，有利于保险人更好地履行保险赔付责任，减少保险双方的赔付纠纷。

(9) 违约责任和争议处理。违约责任是合同当事人未履行或未完全履行物流保险合同应当承担的法律后果。有关违约责任的内容，当事人可以自行约定，也可以直接载明按照法律的有关规定处理。争议处理是发生物流保险合同纠纷时采取的处理方式，对于合同的争议，当事人可以约定解决的方式，包括约定仲裁条款或者诉讼。

4.3.3 物流保险合同的订立、效力、变更和终止

保险合同是一项民事行为，而且是一项合同行为，因而，保险合同不仅受保险法的调

整，还应当受民法和合同法的调整，所以，保险合同的成立一定要符合民事法律行为的要件和合同的成立要件。

1. 物流保险合同的订立

(1) 要约。要约是指通报人向保险人提出的订立物流保险合同的意思表示，即提出物流保险要求。从合同订立程序来说，投保是一种要约，投保可以由投保人本人向保险人提出，也可以由投保人的代理人向保险人提出。在物流保险实务中，投保体现为投保人索取投保单并依其所列事项逐一填写，如实回答保险人所需了解的重要情况并认可保险人规定的保险费率和保险条款，最后将投保单交付保险人的过程。

(2) 承诺。承诺是保险人完全同意投保人提出的物流保险要约的行为，承保人为保险人的单方法律行为，统称物流保险合同成立的条件。在物流保险事务上，保险人收到投保人填写的投保单后，经过审查认为符合承保条件，在投保单上签字盖章并通知投保人构成承诺。保险人承诺保险要约，不得附加任何条件或对要约进行变更。保险人在承诺保险要约时，附加任何条件或对要约进行变更，不发生承诺效力，构成新的要约。也就是说，物流保险合同的成立，有时要经过要约和承诺这样一个反复协商的过程。承诺生效时物流保险合同成立，保险人应当及时向投保人签发保险单或者其他保险凭证，并在保险单或者其他保险凭证上加盖保险公司公章、经授权出单的分支机构公章或上述两者的合同专用章。

2. 物流保险合同的生效

物流保险合同的"生效"与"成立"是两个不同的概念。物流保险合同的成立，是指合同当事人就物流保险合同的主要条款达成一致协议；物流保险合同的生效指合同条款对当事人双方已发生法律上的效力，要求当事人双方恪守合同，全面履行合同规定的义务。物流保险合同的成立与生效的关系有两种：一是合同一经成立立即生效，双方便开始享有权利，承担义务；二是合同成立后不立即生效，而是等到合同生效的附加条件成立或附加期限到达后才生效。

1) 物流保险合同生效的要件

《中华人民共和国民法通则》第 55 条规定，民事法律行为应当具备下列条件。

(1) 行为人具有相应的民事行为能力。

(2) 意思表示真实。

(3) 不违反法律或者社会公共利益。

《合同法》第 9 条规定："当事人订立合同，应当具有相应的民事权利能力和民事行为能力。"因而，物流保险合同若要有效订立，当事人必须具备相应的缔约能力，并在保险合同内容不违背法律和社会公共利益的基础上意思表示真实。

2) 物流保险合同的无效

物流保险合同的无效是指因法定原因或者约定原因，物流保险合同的全部或部分内容不产生法律约束力。物流保险合同可由以下原因归于无效。

因具备保险法上的无效原因而无效。

(1) 超额保险。超额保险是保险金额高于保险价值的保险合同，各国保险立法均认同，对于损失补偿性保险合同，因受"损失补偿原则"的制约，需防止被保险人获不当得利引发道德风险。所以，当保险金额超过保险价值时，超过的部分无效，被保险人不得就该部分主张保险金请求权。

(2) 无保险利益。物流保险合同因其他的法定无效原因而无效。物流保险合同作为民事合同，应当符合《合同法》所规定的合同的一般生效要件。同样，《合同法》当中有关合同无效的规定，同样适用于物流保险合同。因此，在以下几种情况下，物流保险合同为无效合同。

① 内容违反法律、行政法规的强制性规定的。

② 无权代理。《合同法》将无权代理所订立的合同定性为效力待定的合同，但可以肯定的是，无权代理行为若未经追认，所订立的合同为无效合同。另需注意的是，代理人虽无代理权，但足以导致第三人误认的，构成表见代理，无权代理人与第三人所订立的保险合同仍然有效，由被代理人向第三人承担合同责任。

③ 损害国家利益和社会公众利益。所谓"损害国家利益和社会公共利益"是指订立合同的目的或者履行合同的后果，严重损害了国家利益或社会公共利益。例如，物流保险合同的承保范围包含某些犯罪行为，妨害社会公共安全，以及危害国家安全和社会公共利益的行为。

④ 物流保险合同因合同当事人约定的原因而无效。当事人对于合同效力的约定，一般是指这两种情况：一种情况是物流保险合同附生效条件，当事人约定合同在一定情况下生效，生效条件未成就时则物流保险合同无效；另一种情况是物流保险合同约定合同失效条件，发生某种特定事由可使物流保险合同归于无效。

在物流保险合同无效的情况下，发生物流保险合同约定的保险事故时，保险人不承担保险责任。物流保险合同被确认无效后，当事人因无效合同取得的财产还应返还给受损失的一方；有过错的一方应赔偿对方因此所遭受的损失，双方都有过错的，应当各自承担相应的责任；双方恶意串通，订立无效合同损害国家、集体或第三人利益的，应当追缴双方所得的财产，收归国家、集体所有或者返还给第三人。

3. 物流保险合同的变更

物流保险合同的变更是指在物流保险合同有效期内，物流保险合同的当事人、关系人对合同所进行的修改和补充。物流保险合同的变更主要有合同的主体或者内容的变更。

1) 主体变更

物流保险合同的主体不同，变更所涉及的法律程序规定也不相同。

(1) 投保人的变更。属于合同的转让或者保险单的转让，如在转移财产所有权或者经营管理权的同时将物流保险合同一并转让给新的财产受让人。保险标的的转让应当通知保险人，保险人同意继续承保后，依法变更合同。

(2) 被保险人的变更。一般只能发生在财产保险合同中，在财产保险合同中，保险标的的变更实际上意味着投保人的变更，因为投保人对保险标的所具有的保险利益因保险标的的移转而消灭了，但是保险利益仍然存在，为受让人所有。

(3) 受益人的变更。根据《保险法》第41条规定，被保险人或者投保人可以变更受益人并书面通知保险人，保险人收到变更受益人的书面通知后，应当在保险单上批注，投保人变更受益人时须经被保险人同意。

2) 内容变更

物流保险合同内容的变更指物流保险合同中规定的各事项的变更。在物流保险合同有效期内，投保人和保险人经协商同意，可以变更保险合同的有关内容。变更物流保险合同，应当由保险人在原保险单或者其他保险凭证上批注或者附贴批单，或者由投保人和保险人订立变更的书面协议。这一规定是内容变更的总原则，物流保险合同内容的变更包括保险费的变更及其他内容的变更，主要是保险费的变更。物流保险合同内容的变更有两类情况：一是投保人因自己的实际需要提出变更；二是因一定法定情况的发生，物流保险合同一方提出变更，另一方亦不得拒绝变更。

4. 物流保险合同的终止

物流保险合同的终止是指物流保险合同当事人确定的权利和义务关系的消灭。物流保险合同的终止主要包括以下几种情况。

1) 物流保险合同解除

(1) 物流保险合同解除的概念：在物流保险合同期限尚未届满前，合同一方或双方当事人依照法律或约定行使解除权，提前终止合同效力的法律行为。

(2) 物流保险合同解除的形式一般分为法定解除和意定解除两种形式。

① 法定解除。这是指当法律规定的事项出现时，保险合同当事人一方可依法对物流保险合同行使解除权。法定解除的事项通常在法律中被直接规定出来。但是，不同的主体有不尽相同的法定解除事项。

对投保人而言，要注意以下的具体内容。

第一，在保险责任开始前，可以对物流保险合同行使解除权。

第二，在保险责任开始后，法律对投保人的解除权做出了两种不同的规定：一是在合同约定可于保险责任开始后解除合同的，投保人可要求解除合同，同时对自保险责任开始之日起至合同解除之日止的保险费不得要求返还，只能对剩余部分可要求予以退还；二是在合同没有约定的情况下，投保人不得要求解除合同。

第三，物流保险合同订立后，因保险人破产且无偿付能力，投保人可以解除合同。对保险人而言，法律的要求则相对严格，即保险人必须在发生法律规定的解除事项时方有权解除合同。

在我国，上述这些法定解除事项主要有以下内容。

第一，投保人、被保险人或者受益人违背诚实信用原则。

第二，投保人、被保险人未履行合同义务。在财产保险合同中，投保人，被保险人未按照约定履行其对保险标的的安全应尽的责任，保险人有权解除合同。

第三，在物流保险合同有效期内，物流保险标的的危险增加，投保人或被保险人有义务将物流保险标的的危险程度增加的情况通知保险人，保险人可根据具体情况要求增加保险费，或者在考虑其承保能力的情况下解除合同。

② 意定解除。意定解除又称协议注销终止，是指物流保险合同双方当事人依合同约定，在合同有效期内发生了约定情况时，可随时注销物流保险合同。意定解除要求物流保险合同双方当事人应当在合同中约定解除的条件，一旦约定的条件出现，一方或双方当事人有权行使解除权，使合同的效力归于消灭。

2) 物流保险合同的期满终止

这是物流保险合同的终止的最普遍的原因。保险期限是保险人承担物流保险责任的起止时限。如果在保险期限发生了物流保险事故，保险人按照合同的约定赔偿保险金额的一部分，物流保险合同期满时合同的权利和义务终止；如果在保险期限内没有发生物流保险事故，保险人无须赔付，物流保险合同的期满时，物流保险合同自然终止。

3) 物流保险合同的履约终止

物流保险合同的履约终止是指在物流保险合同的有效期内，约定的物流保险事故已发生，保险人按照物流保险合同承担了给付全部保险金的责任，物流保险合同即告结束。

"真空"地带，物流保险蕴藏巨大商机

"每次发货都要丢东西，向运输企业索赔麻烦重重，我发货都发怕了！"日前，经营矿山配件生意的赵广世打进报社热线气愤地说道。据赵先生介绍，他经常通过铁路将从山东、贵州采购的矿山配件发往西昌，但几乎每次货到西昌时都要丢一部分，涉及金额少则几百元，多则数千元。"向铁路运输部门索赔手续烦琐、耗时费力，每次我都是自担损失。"

成都一家服装公司的负责人宋先生也表示，上月底他通过海南一家货运公司成都分公司发了一批服装到新疆，价值数万元，而货运公司居然把这批货弄丢了，历经周折，才得到货运公司的小额赔偿。

"每个物流企业都有货损情况发生，货物丢失或损坏很多时候是由各种无法预测的自然灾害、意外事故造成的，如果这些都让物流公司来赔，物流公司压力很大。"成都市恒申达货运有限公司总经理一方面承认"货运丢物索赔难"，一方面也为物流企业叫苦。

"完善物流保险是解决这一矛盾的最好办法，但目前成都物流企业的保险却开展得不尽如人意。"成都市物流协会秘书长黄绍银称。

黄先生介绍，保险公司"保大不保小"、赔偿手续过于烦琐、险种有限等是物流公司难以开展物流保险的主要原因。"前不久还专门找了几家保险公司谈物流保险的事，希望保险公司能降低保险费率，但他们一直没有明确的答复。"他说。

保险公司为何对物流保险不感兴趣？据华泰保险成都分公司核保部负责人梁勇介绍，这是因为货运保险保费低、风险大。另外，四川的中小型物流企业居多，适用于大型物流企业的预约保险等合作方式，因为信用等级问题无法在小物流企业中实行。

正因为物流公司开展保险不尽如人意，物流保险才蕴藏着巨大商机。黄绍银介绍，成都现有传统仓储企业 300 余户、运输企业 1 000 多户、货运代理公司 2 000 多家。2004 年该市交通运输、仓储业实现增加值 172 亿元，占第三产业的 17.3%。物流产业发展壮大，物流风险也随之增大，专业的物流保险成为市场"必需品"。"仓储式物流保险在成都就是个空白，物流企业又特别需要。"

据梁勇介绍，今年上半年，成都市货运保险总金额约为 2500 万元，整个四川省是 8000 多万元，但同期东部省市的货运保险总金额却是四川的几倍甚至十几倍。黄绍银粗略估计："2004 年川内物流业增加值为 905.77 亿元。如果开展得好，物流保险在四川的市场份额至少有数十亿元。"

【案例思考】
1. 试分析该案例中涉及物流保险的有哪些问题。
2. 企业如何寻找"真空"地带给物流保险留下的巨大商机？
3. 物流保险在企业流通贸易中的作用和意义是什么？

4.4 国内货物运输保险

国内货物运输保险按照运输方式划分可分为直运货物运输保险、联运货物运输保险、集装箱运输保险，按照运输工具划分可分为水上货物运输保险、陆上货物运输保险、航空货物运输保险。从保障范围来看,国内货物运输保险要比普通财产保险广泛得多。在发生保险责任范围内的灾害事故时,普通财产保险仅负责被保险财产的直接损失,以及为避免损失扩大采取施救、保护等措施而产生的合理费用。

4.4.1 水路、陆路货物运输保险

国内货物运输保险是以在国内运输过程中的货物为保险标的,在标的物遭遇自然灾害或意外事故所造成的损失时给予经济补偿。

1. 国内水路、陆路货物运输保险的保险责任范围及责任免除

1) 国内水路、陆路货物运输保险的保险责任

我国国内水路、陆路货物运输保险分为基本险和综合险两种。

(1) 水路及陆路货运险基本险的责任是指被保险货物在运输过程中因下列原因而遭受的损失,保险人负赔偿责任。

① 因火灾、爆炸、雷电、冰雹、暴风、暴雨、洪水、地震、海啸、地陷、崖崩、滑坡、泥石流所造成的损失。

② 由于运输工具发生碰撞、搁浅、触礁、沉没、出轨,或隧道、码头坍塌所造成的损失。

③ 在装货、卸货或转载时,因遭受不属于包装质量不善或装卸人员违反操作规程所造成的损失。

④ 按国家规定或一般惯例应分摊的共同海损的费用。

⑤ 在发生上述火灾事故时,因纷乱而造成的货物散失,以及因施救或保护货物所支付的直接而合理的费用。

(2) 在投保综合的货运险下,保险人除了要承担基本险责任外,还要负责赔偿下列损失。

① 因受震动、碰撞、挤压而造成破碎、弯曲、凹瘪、折断、开裂或包装破裂致使货物散失的损失。

② 液体货物因受震动、碰撞或挤压致使所用容器(包括封口)损坏而渗漏的损失,或用液体保藏的货物因液体渗漏而造成保藏货物腐烂变质的损失。

③ 遭受盗窃或承运人责任造成的整件提货不着的损失。

④ 符合安全运输规定而遭受雨淋所致的损失。

2) 国内水路、陆路货物运输保险的责任免除

由于下列原因造成被保险货物的损失,保险人均不负赔偿责任。

(1) 战争或军事行为。

(2) 核事件或核爆炸。

(3) 被保险货物本身的缺陷或自然损耗,以及由于包装不善所致的损失。

(4) 被保险人的故意行为或过失。

(5) 其他不属于保险责任范畴的损失。

2. 国内水路、陆路货物运输保险的保险期限

国内水路、陆路货物运输保险的保险责任起讫期限为,自签发保险凭证和保险货物运离起运地发货人的最后一个仓库或储存处所时起,至该保险凭证上该货物的目的地收货人在当地的第一个仓库或储存处所时终止。但保险货物运抵目的地后,如果收货人未及时提货,则保险责任的终止期最多延长至以收货人接到《到货通知单》后的 15 日为限(以邮戳

日期为准)。保险责任开始的标志是，保险人或其代理人签发了保险凭证，以及被保险货物运离起运地发货人的最后一个仓库或储存处所，两个条件必须同时具备，否则保险责任不能生效。

关于保险责任的终止，在实务中会出现以下两种情况。

(1) 被保险货物运抵目的地后，被保险人或其收货人提取部分货物，对此，保险人对其余未提货物也只承担15天的责任。

(2) 被保险货物运抵目的地后的15天内，被保险人或其收货人不是将货物提取放入自己的仓库或储存处所，而是就地直接发运其他单位或再转运其他单位时终止。

3. 国内水路、陆路货运险的保险金额及保险费

国内货物运输保险的保险金额采取定值的方法加以确定并载明于保单，以此作为保险人对保险标的遭受损失时给予补偿的最高限额。根据保险条款的规定，国内水路、陆路货物运输保险的保险金额按货价加运杂费、保险费计算确定。

货物运输保险的费率同样主要取决于赔付率，但由于货物运输保险与其他财产保险有区别，因此，其费率的制定要考虑以下几个因素。

1) 运输方式

运输方式的不同，货物在运输中所面临的风险也不一样，保险费率就应该有差别。运输方式分为3种。

(1) "直运"，即指货物从起运地至目的地只使用一种运输工具的运输，即使中途货物需要转运，转运所用的运输工具也属同一种类。

(2) "联运"，是使用同一张运输单据，用两种或两种以上不同的主要运输工具运送货物的运输，一般有水陆联运、江海联运、陆空联运等。采用联运方式运输的货物投保货运险，其费率要高于直达运输下货物的费率。

(3) "集装箱运输"，是把零散货物集中装在大型标准化货箱内，由于集装箱运输能做到装运单位化，因此，它可以简化甚至避免沿途货物的装卸和转运，从而能够提高货物运输效率，加速船舶周转，减少货物残损短少。由于上述种种优点，利用集装箱运输的货物，如投保货运险，其费率要较利用其他运输方式低。

2) 运输工具

运输工具的不同，导致货物可能出险的机会不同。例如，火车出事的概率要小于汽车。即使是同一种运输工具，由于载重量不同，费率也有差异，如船舶吨位小的费率要高于吨位大的。

3) 运输途程

运输途程的长短及地域上的差别，会对货物运输保险的费率产生影响。

4) 货物的性质

货物的性质不同往往也决定了货物受损的程度和机会不同，则费率不同。

5) 保险险别

综合险的承保责任范围较之基本险广，因此，综合险的费率要高于基本险。

4. 国内水路、陆路货运险的赔偿处理

在对国内水路、陆路货运险进行赔偿处理时，应注意以下几个方面。

(1) 在计算赔款时，应针对足额和不足额保险情况分别理算。

对于足额保险,即被保险人是按起运地货价确定保险金额的,或按货价加运杂费确定保险金额的,或按目的地市价(目的地的实际成本加合理利润,即目的地销售价)投保的,保险人根据实际损失计算赔偿,但最高赔偿金额均以保险金额为限。

对于不足额保险,保险人在赔偿货物损失金额和支付施救费用时,要按保险金额与起运地货物实际价值的比例计算赔偿。

(2) 保险人对货损和施救费用的赔偿应分别计算,但均以不超过保险金额为限。

(3) 残值折价归被保险人,并从赔偿中扣除。

4.4.2 国内航空货物运输保险

航空货物运输保险是以航空运输过程中的各类货物为保险标的,当保险标的在运输过程中因保险责任造成损失时,由保险公司提供经济补偿的一种保险业务。

1. 国内航空货物运输保险的保险责任范围及责任免除

1) 保险责任

被保险货物在保险期限内无论是在运输或存放过程中,由于下列原因造成的损失,保险人负赔偿责任。

(1) 由于飞机遭受碰撞、倾覆、坠落、失踪(在3个月以上),在危难中发生卸载,以及遭受恶劣气候或其他危险事故发生抛弃行为所造成的损失。

(2) 被保险货物本身因遭受火灾、爆炸、雷电、冰雹、暴风、暴雨、洪水、海啸、地震、地陷、崖崩所造成的损失。

(3) 被保险货物受震动、碰撞或压力而造成的破碎、弯曲、凹瘪、折断、开裂等损伤,以及由此引起包装破裂而造成的损失。

(4) 属于液体、半流体或者需要用液体保藏的被保险货物,在运输中受震动、碰撞或压力致使容器(包括封口)损坏发生渗漏而造成的损失,或用液体保藏的货物因液体渗漏而致保藏货物腐烂的损失。

(5) 被保险货物因遭受偷窃或者提货不着的损失。

(6) 装货、卸货时和地面运输过程中,因遭受不可抗力的意外事故及雨淋而造成的被保险货物的损失。

此外,对于在发生责任范围内的灾害事故时,为防止损失扩大而采取施救或保护货物的措施而交付的合理费用,保险人也负赔偿责任,但最高以不超过保险金额为限。

2) 责任免除

保险货物于保险期限内由于下列原因造成损失的,无论是在运输途中或存放过程中的损失,保险公司不负赔偿责任。

(1) 战争或军事行动。

(2) 由于保险货物本身的缺陷或自然损耗,以及由于包装不善或者属于托运人不遵守货物运输规则所造成的损失。

(3) 托运人或被保险人的故意行为或过失。

(4) 其他不属于保险责任范围内的损失。

2. 国内航空货物运输保险的保险期限

根据保险条款的规定,保险责任自被保险货物经承运人收讫并签发航空货运单注明保险时起,至空运抵目的地的收货人当地的仓库或储存处所时终止。被保险货物空运至目的地后,如果收货人未及时提货,则保险责任的终止期最多以承运人向收货人发出到货通知以后的 15 天为限。

飞机在飞行途中,因机件损坏或发生其他故障而被迫降落,以及由于货物严重积压,被保险货物需改用其他运输工具运往原目的地时,保险人对被保险货物所负的责任不予改变,但被保险人应向保险人办理批改手续。如果被保险货物在飞机被迫降的地点出售或分配,保险责任的终止期以承运人向收货人发出通知以后的 15 天为限。

4.4.3 国内铁路包裹运输保险

国内铁路包裹运输保险出险后,被保险人向保险公司申请赔偿时,必须提供包裹货运单、发票、保险凭证、装箱单、包裹运输事故签证、物资损失清单、救护保险包裹所交付合理费用的单据(包裹行李无发票的以保险凭证为据)。

1. 国内铁路包裹运输保险的保险责任范围及责任免除

1) 国内铁路包裹运输保险的保险责任

保险包裹、行李及快件商品在保险期限内,无论是在运输或存放过程中,由于下列原因造成的损失,保险公司负赔偿责任。

(1) 因车辆出轨、隧道坍塌所造成的损失。

(2) 因火灾、爆炸、雷电、冰雹、暴雨、洪水、海啸、地陷、崖崩所造成的损失。

(3) 在装货、卸货时发生意外事故所造成的损失。

(4) 保险包裹、行李因遭受震动、碰撞或压力而造成破碎、弯曲、凹瘪、折断、开裂等损伤,以及由此而引起包装破裂的损失。

(5) 保险包裹因遭受偷窃或者提货不着而造成的损失。

(6) 凡属液体、半流体或者需要用液体保藏的保险包裹、行李及快件商品,在运输途中因震动、碰撞或挤压致使所装容器(包括封口)损坏发生渗漏而造成的损失。

(7) 在装、卸货时和地面运输过程中,因遭受不可抗力的意外事故及突然性的雨淋所造成的损失。

(8) 在发生上述责任范围内的灾害事故时,因施救和保护包裹而支付的合理费用(但不能超过保险金额)。

2) 国内铁路包裹运输保险的责任免除

保险包裹在保险期限内由于下列原因造成损失的,保险公司不负赔偿责任。

(1) 战争或军事行动。

(2) 由于包裹本身的缺陷、霉烂、变质或自然损耗,运输延迟所造成的损失或费用,以及属于托运人不遵守货物运输规章所造成的损失。

(3) 托运人或被保险人的故意或过失行为所造成的损失。

(4) 自理自用的保险包裹由于遭受盗窃的损失。

2. 国内铁路包裹运输保险的责任起讫

国内铁路包裹运输保险的责任起讫是以一次运程来计算的。具体地说,从托运的包裹在承运人收讫并签发包裹货运单注明保险时起责任开始,至抵达目的地交付托运人或收货人时责任终止。保险包裹、行李到达目的地后,如托运人或收货人未能及时提货,按照车站规定存放的期限,每延迟一天,按件加收保险费。在此期间,保险公司仅按企业财产或家庭财产保险条款负保险责任。

3. 国内铁路包裹运输保险的保险金及保险费

包裹、行李的保险金额,可按所托运的包裹、行李的实际价值由被保险人自行确定。每件商品的保险金额,可按货物进价加上运杂费或者按目的地销售价确定。

4.4.4 物流运输保险业务的办理

货物运输保险业务的承保方式一般分为直接业务和代理业务。直接业务是指由保险公司直接接受投保人投保,并直接订立保险合同的承保方式。直接业务按保险合同的不同形式分为逐笔签单业务和预约统保业务。代理业务是指保险人委托代理机构代办保险业务。货运险的代理业务一般仅由代理机构代保险人办理业务承保,即完成签单业务。货物在运输途中受损时能得到赔偿,均必须向保险公司投保。因价格条款不同,投保方可能是卖方,也可能是买方。由于投保险别不同,其保险费率各异,赔偿的范围也有区别。所以外贸公司应根据出口商品的性质、不同的运输工具、路程的远近、季节性天气的变化,以及运抵目的地当时的具体情况等有关因素决定投保哪一种险别较合理。

1. 投保业务的办理

1) 确定保险的金额

保险金额是保险人承担赔偿或者给付保险责任的最高限额,也是保险人计算保险费的基础。保险金额由保险人和被保险人约定,保险金额的计算不得超过保险价值,超过保险价值的部分无效。

2) 确定保险种类

投保时选择适当的保险种类将可以保证货物获得充分的经济保障,并节省保险费开支。保险种类选择不当,就会使货物在受损时得不到应有的赔偿,或是投保了不必要的险种而多支付了保险费用。确定恰当的保险险种,主要应该坚持两个原则:一是保障的充分性,即选择的保险险种要考虑货物在运输途中可能遇到的各种风险,使货物能获得充分的经济保障;二是保险费用的节约,即选择投保时应充分考虑货物的性质、包装、用途、运输工具、运输路线、运输的季节、气候及货物的残损规律等因素。

在进行货物运输投保时,一般应首先在基本险别中选择一种,然后再根据需要加保某些附加险。

3) 取得保险单据

保险单据是保险人与被保险人之间订立保险合同的证明文件,它反映了保险人与被保险人之间的权利和义务关系,也是保险人的承保证明。当发生保险责任范围内的损失时,它又是保险索赔和理赔的主要依据。

具体分为以下几种。

(1) 保险单。保险单俗称大保单,是使用最广的一种保险单据。货运保险是承保一个指定航程内某一批货物的运输保险单据。它具有法律上的效力,对双方当事人均有约束力。

保险单的主要填报内容如下:被保险人名称、货物名称、标记、包装数量、保险金额、船名或运输工具、开航日期、提单或运单号码、航程或路程、承保险别、赔款地点、投保日期。

(2) 联合凭证。联合凭证也称联合发票，是一种发票和保险相结合的、比保险单更为简化的保险单证。保险公司将承保的险别、保险金额及保险编号加注在投保人的发票上并加盖印戳，其他项目均以发票上列明的为准。这种单证只有我国采用，并且只限于港澳地区的少数客户。

(3) 预约保单。预约保单又称预约保险合同，它是被保险人与保险人之间订立的合同。订立这种合同的目的是为了既简化保险手续，又可使货物一经起运即可获得保障。合同中规定了承保货物的范围、险别、费率、责任、赔款处理等条款，凡符合合同约定的运输货物，在合同有效期内自动承保。

4) 保险索赔

(1) 损失通知。当被保险人获悉或发现保险的货物已遭损失，应立即通知保险公司或保险单上所载明的保险公司在当地的检验、理赔代理人，并申请检验。

(2) 向承运人等有关方面提出索赔。被保险人或其代理人在提货时发现被保险的货物整件短少或有明显残损痕迹，除向保险公司报损外，还应立即由承运人向有关当局索取货损货差证明。

(3) 采取合理的施救、整理措施。保险货物受损后，被保险人应迅速对受损货物采取必要合理的施救、整理措施，防止损失扩大。被保险人收到保险公司发出的有关采取防止或者减少损失的合理措施的特别通知，应按照保险公司的通知要求处理。

(4) 备妥索赔单证。被保险货物的损失经过检验，并办妥向承运人等第三者责任方的追偿手续后，应立即向保险公司或其代理人提出赔偿要求。提出索赔时，除应提供检验报告外，通常还须提供其他单证，包括保险单或保险凭证正本；运输单据，包括海运单、海运提单等；发票；装箱单或重量单；向承运人等第三者责任方请求赔偿的函电及其他必要的单证或文件；货损货差证明；海事报告摘录；列明索赔金额和计算依据，以及有关费用的项目和用途的索赔清单。

2. 投保时的注意事项

(1) 投保时所申报的情况必须属实，包括货物的名称、装载的工具及包装的性质等。因为保险公司是按照投保人所申报的情况来确定是否接受承保和确定费率的。错误申报和隐瞒真实情况的，保险公司将在发生损失时拒绝赔偿。

(2) 保险的险别、币种与其他条件必须和信用证上所列保险条件的要求一致。卖方、买方银行在审查出运单证时，对保险单上所列各项内容必须对照信用证，如有不符可以拒绝接受保险单。即使卖方银行未发现不符而通过，买方银行在审证时还可以拒绝付款。

(3) 投保的险别、条件要和售货合同上所列的保险条件相符合，做到重合同守信用。

(4) 投保后发现投保项目有错漏，要及时向保险公司申请更改，特别是涉及保险金额的增减、保险目的地的变动、船名的错误等都应马上向保险公司提出，否则会影响保障利益。

4.5 物流保险市场

随着我国经济的快速发展，跨国企业在中国投资办厂越来越多，给中国经济发展注入了新的生机，而跨国经济的飞速发展自然对我国的空、海、陆等交通运输有着极大的拉动作用，对物流的需求量愈来愈大，并对物流企业的经营能力和服务水平提出了新的要求，国际物流需求要求物流企业能够将客户所需求的货物准时、高效、安全、保质保量地发送到收货人手中,而当前物流市场的保险现状让物流企业的客户更期待物流手续的简单化、高效化、价格合理化等。

4.5.1 物流保险市场概述

我国物流保险市场由于保险产品开发过于滞后,依然处于较为落后的状态。当前物流保险公司对物流保险的险种开发类型较少,无法对物流企业的整个运作环节的物流风险进行责任保险,物流保险产品的单一容易造成物流各个环节保险范畴归属问题的矛盾。

1. 物流保险市场的概念

物流保险市场是保险市场的一个组成部分,它有广义和狭义之分。狭义的物流保险市场是人们进行物流保险经济活动的场所。广义的物流保险市场是指物流保险产品交换关系的总和或是物流保险产品供给与需求关系的总和。在物流保险市场上,交易的对象是保险人为消费者所面临的风险提供的各种保障。

2. 物流保险市场的构成要素

物流保险市场的构成要素为交易主体、交易客体和交易价格。

(1) 物流保险市场的交易主体是指物流保险市场交易活动的参与者,包括物流保险商品的供求双方和物流保险中介。物流保险产品的供给者主要是提供物流保险产品的各类保险人。保险人向投保人收取保费,同时承担了在物流保险合同约定条件下对被保险人进行赔付的义务。物流保险产品的需求者是指物流保险市场上所有现实和潜在的物流保险产品的购买者,即各类投保者。投保人通过缴纳保费换取保险人提供的物流保障。物流保险中介又称保险辅助人,是指介于保险人和被保险人之间,促成双方达成交易的媒介人。

(2) 物流保险市场的交易客体是物流保险商品。保险商品是一种无形的、与未来世界中某事物的特定状态有关的商品。只有在某种状态下(如物流保险风险的发生),保险人才会对被保险人进行理赔。

(3) 物流保险市场的交易价格就是保险费率。物流保险市场的供求关系决定了物流保险的价格水平,同时保险费率的高低又调节着物流保险市场的供求。

3. 物流保险市场的特征

(1) 物流保险市场是直接的风险市场。任何市场都有风险,但是,一般的交易市场,交易的对象是商品和劳务,本身并不与风险相联系。而物流保险经营的对象就是风险,它通过对风险的聚集和分散来开展经营活动,对投保人转嫁给保险人的各类风险提供保险经济保障。

(2) 物流保险市场是非即时结清市场。即时结清市场是指市场交易结束时,供求双方立即就能够确切知道交易结果。在一般商品交易中,合同的签订往往意味着交易的完成,成本收益立刻明了;而物流保险合同的达成则意味着交易的开始,合同双方还需要利用合同来约束双方的权利和义务。物流保险交易的完成或结清,往往需要较长时间。

(3) 物流保险市场是一种特殊的期货市场。在金融市场上,不仅有现货交易,还有期货交易。期货交易的显著特征之一就是合约订立和实际交割在时间上分离。物流保险市场交易的对象是风险,而风险的发生具有不确定性,所以交易的结果并不能完全由物流保险合同确定，而是在相当程度上取决于风险发生的情况，保险双方的损益是根据实际风险情况执行物流保险合同的结果。所以，物流保险交易在某种程度上具有期货交易的特点，交易的是未来可能发生的风险。

4.5.2 物流保险市场的需求

物流保险产品开发的滞后与物流企业对物流保险品种多样化需求之间的矛盾阻碍了物流保险市场的进一步发展，为了适应物流保险市场的新需求，加大物流保险产品的多样化成为当务之急。

1. 物流保险需求的含义

物流保险需求是指在特定时期和一定的费率水平上，投保人在物流保险市场上购买物流保险产品的货币支付能力。物流保险需求的产生，源于物流风险的客观存在和人们对物流风险所致经济损失承受能力的有限性。物流保险需求实际上是投保人对物流保障的需求。与一般的商品不同，物流保险需求的表现形式有两个方面：一是体现在物质方面，当发生意外事故和自然灾害时，人们的经济损失能够得到合理的补偿；二是体现在精神方面，即在投保以后，人们减轻了后顾之忧，可以提高工作效率。由于物流保险交易的特殊性，物流保险需求除需具备"对商品的需要和相应的支付能力"两个条件外，还必须满足需求者即投保人有能力履行其义务的要求，因为无行为能力和限制行为能力者与保险人签订的物流保险合同无效；投保人对物流保险标的必须具有法律认可的经济上的利害关系，即存在可保利益。

2. 物流保险需求的特征

(1) 物流保险需求的客观性。物流风险的存在是客观的，是不以人的意志为转移的，物流保险作为一种应对风险的方法，对它的需求也是客观的。但在现实生活中，不是所有的人都会选择保险，因为人们也可以选择其他的风险管理方式。

(2) 物流保险需求的非渴求性。物流保险需求的非渴求性是指人们不会很迫切地购买物流保险产品，因为人的天性是比较重视现在，虽然物流风险是客观存在的，但是未来具有不确定性，人们会存在某种侥幸心理，认为物流风险的出现是偶然现象，发生的概率必然很小，所以买不买保险不是十分重要。

(3) 物流保险需求的差异性。一般产品都具有标准体，但是物流保险产品不同，尽管很多险种有标准合同，但是没有完全相同的物流保险标的，所以物流保险需求具有差异性，也就是个性化比较强。保险人是否承保、费率的高低严格按照物流保险标的的风险情况来确定。

(4) 物流保险需求的高弹性。相对于一般产品而言，人们对物流保险产品的需求弹性比较大。许多外部环境的变化都会引起投保人购买决策的变化。

3. 影响物流保险需求的因素

(1) 物流风险因素。物流保险服务的具体内容是各种客观风险，无风险就没有物流保险。因此物流风险的客观存在是物流保险需求产生的前提。物流保险需求总量与物流风险因素存在的程度成正比，物流风险因素存在的程度越高，范围越广，物流保险需求的总量就越大；反之，物流保险需求量就越少。

(2) 物流保险商品的价格。物流保险商品的价格即物流保险费率。物流保险需求主要取决于物流保险费的数量。物流保险费率与物流保险需求一般成反比例关系，物流保险费率越高,则物流保险需求量越小。这时,物流保险需求就倾向于或者自己承担部分风险,或者转向一种保障程度较便宜的保险形式。

(3) 商品经济的发展程度。商品经济的发展程度与物流保险需求成正比例关系。商品经济越发达,则物流保险需求越大;反之,物流保险需求量就越小。

(4) 强制保险。强制保险是政府以法律或行政的手段强制实施保险保障方式。强制保险对物流保险需求的影响十分明显,凡在规定范围内的被保险人都必须投保,因此,强制保险的实施人为地扩大了物流保险需求。

(5) 税收。无论是对投保人还是对保险人征税,都会对物流保险需求造成影响。当保险人享有优惠的企业所得税时,他们收取的保险费用就可以低于在正常税收条件应收取的保险费用水平,这样就会使物流保险需求量增加。对物流投保人来说,税率的上升一般会减少物流投保人对物流保险的需求。

4. 物流保险市场的供给因素

物流保险市场的供给指在特定时期和一定费率水平上,市场上各家保险企业愿意并且能够提供的物流保险产品的数量。物流保险供给也有两种表现形式:一是有形的物流保险供给,即对投保人遭受的保险事故导致的损失给予经济上或物质上的补偿;二是无形或精神方面的保障供给,物流保险产品可以使投保人遭受的事故损失得到补偿,从而为投保人提供一种安全感。

(1) 物流保险费率。价格是影响产品的主要因素。物流保险费率与物流保险供给具有正相关的关系,物流保险费率提高,会刺激物流保险供给的增加;反之,物流保险供给会减少。

(2) 物流保险产品成本。物流保险产品成本通过影响物流保险费率从而影响物流保险供给。在一定费率水平上,物流保险产品的成本越高,则利润率越低,物流保险产品的供给就会减少;物流保险产品的成本越低,则利润率越高,物流保险产品的供给就会增加。影响物流保险产品的因素包括业务结构、营销方式、准备金的规模、预定利率、通货膨胀等,这些因素的变化都会影响物流保险的供给水平。

(3) 保险公司的资本实力。保险公司的资本实力是影响物流保险供给的因素。保险公司的资本实力是提供物流保险供给的基础和保证,如果不考虑资本实力而盲目供给,势必会影响保险公司的偿付能力,甚至会导致保险公司破产。

(4) 物流保险市场的竞争程度。物流保险市场竞争对保险供给的影响是多方面的。竞争的结果会引起保险公司数量上的增加或减少,总的来看会增加物流保险市场供给。同时,竞争使保险人改善经营管理,提高服务质量,开辟新的险种,从而扩大物流保险供给。

(5) 制度、政策环境。保险业是一个极为特殊的行业,各国都对其有相对于其他行业更为严格的监管。例如,许多国家法律对于保险企业都有最低偿付能力标准的规定,这种规定直接制约着保险企业不能随意、随时扩大供给。

4.5.3 我国物流保险市场的发展

为了满足客户对物流活动的高新要求,这就决定了物流活动在经营过程中所面临的环节及风险愈来愈多,其中大多数风险是企业无法预知的,为了减少物流企业在不同环节中所面临的风险损失,物流企业把物流活动在不同环节中的保险范围逐步扩大,物流企业对物流保险的需求量逐步增大，对物流保险公司的保险能力等的期待也与日俱增，物流保险险种多样化成为物流保险市场迫切需要解决的问题。

1. 我国物流保险市场现状

(1) 物流保险发展滞后。随着物流规模的扩大和物流重要性的提高，物流业对保险的需求日益迫切，这就要求保险公司能够提供新的承保全程、责任全面的各种保险产品，以适应现代物流业的发展。但目前各家保险公司针对物流保险的产品很少，保险市场上与物流相关的保险业务开展得也不理想，物流保险明显滞后。

(2) 各环节的保险被肢解，与现代物流功能整合的理念背道而驰。由于在传统保险体系下，物流的各个环节被肢解，造成了托运人不得不按环节投保的现状。例如，托运人要完成一项物流活动，就不得不在运输环节投保货物运输险、在仓储环节投保货物仓储险等。多次办理保险手续意味着多次的保险谈判、费用支付等。程序的复杂既延长了物流活动的时间，又增加了多环节保险的费用，给托运人带来不便。

(3) 传统货物保险体系不能覆盖物流活动的各个环节，物流保险存在真空。在传统货物保险体系下，保险公司并不提供包装、装卸搬运、流通加工、配送等诸多物流环节的保险服务，这就使物流货物的保险出现真空，被保险人的利益并不能得到充分地保障。

(4) 传统保险的制度设计与现代物流不配套。以仓储保险为例，传统的仓储保险是对大宗货物在较长时间的仓储过程中存在的风险进行投保，因此保险费率一般较高。在现代物流生产方式及库存管理理念下，仓储则具有"短暂性"的特征。换句话说，仓储在整个物流活动中仅仅起一种"歇歇脚"的作用，因此其保险费率一般不宜过高。实践中，被保险人分别投保货物运输险和仓储险，虽然可以基本上涵盖物流活动的主要环节，但由此带来的保险费用的上升却是被保险人所不能承受的。鉴于此，我国一些保险公司早在1998年就开始积极探讨个性化的现代物流保险方案。这些方案将保险责任起讫期间延长为"门到门"条款，把货物运输保险和短暂仓储保险打包后低价出售。这些方案的推出，使现行保险体系逐渐与现代物流业接轨，是对现代物流保险的有益尝试。2004年，中国人民财产保险股份有限公司(以下简称中国人保财险)正式推出了"物流货物保险"和"物流责任保险"两个物流保险条款，结束了传统保险的局面，从而进入了物流保险的"双轨并行"阶段。

2. 当前制约我国物流保险市场发展的因素

现代物流的服务性质是多功能的，它的物流成本较低，增值服务较多，供应链因素多，质量难以控制，运营风险也随之加大。各种无法预测的自然灾害、意外事故和经营管理的疏忽，都有可能造成物流企业的重大损失。现代物流业的发展迫切要求保险业与之相适应，各物流公司对物流保险的需求越来越旺盛，对物流保险的期盼越来越强烈。然而，面对如此大的市场需求，我国物流保险市场的发展却相当缓慢，究其原因主要有如下几个方面。

(1) 物流行业市场发展不规范。保险公司是集散风险的中介，它在盈利的同时把客户的风险集中在自己的身上，当事故发生时履行赔付义务，承担相应的经营风险。物流业是一个新兴行业，物流行业的发展尚不成熟，目前缺乏统一的运作规范及操作标准，有很多方面无章可循，如没有统一的价格标准、标识标准、作业标准、安全标准、质量标准、管理标准、考核标准，则物流运作带来的是巨大的潜在风险。随着物流市场范围的扩大，时间空间的延续，系统越来越复杂，物流风险的不确定性越来越大，不仅可控性差、可认知性差，而且有些风险无法想象，保险公司承担很大的风险使物流保险难以推广。

(2) 道德风险问题的存在且影响较大。由于我国经济发展水平相对较低，物流业从业人员的素质也普遍偏低，导致业内存在诸多的盗、抢、骗现象，如在运输贵重货物时的监守自盗，甚至不惜制造事故向保险人骗取保险金。道德风险是无形的，既无法度量，又难以用经济的手段加以惩罚，而它会大大增加保险人的经营风险，甚至令保险人望而却步，使物流保险市场发展缓慢。

(3) 物流保险市场需求与供给出现"双不足"情形。我国物流业起步晚，物流保险起步更晚，需要一个开发、成长、成熟的过程。在其成熟的过程中必须具备一定的外部环境和自身条件，外部环境就是指对物流保险的市场需求。然而，作为一种转移和分散风险的重要方式，物流保险并没有完全为物流业内人士所认识，虽然物流保险被一些大型的物流企业所看好，但很多人却把买保险看成是在花冤枉钱。保险经营的大数法则和风险分散原则都要求保险市场要有足够多的投保人，投保的标的越多，事故的偶然性就越接近于必然性，保险经营也就越趋于稳定。市场需求不足，保险人的经营风险大，必然导致物流保险市场发展缓慢。另外，保险公司对物流保险的相关技术把握度不高，对其前景难以预测，一定程度上也影响到其参与积极性，产品单一，物流保险的供给也处于远远不足的情形，从而导致物流保险市场出现需求与供给"双不足"情形。

(4) 物流保险专业人才的匮乏。物流保险着眼于在物流过程中可能发生的不利情况和意外情况，从若干方面消除风险的发生。因此，保险不仅是简单地收取保险费，也不仅仅是发生保险责任范围内的损失后赔偿的支付。在保险期内，保险人为了降低赔付率，获得更好的经济效益，会非常注重物流企业的风险管理，这要求物流保险人不仅要懂保险，更要懂物流。目前，保险公司内部从事物流保险的专业人士很少，甚至几乎没有。由于保险公司提供的保险服务对物流业务不熟悉，难以为物流行业提供有效服务，同时因缺乏专业的物流保险人员，也在一定程度上制约了物流保险市场的发展。

3. 保险公司对物流保险的供给分析

近年来，第三方物流在我国取得了长足的发展，而物流的发展也在一定程度上推动了第三方物流企业的发展，并给他们带来了不可预知的风险挑战，保险公司抓住了这一商机，并通过及时地与物流公司的洽谈，对物流企业进行物流保险的承接，与物流公司实现互利共赢，但是由于我国物流保险还处于初步发展阶段，物流保险险种比较单一，投入不足，以及在物流保险险种本身存在着诸多需要改善的地方，物流保险市场的发展前景非常可观。

4. 我国物流保险市场发展的对策

(1) 规范物流市场。作为连接采购、生产、运输、库存、分销、零售的现代物流业，由于发展滞后、基础比较薄弱，在物流的基础设施、管理、服务及运作等方面缺乏统一的标准与规范，这一方面与物流的本质要求——系统化、协调化形成一定的反差，另一方面也给物流带来许多潜在的风险和危机。例如，要实现供应链上下游企业之间物流活动的协调，提高整个物流供应链的运作效率，上下游企业之间必须实行迅速、及时、准确的信息传递与共享，而其基础是物流信息标准化，只有标准化的物流信息才能在不同企业、不同地区、不同系统之间顺利传递，才能实现信息安全、可靠、准确地共享，并减少错误与风险。物流保险以物流市场规范运作为基础和前提，因此必须加强物流标准化建设，规范物流市场，尽快推出并实施相关的物流标准，如物流技术标准、物流服务标准、物流管理标准、物流质量标准等，为物流保险的发展创造适宜条件。

(2) 保险公司应进一步开发"适销对路"的险种。物流企业对现有物流险种的不满是有目共睹的,盼望保险公司能够开发出真正适合他们的保险产品。国内物流企业对物流保险的呼声非常高,物流险种的市场潜力巨大,这就需要保险公司继续转变观念,立足于责任险的长远考虑,从社会责任的全局着想。不要一味地甚至出于担心而夸大风险,不要不加分析地将承保范围缩得越小越好,保费提得越高越好,而要确确实实地为物流企业做点事,为促进我国物流业的发展做贡献,而且要做就做好,不应付于事,不让新生事物流产,不让物流企业失望。目前,中国人保公司在推出物流货物保险条款的同时,推出了物流责任保险条款,分别满足了物流货物所有人和物流服务企业的保险需求,丰富了自身的保险产品品种,拓展了物流保险市场,不仅扩大了该公司的责任保险市场份额,而且会增加其保险费用收入,增强其市场竞争能力。

(3) 保险公司要强化服务意识,在延伸服务中实现新的突破。保险服务创新是一个永久的话题。只有服务不断创新,才能保持保险市场长久的生命力。保险公司应加强自身硬件的投入和建设,以达到无论何时、何地、以何种方式,投保人均可得到及时服务的目的,还要努力提升员工的素质,建立咨询、投诉、客户回访等服务档案,同时要做好个性化服务,创建一揽子服务模式。承保时,要帮助投保人分析所面临的风险,确定保险需求,估算投保费用,制订具体的保险计划等。发生保险事故赔时,要坚持恪守信用、实事求是、公平合理的原则,主动、迅速、准确、合理地处理好赔案。

(4) 加强物流政策法规建设。国内没有一个配套的物流法规,与物流相关的法律法规也很少,更谈不上统一。从行政管理角度而言,条块分割现象严重,不同的运输方式隶属不同的行政单位管理,致使行业管理及法规有诸多不规范之处。这造成的一个直接结果便是保险条款措辞的使用、责任的界定均无法可依。

(5) 物流企业应该充分认识保险在物流业发展中的地位和作用,利用保险来分散自身的风险,保证物流企业能健康发展。现代物流业的发展趋势是物流一体化,而物流一体化的发展,必须以第三方物流的充分发育和完善为基础,第三方物流的发展不能缺少保险的参与和支持。物流企业决不能存在侥幸心理,忽视经营风险的管理,要树立牢固的风险意识,充分利用好风险管理技术,处理好企业所面临的风险。

(6) 为责任险的运作创造良好的社会环境。责任险的出台及持续的运作,不仅需要承保公司与物流企业的协作,更不能缺少社会大环境的促进。若要创新好的责任保险产品,必须调动社会各方的积极性,形成合力,也需要保监会为新产品营造良好的外部环境,促进市场竞争,增强企业进行产品创新的动力。

本 章 小 结

本章叙述了物流的风险及其基本特征,阐述了物流保险的概念及种类,物流保险的职能、作用和原则,以及物流保险合同的订立、效力、变更和终止等重要内容,详细分析了影响物流保险需求的主要因素(包括物流风险因素、物流保险商品的价格、商品经济的发展程度、强制保险和税收),并指出物流保险市场的供给指在特定时期和一定的费率水平上,市场上各家保险企业愿意并且能够提供的物流保险产品的数量,以及影响物流保险供给的因素主要有物流保险费率、物流保险产品成本、保险公司的资本实力、物流保险市场的竞争程度和制度、政策环境。根据中国物流保险市场现状和物流保险发展滞后的现状,分析了物流保险中各环节的保险被肢解，与现代物流功能整合的理念背道而驰；传统货物保险体系不能覆盖物流活动的各个环节，物流保险存在真空；传统保险的制度设计与现代物流不配套的现状。同时，对当前制约中国物流保险市场发展的因素，如物流行业市场发展的规范、道德风险问题给予了评价。

保险公司要强化服务意识，在延伸性服务中实现新的突破；加强物流政策法规建设；物流企业应该充分认识保险在物流业发展中的地位和作用，利用保险来分散自身的风险，保证物流企业能健康发展；为责任险的运作创造良好的社会环境。

关键概念

风险　保险物流　保险　保险标的　保险价值　保险金额　保险费　物流保险合同　物流保险市场　物流保险需求　物流保险供给

讨论与思考

1. 风险与保险有何关系？
2. 物流业面临哪些主要风险、种类及其职能？
3. 物流保险应遵循哪些基本原则？在投保时有哪些注意事项？
4. 物流保险市场的构成要素有哪些？
5. 简述物流保险市场需求的特征。
6. 分析中国物流保险市场的特点，并对如何发展中国物流保险市场提出你的建议。

第 5 章 农产品物流金融

【学习目标】

1. 农产品物流概念和特征；
2. 认识农产品物流分类；
3. 领会农产品物流的本质和特点；
4. 了解国际农产品物流基本内容；
5. 熟悉鲜活农副产品物流配送体系及研究的对象；
6. 明确农产品物流金融的发展与运作模式、构成要素和特征；
7. 掌握并能应用农产品物流金融信息平台；
8. 掌握农产品物流金融风险与控制。

【教学要求】

知识要点	能力要求	相关知识
物流保险	(1) 掌握农产品物流金融的基本概念 (2) 认识农产品物流分类、特征 (3) 明确农产品物流金融研究的对象 (4) 熟悉鲜活农副产品物流配送体系	(1) 相关概念 (2) 与农业物流相关的理论知识 (3) 农产品物流配送中心建设
农产品物流金融发展模式	(1) 了解物产品物流金融体系框架 (2) 掌握物产品物流金融运作流程 (3) 掌握物流保险的基本原则	(1) 掌握基本知识点 (2) 农产品物流金融的运作模式
农产品物流金融信息平台	(1) 熟悉平台框架技术、运作流程 (2) 掌握信息共享平台运行机制	物流金融平台结构解决方案
融资产品风险控制	(1) 明确农产品物流金融中存在的风险 (2) 熟悉质押品和金融产品的风险控制	金融机构和融资企业的风险控制

2011—2012年农产品物流发展中存在的问题分析

1. 农产品物流技术与基础设施落后

农产品仓储、运输条件、信息网络平台等公共设施落后。大多数农产品因运价、运力、交通基础状况和产品保鲜技术造成腐烂、变质,损失巨大。农产品流通大部分要经过产地收购、运输、销地批发、零售等环节,但由于现代化冷藏储运基础设施严重滞后,交通运力不足,致使农产品运输成本过高。

2. 农产品物流的信息化程度低

农业信息化网络不健全,农村的信息队伍并未真正建立起来,不能有效地进行农产品市场交易信息采集、加工、整理和发布工作,发布的产品市场信息时效性差,信息质量低,无法真正起到市场信息的指导服务功能,使农民获取信息难度加大、成本过高、效果降低。

3. 农产品物流专业人才缺乏

人才缺乏是我国农产品物流发展的最大制约因素,物流管理和经营人才的缺乏严重制约着农产品物流的科学运作。要发展现代农产品物流,必须要有一批懂专业、会管理的物流专业人才。应该根据我国农村的实际情况,制定适合农产品物流人才的培养计划,加强农产品物流的教育和培训,培养造就有文化、懂技术、会经营物流的新型农民。

4. 农产品物流链过短

在整个物流链条上,农产品加工包装能力比较低下,品牌数量少、覆盖率低。品牌及包装产品一般是粮油等大宗农产品的初级加工品,进入市场的鲜活农产品基本上仍以散装原产品为主,农产品难以实现加工增值。近几年来,农产品加工企业及流通环节的初加工、简单包装的品牌产品数量虽有增长,但所占的市场份额仍很小,这导致了流通环节的利润主要来源于市场间的差价而不是加工增值。目前发达国家农产品加工率一般都在90%以上,农产品产值与农产品加工产值之比为1:4到1:3,加工食品占食物消费总量的比重为80%。而我国农产品加工率只有20%~30%,加工增值比例为1:1左右,加工食品占食物消费总量的比重不到30%。蔬菜水果经过采摘后储藏加工,国外增值比例为1:3.8,我国是1:1.8的水平,我国蔬菜水果采摘后商品化处理为1%,储藏比例不足20%,加工比例不到10%。

章前导读

面对物流全球化、信息化、网络化的高速发展,使得对超越空间限制的结算支付等物流金融综合服务的要求不断增强。因此,实现农产品物流与资金流的高效融合,构建我国现代农村物流建设金融模式探讨理论体系和政策框架,具有相当重要的作用和意义。根据我国现代农村物流建设所面临的困境,对我国现代农村物流金融运作模式进行全面整合、对农产品物流金融模式的设计、农产品物流金融制度的设计、农村物流金融组织产权制度的安排等方面问题进行了较为全面和系统的论述。

研究我国农产品物流模式创新,首先必须对与农产品现代物流发展密切相关的物流与流通、农产品物流与农产品流通、农产品物流与农业物流等不同概念所代表的范围或范畴进行界定,分析农产品物流在社会经济活动中的地位、作用;然后在此基础上,以流通经济理论为理论基础,综合运用现代物流学、新制度经济学、发展金融学、现代管理学、统计学、协同学和产业融合等基本理论和方法,构建我国农产品物流金融协同发展的理论体系和政策框架,以期对我国农产品物流业更好地进行研究。

5.1 农产品物流的范畴界定

物流金融是指在物流供应链中，运用金融工具使物流产生价值增值的融资活动。它是物流、资金流和信息流的融合，由其引导的链式反应可以对经济发展起到极大的推动作用。农产品物流金融可以理解为需要资金的农业企业借助农产品物流企业的帮助而展开的融资活动，也就是在农产品物流企业参与下的存货与应收账款的融资。

5.1.1 农产品物流相关概念的界定

农产品物流是物流研究领域中的一个方面，物流的基本理论对它同样适用，农产品物流研究框架如图 5.1 所示。所以，要在农产品物流等相关概念界定的基础上着重分析农产品物流的分类和特征。

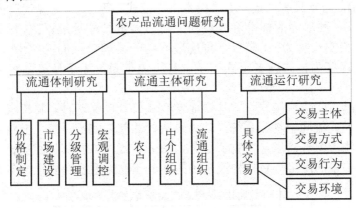

图 5.1　农产品物流研究框架

1．农业物流的界定

农业生产和经济活动的始终，是对农业产前、产中、产后三段过程的科学管理。农业物流可以分成三段物流形式：一是供应采购阶段的物流形式，称为农业供应物流，是以组织农业生产所需的农药、化肥、种子、农机设备等生产资料为主要内容的物流。二是生产阶段的物流形式，称为农业生产物流，包括贯穿在整个农产品生产、加工活动过程中的生产物流。三是销售阶段的物流形式，称为农业销售物流，即农产品物流。物流对象包括粮、棉、油(料)、茶、烟、丝、麻、蔗、果、菜、瓜等，以及乡镇企业生产的城市消费品等。

在这里，借鉴中国正式实施的国家标准 GB/T 18354—2006《物流术语》中的物流定义，结合中国农产品流通特征，将农产品物流界定为"为了满足客户需求，农产品从产地到销地之间的物理性经济活动，是农产品的储存(常温、保鲜或者冷藏)、包装、运输、装卸、搬运、流通加工、配送和信息处理等环节的有机组合"。显然，农产品物流作为一个系统工程，侧重于研究农产品从生产领域向消费领域运动的经济活动，涉及农产品的收购、批发、零售等环节，是一个基于农产品集贸市场、批发市场、农产品集散中心，以及农产品运输、仓储、加工、包装、流通配送等行业资源整合基础上，以增加价值、降低成本、提高效率为目的的系统。

2. 农产品流通的界定

农产品流通是联结农产品生产者和消费者的纽带，是农产品销售过程中商流、物流、资金流与信息流的统一。农产品流通侧重于揭示农产品从生产领域向消费领域运动的经济过程的经济实质，强调的是农产品流通的目的。农产品商流是以货币为媒介的农产品交易，包括农产品买卖及其相关的各种信息情报，如业务洽谈、订货、签约、成交、计价、结算、付款和服务等活动。其主要功能是使农产品从生产者手中转移到消费者手中，最终目的是完成农产品所有权的转移，实现农产品的价值。农产品物流作为一种追加的生产过程，主要是以较低的成本和优良的服务提供有效的、快速的农产品输送和保管等服务，使对象物——农产品从供应地流动到消费地，实现农产品的时间和空间价值；农产品信息流是伴随着农产品物流运行而不断产生的农产品信息传播与流动；农产品资金流是指伴随农产品商流运动而产生的资金转移过程，包括结账、付款或转账等过程。

3. 农产品现代物流模式

模式(pattern)，通常具有"式样"、"模本"、"范式"等含义。《现代汉语词典(第6版)》的定义："模式，某种事物的标准形式或使人可以照着做的标准样式。"美国的比较政治学者比尔和哈德格雷夫认为："模式是再现现实的一种理论性的简化形式。"一般而言，人们通常把模式理解为样式或者范式，是一种可以使系统中各要素最优化配置的设计思路和框架。

相关研究文献对"物流模式"的界定通常有狭义和广义两种。持广义物流模式观点的学者通常将物流模式等同于物流系统，认为物流模式就是物流系统，并将物流系统定义为围绕着满足特定物流服务需求，由物流服务需求方、提供方及其他相关机构形成的一个包含所需物流运作要素的网络，包括物流系统的环节和物流系统功能，如图5.2所示。

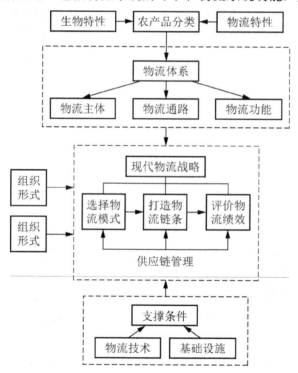

图 5.2　农产品现代物流研究框架

我们在这里所讨论的现代农产品物流模式，是从广义物流模式的角度进行的物流模式界定，所研究的农产品物流模式的概念框架为"农产品物流主体为了实现其物流战略目标（进而实现其总体战略目标），对农产品物流各个要素进行有机组合，从而形成农产品物流运作和管理系统"。这一系统具体包括农产品物流战略目标的确定、农产品物流主体选择、农产品物流环节设计、农产品物流功能规划及农产品物流技术的应用。

上述各要素环环相扣，形成一个动态的有机整体，农产品物流战略目标是依据企业的整体战略（低成本、差异化、集中战略）而确定的。企业根据既定的物流战略目标选择物流主体，即是由零售企业、供应商还是第三方物流企业来运作和管理各项物流活动。物流主体不同，农产品物流环节也会有差别，从而导致各项物流功能之间的组合、衔接存在差异，而农产品物流技术这一要素则始终贯穿农产品物流环节的设计和农产品物流功能的规划，可以说，农产品物流技术的应用将有助于更加有效地衔接农产品物流各环节，并实现农产品各项物流功能的优化整合。

5.1.2 农产品物流分类与特征

农产品物流根据分类标准的不同可以有不同的分类方式。按照农产品物流系统作用的对象划分，可以分为粮食产品物流、经济作物物流、林产品物流、畜牧水产品物流等；按农产品物流系统的空间范围划分，可以划分为国际性农产品物流、国内农产品物流及地区性农产品物流；按照农产品物流业务是否外包划分，则可以分为自营物流、第三方物流。以下按第一类分类方式进行介绍。

1. 粮食产品物流

传统的粮食产品分类是根据人类可直接食用的特点将粮食产品分为谷物产品、豆类产品和薯类产品。谷物产品主要包括稻谷、小麦、玉米、大麦、高粱等；豆类产品主要包括大豆、豌豆、绿豆等；薯类产品主要包括甘薯、马铃薯、木薯、芋等。粮食产品在人们的生活中占绝对重要的位置，它不仅可以供人们食用，解决人们的温饱问题，而且还是食品加工业、饲料加工业的重要原料，有着比其他农产品更为重要的战略意义。从生产方面看，粮食产品属于大田作物，便于大面积耕作，生产成本较低，产能较高，生产与物流可实现规模效益；从消费上看，粮食产品属于生活必需品，食用效能较高，需求弹性较小，消费数量比较大；从产品特点上看，粮食产品相对于其他农产品来说生化性能较好，方便储存和运输，浪费较少，相对的物流效用成本较低。影响粮食物流的重要因素是粮食供需区域分布和品种结构上的不平衡。从流向看，一般是东北的玉米、稻谷和大豆流向华东、华南和华北地区，黄淮海的小麦流向华东、华南和西南地区，长江中下游的稻谷流向华东、华南地区。目前，中国农产品运输尤其是生鲜农产品运输的技术装备还较落后，在粮食运输方面，散粮运输的自动化水平还比较低，运输装备配套问题较为突出。

从目前看，中国粮食的散装运输比例仅仅只占10%。从粮食储存看，中国已初步形成了以产粮区收纳库连接交通沿线中转库、销售区供应库，港口集散库连接供应库、储备库，遍布城乡、纵横交错的粮食储运网络。但由于库房陈旧、仓容严重不足、布局不合理、机械化、现代化水平不高，仓储管理落后等问题依然存在。

2. 经济作物物流

经济作物物流包括生鲜蔬菜流、瓜果流、棉花流、糖料流、油料流、烟叶流、麻类流、茶桑果流、花卉流、药材流及其他农作物物流。经济作物除了满足人们的食用需求外，还是轻纺、食品等工业的主要原材料来源，商品化水平远远高于粮食作物，物流需求量也更大，尤其是生鲜蔬菜流、油料流、棉花流和瓜果流。从流向看，油菜籽主要从东北春油菜区、西北油菜区、华南冬油菜区及长江流域冬油菜区等主要产品向其他省市流出；棉花主要是从西北内陆棉区、黄河流域棉区和长江流域棉区流向其他棉纺织地区。生鲜蔬菜流、瓜果物流一般是呈放射状由农村流向城市，其典型特征是品种繁多，加工、包装、储运方式多种多样，存在一定的农产品安全问题。

3. 林产品物流

林产品是指以林木、林地资源为基础而生产的小材和以木材为原料的各种产品，主要有原木、锯材、木质人造板、各种木质和以木材为原料的各种纸制品、林化产品等，同时还包括种苗、花卉、种子、林区土特产品、林果类产品，涵盖林产品生产、收购、运输、储存、装卸、搬运、包装、配送、流通加工、分销、信息活动等环节。林产品物流不仅能使林产品实现其价值，而且可以使林产品在物流过程中增值，节约物流费用，提高物流效率，降低林产品生产与流通的成本，提高林业的整体效益。其物流特点如下：①范围较大，由小的区域扩展到国内和国际；②林产品的品种多而杂，数量大，产地也更加混乱复杂；③运输频次加剧，往往要经过多种运输方式、多种运输工具进行长距离运输；④物流环节多，难度大，技术要求高。

4. 畜牧水产品物流

畜牧水产品物流包括畜牧产品物流和水产品物流。畜牧产品除了向人们生活提供肉、蛋、奶等食物外，还向化工、轻工、制革及制药工业提供原料。近些年来，中国城镇居民对猪肉、蛋、奶的消费量不断增长，畜牧产品物流发展迅速。从发展现状看，目前中国畜牧产品在屠宰、储藏、包装、运输、加工及卫生检疫等方面的物流技术水平还较低，有待大力发展。

水产品通常指各类鱼、虾、藻、贝、海带、石花菜等鲜活品及其加工品，主要分布在山东、广东、辽宁、浙江、福建、海南、江苏、广西、湖北、安徽、江西、湖南等沿海省市和部分内地省市。水产品需求主要来自居民家庭消费、水产品加工及出口等3个方面。近年来，水产品物流规模不断扩大，已基本形成了以批发市场为主渠道、以集贸市场为基础，以个体水产商店、生鲜超市、水产品经销公司及水产品配送中心等为主要零售业态的水产品物流体系。

5. 农产品物流特征

相对于工业产品而言，加工增值是农产品物流的重要环节，农产品物流量大且分散，具由生产分散—集中—分散的物流节点，且消费多样、易腐，以及供应波动性大等特点。其生产、流通存在着非人力能控制的风险，再加上许多农产品是人们的生活必需品，事关民生问题的商品需求弹性小，自然风险与经济风险兼具。这些特殊性使农产品物流表现出明显不同于工业品的特征，其物流技术具有相对独立性。

5.1.3 鲜活农副产品物流配送体系

鲜活农副产品为达到保鲜的目的，要求快速进入消费环节，流通中的环节越少越好，鲜活农副产品的新鲜度和食用安全性就是其价值所在。农产品生产和消费上的分散性又使鲜活农副产品在流通中不可避免地要进行一次或多次集散，承载这些集散功能的鲜活农副产品供应链管理所追求的经营目标并不是流通链条的增多和拉长，而是追求鲜活农副产品的品种、质量、数量与价格最大限度地适应于市场和消费者的需求。

1. 鲜活农副产品物流配送体系概述

所谓保鲜链是指综合运用各种适宜的保鲜方法与手段，使鲜活易腐食品在生产、加工、贮运和销售的各环节中，最大限度地保持其鲜活特性和品质的系统。随着人们生活水平的提高，人们对食品保鲜物流的要求越来越高，可以肯定，在未来的经济生活中，保鲜链将在食品物流中发挥不可替代的作用。保鲜链基本上由生产、运输、贮藏、配送、零售和消费 6 个环节构成，它是整个农产品物流体系的重要组成部分。农产品未经加工的鲜销产品占了绝大部分，鲜活易腐食品的最大特点就是必须保证其从生产到消费的整个过程始终运用各种冷藏设备进行连续不断的冷藏、冷冻，以保证其优良的品质。它要求每个环节能力必须匹配，而这样多环节的流通链条，无论是时间和流通效率上，还是现有的保鲜手段都无法适应农产品的鲜销形式，这种现状导致了相当一部分新鲜产品由于运价、运力、交通基础状况和产品保鲜技术等原因损失巨大。当农产品集中上市时，物流不畅、加工能力不足、产销脱节严重，损耗情况更为突出，这样不仅浪费了物流能力，相应地提高了物流成本，而且还有可能造成货物的质量损失，限制易腐食品的生产与流通，进而影响农业与食品业的发展。

2. 工艺路线及技术途径

鲜活农副产品物流配送体系研究在国内尚属研究前沿，深入的研究需要大量的理论知识。目前，我国鲜活农副产品物流体系中各环节存在着极不协调的现象，特别是保鲜运输环节非常薄弱。因此，对鲜活食品物流过程中的理论与各环节技术能力匹配问题的研究就显得尤为重要。在这里，我们采用理论上已发展成熟的一些技术与建模方法，这些方法在实际应用中也得到了很好的验证。

1) 数据处理方法

回归分析法。对近几年的社会经济发展，尤其是农业经济发展方面的历史数据进行回归分析，建立回归多项式模型，并用 MATLAB 数据分析软件进行计算机模拟。

2) 农产品物流中心选址方法

(1) 专家选择法。专家选择法是以专家为索取信息的对象，运用专家的知识和经验，考虑选址对象的社会环境和客观背景，直观地对选址对象进行综合分析研究，寻求其特性和发展规律，并进行选择的一种选址方法。专家选址法中最常用的有因素评分法和德尔菲法。

(2) 解析法。解析法是通过数学模型进行物流网点布局的方法，主要又分为重心法(用于物流中心可以任意选取的连续模型)、Kuehn-Hamburger 模型、Baumol-Wolfe 模型、Blson 模型(用于物流中心不能任意选取的离散模型)。

(3) 模拟方法。模拟方法是将实际问题用数学方法和逻辑关系表示出来，然后通过模拟计算及逻辑推理确定最佳布局方案。模糊评价法及计算机辅助决策法(计算机仿真法、探视法)属于这一类。

(4) 物流中心选址综合方法(将数学建模方法与经济评价进行结合的综合方法)建模之后的算法主要有以下几种，如分枝定界法、码激励线性预测(code excited linear predictive，CELP)法、SAD(即 system accommdation and development)模型法、DPSS 模拟法、启发式算法、最短路径算法。

(5) 配送中心选址。目前物流中心选址规划要解决的主要问题如下。

无条件的物流配送中心选址问题。这类问题基本定义是需求点数量及每个需求点的需求量已知，规划区域内无任何现存的物流配送中心，现需要进行物流配送中心选址(已知每个备选点到需求点的距离)来满足需求点的需求，又可分类如下。

① 物流配送中心数目不定，选址使得物流配送中心数目最小，用到集覆盖(the location set covering problem，LSCP)模型。

② 物流配送中心数目已定，选址使得各个需求点到物流配送中心的距离与需求量的乘积之和最小，用到中位问题(P-median)模型。

③ 物流配送中心数目已定，选址使得物流配送中心截取流量最大，用到中心问题(P-centre)模型。

3. 农副产品物流中的分析与计算方法

层次分析法(analytic hierarchy process，AHP)是一种定性与定量相结合的多目标决策分析方法，特别是将决策者的经验判断给予量化，在目标(因素)结构复杂且缺乏必要的数据情况下更为适用。人们在进行社会的、经济的及科学管理领域问题的系统分析中，面临的常常是一个由相互关联、相互制约的众多因素构成的复杂系统。AHP 为分析这类复杂的社会、经济及科学管理领域中的问题提供了一种新的、简洁的、实用的决策方法。

用 AHP 进行系统分析，首先要把问题层次化。根据问题的性质和要达到的总目标，将问题分解为不同的组成因素，并按照因素间的相互关联影响及隶属关系将因素按不同层次聚集组合，形成一个多层次的分析结构模型，并最终把系统分析归结为最低层(供决策的方案、措施等)，相对于最高层(总目标)的相对重要性权值的确定或相对优劣次序的排序问题。运用 AHP 存在多种计算方法，我们主要用到 AHP 计算中的方根法。该方法的优点在于能应用小型计算机计算判断矩阵最大特征根及其对应特征，向量的方根法的计算步骤如下。

(1) 计算判断矩阵每一行元素的乘积 M_i

$$M_i = \prod_{j=1}^{n} b_{ij}, i=1,2,\cdots,n$$

(2) 计算 M_i 的 n 次方根 $\overline{W_i}$

$$\overline{W_i} = \sqrt[n]{M_i}$$

(3) 对向量 $\overline{W} = [\overline{W_1}, \overline{W_2}, \cdots, \overline{W_n}]^T$ 正规化，即

$$W_i = \frac{\overline{W_i}}{\sum_{j=1}^{n} \overline{W_i}}$$

则 $W = [W_1, W_2, \cdots, W_n]^T$ 即为所求的特征向量。

(4) 计算判断矩阵的最大特征根 λ_{max}

$$\lambda_{\max} = \sum_{i=1}^{n} \frac{(AW)_i}{nW_i}$$

式中，$(AW)_i$ 表示向量 AW 的第 i 个元素。

除此之外，还应结合经济学、管理科学、计算机科学等方面的知识和技术手段进行辅助规划设计。大概可分为精确算法类和战略规划类。

(1) 精确算法类。采用多种精确算法，主要针对物流配送中心选址问题、物流网络规划问题，以及运输工具——转运站选址——路线(VLRP)等需要具体量化的问题。采用的基本选址模型有中心问题、中位问题、集覆盖问题，在此基础上结合实际情况来变形处理，如存在配送中心容量限制时就引入容量扩张的理论方法进行计算。

(2) 战略规划类。战略规划法的引入主要是为了研究宏观政策的需要。发展农产品物流不仅需要具体微观的量化，也需要整体宏观的规划。采用战略规划方法主要有 AHP 和波特方法。AHP 将不可量化的各种因素，如政策因素、环境因素、法律因素、文化因素与可量化的因素结合起来考虑，使最后得到的结果更加符合实际情况。波特方法广泛应用于战略规划，它充分考虑到行业内部的优势和劣势，行业外部的机遇和风险，并结合行业发展的目标进行总体规划，通常会使用到 SWOT 分析。

以上介绍的各种研究思路都是经过实践论证了其科学性、准确性的。所采用的研究方法也是目前国内外物流研究领域内最先进的方法之一。

5.2　农产品物流金融发展模式构建

为推进我国农产品物流业的产业结构调整，国家和各级地方政府相继出台了在融资、税费、价格、土地等方面促进农产品物流业发展的优惠政策。这些举措为我国协同型农产品物流金融创新营造了良好的政策环境。

5.2.1　我国农产品物流金融的发展与运作模式

农产品物流金融是物流金融在农产品流通领域的应用，是指金融机构(如银行、投资机构等)为农产品物流产业提供与资金融通、结算、保险等服务相关的新型金融业务，是现代农产品物流与资金流的有效融合。它通常涉及农产品生产加工企业、银行，同时还有经销商及少量小型的第三方物流公司。

1. 我国农产品物流金融发展模式

农产品物流金融由于农产品自身相关特殊属性而与工业物流金融及商贸流通下的物流金融有着很大的区别。

现代农产品物流金融作为农产品物流发展的中间业务，具有丰富的内涵、显著的特征和积极的作用。现代农产品物流金融指金融机构(银行业)在面向现代农产品物流业的运营过程中，通过应用和开发各种绿色金融产品，抑制农产品物流对环境造成危害，实现农产品物流环境净化和物流的资源最充分利用。不仅具有经济价值，还具有社会价值和生态环境价值。只有实现农产品物流对环境的净化及其物流资源的最充分利用，才能架起经济系统和生态系统彼此联系的"桥梁"，才能提高现代农产品物流金融发展的经济效益、社会效益和生态环境效益。因此,发展现代农产品物流金融,开发农产品物流金融产品,整合现代农产品物流金融运作模式,加强现代农产品物流金融组织形式及"土地金融"制度创新,不仅有利于我国现代农产品物流绿色化及生态环境的可持续发展,还对进一步统筹城乡发展,建立"两型"社会,推进社会主义新农村建设,发展农村经济,具有积极重要的现实意义。

2. 农产品物流金融的运作模式

(1) 农产品物流银行。农产品金融机构以市场畅销、价格波动小、且符合质押品要求的现代农产品物流产品质押为授信条件,运用有较强实力的绿色信息管理系统,将农产品金融机构的资金流和绿色物流企业的物流有机结合,向中小农产品绿色物流企业客户提供绿色"融资、结算、分散风险"等服务业务,其主要业务模式为农产品物流的质押模式和担保模式,这两种基本模式引用了以农产品物流动产质押,通过"绿色物流银行"融资在农产品绿色仓储时就能变现,盘活农产品物流企业的动产,解决中小农产品绿色物流企业的绿色融资"瓶颈"。因此,我国现代农村"土地银行"作为一种创新的农产品物流金融运作模式,不仅扩大了现代农产品金融机构的中间业务,更重要的是解决了困扰我国现代中小农产品绿色物流企业的融资问题,这无疑有利于现代农产品物流金融的发展。

(2) 农产品融通仓。拓展现代农产品"绿色融通仓",把现代农产品物流、绿色信息流和绿色资金流进行综合的现代农产品物流的绿色管理,从而提升了为客户(消费者)进行绿色服务的质量,提高农产品绿色物流经营效率,减少农产品物流运营资本,拓宽现代农产品物流服务内容,优化现代农产品物流绿色资源使用,并协调多方绿色经营行为。因此,现代农产品融通仓的拓展,能提升现代农产品物流供应链金融的整体绩效,增强了整个农产品物流供应链的竞争力。

(3) 农产品供应链金融。在现代农产品物流供应链活动中,绿色金融机构灵活地运用现代农村"土地银行"绿色物流供应链金融产品及服务,将现代农产品物流金融的核心企业和上下游企业联系在一起,使现代农产品物流产生价值增值。现代农产品物流供应链金融涉及的主体:地方政府、客户(消费者)、物流企业(公司)和金融机构(银行)。其中地方政府作为追求社会发展(效益最大化)的土地所有者,其正确引导和宏观政策的支持作用是非常重要的;客户(消费者)包括农产品物流核心企业及与其构成供应链联盟的上下游企业和最终用户(消费者),都在"绿色物流供应链金融"模式下;农产品物流企业(公司)发挥了农产品运输、仓储、质物监管等方面的专长;现代农村"土地银行"绿色金融机构基于农产品物流企业控制货权,进行农产品物流与绿色资金流封闭运作,给予农产品物流中小企业绿色授信融资支持,形成了互利互补的现代农产品物流金融平台,使地方政府、客户、农产品物流企业及绿色金融机构在多方合作博弈中"共赢",使数百家农产品物流企业分享到了现代农产品物流金融平台的融资便利与物流增值,以满足帕累托最优原则。

5.2.2　农产品物流金融协同发展模式

2008年的世界性经济危机,给我国农产品流通体系带来的挑战多于机遇,尤其是国际间贸易对农产品质量的追求提高,不仅对农产品流通过程中的分拣、包装、清洗、冷藏、商品品质、产品结构、销售方法、消费服务等提出了一系列新挑战,而且对各个流通环节的运行资金、成本、支付、运行模式和运作效率提出了更高要求。

1. 系统和主体

用系统的思想思考农产品物流金融协同运营是非常合适的方法,即把由活动和元素组成的农产品物流金融链作为一个系统加以研究,这条链条上的活动和元素之间存在输入和输出及一些反馈的关系。

农产品物流金融协同发展是一种较为复杂的系统模式。"系统"从农产品生产开始,制成中间产品及最终产品,最后由经销商网络把产品送到消费者手中,是一个范围广阔的,包含农产品生产者、供应商、金融机构、第三方物流企业、分销商、零售商直到终端客户的网络结构。在农产品物流结构基础上分析物流金融的系统结构、要素和相互作用机理等,将有助于系统优化和系统评价的进行。农产品物流金融协同系统的构成要素及其相互关系如图 5.3 所示。

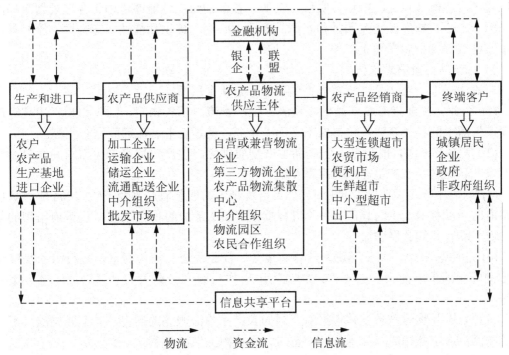

图 5.3 农产品物流金融协同系统的构成要素及其相互关系

1) 金融机构

农产品物流金融协同发展模式运营中的金融机构,一般是指能够为农户及农产品供应链企业提供贷款支持的机构,如商业银行、保险公司等。随着农业产业化的进一步发展,农户及中小型农产品供应链企业融资需求越来越旺盛。银行等金融机构如能采取较为有效的风险控制措施创新物流金融工具,开发新的融资产品满足这些企业的融资需求,就可以拓宽客户群。在图 5.3 中的农产品物流金融协同系统的构成要素及其相互关系中,银行通过和以第三方物流企业为代表的农产品物流供应企业合作,针对应付账款、应收账款及企业存货等量体裁衣,创新农产品物流金融服务产品是一项最大的业务创新。

2) 以第三方物流企业为核心的农产品物流供应主体

这类农产品物流供应主体是指农产品物流规模较大、实力较强,能够对整个农产品物流和资金流产生较大影响,并可以为中小企业融资提供相关担保的企业,包括下面几个部分。

(1) 自营或兼营物流的农产品生产企业、加工企业、储运企业、流通配送企业，它们主要是为了满足自身需求而提供农产品物流服务。

(2) 第三方物流企业不仅能够为农产品供应链企业提供物流、信用担保等服务，而且能够为银行等金融机构提供监管、拍卖等资产管理服务，从而搭建银企合作桥梁。以第三方物流企业为核心的农产品物流金融供应主体，其合作伙伴主要有四个部分：一是物流服务的需求方，主要是农产品加工企业、储运企业、流通配送企业等；二是金融机构；三是物流服务的提供方，包括专业车队、专业仓储、配送公司等；四是农产品消费的终端客户，一般是城镇居民。

(3) 中介组织。主要是为农户提供物流服务的，包括行业协会、农民专业合作组织等。现代农产品物流供应主体的市场形态可以通过农产品物流节点布局得到体现，而供应能力可以通过对物流节点的功能设计实现。例如，各个物流主体能够借助于合理规划布局的农产品配送中心、农产品物流园区和农产品集散中心等，提供功能性、综合性物流服务，以及增值物流服务和规模物流服务。

3) 农产品物流需求主体

一般情况下，农产品物流需求主体可划分为4个层面。

(1) 企业，主要指对农产品供应物流、生产物流、销售物流、回收和废弃物流等形式物流产生需求的各类企业，包括农产品加工企业、储运企业、流通配送企业等。

(2) 家庭及个人，既包括对农产品生产物质供应、生产物流等产生需求的农户，也包括对农产品配送物流产生需求的家庭及个人。

(3) 政府主要表现为突发事件、自然灾害等带来的应急农产品物流(如2004年海啸后中国政府向斯里兰卡提供的鸡肉、牛羊肉等救援食品所形成的物流需求)，由政府组织的与农资、农产品有关的会展物流等。

(4) 非政府组织，主要表现为随着基金会、行业协会、非营利单位等组织的发展与活动范围的不断扩展而产生的农产品物流需求，如与农产品有关的会展物流、慈善援助物流等。

各种农产品物流需求主体根据对不同的农产品物流服务的需求，与不同层次、不同类型的物流供应主体构成相互重叠、动态的农产品物流供需关系。

4) 农产品生产者

生产者就是能够做出统一的生产决策的单个经济单位，即企业或者厂商。企业是产品生产过程中的主要组织形式，主要包括个人企业、合伙制企业和公司制企业。在生产者行为的分析中，一般假设生产者或企业的目标是追求利润最大化。农产品生产者主要指的是从事农产品生产的单位和个人。

5) 农产品供应商集合

供应商集合是农产品物流金融服务的需求者，主要是农产品物流链中处于弱势的中小型生产、加工、储运、流通配送等行业的企业和从事农产品流通的农户。农户及中小型农产品供应链企业由于缺乏短期流动资金，融资需求非常强烈，但由于这类企业受生产经营规模和管理水平的限制，抗风险能力较差，违约成本低，一般情况下，金融机构是不愿意向这类企业提供贷款的，但如果能够借助协同型农产品物流金融这一服务平台，这些企业就可以通过它们的动产质押及第三方物流企业或其他核心企业担保等方式从金融机构获得货款，从而突破中小企业贷款难的瓶颈。

6) 农产品经销商集合

分销商按对下游渠道创造增加值的能力分为普通分销商和大型连锁超市。普通分销商指不具备规模优势的农贸市场、便利店、生鲜超市、中小型超市等，创造增加值的能力较小；大型连锁超市作为农产品渠道的新型零售业态，创造增加值的能力较强。

7) 终端客户

这是第三方物流企业最终服务的对象，也是第三方物流最终到达的对象。它可能是城镇居民，也可能是企业、政府或者是一些非政府组织。

2. 系统功能与特征

1) 农产品物流金融发展模式的系统功能

基于产业融合的农产品物流金融协同发展模式的运营能够将物流服务、结算服务、融资服务、风险管理服务及保险服务融为一体，提升为农户及农产品供应链企业服务的质量和经营效率，降低农产品物流运营资本风险，从而提升农产品物流金融的整体绩效。

(1) 农产品物流服务功能。包括传统的农产品运输、仓储等物流服务。

(2) 融资服务功能。对于农产品物流金融的合作成员，如农户和中小型农产品供应链企业而言，资金短缺是制约其快速发展的瓶颈问题，通过农产品物流金融服务平台，实现银行、物流企业及供应链企业间的合作，对有效解决中小企业融资难问题具有重大的现实意义。

(3) 支付结算服务功能。主要是提供金融结算及资金划转等服务。

(4) 保险服务功能。农产品物流的责任风险几乎伴随着业务范围的全程，包括运输、装卸搬运、仓储、流通加工、包装、配送和信息服务等过程。物流保险能够提供一个涵盖物流管理各个环节的保险方案，帮助供应链中的企业防范风险。

(5) 风险管理服务功能。除了保险服务之外，还可以采取更多的方式避免农产品物流金融模式运行中的风险，包括利用金融衍生产品进行定价、套期保值等。风险管理涉及采购、融资、支付结算等各个环节，是协同化农产品物流金融管理的一项重要功能。

2) 农产品物流金融发展模式的运行特征

通过各项功能的集成，农产品物流金融协同发展模式的运行能够提高农产品物流运行效率、资金利用效率，主要表现为以下几方面。

(1) 物流信息充分共享，物流全程具有可视性。农产品生产者、供应商及经销商之间的信息系统实现无缝衔接，提高了物流管理的柔性，降低了物流管理的成本和风险，使农产品市场需求信息及时准确地到达农产品物流系统的各个节点，使农业生产更有计划性，从而减小了农产品生产者的市场风险，提高了农民收入。而且由于农产品从田间地头到餐桌的这一过程始终处于透明和可控的状态，农产品质量得到有效保障。

(2) 有利于减轻银行信息不对称的程度。在协同型农产品物流金融模式运行中，中小型农产品生产企业、供应商、经销商通过第三方物流企业、批发市场、农民合作经济组织紧密联系在一起，上下游之间的信息比较畅通，银行容易随时掌握和控制潜在的风险，降低了企业的逆向选择风险和道德风险。

(3) 创新支付结算服务可以提高运营资金的效率，减少企业对运营资金的需求量，面对资金流的有效管理又可以降低企业资金成本，促进农产品物流效率的提高，从而提企业投资收益；通过保险和其他金融衍生品的运用可以有效地降低农产品物流金融运用的风险。

(4) 农产品物流配送功能由第三方物流企业完成。由于第三方物流企业具有专业优势、信息优势、规模优势及管理和人才优势，由第三方物流企业实现农产品物流配送，能够使整个农产品流动过程更为有序、高效和协调，从而可以减少农产品的损耗，降低农产品库存，节省农产品交易费用，降低农产品物流成本，使整个农产品物流金融系统的参与方都直接受益。

3. 主要运营模式

资金流是农产品供应链企业发展的血液，企业净现金流现状往往决定了企业的命运。农产品物流业由于农村金融市场制度缺口、供需缺口和效率缺口的普遍存在，导致农户和大量的农产品加工企业、仓储运输企业、流通配送企业存在生产过程中资金需求缺口加大的问题。一般情况下，农户和农产品供应链企业在原材料采购、生产经营和产品销售过程中，资金短缺问题更加严峻。在原材料采购阶段，具有较强实力的核心企业往往会利用其强势地位要挟下游客户尽快付款，而且商品价格的波动也会给下游企业采购带来巨大资金缺口，从而导致企业在经营期间，因商品库存或销售波动而积压大量存货，这就占用了企业大量的流动资金，给企业造成资金周转困难。在销售阶段，如果面对的是具有较强实力的购货方(核心企业)，则货款收回期较长，这也给企业带来流动资金短缺的风险。针对农产品供应链企业运营过程中的资金缺口特点，协同型农产品物流金融相应地提供了以下 2 种主要业务模式。

1) 供应商融资模式

如图 5.4 所示，核心客户通常为实力较强的分销商，如大型连锁超市、出口企业，拥有众多供应商，是银行的优质客户。核心客户采购量巨大，处于强势地位，往往用赊账贸易取代信用证，并不断拉长付款期限，给中小供应商带来巨大的资金压力。为改善供应商关系，帮助它获得流动资金用于生产及销售，第三方物流企业、核心客户通过与银行合作，向重要的供应商提供一定时限的发货前或者是发货后的融资解决方案。

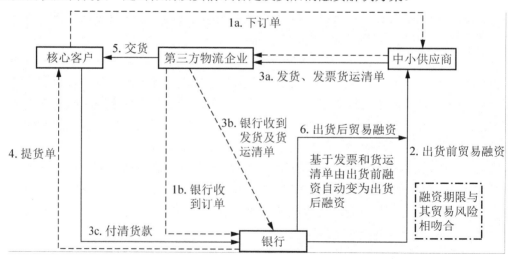

图 5.4 供应商融资模式

沃尔玛供应商融资解决方案

中国工商银行(以下简称工行)深圳分行推出了"沃尔玛供应商融资解决方案"。沃尔玛每年在华采购额达 200 亿美元，上游供货商有上万家，其中大多为中小企业，这些中小供货企业由于无法提供有效抵押，加上内部财务管理不够规范等因素，很难从银行获得贷款。为解决这类企业的融资困难，工行依托沃尔玛公司的优良信用，对相关物流、现金流实行封闭管理，为沃尔玛供货商提供从采购、生产到销售的全流程融资支持，通过这一融资模式，破解了沃尔玛供货商的融资困局。从 2005 年 6 月起，仅工行深圳红围支行一年内就为沃尔玛供货商办理融资 300 笔，金额 8 000 多万元。

2) 经销商融资模式

如图 5.5 所示，核心客户往往是农产品生产加工类的龙头企业，众多的经销商是其主要销售渠道。为了提高销售效率，需要帮助这些经销商获得周转资金。银行根据龙头企业的推荐，向其最主要的几家经销商提供一定时限的经销商货款融资。通常，银行选择与龙头企业有多年合作历史的经销商，它们无付款拖欠及坏账记录，并且至少 50%以上的营业收入来自销售核心企业的产品，而且还要求龙头企业在经销商出现还款问题时能够提供支持订单。

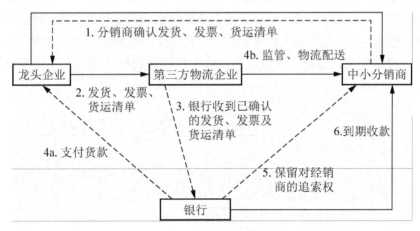

图 5.5 经销商融资模式

财信德经销商融解决方案

经销商通过第三方物流企业获得银行融资的模式在国内已有很多实践案例。深圳市财信德实业发展有限公司(以下简称财信德)是一家从事国内商业批发、零售业务的贸易公司，成立于 1998 年，注册资本 900 万元，是内蒙古伊利实业集团股份有限公司(以下简称伊利集团)在深圳地区的总代理。伊利集团 2003 年资产规模已达 40 多亿元，年销售额 60 多亿元，是国内经营良好、绩优蓝筹股的上市公司。

财信德作为一家成立时间较晚、资产规模和资本金规模都不算大的民营企业，其自有资金根本不可能满足与伊利集团的合作需要。同时它们又没有其他可用作贷款抵押的资产，如果再进行外部融资，也非常困难，资金问题成为公司发展的瓶颈。此时财信德向中国民生银行提出以牛奶作为质物申请融资的业务需求。在了解财信德的实际需求和经营情况，并结合其上游供货商伊利集团的经营状况后，中国民生银行广州分行经过研究分析，大胆设想，与提供牛奶运输服务的物流企业合作，推出了以牛奶作为质物的仓单质押业务。第三方物流企业对质物提供监管服务，并根据银行的指令，对质物进行提取、变卖等操作。银行给予财信德综合授信额度3 000万元人民币，以购买的牛奶做质押，并由生产商伊利集团承担回购责任。该业务自开展以来，财信德的销售额比原来增加了近2倍。这充分说明了供应链金融服务能够很好地扶持中小企业，解决了企业流动资金不足的问题，同时也有效控制了银行的风险。

4. 农产品物流金融产品设计

1) 土地仓融资产品

土地仓融资是指在坚持土地家庭承包经营制度不动摇的前提下，通过农村土地承包经营权(含林权流转)的方式，农民将通过会计事务所评估验资的土地资产存入土地仓，土地仓的运营主体可以是第三方农产品物流企业、农业龙头企业、农产品生产基地，也可以是当地的农民合作经济组织，存入的土地可以依法继承、转让，而且存入土地在征得第三方物流企业或者农民合作经济组织同意并出具许可证明后，存地人可用存地证为本人或他人担保、抵押融资。而第三方物流企业、农民合作经济组织对农民存入的土地，可直接经营，也可由第三方物流企业、农民合作经济组织与一些企业合作经营，或者由第三方物流企业、农民合作经济组织转包、出租、入股经营，以实现更多的集体收益。其业务流程如图5.6所示。

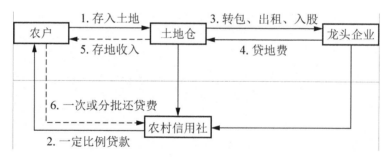

图5.6　土地仓融资产品

目前，我国农村土地流转形式主要是农民自发流转，缺乏专业性中介机构的参与，结果造成过多的纠纷，制约了土地的规模化经营。通过土地仓融资，既可以将农民从土地上解放出来，从事效益更高的工作，又维护了农民的土地承包权益，为农民发展新技术、新工艺的农业、非农业企业提供了资金担保，解除了农民离土离乡的后顾之忧，而且专业性的中介机构或者农民自己的合作经济组织的参与，有利于解决土地私下流转的纠纷和矛盾，为农业的适度规模经营，集约化、标准化生产创造了条件，这样既能减少土地摆荒，又有效提高了土地利用率，也有利于和谐社会的构建和土地社会保障产品的更好实现。

农村土地信用合作社的土地流转模式

宁夏回族自治区平罗县，针对农村土地流转不畅、混乱，农民权益难以得到保障，进而影响农业发展和农村稳定的问题，探索出农村土地信用合作社的土地流转模式。即农民把所承包的土地，像把钱存到银行或从银行贷款一样，不耕种者将其存到土地信用合作社获得存地费，需要耕种者支付贷地费从土地信用合作社贷出土地。土地信用合作社对农民存入的土地，可由合作社直接经营，也可由合作社与一些企业合作经营，还可由合作社转包、出租、入股经营。所得收入，主要用于支付农民的存地费，其余用于发展集体经济和公共事业。在农村土地信用合作社试点过程中，平罗县注重制度建设，主要制度有以下几点：坚持土地家庭承包经营制度不动摇；土地的存、贷实行自愿原则；实行在同等条件下集体经济组织内部成员优先原则；制定规范的章程，实行民主选举、民主决策、民主管理、民主监督、自主经营、自负盈亏、自我发展的机制；土地存、贷的价格由合作社与存地或贷地人按市场价自主协商确定，一般 3 年一定，并签订规范的合同；由具备资质的会计事务所对农民存入土地等资产进行评估，出具验资报告；存入的土地可以依法继承、转让；经征得土地信用合作社理事会同意并出具许可证明后，存地人可用存地证为本人或他人担保、抵押；由社员大会或社员代表大会选举理事会和监事会；明确土地信用合作社可在工商部门登记，也可在民政部门登记(在已成立的 30 个土地信用社中，有 26 个在工商部门登记为集体所有制企业法人，有 4 个在民政部门登记为社团法人)。

这些制度的实施，在促进农业实现规模经营、调整产业结构、应用先进实用技术、转变增长方式和实现农业增产增效的同时，解除了农村富余劳动力外出务工的后顾之忧，有利于农民从农业中解脱出来而获得更多的就业机会和开拓更多的增收途径，还较好地解决了土地流转中的混乱和利益冲突，有利于和谐社会的构建和土地社会保障功能的更好实现，而且一些土地信用合作社还将农民存入的土地，通过发展第二、第三产业，兴办设施农业和奶牛养殖场，以及入股、联营等方式，实现了更多的集体收益，明显地改变了"空壳村"的现象。

2) 代客结算业务

(1) 垫付货款融资业务。即在农产品物流运营过程中，供应商或者分销商将货权转移给银行，银行则根据市场情况按一定比例提供融资。当提货人向银行偿还货款后，银行向第三方物流供应商发出放货指示，将货权还给提货人。

① 垫付货款融资业务(a)。在供应商与经销商签订购销合同的基础上，第三方物流企业与经销商签订物流服务合同，在该合同中供应商应无条件承担回购义务。供应商按照物流服务合同约定把物流业务外包给第三方物流企业，第三方物流企业向供应商垫付扣除物流费用后的部分或者全部货款后，由第三方物流企业负责向经销商交货，同时，根据供应商的委托，第三方物流企业向经销商收取货物的应收账款并与供应商结清货款。这类业务既可以消除供应商资金积压的困扰，又可以让供应商、经销商两头放心。对第三方物流企业而言，其盈利点是将客户与自己的利益连在一起，"你中有我，我中有你"，客户群的基础就会越来越稳固。其操作流程如图5.7所示。

图 5.7 垫付货款融资产品(a)

② 垫付货款融资业务(b)。作为发货人的供应商将货权转移给银行，银行根据市场情况按一定比例向供应商提供融资。当经销商向银行偿还货款后，银行向第三方物流企业发出放货指示，将货权移交给经销商。如果经销商不能在规定的时间内向银行偿还贷款的话，银行可以在市场上拍卖掌握在手中的货物或者要求供应商承担回购义务。

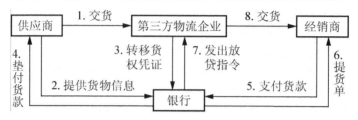

图 5.8 垫付货款融资产品(b)

在这种类别的融资产品中，银行为了控制风险，必须了解质物的规格、质量、价值、销售区域、经销商等方面的知识，具备辨别货权凭证原件真伪的能力。这远远超出了银行的日常业务范畴，这时银行需借助第三方物流企业的协助。而且在货物流通过程中，银行不具备实时掌控货物变动的能力，通过第三方物流企业完善的信息系统，银行能够掌握商品分销环节、安全库存水平、商品销售网点分布、平均进货周期、结款信誉度等情况，可以使整个资金周转过程透明化，使银行、生产商随时得知商品现有状况，更好地把握风险。

(2) 代收货款业务。如图 5.9 所示，通常是作为发货人的供应商或经销商预先与第三方物流企业签订《委托配送和委托收款合同》，第三方物流企业根据合同约定，向用户送货上门同时为供应商或者经销商代收货款，货款通常是按合同约定每周或每月定期结算。一般情况下，代收的货款在交付前有一个沉淀期，第三方物流企业在这笔资金沉淀期内，可以获得这笔不用付息的资金的使用权。

图 5.9 代收货款产品

3) 融通仓融资

广义的融通仓是指在工业经济和金融、商贸、物流等第三产业发达的区域创生的一种跨行业的综合性第三产业高级业态，以物流运作为起点，综合发展担保、现代商务平台、传统商业平台和房地产开发。狭义的融通仓是指以周边中小企业为主要服务对象，以流动商品仓储为基础，涵盖中小企业信用整合与再造、企业融资、物流配送、电子商务与传统商业的综合性第三方物流平台。本章中主要是从狭义层面来研究融通仓提供的融资产品(农产品)。对第三方物流企业来说，开展融通仓服务必须具有良好的商业信用和金融信用，具备相当的资本和业务规模，有强大的仓储服务能力和经验，能够承担必要的运输和配送，具有完善的物流管理信息系统且具有仓储物质监管和销售的资质。对中小型农产品供应链企业来说，借助融通仓服务平台，中小企业的流动资产可以转化为银行愿意接收的动产质押品，获得银行贷款，有利于解决这些企业生产经营过程中的资金需求问题。而对于银行来说，通过融通仓服务可以将潜在的资金需求者变为现实的资金借贷者，在贷款安全的前提下增加银行的中间业务收入，并且可以发展众多的中小企业客户。可见，融通仓服务产品的开展是一个第三方物流企业、银行、融资企业多赢的选择。

融通仓主要有仓单质押和保兑仓两种操作模式。两者最大的区别是仓单质押业务先有货再有票，保兑仓业务先有票再有货。

(1) 仓单质押融资产品。融通仓提供方(通常是第三方物流企业)根据质押人与金融机构签订的质押贷款合同，以及银行、物流企业、借款人签订的三方仓储协议约定，根据质物寄存地点的不同，为客户企业提供两种类型的服务。

① 仓单质押融资产品(a)。仓单质押融资是指农产品供应商将其拥有完全所有权的货物存放在金融机构确定的仓储中心，以仓储方出具的仓单在金融机构进行质押，作为融资担保。第三方物流企业对寄存在融通仓仓储中心的质押货物提供仓储管理和监管服务，如图5.10所示。在图5.10中，中小型农产品供应链企业的原材料采购、产成品销售通常存在着批量性、季节性特征，这类物资库存通常会占用企业大量资金。融通仓由于具备良好的农产品仓储及配送条件，对辐射区域内的中小型农产品供应链企业具有很大的吸引力，这些供应链企业愿意作为其第三方仓储中心，并借助企业存放于融通仓的动产以获得银行的质押贷款融资。这样一来，融通仓不仅能够为银行提供专业化的质押货物监管，而且还可以帮助质押贷款双方解决农产品质物的价值评估和拍卖等难题，并有效地融入农产品产销供应链中，提供良好的第三方物流服务。在实际操作中，货主可以一次或多次向银行还贷，银行则根据货主还贷情况向客户提供货单，融通仓根据银行的发货指令向客户交货。

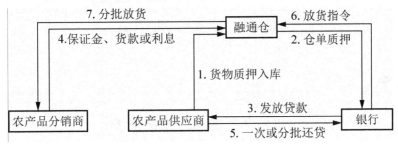

图 5.10　仓单质押融资产品(a)

② 仓单质押融资产品(b)。仓单质押融资产品(b)是在产品(a)的基础发展而来，是对地理位置的一种拓展，属于异地监管质押融资。第三方物流供应商根据客户不同，整合社会仓库资源甚至是客户自身的仓库，就近进行质押监管，极大地降低了客户的质押成本，其流程如图5.11所示。

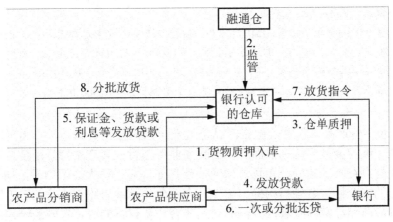

图 5.11　仓单质押融资产品(b)

仓单质押融资产品(c)是仓单质押融资产品(a)、(b)的进化,之所以这么说,是因为它简化了原先仓单质押的流程,提高了运作效率。在模式(c)中,银行可以根据第三方物流企业的规模、经营业绩、运营现状、资产负债比例及信用程度授予第三方物流企业一定的信用额度。第三方物流企业可以根据与其有长期合作关系的中小企业的信用状况,以受保企业滞留在其融通仓内的货物作为质押品或反担保品,为生产经营企业提供信用担保,确保这些企业能够及时获得银行的信贷资金。一般情况下,贷款企业在质押货物仓储期间,只需凭经融通仓确认的入库单或者出库单就可以不断进行补库和出库,而没有必要经过银行的确认、通知、协调和处理,这就大大缩短了贷款企业补库和出库的操作周期,提高了融资企业产销供应链的运作效率,同时还能够为信用状况较好的中小企业提供更多的、更便利的信用融资服务,并有效地保障第三方物流企业自身的信用担保安全。其基本业务流程如图 5.12 所示。

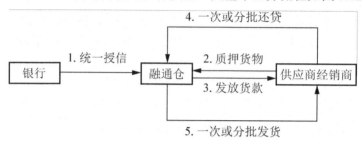

图 5.12　仓单质押融资产品(c)

中储集团的物流金融业务

作为我国最大的物流企业之一,中储集团与银企合作,不断推动仓单质押业务的完善并努力扩大其规模,许多仓库现已成为多家银行的定点融资仓库。2003 年,中储集团有 20 家单位开展了仓单质押业务,质押监管的授信额度突破了 20 亿元,质押产品期末库存数量占整个公司期末库存的 22%,产品涉及黑色金属、有色金属、建材、食品、家电、汽车、纸张、煤炭、化工等九大类。四大国有商业银行,以及原中信实业银行(现为中信银行)、广发银行、中国光大银行、华夏银行、交通银行、上海浦东发展银行、招商银行、深圳发展银行等十几家金融机构都与中储集团建立了合作关系。中储集团目前提供的物流金融业务主要有以下几种。

现有存货质押贷款[仓单质押模式(a)]、异地仓库监管质押贷款[仓单质押模式(b)]、授信融资等。2003 年年底,原中信实业银行(总行)与中储总公司签订了质押融资授信 10 亿元的协议,原中信实业银行(总行)随即下发通知至其库下的每一家支行,明确要求把各地的中储作为开展此项业务的首选合作对象。2004 年年初,国家开发银行(总行)与中储总公司达成了质押融资授信 300 亿元的意向。

(2) 保兑仓融资产品。保兑仓融资产品是近几年国内金融资本市场中出现的为保证市场资金流转安全、维护金融机构利益而产生的新的业务项目。其产生背景是金融资本在国内流通领域的安全性存在较大风险,市场诚信度缺乏保证,为了扩大经营项目,增加经营品种,提高贷款资金的安全性,金融机构提出了保兑仓业务。基本思路首先是第三方物流企业、银行、农产品供应商和经销商签署四方保兑仓业务合作协议,同时,农产品经销商与供应商签订《购销合同》,并根据合同约定向银行缴纳 20%~30%左右的价格保险保证金,申请开立专项用于向农产品供应商支付货款的银行承兑汇票。其次是第三方物流企业向银行提供承兑担保，而供应商则以货物的形式对第三方物流企业进行反担保。第三方物流企业根据所掌控货物的销售情况、库存情况按一定的比例决定承保金额并收取监管费用。最后是银行给农产品供应商开出承兑汇票后，农产品供应商通过第三方物流企业，向保兑仓交货，转为仓单质押，这一过程中，供应商承担回购义务。其基本业务流程如图 5.13 所示。

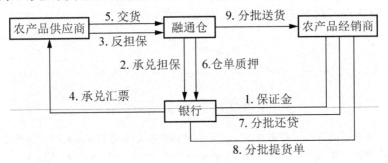

图 5.13　保兑仓融资产品

保兑仓融资产品实现了农产品经销商的杠杆采购和供应商的批量销售，为处于农产品供应链节点上的中小企业提供了融资便利，有效解决了其全额购货的资金困境。从银行的角度分析，保兑仓融资产品的开展不仅为银行进一步挖掘了客户资源，同时开出的银行承兑汇票既可以由供应商提供连带责任保证，又能够以物权作担保，进一步降低所承担的风险。

4）保理融资产品

保理又称保付代理，是指出口企业以赊销、承兑交单等方式销售货物时，保理商买进出口企业的应收账款，并向其提供资金融通、进口企业资信评价、销售账户管理、信用风险担保等系列综合金融服务。保理融资产品的出现源自保理市场的迅速发展。在保理业务发展的初期，物流企业并未真正介入，从中受益的主要是银行和保理公司。但随着保理业务的迅速发展，物流企业开始认识到这一业务的巨大潜力和自身从事保理业务的潜在优势。2000 年，美国 UPS 正式推出了物流保理业务。目前在我国，由于政策的限制，第三方物流企业不能直接开展物流保理业务，仍需通过银行从事这一业务。具体业务流程如图 5.14 所示。

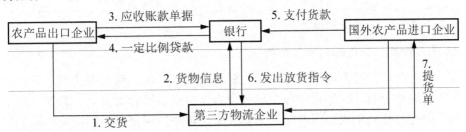

图 5.14　保理融资产品

在物流保理业务的运作过程中，农产品出口企业将其产品置于第三方物流企业监管之下，与此同时凭提单获得物流企业预付的货款。办理物流保理业务时，货物运输和保理业务必须同步进行。从目前我国农产品出口贸易发展趋势看，第三方物流企业越来越多地介入到农产品出口贸易中，对出口/供应商、进口/经销商双方的经营状况和资信程度都有相当深入的了解，因此，由第三方物流企业对客户进行信用评估，不仅手续较银行简捷方便，而且能够有效降低农产品储存风险。对出口/供应商来说，保理为其货款收取提供了更有竞争力的付款条件，有利于拓展市场。对进口/经销商而言，保理节省了申请开立信用证和支付保证金的手续和费用，提高了效率。从银行拓展新业务和防范金融风险的角度看，银行保理业务的风险主要来自买卖双方的合谋性欺骗，一旦银行在信用评估时出现失误，就很有可能财货两空。而在物流保理业务中，由于货物尚在第三方物流企业手中，银行经营这一业务的风险可以得到大大降低。银行在开展保理业务的同时，还可利用现有客户延伸中间业务，增加收入，吸引优质客户，优化客户结构。因此，协同型农产品物流金融的保理融资产品将有望成为通过物流渠道融资的主流产品。

保理融资产品业务

目前，广东和华东数百家中小出口企业多数相对稳定地与五到六家境外买家做生意，且面临越来越苛刻的收款条件，赊销代替信用证成为主要的出口结算方式，账龄多在9~120天之间，但收款有保证，平均收汇率在95%以上，出口核销率基本都达到100%，现金流质量很好。但是，这些中小出口企业单笔出口单据金额平均不到8万美元，银行提供的以解决赊销为主的保理、出口信用融资产品门槛太高，而且多数企业缺乏银行认可的抵押担保手段，融资十分困难。深圳发展银行开展的出口应收账款的保理融资产品业务，很好地填补了小额出口应收账款融资领域的空白。具体方法是将出口企业零散的多笔应收账款集合起来，纳入应收账款"池"中，然后按"池"内余额提供一定比例的短期融资便利。能够进入池内的应收账款，可以涵盖包括信用证、付款交单、承诺交单及赊销等几种结算方式。在此过程中，银行以应收账款作为还款保障。由此可见，应收账款的保理融资产品的最突出特点是为目前收汇风险最高的赊销结算出口企业提供了量身定制的融资渠道。

5.2.3 物流金融产品的选择

物流金融产品是物流金融服务营销组合构成部分之一，是物流金融服务提供商用来满足客户需求的工具。物流金融服务范围广泛，包括银行业务、保险、证券交易、资产管理、信用卡、外汇、贸易金融、风险投资等，并且金融服务产品期限各异、复杂性不同，客户对金融服务产品的认识理解程度不一。

1. 农产品物流金融产品的比较分析

土地仓融资产品、代客结算业务产品、融通仓融资产品、保理融资产品都集中体现了协同型农产品物流金融运行过程中各主体通力协作的核心理念及特点，为农户及中小型的农产品加工企业、仓储企业、流通配送企业提供了短期急需资金。但在具体运用和操作的过程中存在差异，分别适用于不同条件下的企业融资活动，具体见表5-1。

表5-1 融资产品差异

差异点 融资产品	质物	第三方物流企业参与	融资用途	融资企业在农产品供应链的位置	融资企业所处的生产期间
土地仓融资产品	土地经营权、林地经许权、房屋产权	第三方物流企业或农民合作经济组织	非农就业资金需求或其他用途	农户	农产品生产期间
代客结算业务产品	债权	第三方物流企业	购买生产所需原材料或其他用途	上游供应商、债权企业	发出货物，等待收款

续表

差异点 融资产品	质物	第三方物流 企业参与	融资用途	融资企业在农产 品供应链的位置	融资企业所处的 生产期间
融通仓融资产品	存货	第三方物流企业	分批付货款	任何节点上的企业	任何期间，有稳定的现货
保理融资产品	债权	第三方物流企业	购买生产经营所需原材料或其他用途	进出口企业	发出货物，等待收款

从农产品物流金融协同发展模式所提供的融资产品类型看，物流企业和金融机构在物流金融运行过程中紧密配合，甚至合为一体(目前在我国尚不具备一体化发展的条件)。物流企业在代客结算产品、质押仓单产品(a)、(b)及保兑仓业务中担负着一个降低信息不对称程度，以及担保和信用加强的中介服务作用，它只担负着商品和单据的流通，并不参与资金的流通。但在融通仓的仓单质押产品(c)的业务中，第三方物流企业已经作为一种独立的机构参与到了资金的流动过程中，并且将银行金融机构和企业的直接信用关系转变为间接的关系。虽然银行金融机构和资金需求者——中小企业之间没有了直接的联系，但是物流企业作为其中的纽带还是将双方连接在资金链上，银行金融机构是实际的资金供给者，中小企业是实际的资金需求者，物流企业扮演着类似于银行金融机构通常扮演的中介角色。

值得注意的是，农产品物流金融产品的开展都需要银行与物流企业合作，才能实现银行、物流企业、融资企业、供应链核心企业多方共赢。农产品物流金融供应链企业在具体的运作过程中，各种生产经营活动相互交织，没有严格的划分，可能既处于债权方同时又急需资金购买原材料维持生产，因此，代客结算产品、融通仓融资产品、保理融资产品没有绝对的适用条件，企业可以根据自身所处的上下游交易关系、交易期间及自身的特点、具体情况进行选择，有时也可以综合加以考虑和运用。

2. 理性选择

选择合适的农产品物流金融产品，能有效地降低农产品物流金融机构的风险与成本，增加农产品物流金融机构的收益。因此，现代农产品物流金融机构对其物流金融产品的选择，应根据农产品物流金融产品进行成本—收益分析，既要充分考虑到现代农产品物流企业、农村金融机构的成本与收益，又要考虑到产品本身能否满足农产品供应链企业持续发展的需要，同时还要综合考虑影响现代农产品物流金融产品选择的区域、农产品主要品种、社会经济发展特征、自然地理环境等因素的影响。

1) 东南沿海经济发达地区

我国东南沿海经济发达地区地理环境优越、农业发达，农产品物流程度高、规模大，股份经济与农村金融机构发达、发展完善，农产品物流专业技术、专业人才及资金都很充裕，至2007年我国有近一半的物流园区分布在这个地区。因此，我国东南沿海经济发达地区可以考虑采用农产品物流园区运作模式，在此基础上，考虑选择结算业务产品、保理型融资产品等高级别的农产品物流金融产品。

2) 中部地区与东北粮食主产区

我国中部地区与东北粮食主产区的农业经济发展较快，区域地理环境相对优越，交通较为发达，农业经济和现代物流也具有一定程度的发展，农村金融机构较完善，第三方物流业也有较大的发展但还不够完善，农产品物流专业技术、专业人才及资金也比较充裕但还有所欠缺。根据中部与东北粮食主产区的具体特点,可以考虑采用第三方农产品物流联盟运作模式,同时适宜选用以结算业务、融通仓融资为核心的融资产品。

3) 西部地区

我国西部地区经济欠发达,地理环境复杂,农业发展比较原始,现代物流程度低,农村金融机构欠发达,农产品物流业发展滞后,各种技术、人才、资金匮乏。因此,我国西部地区则宜考虑建立以契约或合同为基础的物流外包运作模式,选择层次比较低的农产品物流金融产品,如仓单质押、反向担保等,这类产品既能适合西部地区农产品物流企业发展的需要,又能有效地降低产品成本,防范风险。但随着西部地区农村经济的进一步发展、农产品物流规模的扩大,西部地区也应适当调整其农产品物流金融产品,以满足不断发展的农产品物流业的需要。

5.3 融资产品风险控制

由于行业特点,农产品物流业面临巨大发展机遇的同时,也暗藏着一定的风险隐患,金融机构在抢抓机遇、积极开展业务的同时,也应高度重视以下方面的风险防范。

5.3.1 农产品物流金融风险概述

对风险的理解,国内外学术界迄今尚无统一的认识。风险是指人们在事先能够肯定采取某种行动所有可能的后果,以及每种后果出现的可能性的状况。洛伦兹·格利茨则认为,风险是指结果的任何变化。它既包括了不希望发生的结果,也包括了希望发生的结果。

农产品物流金融风险产生的原因如下。

1. 不确定性

农产品物流金融风险是由物流金融的不确定性所引起的,物流金融不确定性是农产品物流金融风险的条件因素。不确定性具有二重性——客观不确定性和主观不确定性。前者是指事件未来结果的不确定性,它是不依赖人们主观意识而存在的客观环境或客观条件变化的产物。后者是人们对客观事件未来结果的主观预计,是凭人类有限智慧所推断的客观事物外表形式。

2. 期望值差别

对未来结果的期望,是风险产生的根源。事件结果本身并没有利与不利的性质差别之分,有利与不利取决于人们的意愿和接受能力。

3. 结果的偏离

揭示了风险的实质的是结果偏离而不是结果差异。风险主要来源于以下 5 个方面:一是农产品物流金融融资产品的风险;二是第三方物流企业的风险;三是融资企业引起的风险;四是金融机构导致的风险;五是来自外部环境的风险。

4. 风险隐患的防范

因为行业特点,农产品物流业面对巨大发展机遇的同时,也暗藏着一定的风险隐患。对此,金融机构在抢抓机遇、积极开展业务的同时,也需高度重视以下方面的风险防范。

(1) 农产品物流行业本身的风险。目前，我国农产品物流企业的技术水平落后，在物流管理和治理方面的问题更为突出，不能满足商家追求快速反应和为顾客提供最大化的增值服务的要求，企业经营成本居高，盈利能力低下。金融机构在进行支持时要严格把好调查准入关，选择技术领先、治理规范、经营稳健的企业进行支持。

(2) 农产品价格波动带来的风险。农业产品的季节性、波动性强，出产和消费环节信息分歧较为突出，价格波动较大，导致农产品物流承担着市场风险，进而影响农产品物流整个供应链。

(3) 盲目投资的风险。在各界高度关注、政策大力扶持的背景下，各地掀起了一股建设农产品物流中心或园区的高潮，这对弥补农产品物流基础设施欠账，提升农产品物流水平具有重要作用。但是，有些地方不顾自身实际，盲目上项目，存在较大的投资风险，金融机构需审慎分析相关项目的经济可行性。

(4) 新型农产品物流形态的风险。对于新型农产品物流形态，如农超对接和农产品电子商务物流等，金融支持的模式尚不十分清楚，其中可能蕴含的风险尚未被充分认知。相关金融机构要加强对这类新型物流业态的研究，掌握其特点和规律，在产品设计上严格把好准入关，从源头上控制好风险。针对专业性强，一次性投资较大的物流企业，应适当选取金融支持方式，通过工业基金或融资租赁等方式参与，切实管控好相关风险。

5.3.2 农产品物流金融产品的风险分析

2008年9月，美国次贷危机风暴再度肆虐和蔓延，暴露了金融创新的漏洞和金融监管的缺失。次贷危机警示中国金融业在大力进行金融创新、发展物流金融业务的同时，必须认识到物流金融业务的拓展虽然能产生第三方物流企业、融资企业和银行多方共赢的效果，但同样存在各种各样的风险。有效地分析和控制这些风险是农产品物流金融协同发展模式运作成功的关键之一。作为一种物流业和金融业融合的业务创新，农产品物流金融协同发展模式运营面临着以下风险。

1. 融资产品的风险

(1) 质押品的来源和品质的风险。在质押品来源方面，主要存在着质物安全性风险和质量风险。主要表现为出质人质押的货物是否安全，包括是否合法、是否为合法渠道的货物(走私货物存在着罚没风险)。此外，质押货物品种选取的恰当与否直接关系到农产品物流金融业务的风险大小。

(2) 价格风险。由于农产品物流金融业务质押担保品或反担保品可以是库存产品、半成品及原材料等，又由于质押货物为动产，若市场价格处于不断的波动当中，尤其是质押货物的市场价格大幅下跌，则会造成质押货物价值缩水。因此，如果贷款合同未进行任何调整，没有设立警戒线，就会出现仓单价值低于贷款本金的现象，这时风险就会随之而来。这是融通仓业务所必然面临的风险。

(3) 技术风险。农产品物流金融协同运营因缺乏足够的技术支持会引起技术风险，如价值评估系统不完善或评估技术不高，网络信息技术的落后造成信息不完整、业务不畅等。各种评估方法和标准的不统一，使得存货的价值难以和信贷资金相一致，贷款回收的隐性风险非常大。此外，协同型产品物流金融业务由于深入到农产品各节点企业中提供融资服务，相应地扩大了农产品物流金融运营范围，也就增加了相应的技术风险。从协同型农产品的仓储、运输，到与银企之间的往来，以及和客户供销商的接触，整个农产品物流金融运营风险无处不在。因此，协同型农产品物流金融面临着运营技术风险。

(4) 质押货物意外风险。由于质押货物是要质押存储于第三方物流企业的仓库中，可能会面临盗抢、火灾、灭失等一系列风险。

2. 第三方物流企业尤其是中小物流企业的风险

(1) 决策风险。在质押货物监管过程中，物流企业和银行之间信息不对称的存在，或者是信息在物流企业和银行间的交流过程中失真、滞后，都有可能给双方或其中的一方带来决策上的失误，从而造成质押货物的决策风险。

(2) 客户资信风险。指的是缺乏健全的授信管理制度，授予客户的信用在主观的决策控制下运作，缺乏有效的授信决策系统；授信的审批程序不健全，客户的档案不完整，授信的决策和控制缺乏有效的信息支持在滚动提取时提好补坏，有坏货风险；还有以次充好的质量风险。这就要求选择客户要谨慎，要考察其业务职能、业务量及货物来源的合法性。

(3) 监管风险。仓单作为质押贷款、提货的凭证，既是有价证券，也是物权证券。但从目前看，我国第三方物流企业所开具的仓单还存在着诸多不规范。例如，有的第三方物流企业甚至不是以入库单作为质押凭证，而是以提货单作为提货凭证。在开展农产品物流金融业务过程中，难免会有不法分子利用企业在监管及管理上存在的漏洞制造虚假仓单。

(4) 管理风险。指仓储安全管理设施不当或管理系统不健全造成物品损坏或变质的风险。从管理组织系统看，如果组织部门对应的管理人员配备不合理，协调功能较差，各级责任不明确，管理思想不牢固，管理原则不清晰，对货物管理很难做到流动性保证。从管理各项基本内容看，消防安全管理、排水管理、防盗安全管理等管理方法的使用不合理、处理不及时，以及防范意识差都会导致管理质量下降，致使质物损失严重。

3. 金融机构的风险

(1) 信托责任缺失风险。由于有第三方物流企业作为商业银行的信托责任人，银行因而可能会相应地降低对融资企业信用风险的管理和控制。但物流企业的专业性以及监管责任的不稳定可能造成信托责任缺失，从而使银行盲目相信表面的数据而陷入隐蔽的信用风险之中。

(2) 风险指标失灵风险。为了更好地实施贷款风险五级分类法，长期以来商业银行主要采用了借款人资信、经营情况、财务状况等七大风险评级量化指标。银行开展融通仓业务后，尤其是商业银行将部分的审贷职能转移给物流企业后，风险评级指标很有可能失灵。

(3) 数据信息低效风险。虽然有物流企业介入融资过程，并能够向商业银行提供农产品供应链企业货物的详细数据支持，但这些数据的准确性和可靠性的漏洞依然存在。一方面，信用风险管理所需的数据信息应该由贷款企业的流动资产等基础数据、中间数据和分析结果三部分组成。但对物流企业而言，它们能够做的只是最原始的数据搜集工作，而且这些数据的来源和有效性还存在一定的问题。另一方面，商业银行在数据处理方面的技术问题也依然很大，不可小视。

(4) 信用环境软约束风险。商业银行信用风险的存在一向都与社会的金融组织密切相关，而经济领域至今没有严厉的失信惩罚。这就使得融通仓这一全新的金融业务在实施过程中缺乏社会信用保障，当信用坍塌后，多米诺骨牌效应一样会殃及融通仓，进而不但没能为商业银行减轻负担，反而成为又一项信用风险的缘起。

4. 融资企业的风险

(1) 融资企业资信风险。中小型农产品供应链企业的资信风险主要表现在这类企业信息透明度差、财务制度不健全。据调查,中小企业50%以上缺乏足够的审计部门承认的财务报表和良好的连续经营记录,60%以上的信用等级是3B或3B以下。由于资信不高,个别企业存在着滚动提取货物时提好补坏和以次充好的倾向,这样就会形成一定的质量风险。

(2) 企业文化差异的风险。协同型农产品物流金融一般由众多企业构成,这些不同的企业在经营理念、企业制度、员工职业素养和核心价值观等方面存在一定的差异。这种差异性导致对相同问题的不同看法,并采取不一致的工作方法,从而可能造成协同化农产品物流金融运行的混乱。

5. 外部环境的风险

(1) 政策风险。当国家经济政策发生变化时,往往会对物流金融的资金筹集、投资及其他经营管理活动产生重大影响,使农产品物流金融的经营风险增加。例如,当产业结构调整时,国家往往会出台一系列的相关政策和措施,对一些产业进行鼓励,为企业投资指明方向;或者对一些产业进行限制,使农产品物流金融的一些节点企业原有的投资面临着遭受损失的风险。

(2) 法律风险。这类风险主要是合同的条款规定及质物所有权问题引起的法律风险。农产品物流金融业务涉及多方主体,质物所有权在各主体之间进行流动,极有可能产生所有权纠纷。而我国的物流金融还处于萌芽阶段,还没有专门的法律法规对物流公司,以及整个物流金融业务操作进行规范整合,《担保法》和《合同法》中的相关法律条文与物流金融业务的质物等相关的条款并不完善,又没有其他指导性文件可以依据,这就会使农产品物流金融业务无法可依,可能造成利用法律漏洞牟取利益的情况,影响到协同型农产品物流金融的顺利进行。农产品物流金融风险控制伴随农产品物流金融服务和金融品种的产生,势必产生新的金融风险问题。因此,在具体实施农产品物流金融业务时,应该结合主要风险问题进行相应的风险管理控制。

5.3.3 质押品和金融产品的风险控制

金融风险指有关主体在从事金融活动中,因某些因素发生意外的变动,而蒙受经济损失的可能性。银行与物流公司需要建立一套完善的程序从事客户评估,从事监管工作的物流企业要承担更深入的客户风险调查工作,并及时与银行沟通,所以选择客户要谨慎,要考察其业务能力、业务量及货物来源的合法性。

1. 质物的控制

(1) 质物和质押票据的科学选择。农产品物流金融协同运营中的质押品有物品和单据之分。金融汇率及农产品市场价格的波动,都有可能造成农产品质押货物在某段时间的价格和质量随时发生变化,从而造成农产品质物变现能力的改变。因此,在农产品质物的选择过程中,所选质物必须具备产权明确、物流化学性质比较稳定、规格明确、价值易确定且相对透明稳定的特征,例如,市场需求量大、流动性好、变现性较好、质量稳定、容易储藏保管的粮食类产品(如大米、绿豆等)。而作为单据,质押票据是农产品物流金融运作中不可或缺的重要要件,如销售要件、物流中的仓单或提单等。因此,在农产品物流金融协同运营中,必须有科学的管理程序,保证仓单的唯一性与物权凭证性质。

(2) 设立风险保证金。通过控制质押贷款的比例及贷款期限的长短，设立风险保证金制度等方法，尽可能规避质押产品的市场价值波动风险。当市场价格下跌到预警线时，应及时按协议规定通知融资企业增加质物和保证金。

(3) 建立快速灵活的农产品信息收集和反馈机制。第三方物流企业和银行应广泛搜集农产品市场信息，了解市场容量，监控农产品的销售状况、价格变动趋势及农产品深加工等情况，通过调查行业内人士、征求专家意见、分析利用相关统计资料、参考现行商品的成本价格和销售价格等方法来准确评估质押农产品的价值，设置合理的质押率，避免因信息不对称引起对质押货物的评估失真，控制并规避产品市场风险。

2. 第三方物流企业的风险控制

(1) 加强对客户的信用管理。农产品物流金融协同运营过程中，客户资信风险、仓单风险、商品的监管风险都与信用有密切的联系。第三方物流作为联结核心企业、融资企业与金融机构的服务平台，必须加强对客户信用分级制度、客户资信调查和档案管理制度、信用额度稽核制度、财务管理制度，以及合同与结算过程中的信用风险防范制度的管理，以防范金融风险。

(2) 防止虚假仓单。第三方物流企业必须加强对空白仓单领用登记制度的规范管理。领取人、领取数量、领取时间、仓单编号、密码、批准人及发放人等必须严格按照规定进行登记。空白仓单和仓单专用印鉴必须有专人负责管理，妥善保管，防止丢失，办理各种出库业务时必须根据预留的印鉴，进行验单、验证和验印，必要时还要与货主取得联系以确认提货人身份。此外，还可以利用带密码的提单，在提货时进行密码确认，防止假提单的风险。同时，根据业务要求第三方物流企业必须及时与银行联系，取得银行的确认与许可。

3. 提高对第三方物流企业的风险控制

质押货物监管风险的大小主要取决于第三方物流企业的管理水平及风险控制手段。银行能够及时、有效防范质押货物监管风险的主要途径有以下几种：一是选择资产规模大、资信状况好、综合实力较强且具有独立法人资格的第三方物流企业合作，而且标准仓单质押贷款的合作方必须是期货交易所指定交割单位，具有一定的行业知名度；二是制定完善的质押货物入库和出库的风险控制方案，银行、物流企业及贷款企业应签订《仓单质押贷款三方协议》，确保仓储货物的安全、防潮和防霉，同时监管货主企业在仓库中存储货物的种类、品种和数量等，保证货物完好无损；三是加强对各大类农产品市场的研究和分析，对于从事大宗农产品贸易融资的保理产品，银行既要善于分析国际农产品市场行情及国家的相关政策，同时还要及早介入供应商的谈判，了解买卖双方的有关情况。

4. 加快信息化建设，建立质物监管的跟踪制度

信息化建设可提高同客户与银行进行信息沟通和共享的效率，降低第三方物流企业和银行的风险。在物流主体质押监管后，为确保质物在保管期内安全、保值，银行可以采取专人现场检查，实施远程监控等多种形式进行混合监管，并逐渐制度化，形成规范化的动态监管跟踪机制，最大限度地确保贷款本息的顺利实现。

本 章 小 结

现代农村物流金融产品设计属于现代农村金融工具创新。现代农村物流金融产品的发展，要求提供便利快捷的支付方式、个性化的融资服务，以及最大限度地盘活库存占压资金。我国现代农村供方物流金融产品有动态仓单质押、反向担保；现代农村需方物流金融产品有替代采购、银行担保、买方信贷、授信融资；现代农村第三方物流金融产品有支付类物流金融产品和融资类物流金融产品两大类，其中支付类物流金融产品包括电话支付、手机(短信)支付，融资类物流金融产品包括直接融资产品和间接融资产品。

本章从我国现代农村物流金融运作模式出发，依据现代农村物流建设对金融产品发展的具体要求，从理论上，探讨创建我国现代农村供方物流金融产品、现代农村需方物流金融产品和现代农村第三方物流金融产品，并对各现代农村物流金融产品进行了较详细的经济学分析，进而给我国现代农村物流金融企业选择物流金融产品提供了方法论指导。

关键概念

农业物流　农产品物流　农产品流通　粮食产品物流　经济作物物流　林产品物流　畜牧水产品物流　鲜活农产品物流　国际农产品物流　农产品物流银行　农产品融通仓　农产品供应链金融　供应商融资模式　经销商融资模式　土地仓融资产品　代客结算业务　垫付货款融资业务　代收货款业务　融通仓融资

讨论与思考

1. 简述农产品物流的界定、分类和特征。
2. 我国农产品物流金融的发展与主要运作模式和构成要素有哪些？
3. 简述农产品物流金融协同发展模式。
4. 农产品物流金融应遵循哪些基本原则？运作时有哪些注意事项？
5. 金融机构和融资企业的风险控制的主要内容有哪些？

第6章 农村物流金融

【学习目标】

1. 掌握农村物流的概念和特征;
2. 了解农村物流、农业电子商务等概念;
3. 领会农村物流的本质和特点;
4. 掌握农村物流金融产品设计基本内容;
5. 认识现代农村物流金融产品的创建;
6. 明确农村物流金融的发展与运作模式、构成要素和特征;
7. 掌握农村物流金融运作模式设计;
8. 领会农村物流金融建设的方向选择。

【教学要求】

知识要点	能力要求	相关知识
农业电子商务与农村物流金融	(1) 掌握农业电子商务的基本概念 (2) 领会农业电子商务对农村物流的影响 (3) 明确农业物流金融研究的对象 (4) 了解农村物流金融研究的内容	(1) 相关概念 (2) 与农业物流相关的理论知识
农村物流金融产品设计	(1) 了解农村物流金融体系框架 (2) 掌握农村物流金融运作流程	(1) 掌握基本知识点 (2) 农村物流金融产品经济学分析
农村物流金融运作与创新	(1) 熟悉农村物流金融运作模式设计和运作流程 (2) 了解农村物流金融的整合形式创新	农村物流金融的整合形式创新
绿色农业物流金融	(1) 了解绿色农业物流金融的基本概念 (2) 熟悉供给短缺成因	相关理论
农村物流金融建设	(1) 了解农村物流和物理金融建设的作用 (2) 掌握农村物流金融建设制约因素分析	相关政策

农业物流三大典型案例

农业物流是现代物流的重要组成部分,而我国传统农业物流整体还处于低水平运行,制约了农业产业化发展和农民收入的增长。为了进一步适应农业产业化发展的要求,一些农业物流企业开始运用现代化的物流手段,提高农业生产的整体效益。

农业集成商模式: 上海农工商集团全方位打造农业物流链条

上海农工商集团是一个农业龙头企业群,该集团拥有光明乳业、农工商超市、都市农商社、上海鲜花港、海丰米业等5家国家级农业产业化重点龙头企业,涵盖了农产品生产、加工、流通的各个环节。按照该集团发展集成商的经验,主要措施有3个方面,一是借助品牌魅力扩大生产基地;二是利用平台优势吸纳资源;三是拓展合作伙伴做大经济增量。

农产品物流园区模式: 郑州大厨房农副产品物流港实现从粮仓到厨房大跨越

2006年6月3日,"2006中国郑州大厨房文化节暨现代厨房用品博览会、农副产品交易会"在郑州市大厨房农副产品物流港拉开帷幕。在此次交易会上,一个最引人注目的主题,就是变"中国粮仓"为"国人厨房"。郑州大厨房农副产品物流港是政府发展郑州西区的重点工程,包括厨具、酒类、调味品、农副产品、平价中心五大专业市场,是一个集厨房商业文化及相关产业综合运营的品牌,"大厨房"具备了展示交易、国内外贸易、电子商务、品牌宣传、文化传播等多重复合功能,将致力于打造规模空前、全国领先的"食文化"商业基地。

双向流通模式: 苏果超市开始把农户和加工企业纳入农村流通体系

2006年,为了响应商务部开展的"万村千乡"市场工程,江苏苏果超市近年来开始进行大规模的"上山下乡"活动,逐渐形成了一种独特的"双流通"农产品物流模式,并成为全国供销系统的一个典型。为了开启现代农村物流,苏果超市一方面成功运作基层供销社改制,建成农村营销网络。另一方面,苏果超市突破传统经营理念,与农产品生产基地形成紧密的利益联结机制,以订单农业的形式与农产品生产基地形成一种紧密的利益联结机制。

值得注意的是,"新合作模式"在辽宁受阻表明,基于行政化模式,用低级的资本运作手段取得"超常规"发展速度的扩张,是不切实际的。因此,在现代农村流通体系建设中,各地要积极引进现代农业物流新模式,改造传统形式上的农业物流企业,要以企业为主体,进一步强化物流基础设施平台、信息网络平台和政策平台的支撑,创新农村物流运行体制和机制,打造一个具有竞争力的现代农业物流平台。

章前导读

发展我国现代农村物流是带动我国农村经济发展的重要力量,是新农村建设的一项重要决胜点,其建设离不开强有力的金融支持。近年来,我国物流体系建设取得了较大的发展,但农村物流仍是其中薄弱的环节,其发展存在很多不足,农村物流基础设施落后、物流成本过高、专业化及社会化程度低、农村物流体系还不够完善等,究其根本原因是缺乏强有力的金融创新。为了加快我国现代农产品物流建设,发展农村经济,解决目前我国农村及乡镇企业融资难问题,必须有一个强有力的金融服务模式做后盾,这是解决我国现代农产品物流"瓶颈"的关键。调查研究显示,自20世纪90年代中期以来,农村物流企业和农户在筹资方面尤为困难,缺乏合适、有效的金融机构为农村物流企业提供良好的物流金融服务,无法满足现代农村物流主体的"融资、结算、分散风险"等多元化需求,构成了我国现代农村物流建设的金融困境,这是我国现代农村经济发展缓慢的主要原因之一。

6.1 农村物流金融综述

面对物流全球化、信息化、网络化的高速发展，使得对超越空间限制的结算支付等物流金融综合服务的要求不断增强。因此，实现农村物流与资金流的高效融合，构建现代农村物流建设金融模式理论体系和政策框架，具有重要的作用和意义。

6.1.1 我国农业物流现状

我国农业已经进入了一个新的发展阶段，随着农业生产力的提高，农产品供不应求的局面已成为历史。我国是一个农业大国，农业人口众多，农业生产力直接影响到国民经济能否快速、健康、稳定的发展。

1. 主要问题

农业主要表现在技术层面、管理方面。我国农业首先是体制问题，主要是政府体制(我国的特色农业体制是家庭承包、平均分配。这使得地块多而小、品种多样化、种植分散，不利于大型机械化操作，这也制约农业物流发展，但主要是政府体制和企业体制)。其次是农业基础设施建设、农业物流信息网络、信息化水平。另外，环境问题和安全问题也是需要解决的。

2. 主要方案

(1) 改革政府体制和企业体制。
(2) 合理规划建设农业物流基础设施，充分利用基层信息网络和信息平台，紧密结合"三农"政策和"科技下乡"。
(3) 进行农业物流标准化建设和农业物流信息化建设。
(4) 加强农业物流人才培养，充分利用农村大学生资源。
(5) 鼓励支持建设无公害、绿色农业品牌，确保农业产品供销一体化流畅。

3. 分析

1) 现状分析

我国农业物流主要沿着以下两个方向流动。

(1) 农资产品的销售物流流向，如图 6.1 所示。

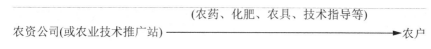

图 6.1 农资产品的销售物流流向

(2) 农产品的流向(以小麦为例)，如图 6.2 所示。

图 6.2 农产品的流向

2) 问题综述

(1) 我国农业体制限制了农产品产销一体化。

(2) 国有农业企业经营机制僵化,缺乏市场意识。

(3) 农业物流设置设备陈旧、不齐全(农村更严重)导致物流运行效率不高。

(4) 农业信息化水平不高,信息资源不能共享。

(5) 经营观念落后,大部分农民滞留在自给自足。企业员工缺乏现代物流意识。

(6) 农产品在运输、加工中的环保问题无人重视。

(7) 农业食品安全体系得不到保障,滥用化肥、农药,农业销售物流中的食品安全缺乏监控机制。

3) 可供选择的改进方案

(1) 改革政府管理体制。

(2) 开展农业物流建设,正确引导物流行业与农业相结合。

(3) 对农资企业、农产品加工企业采取激励政策。

(4) 农业产业上下游结成紧密的供应链联盟,形成产、销、供一体化。

4) 案例分析及介绍

(1) 调查对象。农业物流调查对象有农资和农户、政府和协会、收储加工企业、批发市场和超市。

(2) 农业现状调查。

① 我国农业产出品地区的农业物流流向。

a. 农资物流流向大部分是通过代理商经营的农贸市场和农资公司流向农户。

b. 小麦物流流向大部分是本地粮库和加工企业收购(优质小麦也流向外地)。

c. 小麦产品主要物流流向全国批发市场、超市、机关学校、食品厂等消费市场。

② 农业物流过程与组织。

a. (以生产基地为例)培育和生产出来的小麦种子经过精选、加工包装后,存入基地仓库,如图6.3所示。

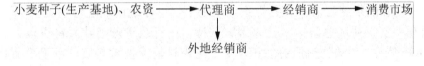

图6.3 小麦种子物流过程

值得注意的是,外地经销需要通过铁路进行物流销售时,由铁路局按铁路种子运输相关规定进行站到站式的物流组织管理。

b. 农户生产出小麦除大部分自己食用外,剩余部分被粮贩收购卖给本地粮库。小麦的组织规模最大的还是"订单小麦",物流组织工作由"订单"企业负责。

c. 面粉在生产过程中的装卸搬运、仓储、包装等物流工作由加工企业负责。

4. 农业物流存在的问题

我国物流业是新兴行业,近几年来发展非常迅速。其他行业与产业都试图结合自身的特点开展物流服务,寻求本行业的"第三利润源"。农业是国家基础性行业,在与物流结合发展中开辟了新的道路,即符合了国家"三农"政策,也降低了农民的经济负担,提高了生产积极性与创造性。但是也存在不少问题和弊端。

1) 国家政府体制

(1) 农业生产规划和销售脱节，我国农业部只负责产前农产品的规划和种子等农用物资的信息发布，以及少量的田间管理和技术指导等工作，而对农产品的销售网络和渠道并不关心。而农业销售由国家粮食局管理，这样的职能设置割裂了农产品产业链的管理，阻碍了农产品的产销一体化。

(2) 一些部门只在政策上指导管理和做一些辅助性工作，真正组织农业生产的机构不健全或者是基层农业部门忘记本身职能所在，没有实质性地服务于民。

(3) 农民在农产品生产流通中因缺少指导，分散经营处于弱势地位，很少与购买方建立长久稳定的合作关系。

(4) 农民掌握的信息太少，信息老化、滞后。只能被动地接受经销商的价格，使得农产品流通中的风险转嫁到农民身上。

(5) 农民法律意识淡薄，维权意识差，而有些不法企业和个人抓住农民法律弱点卖给农户假农资产品，严重挫伤了农民生产积极性。

(6) 国家对于给农业生产做出突出贡献的一线组织和个人缺乏有效的奖励与激励机制，使得这些组织和个人感到他们做出的辛苦努力和研究成果得不到他人的认可或肯定，打击了他们的积极性与创造性，阻碍了农业生产的可持续发展。

2) 企业体制

(1) 国有农业企业经营机制不灵活，企业机构设置重复，人浮于事，内部缺乏竞争和奖惩机制，缺乏开拓和创新。

(2) 国有企业内部因各种不正之风导致国有资产流失严重，国家和企业监管的惩罚力度不够，这些弊端严重影响企业的发展和经济效益的提高。

(3) 从事农资生产的大部分企业规模小，恶性竞争使得物流资源浪费严重，设备设施利用不合理。缺乏经济实力和技术优势，缺乏品牌创新。

(4) 有些地方的地方保护和封锁造成的垄断经营，使得企业不能走出去、安于现状、经营单一、加工粗放、管理方式陈旧、应变能力弱。

(5) 没有完善的经营理念，盲目性大。缺乏科学论证或论证过程中脱离实际。

(6) 国有粮食企业观念落后，依赖国家扶持，用行政管理替代经济管理，忽视市场，缺乏市场经营观念，欠缺物流服务意识，更缺乏现代物流技术素质，不重视品牌开发。

3) 农业设施问题

农业物流设置设备陈旧、不齐全，物流运行效率不高，主要靠人力管理经营，以至于成本效率低，农业整体基础薄弱。

4) 信息化问题

农业物流信息化水平更低，信息资源不能共享，信息滞后、管理不善，信息原始化，信息反映速度慢。农业生产反馈预警信息网络需要建立。

5) 环境问题

(1) 增加生活垃圾，产生环境污染。我国的农产品流通多是自然形态运销，主要是瓜、果、蔬菜的根、老叶等成为不能消费的废弃物。

(2) 增加了二次污染机会，导致农产品质量下降。我国的农产品在物流运输中大部分都采用裸装、散装、非冷藏状态下的流通，在运输、分销、零售及多次装卸过程中增加了二次污染机会。

6) 安全问题

食品安全是关系民生的重大问题。在农业供应和生产物流中需要流通和使用农资中的化肥、农药，如果化肥、农药使用过度或不当，会给人民的安全带来危险。

6.1.2 农村物流金融的研究

"物流业的未来决胜点在于金融服务，谁能掌握金融服务，谁就能成为最终的胜利者"，这是美国 UPS 的发展战略之一，对大力发展我国农村物流，推动农村经济又好又快的发展具有很好的借鉴意义。

1. 研究目的

(1) 拓展现代金融理论应用领域的必要。农村物流建设基础设施落后及金融供给短缺，已成为我国现代农村物流建设的瓶颈。农村物流作为带动我国新农村建设经济发展的一个新的利润增长点，发展现代农村物流对新农村建设经济发展有着特别的意义。因此，运用新制度经济学、发展金融学等基本理论和方法，研究构建我国现代农村物流金融理论体系和政策框架，对拓展现代金融理论的应用领域是必要的。

(2) 现代物流金融理论研究的必要。自 2004 年国内学者提出物流金融概念之后，大多数学者专家都从不同的角度研究了现代物流与现代企业的关系，包括现代物流金融的主题、物流金融的内容、物流金融的困境及风险防范等，但研究是在宏观上围绕银企的发展进行理论探讨。其研究很少涉及现代农村物流金融。因此现代农村物流金融理论的研究是必要的，它有助于丰富现代物流金融理论。

(3) 发展现代农村物流建设的必要。国内专家学者根据现代农村物流发展的前景及其制约因素，大多研究了发展现代农村物流业的意义及其必要性、对策和途径，研究了现代农村物流业的运作模式及其体系构架、现代农村物流信息开发与管理、现代农村物流体系的宏观调控等问题。但对现代农村物流金融理论的研究鲜见。因此，研究现代农村物流金融理论，对完善和发展现代农村物流业建设理论是必要的。

(4) 物流金融学科建设的必要。自 20 世纪 80 年代中期以来，我国专家学者对物流做了大量的理论研究，普遍认为现代物流是促进经济发展的加速器，国家及科研机构也非常重视对现代物流的研究，截至 2007 年，全国已有 273 所本科院校、500 多所高等职业学校和 1000 多所中等专业学校开设了现代物流管理专业，但对物流金融专业的开设却至今空缺。因此，研究现代物流金融理论与应用，无疑有益于促进物流金融学科的建设和发展。

(5) 农村物流金融研究的必要。出于对我国农村经济和农村金融研究的兴趣，以及对我国进一步实现城乡统筹发展，推进社会主义新农村建设，发展农村经济的责任感，我们试图通过总结和继承国内外以往相关研究成果，包括现代物流、农村物流、物流金融、农村金融等研究成果，并将这些成果有效嫁接，力求较完善地、系统地构建现代农村物流金融理论体系框架，为进一步深入地研究现代农村物流金融，奠定坚实的基础。

2. 研究意义

(1) 理论意义。现代物流业的发展对我国国民经济的重要性，早已引起了党和政府的高度重视，甚至有些地区将其作为区域经济的支柱产业。现代农村物流作为我国新农村建设及农村经济发展的新的利润增长点，也早已列入了国家的"十五"规划，我国各级地方政府制定宏观经济政策时，也逐步对其进行了整体发展规划。因此，研究现代农物流金融，包括研究构建现代农村物流金融模式整合、现代农村物流金融产品设计、现代农村物流金融制度安排、现代农村物流金融组织形式创新，以及现代农村物流金融生态环境营造等方面的问题，为适应我国进一步实现城乡统筹发展，推进社会主义新农村建设需要的现代农村物流建设金融支持理论体系构建了一个理论框架。在理论上，其研究不仅拓展了现代金融理论的应用领域，还丰富了现代物流金融理论，完善和发展了现代农村物流建设理论。

(2) 实践意义。通过对当前我国现代农村物流建设基础设施落后及金融供给短缺等问题的诊断，实证研究了现代农村物流发展要如何高效地融合现代农村物流、资金流和信息流，深入论证了怎样创建现代"邮政储蓄银行"、"村镇银行"开展现代农村物流金融服务模式，以及拓展现代农村物流融通仓模式，提出并科学构建了现代农村物流金融中心组织形式创新。这些研究成果，在实践上，为地方政府对现代农村物流建设获得强有力的金融支持的经济环境和政策环境的决策，提供了可操作性的政策建议。

总之，研究现代农村物流金融，其研究成果不仅可为我国进一步实现城乡统筹发展，推进社会主义新农村建设，发展农村经济，给政府宏观经济管理部门和科研机构提供相应研究的理论依据，还可为现阶段我国政府有关部门制定加快现代农村金融制度改革、农村土地制度改革等相关政策，提供可操作性的政策参考。

3. 研究对象及研究内容

1) 农村物流金融的研究对象

农村物流金融研究，是以推进新农村建设为视角，针对目前我国现代农村物流建设基础设施落后及金融供给短缺现状，研究发展现代农村物流，解决现代农村物流建设金融支持的瓶颈，构建现代农村物流金融理论体系框架。简言之，其研究对象是现代农村物流建设的金融支持及其运行机制。

2) 农村物流金融的研究内容

(1) 现代农村物流建设现状及其制约因素，以及目前我国现代农村物流建设金融供给短缺及其成因。根据现代农村物流与现代农村金融发展的灰色关联度分析，以及我国现代农村物流建设金融支持的博弈分析，提出现代农村物流建设金融支持的必要性及其方向选择。

(2) 现代农村物流金融整合模式，对现代农村物流金融运作模式进行相应的模式设计、选择及经济学分析。根据现代农村物流金融模式和现代农村物流金融产品发展的具体要求，探讨现代农村供方、需方物流金融产品，以及现代农村第三方物流金融支付类与融资类产品；在此基础上，通过现代农村物流金融各利益主体激励相容机制建立的博弈分析，研究设计我国现代农村物流金融企业产权制度、现代农村物流金融一般制度，以及我国现代农村物流金融业的特殊税费制度；系统地研究我国现代农村物流金融组织形式创新，即建立多元利益主体的现代农村物流金融中心，以及现代农村物流金融非股权组织形式的安排。

(3) 我国现代农村物流建设怎样才能取得现代物流金融的支持，优化现代农村物流金融生态环境，研究构建一个适应推进社会主义新农村建设需要的现代农村物流金融服务体系的理论框架及政策框架，期望能有效防范现代农村物流金融中心开展农村物流金融业务综合服务的风险，为金融支持我国现代农村物流建设提供有力保障(研究框架如图6.4所示)。

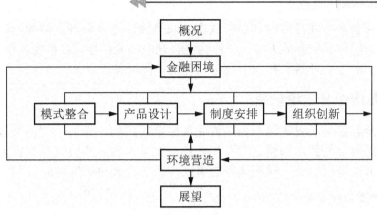

图 6.4　农村物流金融研究架构

4. 研究思路及研究方法

1) 研究思路

从我国现代农村物流建设的金融困境入手，针对目前我国农村物流建设基础设施落后及金融供给短缺等现状，借鉴国外发展农村物流的经验及国内外相关研究成果，通过农村物流与农村金融发展的灰色关联度分析，以及农村物流建设金融支持的博弈分析，论证金融支持是目前我国现代农村物流建设的瓶颈，阐明农村物流建设金融支持的必要性及其方向选择。在此基础上，着重研究我国农村物流金融模式整合、农村物流金融产品设计、农村物流金融激励相容制度安排、农村物流金融组织形式创新，以及农村物流金融生态环境的营造。为适应新农村建设需要，发展农村物流，发展农村经济，构建农村物流建设金融支持的理论体系和政策框架。

2) 研究方法

综合运用经验归纳与逻辑演绎相结合的办法，从经济学逻辑和数理逻辑的结合上，综合运用新制度经济学、发展金融学、现代管理学、现代物流学、统计学、博弈论等基本理论和方法，研究构建我国农村物流建设金融支持的理论体系和政策框架。在整个研究过程中，较多地运用分析模型和统计数据，注重理论分析和实证分析相结合、定性分析和定量分析相结合。

(1) 比较分析法和制度分析法。运用比较分析法，分析美国、日本发达国家农村金融支农发展的经验，以及对我国农村物流建设金融支持的启示。运用制度分析法，分析农村物流金融各利益主体激励相容制度安排，包括农村物流金融企业产权制度、一般制度、特殊税费制度，以及现代农村物流金融中心的"地方政府、物流企业、金融机构、民间资本或境外资本"四大利益主体各自利益最大化的追求。

(2) 静态分析法和实证分析法。大量采用《中国农村统计年鉴》、《中国统计年鉴》、《中国金融年鉴》、中的相关统计数据，分析并论证我国农村物流建设现状及其制约因素，以及目前农村物流建设金融供给短缺及其成因，现代农村物流与农村金融的相关影响因素等。

(3) 定性分析法和定量分析法。对一些较难量化的影响因素，如农村物流金融企业产权制度设计、一般制度安排、特殊税费制度合理配置，农村物流金融生态环境体系的优化，农村物流金融中心的科学构建等进行定性分析。在定量分析方面，运用灰色关联理论、博弈理论、成本—收益曲线、模糊有序加权平均语言算子的三角模糊数法，分析并实证研究农村物流与农村金融协同发展的灰色关联度、农村物流建设金融支持的博弈、农村物流金融各利益主体激励相容机制的建立、农村物流金融中心的创建,农村物流金融产品的设计,以及农村物流金融中心开展农村物流金融业务的风险防范。

6.1.3 农村物流金融理论创新

农村物流金融正是农村物流与资金流完美融合的产物,而对于如何有效地实现现代农村物流金融形式整合创新,如何建立以多元利益主体为主导的现代农村物流金融中心,优化现代农村物流金融组织及产权形式等的研究,具有巨大的实用价值。

1. 农村物流金融创新的内容

以推进新农村建设,发展农村经济为视角,研究我国农村物流金融,与国内外同类研究相比,期望农村物流金融理论在以下几方面有所创新。

1) 运用分析模型和统计数据

从经济学逻辑和数理逻辑的结合上,研究构建我国现代农村物流建设的金融支持理论体系和政策框架,在整个研究过程中,较多地运用分析模型和统计数据。定性分析与定量分析相结合、规范分析与实证分析相结合,杜绝其相关研究成果多偏重于定性分析的不足。同时也突破单纯从经济学角度研究问题的逻辑局限,既有逻辑体系的严密性,也确保了研究成果的科学性。

(1) 在论证农村物流与现代农村金融相互作用、协同发展的关系上,运用灰色关联度理论及其分析模型,实证分析现代农村物流与其主要影响因子的关联性。研究表明,农村物流发展初期,基础设施建设起着决定性的作用;自然灾害是影响农村物流发展的一个主要因素;农村城市化程度与农村居民收入水平是影响我国农村物流发展的重要因素;农村教育发展及政府相关政策也有着不同程度的影响;农村金融的发展对我国农村物流发展的作用尚未得到充分发挥。在经济全球化过程中,建设新农村,发展农村经济,发展农村物流业,必须加强农村物流基础设施建设,加快农村城市化进程,提高农村居民收入水平,大力发展现代农村金融,提供强有力的金融支持。

(2) 论证农村物流组织形式创新,建立农村物流金融中心,运用多人合作对策博弈理论及模型,对我国农村物流金融中心各利益主体的相互关系进行探讨;运用核心法对我国农村物流金融中心各利益主体合作对策求解,获得各投资主体的最大收益;在求解过程中,通过假设一些收益,运用二次规划的解法,求出合作收益分配的解,从而验证算子的有效性。现代农村物流金融中心的建立,必须以物流企业为主体,通过吸引地方政府作为股东,有效地利用政府的优惠和倾斜措施;通过吸引银行、保险机构作为股东,有效利用金融机构的资金优势,解决企业融资障碍,且利用金融机构在风险管理方面的优势,防范农村物流金融中心的风险;通过吸引民间资本或境外资本参与,其趋利性也将使农村物流金融中心的管理更趋完善,甚至条件成熟时还可上市并吸引社会公众持股。

(3) 在研究农村物流金融中心开展物流金融服务过程中所面临的风险进行识别的基础上,提出一种基于模糊有序加权平均(FOWA)算子的风险因素模糊互补判断矩阵排序模型;运用模糊有序加权平均算子对以三角模糊数互补判断矩阵形式给出的风险因素判断信息进行集结,利用三角模糊数相互比较的可能度公式求得三角模糊数互补判断矩阵的排序向量,进而对风险因素中的客户资信风险、质押商品选择风险、仓单风险、操作风险、安全风险等进行排序;同时就如何防范和控制现代农村物流金融业务风险提出全面的策略框架,为农村物流金融中心开展物流金融业务,规避风险策略提供有效的风险管理支持。

(4) 大量采用《中国农村统计年鉴》、《中国统计年鉴》、《中国金融年鉴》中的相关统计数据,实证分析我国现代农村物流建设现状及其制约因素,以及目前农村物流建设金融供给短缺及其成因;运用比较分析法,论证美国、日本等发达国家农村金融支农发展的经验。

2) 农村物流金融创新的理论支撑

综合运用制度经济学、发展金融学、现代管理学、现代物流学、统计学、博弈论等基本理论和方法,对我国农村物流建设的金融支持体系深入系统的研究,拓展现代金融理论的应用领域,丰富物流金融理论,完善和发展农村物流建设理论。

(1) 论证金融支持是解决我国农村物流建设的瓶颈,以及现代农村物流金融各利益主体激励相容机制的建立,运用博弈理论和方法,创建一个政府、企业、银行、民间资本四方博弈模型,深入论证解决我国现代农村物流建设金融支持的瓶颈,必须有效地融合现代农村物流与资金流,建立完善的现代农村物流金融体系。根据现代农村物流金融企业多元利益主体之间的博弈规则,分析建设新农村、发展农村物流,地方政府引导起着最重要的作用。在不同的制度下,建立一种有效的农村物流金融激励相容机制是必要的。

(2) 研究农村物流金融模式整合,运用传统经济理论、网络经济理论、知识经济理论、虚拟经济理论,构建适应目前我国农村物流建设的农村物流金融运作模式,通过对各运作模式进行经济学分析,明确指出不同农村地区的农村物流金融运作模式应进行相应的理性选择。研究设计农村物流金融产品,根据农村物流金融运作模式和农村物流金融产品发展的具体要求,探讨现代农村供方、需方物流金融产品,以及农村第三方物流金融支付类与融资类产品,运用成本—收益曲线对各地区农村物流金融产品进行经济学分析和相应的选择。

3) 农村物流金融内容创新

研究表明,有关专家提出的我国农村物流金融中心的创建,属于一个全新的领域,没有可借鉴的经验,也没有相关的法律法规进行规范,在这种情况下,地方政府的积极参与和引导至关重要。地方政府的参与能给现代农村物流金融中心的建设注入政府信誉,政府税费的优惠、财政的补贴、绿色通道的设立,无疑给现代农村物流金融中心其他利益主体以激励,地方政府、物流企业、银行、民间资本或境外资本,多方博弈,各方受益,以满足帕累托最优原则。

从一个全新的视角,综合运用股票期权激励理论,论证我国农村物流金融企业产权制度创新,丰富和发展现代管理激励理论。

在研究我国农村物流金融激励相容制度安排上,综合运用股票期权激励理论,充分论证我国农村物流金融企业产权制度创新。研究表明:股票成长期权对新兴的农村物流金融企业经营者进行股票期权激励,股票期权激励对农村物流金融企业人力资源作用的发挥具有决定性影响;同时提出农村物流金融企业还需建立专用性人力资本与长期雇佣制度。这是农村物流金融企业所有者对经营者进行激励的最有价值的方法,它对新兴的现代农村物流金融企业的发展有着非常重要的作用。

6.2 农村物流金融产品设计

根据我国农村物流金融的运作模式,进行农村物流金融产品设计,是切实支持现代农村物流金融企业开展物流金融服务的有效手段或方式,同时,也有利于农村金融工具创新,由此有力地推动农村物流金融业的发展。

6.2.1 农村物流发展对金融产品的发展要求

随着农村物流业的迅速发展,势必对农村物流金融业开展物流金融服务具有更高的要求,要求农村物流金融业不断创新物流金融产品。在第 5 章中,我们简单地介绍了农业物流金融产品的运作模式,在这里将展开论述。

1. 我国农村物流金融产品现状

近年来,我国金融机构为物流企业相继推出了一系列物流金融产品(不包括传统的金融结算与信贷),这些物流金融产品大都运用到我国现代大型物流企业中,但对农村中小物流企业来说,还需进一步加强农村物流金融产品创新。

1) 农村物流的保兑仓业务

保兑仓业务是供货商、进货商和银行三方互相合作,以银行信用为载体,银行承兑汇票为结算工具,物流和资金流相结合的中间业务品种。农村物流保兑仓业务区别于一般的银行承兑汇票业务,即由银行以物流进货商为付款人、物流供货商为收款人开出银行承兑汇票,物流进货商每次提货需先向银行交存对应金额的货物保证金,再由银行开具提货通知书,通知物流供货商发货,物流供货商对银行承兑汇票金额与累计发货金额的差额部分,承担向银行退款责任,具体模式如图 6.5 所示。

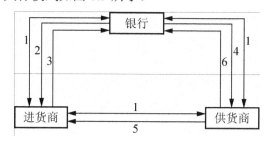

图 6.5 保兑仓业务运行模式

1—供货商、进货商和银行三方签订合作协议;2—银行向进货商开出以供货商为收款人的银行承兑汇票;3—进货商向银行交存一定比例的保证金;4—银行向供货商出具提货通知书,货物价格不超过保证金金额;5—供货商据提货通知书向进货商发货;6—银行承兑汇票到期时,供货商将累积发货价格低于银行承兑汇票金额的部分向银行退款。

因此,农村物流保兑仓业务,有利于农村物流生产商和经销商建立长期稳固的合作关系,使农村物流生产商可以尽快实现销售收入,提高资金使用效率。农村物流经销商也可以享受稳定的供货渠道和销售优惠。

但对农村物流企业来说,由于农村物流企业还没有与现代金融机构建立良好的关系,银行记录中难以对它们的信誉等级进行评估,在实际操作过程中,银行还需对现代农村物流企业的抵押货物进行保兑仓业务操作,典当行也需对农村物流企业的质押商品进行监管操作,这种增值服务对于长期从事仓储、运输的农村物流企业是非常陌生的,如何操作好这项业务是农村物流企业必须掌握的。在农村物流供应商的记录中,农村物流企业的销售、库存记录非常明了。因此,由农村物流企业供应商作为担保方进行操作,以其商品抵押进行保兑仓业务也完全是可行的。

2) 农村物流的仓单质押业务

物流商为了控制供应链,保证特殊产品的运输质量与长期稳定客户,都开始关注金融市场，看好物流金融服务市场。1992 年，中国物流金融的先行者——中国诚通集团董事、总裁洪水坤先生提出了银企合作，在其下属中储公司开始了仓单质押业务的尝试，为我国银企成功合作走出了一条新路。通过几年的实践，探索了多种仓单质押融资监管业务模式并不断创新。

目前，农村物流也可通过开展以下 3 种仓单质押方式。

(1) 现有农产品或农资等货物存货进行质押融资。金融机构(银行)对申请贷款的现代农村物流企业进行资格审查，审查合格则给予质押授信，然后现代农村物流企业、金融机构(银行)、仓储公司签订监管协议，农村物流企业将指定货物存入仓储公司，仓储公司对所监管的货物开具仓单给现代农村物流企业，农村物流企业将仓单质押给金融机构(银行)，金融机构(银行)为回避货物价格风险确定一定的折扣率后(一般为 70%)向现代农村物流企业发放贷款。根据农村物流企业还款情况，将货物解冻，由金融机构(银行)确认后，仓储公司方可发货。

(2) 异地监管质押融资。农村物流企业将指定的农产品或货物存放在金融机构(银行)许可的异地仓库，金融机构(银行)委托仓储公司派专员进行监管，业务操作程序与第一种相同。

(3) 拟购买农产品或货物进行质押融资。农村物流企业从物流供应商处购买农产品或货物时，向金融机构(银行)存入价格风险保证金后(一般为 20%～30%)，金融机构(银行)代农村物流企业先付款，然后农村物流企业以金融机构(银行)为收货人向指定的仓储公司发货，农产品或货物到仓储公司的仓库后再将仓单质押给金融机构(银行)。农村物流企业还给金融机构(银行)多少资金，金融机构(银行)则允许现代农村物流企业销售相应价值的货物，再由金融机构(银行)确认后，仓储公司方可发货。

2. 农村物流金融产品的具体要求

现代农村物流金融产品发展的具体要求，表现为为现代农村物流金融业务提供便利快捷的支付方式、个性化融资服务及最大限度盘活库存占压资金。

1) 便利快捷的支付方式

农产品鲜活的特点使得农产品的生产者与物流商、物流商与消费者之间交易频繁，要求支付灵活快捷。传统的现金交易与银行柜台转账已经不适应现代农村物流的支付要求。农村现代电子物流的兴起，使得现代农村物流瞬息万变，更是对支付手段提出了更高的要求。如何提供便利快捷的金融支付手段是农村物流金融发展所面临的一大难题。现代电子商务与电子货币的发展与应用，为农村物流金融的发展提供了一个很好的平台。

2) 个性化的融资服务

目前我国农村物流企业普遍规模小、技术落后、资信程度低，直接在农村金融资本市场上融资比较困难。因此，农村物流企业需要在现代农村货币市场上进行融资，以解决现代农村物流需要的短期资金需求，甚至中长期资金需求。对于农村物流企业的贷款，银行应设计合理的贷款金额、贷款期限、还款方式、担保方式和贷款利率。

3) 盘活库存资金

农村物流既是即时性的物流，又是时效性较强、个性化需求较强的物流。要实现这种快捷、方便、灵活的农村物流，离开农村金融的支持与服务，是不可能实现的。农村物流产品从生产者到消费者手中的整个过程中，存在着大量的库存，物流企业与供应商依靠合理的库存满足消费者的需求,并给库存带来了益处,但随之也带来了成本。因此,追求理想化的"零库存"就是农村物流企业追求其库存资金成本的减少。

6.2.2 现代农村物流金融产品的创建

农村物流金融产品设计,应从农村供方物流金融产品、农村需方物流金融产品,以及现代农村第三方物流金融产品进行设计。由于农村第三方物流企业支付频繁,所以农村第三方物流金融产品,应设计支付类物流金融产品和融资类物流金融产品两大类。

1. 农村供方物流金融产品的创建

农村供方物流也称农村供应物流(the rural supply logistics),即为农村生产企业或农户提供生产资料或其他物品时,物品在提供者与需求者之间的实体流动。由于农村供方物流采购时,需要农村物流企业垫付资金,这给农村物流企业造成较大的流动资金压力。因此,农村供方物流金融产品,应具有融资特性。

1) 动态仓单质押

我国目前已有不少金融机构开展静态质押(固定期限的仓单质押),然而,农村供方物流金融的仓单质押产品应是动态仓单质押。

动态仓单质押包括循环仓单质押(滚动质押)、置换仓单质押、动态控制存量下限流动质押 3 种。循环仓单质押,考虑到仓单的有效期(仓单有效期、质物保质期)等因素,在质押期间,按银行的约定,货主可用相同数量的产品替代原有质物,保证银行债权对应的质物价值不变。在置换仓单质押期间,货主可用新仓单置换替代原有仓单,也可用增加保证金或提供新的信用担保等方式置换替代原有质押仓单,银行释放相应的原有质押仓单,同时保管人解除对相应质物的特别监管,置换后保证银行债权对应质物的价值不减少(可以增加)。动态控制存量下限流动质押,可分为动态控制存量下限和动态控制存价值量下限两种,动态控制存量下限,与循环仓单质押相同,动态控制存价值量下限,与置换仓单质押相同,在保证银行债权对应质物的价值不减少的情况下进行,具体模式如图 6.6 所示。

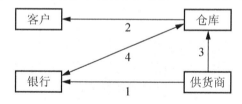

图 6.6 动态仓单质押模式

1—供货商用等价值的新仓单置换旧仓单,或者通过信用与多缴纳保证金置换仓单;2—客户根据契约约定提货;3—供货商在客户提货后根据提货量或提货的价值向仓库重新存放货物;4—银行在供货商重新存货后评估仓库的货物价值。

2) 反向担保

针对物流供货商直接以寄存货品向金融机构申请质押贷款有难度的情况,由现代农村供方物流企业将货品作为反向担保抵押物,实现信用担保贷款,也可由若干物流供货商联合向现代农村物流企业联保,再由现代农村物流企业向金融机构担保,实现融资。甚至可以将现代农村物流企业的担保能力与物流供货商的质物结合起来直接向金融机构贷款。这是用资信能力更强的现代农村物流企业信用代替单个物流供货商的信用,从而使得银行原本不愿意贷款给物流供货商转而贷款给物流进货商,具体模式如图 6.7 所示。

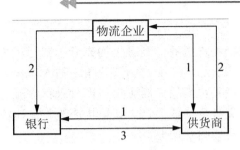

图 6.7　反向担保模式

1—物流企业用货物当反向担保抵押物,通过物流企业的信用对供货商提供担保;2—供货商联合为物流企业担保,物流企业反过来对供货商提供担保;3—银行贷款给供货商。

2. 农村需方物流金融产品的创建

现代农村需方物流也称现代农村销售物流(the rural distribution logistics),是指现代农村物流的进货商向供货商采购货品的物流,它也具有间接融资和仓单变现的特点。

1) 替代采购

该产品是由金融机构代替现代农村需方物流的进货商向供应商采购货品并获得货品所有权。在营运过程中,通常由金融机构向供应商开具商业承兑汇票并按照进货商指定的货物内容签订购销合同。该产品适合不能一次偿付供货商货款的现代农村需方物流企业的进货商,金融机构为物流进货商采购货物,相当于给物流进货商融资并以所购货物作抵押,具体模式如图 6.8 所示。

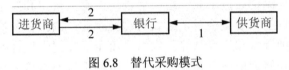

图 6.8　替代采购模式

1—银行根据进货商的要求向供货商购进相应的货物;2—进货商提交保证金;3—银行根据保证金的比例释放相应的货物。

2) 银行担保

银行担保的操作过程如下。

(1) 金融机构与物流供货商合作,以担保方式向物流供货商支付货款,间接向物流进货商融资。

(2) 物流供货商把货物送至融通仓的监管仓库,融通仓控制货物的所有权。

(3) 根据保证金比例,按指令把货物转移给物流进货商。这种产品的特点是以银行信用代替物流进货商信用,具体模式如图 6.9 所示。

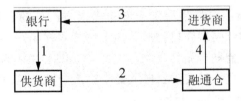

图 6.9　银行担保模式

1—银行以担保的方式向供货商支付货款;2—供货商将货物送至融通仓;3—进货商向银行缴纳一定比例保证金;4—根据保证金的比例,进货商从融通仓提货。

3) 买方信贷

对于需要采购货物的物流进货商,金融机构先开出银行承兑汇票。物流进货商凭银行承兑汇票向物流供应商采购货品,并交由物流公司评估入库作为质物。金融机构在承兑汇票到期时兑现,将款项划拨到物流供应商账户。现代农村物流企业根据金融机构的要求,在物流进货商履行了还款义务后释放质物。如果物流进货商违约,则质物可由物流供应商或物流企业回购,具体模式如图6.10所示。

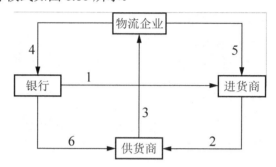

图 6.10 买方信贷模式

1. 银行开出银行承兑汇票;2. 进货商凭银行承兑汇票向供货商采购货物;3. 供货商将物品交给物流企业并入库处理;4. 物流公司进行评估;5. 物流企业根据进货商缴纳保证金比例释放货物;6. 银行承兑汇票到期,银行向供货商支付货款。

4) 授信融资

授信融资是农村物流企业按企业信用担保管理的有关规定和要求,向金融机构提供信用担保,金融机构把贷款额度直接授权给农村物流企业,由农村物流企业根据物流进货商的需求和条件进行质押贷款和最终结算。农村物流企业在提供质押融资的同时,为物流进货商寄存的质物提供仓储管理服务和监管服务。金融机构不直接参与项目的具体运作,并减少其交易成本,同时也利用了农村物流企业对物流进货商比较熟悉的特点,具体模式如图6.11所示。

图 6.11 授信融资模式

1. 物流企业提供信用担保;2. 银行将贷款额度直接授权给物流企业;3. 物流企业根据实际情况放款给进货商。

3. 农村第三方物流金融产品的创建

农村第三方物流是指由农村物流供应方与需求方以外的农村物流企业提供的物流服务,农村第三方物流又称合同制农村物流。由于现代农村第三方物流企业支付频繁,所以要求现代农村第三方物流金融产品具有支付便利,提供个性化的融资服务的特点,它包括现代农村支付类物流金融产品和现代农村融资类物流金融产品两大类。

1) 农村支付类物流金融产品设计

有关适用于农村物流金融支付的具体内容,在第10章中将展开讨论,本章只做简要叙述。

(1) 电话支付。电话支付(又称电话银行支付)是指农村物流供货商、进货商在享受农村物流金融企业服务后,通过拨打银行客服电话(如工行电话 95588),根据语音提示完成从自己银行卡账户中付款的过程,如图 6.12 所示。

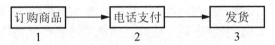

图 6.12　电话支付流程

1．顾客通过物流企业、网站(在线下单)或打电话(商家帮用户下单)订购商品或服务；2．顾客拨打银行的电话(银行系统,如工行 95588),按照自动语音提示完成支付；3．农村第三方物流企业确认收款(实时到款通知)后给顾客提供商品配送或服务。

(2) 手机(短信)支付。手机银行(短信)支付是指持有某银行卡的顾客只需到该行网站做一个简单的注册(绑定银行卡和手机),就能够在需要付款时使用收发短信的简单方式完成支付。它能方便经常进行网上订购服务(商品)的顾客,可以避免顾客在每次支付时频繁地输入银行账户信息。顾客只需用手机发送特定格式短信到指定银行的特服号码,银行按照短信指令,为顾客办理相关支付业务,并将交易结果以短信方式通知对方,如图 6.13 所示。

图 6.13　手机(短信)支付流程

1．到银行柜面办理手机(短信)银行业务；2．双方进行商品交易或提供相关服务；3．物流企业确认支付短信后发货或提供相应服务或商品。

2) 农村融资类物流金融产品设计

目前中国农村物流企业要从资本市场上直接融资非常困难,中国的资本市场准入门槛高,是制约中国现代农村物流企业上市的最大障碍。农村物流业金融的发展需要规模化,因此,它需要不断的整合、兼并。

(1) 直接融资产品设计。直接融资产品设计的主要内容如下所述。

① 建立现代农村资本市场,扩大农村物流企业融资比例。通过股票上市、债券发行,建立现代农村物流金融的"二板市场"。

② 建立财政扶持体系,提高农村物流金融企业的融资能力。对长期亏损、资不抵债的农村物流企业坚决实行破产；对农村物流企业以前所借的财政贷款,国家财政以债转股的形式参股；对政策性经营因素造成的负债,国家财政给予一定比例补贴；适当的税收扶持,将融资费用全部列入财务费用,降低现代农村物流企业融资成本,允许现代农村物流企业税前还贷,提高其融资能力。

③ 扩大现代农村物流企业的对外开放程度,积极引进境外资金。地方政府应积极引导境外投资,兴办各种农村物流业务合作项目,缓解现代农村物流企业资金严重不足的问题。

④ 扩大个人委托贷款业务。金融机构积极开展个人委托贷款业务,为民间借贷的双方牵线搭桥；银行为委托人提供更多的投资理财机会,通过乡村银行建设,规范民间金融市场,拓展借贷业务。

(2) 间接融资产品设计。目前我国现代农村物流企业的资金,主要来源于直接融资的民间借贷市场,而从银行获得的间接融资很少。但对于现代农村物流企业需要的小额流动性间接融资信贷,现代农村物流间接信贷产品主要包括贷款金额、贷款期限、还款方式、担保方式、贷款利率等要素。

① 贷款金额。现代农村物流企业流动性贷款额度，通常先确定各信用等级贷款金额上限，然后再根据现代农村物流企业的信用状况，结合其资金需求情况给予贷款。每次贷款情况予以立档作为下次发放贷款的依据。确定贷款金额时，在确定一个最高贷款限额的情况下，由现代农村物流企业自己决定贷款金额，或银行通过当地农产品市场调查，确定所需资金。

② 贷款期限。贷款期限即全部贷款必须偿还的期限。银行对贷款期限的设计，应与客户的需求贴近，且不能设计固定的贷款期限。

③ 还款方式。还款方式包括整贷零还和整贷整还。整贷零还分为固定周期还款和灵活周期还款两类。还款方式的选择要根据现代农村物流企业的经营情况来定，如果现代农村物流企业是进行大宗粮食收购与流通，则需要整贷整还；如果现代农村物流企业是进行各种水果蔬菜的流通，则可以整贷零还。

④ 担保方式。银行通常向固定资产很少的现代农村物流企业贷款时，一般不存在传统的抵押担保。联保、基金等是主要的抵押担保替代形式。

⑤ 贷款利率。银行的利率是决定农村物流企业能否取得信贷并持续发展的关键要素之一。低利率能扶植农村物流业的低息贷款，但贷款难以到达真正需要资金的农村物流企业手中，且低利率常常导致高违约率，因此，银行应该选择一个介于市场利率与高利贷利率之间的利率。

6.2.3 农村物流金融产品经济学分析

农村物流金融产品是一种虚拟产品，它没有实物形态，是以一种标准化的程序或服务的形式存在。因此，农村物流金融产品的经济学分析，应该从产品服务的成本及收益角度来研究。

1. 成本——收益分析

农村物流金融产品成本——收益分析是利用成本与收益之间的相互约束关系，直接评价现代物流金融产品及其经济效益的一种方法。

1) 成本分析

在寻求提高农村物流金融产品的效率和绩效的过程中，首要任务是弄清农村物流金融产品成本产生的根源。农村物流金融产品的成本，主要包括研发成本、人力成本、购买固定设备成本以及相关的财务和计划成本。

(1) 研发成本。物流金融产品开发的好坏是农村物流金融企业竞争成败的关键。国外资料表明，在成本起因上，80%的产品是在产品设计阶段形成的。因此，物流金融产品设计对农村物流金融产品的成本起着相当重要的作用，如果产品设计不合理，将会大大增加农村物流金融提供服务的复杂程度，导致更多的不确定因素，使产品应用的难度和监管的难度大大增加。由此可见，做好创新物流金融产品的目标成本控制工作，选择好业务素质高的产品开发人员至关重要。在农村物流金融产品设计过程中，还要充分考虑到其安全性、可操作性、融资能力、盈利性、流动性、适用性、客户认可度等方面。所以研发成本一般包括研发人员的工资支出、调查费用、设备的购置费用等。

(2) 人力成本。由于农村物流金融产品是一种服务性的产品，其使用价值就是为农村物流业提供全方位的金融服务。农村物流金融产品的具体运行，需要大量的人力工资成本，农村物流金融的人力成本，还包括必要的维护、持续发展的人力成本，以及离职造成的损失成本等。因此，农村物流金融行业要求既要懂农村物流，又要懂农村金融的人才来管理，农村物流金融产品的应用，需要专用性人力资本与长期雇佣的农村物流金融人才，这些人才可以通过农村物流金融机构内部选拔并培训的方式获得，也可以通过高薪聘请农村物流金融专业人才来管理。

(3) 购买固定设备成本。农村物流金融产品，无论是在研发阶段还是在应用阶段，都需要有固定的设备成本。在农村物流金融产品设计与运用过程中，管理信息系统(management information system, MIS)的构建与升级起着至关重要的作用，农村物流金融产品的运行需要处理大量的客户信用记录，需要分析相关的数据。因此，在农村物流金融产品的研发阶段，需要购置信息处理系统，并在运行过程中不断升级，固定设备成本还包括一些计算机、办公用品等的购置费用。

2) 收益分析

农村物流金融机构在为农村物流企业提供融资或其他物流金融服务时，能获得利息或佣金等收益，同时还能获得部分社会收益。

(1) 利息。在现行的条件下，贷款利息收入仍然是我国农村物流金融业经营效益的主要来源，因此，利息收入也是农村物流金融产品收益的重要来源。如何确立一个合理的融资利率，是农村物流金融产品所需要面对的一大难题。农村物流业资金需求具有量多面广、单个额度小的特点，利率不宜过高。高的利率将会把农村物流企业挡在门外，不利于农村物流企业的发展，而过低的利率将会让有钱的其他物流企业套贷。由此可见，农村物流金融机构运用现代农村物流金融产品，对农村物流企业提供各种融资，理应收取利息来维持自身的生存和发展，这些利息收入就成为现代农村物流金融产品的主要收益来源。

(2) 中间业务收入。中间业务收入指标也成为我国农村物流金融业发展程度的一个标志。我国农村物流金融机构产品创新也应重视中间业务收入，通过自身的优势为现代农村物流企业提供质量好、手段先进、快捷方便的服务，将会赢得更多的客户资源进入农村物流金融网络，网络成员越多，农村物流金融产品的单位成本就越少。由此可见，农村物流金融产品中的替代支付结算、代客户发工资、票据的贴现等中间业务收入，也是我国农村物流金融业的收益。

2. 农村物流金融产品成本—收益曲线分析

1) 农村物流金融产品成本曲线

我国农村物流金融产品成本曲线是指可以预见的短期成本曲线。短期成本曲线主要由3条曲线组成，如图6.14所示。

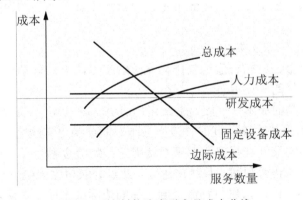

图6.14 农村物流金融产品成本曲线

(1) 研发成本曲线。研发成本不随现代农村物流金融服务数量的增加而增加，它是一次性投入，故研发成本曲线是一条水平直线。

(2) 固定设备成本曲线。固定设备成本相当于生产企业的固定成本，不随产量变化，但需要少量的维护与升级费用，所以固定设备成本曲线也是一条水平直线。

(3) 人力成本曲线。随着农村物流金融服务数量的增加，农村物流金融机构需要的业务员数量也越多，相应的培训费用也越多，又由于每个业务员可以负责多个现代农村物流企业的融资、中间业务服务，故随着农村物流金融服务数量的增加，单个服务的增加所需要的人力成本降低，同时服务的边际人力成本也递减。因此，人力成本曲线是一条随农村物流金融服务数量的增加而增加的曲线。由此可见，农村物流金融产品的总成本是 3 种成本的总和，总成本曲线是一条类似人力成本的曲线，但又高于人力成本曲线，而边际成本是每增加一单位的农村物流金融服务所需成本的数量，是一条递减的曲线。

2) 农村物流金融产品收益曲线

农村物流金融产品的收益曲线由两部分组成，包括农村物流金融产品的利息曲线和中间业务曲线，如图 6.15 所示。

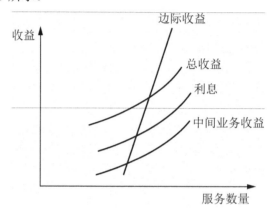

图 6.15　农村物流金融产品的收益曲线

利息曲线：随着农村物流金融网络的扩大，业务量的增大，农村物流金融机构的利息收入也将越大，故利息曲线是一条随着农村物流金融服务数量增加而递增的曲线。中间业务曲线：中间业务跟利息一样，随着中间业务量的增加而增加。总收益曲线是两条曲线相加的结果，也随着业务量的增加而增加。边际收益曲线是每增加一单位服务所增加的收益，每个业务员可同时承担多个任务，由此可见，农村物流金融产品的边际收益曲线是一条递增的曲线。

3) 农村物流金融产品的成本——收益曲线

为了让农村物流金融机构合适地安排物流金融产品，不妨就某一具体的现代农村物流金融产品进行分析，如图 6.16 所示。

农村物流金融产品的成本——收益曲线(图 6.16)，点 A 处，农村物流金融产品的使用量为 Q_1，所能获得的收益为 R_1，此时，该产品刚好能维持正常经营，没有利润，A 点不是该农村物流金融产品的最优选择点，但随着使用这种物流金融产品的用户增加，该产品能使得农村物流金融机构获得利润，且越来越大。B 点处农村物流金融产品的使用量为 Q_2，所能获得的收益为 R_2，此时，农村物流金融产品的边际成本等于边际收益，即每增加一个用户使用该物流金融产品所带来的收益与成本相等，B 点亦不是该农村物流金融产品的最优选择点。由于农村物流金融产品不同于一般的物质产品，一般物质产品的边际成本曲线是递增而边际收益曲线是递减的，所以一般物质产品的最优生产数量是边际成本等于边际收益的时候。但农村物流金融产品是一种服务形式的产品，边际成本曲线是递减的，边际收益曲线是递增的。因此，对于新兴的现代农村物流金融行业，其产品的使用者越多，给其带来的利润越丰厚，农村物流金融产品的成本——收益曲线，为农村物流金融机构提供了理性选择物流金融产品的依据。

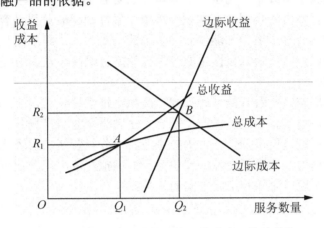

图 6.16　现代农村物流金融产品的成本—收益曲线

6.3　农村物流金融运作

6.3.1　农村物流金融运作模式设计

美、日等发达国家农村金融支农经验的借鉴，对我国现代农村物流建设获得金融支持具有积极意义。然而，传统经济理论、网络经济理论、知识经济理论、虚拟经济理论，为构建现代农村物流金融各运作模式的理论设计、选择及其创新提供了理论基础。

1. 运作模式设计的理论依据

1) 传统经济理论

传统经济理论面临的是一种"生产至上"的外部环境。传统经济理论认为，企业管理者最关心的问题是如何以尽可能低的价格生产出尽可能多的产品，实现规模经济的大型制造企业获取最丰厚的利润。从价值链的角度来看，制造商作链主，制造型企业整合销售型企业，生产环节处于决定性地位，而销售环节处于被决定的状态。利润集中于生产环节，销售环节所能获得的利润是十分有限的。在整个国民经济中，生产居于中心位置，而分配、交换、消费等其他环节都要围绕生产转，生产决定流通，这些都体现了典型的"重生产、轻流通"的格局。

2) 网络经济理论

网络经济是伴随信息技术革命而出现的一种新的经济形态。网络经济理论认为，狭义上的网络经济是指基于互联网的经济活动，如投资、网络消费等；广义上的网络经济是在信息资源和信息技术应用的基础上，具有网络特性的一切经济活动，包括互联网经济活动、非互联网经济活动。网络经济最大的特点就是网络效应,即每个用户连接到一个网络的价值取决于已连接到该网络的其他用户的数量,其产生的根本原因在于网络自身的系统性和网络内部成分之间的互补性。

3) 知识经济理论

知识经济是建立在知识和信息的生产、分配和使用之上的经济。知识经济理论认为,知识可分为显性知识和隐性知识,显性知识是容易获得的,而隐性知识是一种意念知识,它往往贮存于人的脑子里或企业的组织关系里,它是看不见、摸不着的。因此,往往是隐性知识决定了企业竞争力的强弱。在知识经济中,显性知识的获得是容易的,但将显性知识转化为隐性知识却非每个组织都能做到的。因此,对于一个组织来说,还须设法把隐性知识转化为显性知识,隐性知识显性化的过程也就是组织核心竞争力提高的过程。

4) 虚拟经济理论

虚拟经济是市场与企业融合的一种形式。虚拟经济理论认为,市场与企业相互融合是近年出现的现象,市场与企业之所以产生融合,是因为企业与市场各有比较优势,只有将两者相互融合,才能创造更多的价值。虚拟企业将部分经营活动市场化,提高了企业对外部环境变化的影响速度,增强了企业的竞争力。在虚拟经济中,企业可以超越现实时间和现实空间的限制,实现"时间和空间之间的相互转换"。

2. 农村物流金融模式的内容及组成部分

1) 契约型农村物流金融模式

契约型农村物流金融模式,是指农村物流金融各行为主体之间,通过契约的形式建立起的一种长期的合作关系。目前我国农村物流金融契约型模式的优点是农村物流企业可以得到银行的资金支持,且可以得到银行在理财方面的帮助,从而扩大了自身的规模,同时精简了组织机构,这利于集中各要素发展其核心业务,提高农村物流企业的竞争力。商业银行通过以契约的形式与农村物流企业形成长期的合作关系,既可以清晰地知道企业的现状,控制贷款风险,又保证自己稳定的业务量,避免资金的闲置。这种模式运行简单,不需要构建其他新的组织,契约双方之间都不必介入对方的具体生产过程。但由于农村物流金融某行为主体不可能与每个行为主体都签订契约,所以使得其与其他农村物流金融行为主体之间缺少协作,没有实现资源更大范围的优化,且各行为主体之间缺少沟通的信息平台,会造成大量的重复建设,从而造成资源浪费。契约型农村物流金融模式如图6.17所示。

图 6.17 契约型农村物流金融模式

2) 集成型农村物流金融模式

集成型农村物流金融模式,集成了农村物流金融的多种功能,包括资金自持、特殊的金融服务、信息处理与信息共享、互助协作,还具有其他的农村物流金融的辅助功能。这种模式拓展了农村物流金融的服务范围,避免了契约型农村物流金融的缺陷。它通过对农村物流企业、农村金融机构,甚至对普通农户的资源信息整合形成物流联盟,使得物流联盟内部各行为主体选择自己的最优决策,同时实现现代商流、资金流、物流、信息流的传递。与契约型农村物流金融模式相比，这种模式构建了自己的信息平台，实现了物流信息共享和信息交流，各行为主体以现代物流信息为指导，制订物流金融运营计划，在物流联盟内部优化资源，同时物流信息平台也可以作为交易系统，在其交易系统内，方便、快捷、安全地完成各自资金、信息的流通。此外，内部各行为主体还实行相互协作，某些票据可以在物流联盟内部通用，可减少中间手续，提高效率，使得物流联盟内各行为主体减少交易成本。但由于物流联盟内各行为主体是合作伙伴的关系，实行独立核算，彼此之间服务租用，在彼此利益不一致的情况下，要实现更大范围的优化则存在一定的局限。集成型农村物流金融模式如图 6.18 所示。

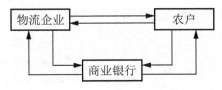

图 6.18　集成型农村物流金融模式

3) 虚拟型农村物流金融模式

虚拟型农村物流金融模式，是指现代农村物流企业、银行、普通农户之间的虚拟经营。现代农村物流金融各行为主体凭借各自的人才、技术等优势进行合作，按照各自的投资比例组建虚拟的农村物流金融网络，互相扬长避短，通过整合其他主体的核心能力及其资源，在一定区域内形成比较完整的、多功能的现代农村物流金融网络。这种模式采用会员制形式进行运作，即各行为主体根据自己的需求成为虚拟企业会员，具有会员资格的成员才能进入虚拟网络中进行交易。其特点比集成型农村物流金融模式更加安全、稳定，能更大程度整合各主体的优势。但是这种模式具有更高的技术要求，所以这种模式的适用范围受到一定的限制。虚拟型农村物流金融模式如图 6.19 所示。

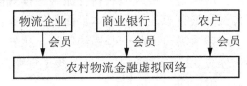

图 6.19　虚拟型农村物流金融模式

3. 农村物流金融运作模式经济学分析

农村物流金融模式的影响因素有人才、技术、资产规模等。假设运用农村物流金融模式能产生的利润函数 $E=f(N,M)$，其中 N 表示现代农村物流金融模式的资源整合能力，包括机制的设置、人才的培养与运用、协作能力等；M 表示农村物流金融模式的运营能力，包括硬件设施的建设、政策法规的应用、资金实力等。但农村物流金融模式资源整合能力、运营能力都受到模式所能带来的业务量 x 和相应的成本 y 的影响，并假设其他影响因素相对稳定。

对于契约型农村物流金融模式，各行为主体之间通过契约的形式开展合作，对契约外的主体没有外部效应，这种模式的业务量与相应的成本呈线性关系，随着业务量的增加，相应的成本线性也增加。集成型农村物流金融模式，集成了联盟内各主体的优势，信息共享，主体之间可以减少单位业务量所需要的成本。这种模式的业务量与相应的成本曲线呈曲线关系，且曲线的斜率随着业务量的增大而减小。虚拟型农村物流金融模式的曲线与集成型类似，但能更大范围内利用各主体的优势，安全稳定，减少网络内成员之间的交易成本，这种模式的曲线斜率变化更大，单位业务量的成本减少更快。

如图 6.20 所示，在业务量较少的 x_1 处，虚拟型农村物流金融模式的运行成本最高，集成型农村物流金融模式次之，而契约型农村物流金融模式的运行成本最小。这是因为虚拟型农村物流金融模式对硬件、软件的要求相对最高，这种运作模式需要先进的信息处理系统、高素质的专业人才、大量的资金作后盾，以及许多配套的机构设施的建设。契约型农村物流金融模式只需要签订一个契约，花费的只是相应的交易成本，在业务量较少的情况下，契约型农村物流金融模式具有成本优势。

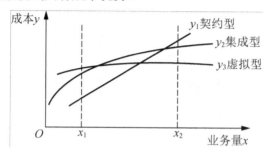

图 6.20 农村物流金融模式曲线图

x，在某种农村物流金融模式下的业务量；y，相应的成本；y_1，契约型农村物流金融模式曲线；y_2，集成型农村物流金融模式曲线；y_3 虚拟型农村物流金融模式曲线。

而在业务量较大的 x_2 处，虚拟型农村物流金融模式的运行成本最低，集成型农村物流金融模式次之，契约型农村物流金融模式的运行成本最高。

在业务量较大的情况下，虚拟型、集成型农村物流金融模式能够充分发挥自己的规模效应、资源整合效应从而大大降低自己的运行成本，而契约型农村物流金融模式需要重复地花费大量的信息搜寻成本，以及需要面临一些违约风险。此外，从其运作模式的效益来说，某地区在选择某种农村物流金融模式后，还需分析其是否能充分发挥该种模式的优势，找到一个最优的运营点或该点附近的一个区域。

由于农村物流金融模式的运营能力 M 与农村物流金融资源整合能力都受到业务量 x 与相应的成本 y 的影响，所以利润函数 $E=f(N, M)$ 可以转化为 $E=f[N(x, y), M(xy)]$，对函数 $E=f[N(x, y), M(x, y)]$ 分别求关于变量 x 和 y 的偏导数（$E>0$, $x>0$, $y>0$），公式为

$$\frac{\partial E}{\partial x} = \frac{\partial E}{\partial N} \times \frac{\partial N}{\partial x} \times \frac{\partial E}{\partial M} \times \frac{\partial M}{\partial x}$$

$$\frac{\partial E}{\partial y} = \frac{\partial E}{\partial N} \times \frac{\partial N}{\partial y} \times \frac{\partial E}{\partial M} \times \frac{\partial M}{\partial y}$$

若存在 $E_x(x_0, y_0) = E'_y(x_0, y_0) = 0$，则点 $A(x_0, y_0)$ 即为所选农村物流金融模式的运行最优点。

4. 农村物流金融运作模式的选择

根据现代农村物流金融各运作模式的经济学分析，选择何种现代农村物流金融运作模式应当因地制宜，即不同地区或区域应采取不同的现代农村物流金融运作模式。

1) 西部地区

我国西部地区经济落后,严重缺乏人才、技术、资金,加之地理环境复杂,农村物流相当原始,且农村金融相对滞后,农民还处在一种非常简单的生产状态。如果选择集成型或虚拟型的现代农村物流金融模式,就会使得投入过大、收益较少从而导致资源浪费,而且西部地区也不具备组织较高形式的现代农村物流金融的条件。因此,目前我国西部地区适宜采用契约型的现代农村物流金融运作模式。通过商业银行、物流企业、普通农户之间签订一系列契约从而促进各自的发展壮大。当农村物流企业、商业银行发展到一定程度,也可以向集成型或虚拟型农村物流金融模式过渡。

2) 中部地区与东北老工业区

中部地区与东北老工业区经济发展较快,较西部地区有人才、技术上的优势,资金也相对充裕,现代农村物流与现代农村金融机构发展也较迅速,农民的觉悟也比西部有了很大的提高,但总体上发展不够,很多地方需要完善。契约型的农村物流金融模式,不再适合中部地区与东北老工业区的农村物流发展,而发展虚拟型的农村物流金融也为时过早。因此,最适合这两个区域的模式应该是集成型的农村物流金融模式。通过整合各行为主体的优势,更快地发展现代农村物流金融,带动农村的经济发展。随着现代农村物流企业与现代农村金融机构的日趋完善,中部地区与东北老工业区的现代农村物流金融模式,可以逐渐向虚拟型农村物流金融模式过渡。

3) 东部沿海地区

东部沿海地区是我国经济发展最好,技术、人才实力最雄厚的地区,并且有着强大的资金后盾,农村城镇化水平高,道路等基础设施也比较完善,农民的觉悟相对较高。这个地区不论是硬件设施,还是软件设施都已经能够达到组建虚拟型农村物流金融模式的条件。通过组建虚拟型农村物流金融模式,使得东部沿海地区的农村经济更上一个台阶,在适当的条件下,可以将虚拟网络拓展到海外,形成一个外向型的现代农村物流金融网络,更大限度地发展我国东部沿海地区的现代农村物流。

6.3.2 农村物流金融的整合形式创新

近年来,随着我国金融业商业化进程不断加快,广大农村地区,尤其是中西部农村地区的金融空洞化现象日益凸显,造成我国现代农村物流建设的金融供给的严重不足。为了保证我国农产品的流通顺畅,发展现代农村物流,这就要求我们有效地融合现代农村物流与现代农村金融,进行现代农村物流金融的整合形式创新。

1. 拓展农村物流融通仓模式

由于农村金融机构自身的发展及防范风险的要求,导致了我国农村中小物流企业因融资难,从而制约了其自身的发展。为了解决这一格局,势必要求拓展现代农村物流融通仓模式。

1) 融通仓的含义

融通仓是指融、通、仓三者的集成、统一管理和综合协调。融通仓把物流、信息流和资金流进行综合管理,其目的是为了提升顾客服务质量,提高经营效率,减少运营资本,拓宽服务内容,减少风险,优化资源使用,协调多方行为,提升供应链整体绩效和增加整个供应链竞争力。

2) 拓展农村物流融通仓模式的必要性

(1) 大力拓展农村物流融通仓模式,是解决我国农村中小物流企业融资难的新渠道。

目前，融资难已成为制约我国农村中小物流企业发展的"瓶颈"，国务院有关部门和地方政府，相继出台了一系列旨在扶植和促进中小物流企业发展的融资政策和措施，使各商业银行对中小物流企业的贷款比以往有所重视。但各商业银行为了自身的发展，日益重视信贷资金的安全性，在贷款过程中均实行"谨慎性原则"，建立了一套手续繁杂的审批程序，实行严格的财产抵押担保制度，在办理财产抵押过程中，抵押登记和评估费用较高，贷款抵押率则规定为，一般房产为70%，生产设备为50%左右，动产为20%～30%，专用设备为10%，贷款抵押品率明显较低。由于中小物流企业信用等级较低，资信相对较差，缺乏足够的抵押品和可靠的担保。因此，大力拓展农村物流融通仓模式，是我国现代农村物流企业融资的新渠道。

(2) 大力拓展农村物流融通仓模式，是现代金融业增强竞争力，寻求新业务和利润空间的有效手段。我国各商业银行之间的业务竞争已愈演愈烈，外资银行的进入，给我国商业银行带来全方位的冲击，竞争范围也正在由对存款、货款、中间业务中单个客户的竞争向产品竞争、服务竞争、技术竞争等方面发展。为寻求新的利润增长点，通过现代农村第三方物流企业开展融通仓业务，拓宽银行的业务范围，降低银行开展融通仓业务的交易费，使银行信贷风险被分散，信贷资金更安全。因此，大力拓展农村物流融通仓模式，也是现代金融业增强竞争力，寻求新的业务和利润空间的有效手段。

2. 邮政储蓄银行开展农村物流金融服务模式

邮政储蓄银行凭借自身的物流优势、网络优势、资金优势，有效地融合现代物流、信息流和资金流，开展邮政农村物流金融业务是完全必要的，也是切实可行的。

1) 开展邮政农村物流金融业务的必要性

2006年12月31日，中国银行业监督管理委员会(以下简称银监会)正式批准成立中国邮政储蓄银行，开办了邮政储蓄定期存单小额质押贷款业务，这一举措不仅能够极大地留住农村资金，并引导资金流向农村，而且为邮政储蓄银行自身的发展提供了一个良好的契机。邮政储蓄银行开展邮政农村物流金融业务，有效地把邮政农村物流和资金流紧密融合是完全必要的。

(1) 邮政储蓄银行开展邮政农村物流金融业务，是我国现代农村物流建设的客观需要。邮政储蓄银行开展小额质押贷款业务，主要面向农村居民个人，用以个人消费、生产经营周转等，贷款期限一年以内，贷款额度最低为1000元，最高可达20万元，并且客户最快可当日存当日贷，满足客户对资金的紧急需要。这无疑在融资方面对我国现代农产品物流的发展，及现代农村物流的建设提供了较大的金融支持，这是我国现代农村物流建设的客观需要。

(2) 邮政储蓄银行开展邮政农村物流金融业务，是邮政储蓄银行自身发展的内在需要。目前，邮政农村物流应发挥其自身的优势，不断拓宽物流领域，重新规划运作模式，降低成本，提供方便、快捷、高效的服务，转移或分散现代邮政农村物流的经营风险，为现代邮政农村物流的基础设施提供更多资金来源，分散邮政储蓄银行资本营运的风险，这是邮政储蓄银行自身发展的内在需要。

(3) 邮政储蓄银行开展邮政农村物流金融业务，是邮政农村金融与邮政农村物流协同发展的必然要求。邮政农村物流要求邮政储蓄银行的协作与支持，其最根本是要求邮政储蓄银行提供完善、周到的金融服务，提供理财、支付结算等个性化的服务。只有这样，现代邮政农村物流与邮政农村金融的协同发展，才有内在动力与外在需求，两者相互促进、共同发展。总之，邮政储蓄银行将开展邮政农村物流金融服务，有效地融合邮政农村物流与邮政储蓄银行的资金流,是现代邮政农村物流金融业务本身的内在要求,也是现代邮政农村物流金融整合形式的创新。

2) 开展邮政农村物流金融业务的可行性

(1) 邮政百年品牌,深受农民信任。现代邮政农村物流作为联系城乡的纽带,不仅从事种子邮购、农药等农资的配送,还将农产品配送给农业加工企业、专业市场、超市、酒店和城市居民,把农业加工企业加工的食品向专业市场、超市、酒店和城市居民配送,以及向农民配送各种日用品和工业品等。服务周到,深受农民信任。

(2) 网络优势,得天独厚。覆盖面广的投递网、信息通畅的信息网和快捷的金融网,三网合一使得物流、信息流和资金流顺畅。邮政农村物流充分发挥"投递网、信息网、金融网"三网合一的优势,以信息为引导,实物为支撑,资金伴随实物逆向流动;按照农资、农民消费品和农产品加工企业、专业市场、流通企业、城市居民的需求单来组织采购和销售。

3. 村镇银行开展农村物流金融服务模式

村镇银行为农村贫困地区发放贷款,帮助农户脱贫并解决"三农"问题有着重要的作用。目前我国农村物流的小资产规模及小资金需求特征,恰好适合村镇银行构建开展农村物流金融业务模式,这对解决我国现代农村物流金融支持"瓶颈"问题也有着积极的重要意义。

1) 村镇银行职能的变化

村镇银行是为帮助贫困人员提供小额信贷金融服务的一种制度化信贷金融机构。20多年来,小额信贷以其扶贫资金到户率高、还贷率高、项目成功率高的特点,引起了世界范围内的广泛关注。近年来,国际小额信贷界的主流观点倾向于制度主义,根据运作模式与管理方式的不同,村镇银行可分为政府组织型金融机构与非政府组织型金融机构。

我国小额信贷的大规模发展是从20世纪80年代开始的。1986年,设立国家扶贫专项贷款,部分通过农业发展银行发放。2000年以来以农村信用社为主体的正规金融机构开始试行并推广小额信贷,我国小额信贷开始进入以正规金融机构为导向的发展阶段。由于国有商业银行的商业化改革,四大国有商业银行逐渐淡出农村金融市场,而真正留下来可以面向农村农户发放贷款的农村信用社,又由于风险和交易成本等原因不能满足我国农村金融市场的需求,导致我国农村物流发展十分缓慢。

近年,我国政府开始重视乡村银行发展,在中国人民银行推行"只贷不存"小额贷款公司试点改革之后不到一年,银监会于2006年12月20日,发布了《关于调整放宽农村地区银行业金融机构准入政策 更好支持社会主义新农村建设的若干意见》,鼓励并积极支持引导境内外银行资本、产业资本和民间资本到农村地区投资、收购、新设村镇银行,尤其是一直不被重视,甚至遭到打压的民间金融组织,从此获得了合法地位,民间金融和正规金融是并行不悖的两支重要力量,这是符合"帕累托最优"法则的,在正规金融渗透不到的地方发挥自己的作用,它使政府、农户和正规金融机构在互相协调和促进中获得最佳的收益。这一举措不仅能够极大地留住农村资金,而且可以引导其他资金流向农村,为新农村建设服务。

2) 村镇银行开展农村物流金融业务的内容及其方式

国内外乡村银行对农村贫困地区贷款,主要用于小规模生产性领域,而对现代流通领域的农村物流建设开展物流金融业务几乎还没启动。目前农村物流由于资产规模小,抵押品价值不大很难得到大型商业银行的贷款支持,但农村物流的小资产规模及小资金需求的特性,恰好适合我国村镇银行的政策。

为了有效地开展农村物流金融业务,村镇银行应首先实现营业所计算机化,再建立计算机化管理系统,然后建立信息管理中心,最后实现与国际互联网的连接。村镇银行可以成立一个专门的技术创新部门,融入计算机技术与金融技术,以便更好地为农村物流建设服务。

(1) 融资业务。村镇银行融资主要的业务方式如下所述。

① 贷款对象和条件。村镇银行帮助那些急需资金而又无法提供全额抵押的现代农村物流企业或农户组织和批发商开展融资业务时,融资对象应具备上年利润较低、对所需的资金无法提供全额抵押、企业内部成员具有经营创收的能力等3个方面的条件。

② 贷款发放的程序和价值链联保小组成员授信额。通过组成整个价值链的联保小组,价值链的每个主体愿意互相担保。价值链担保小组通常包括比较大的农户或农户联盟、物流企业、农业生产资料供应商、农产品需求方4类主体,且这些主体之间必须有直接的业务关系。联保小组的合同约定相互承担还贷责任,所获得贷款必须用于经营创收项目,做到专款专用。对联保小组应实行贷款总额控制,要与其主体成员最高授信额限制的双重控制,贷款额的设定需通过乡村银行专业人员予以评估确定,对信誉度比较好的小组可以逐步放大贷款的额度。

③ 仓单质押融资。农村物流企业为了获取乡村银行融资,以农产品储存的价值凭证作为仓单,在乡村银行进行抵押。农产品的鲜活及价格波动的特征,要求乡村银行在进行仓单质押时,需先对相应的农产品进行评估,在确定相应的市场价值以后,以一个灵活的比例来确定其抵押价值(通常这个比例应该在70%以下)。如果该物流企业之前没有贷过款,就可以在申请仓单质押获得贷款后,再组织一个价值链小组申请贷款。

(2) 结算业务。鲜活的农产品的快速流通,要求乡村银行为其提供快捷的支付方式。因此,村镇银行必须设计相应的农村物流金融产品以便结算支付。

① 票据业务。票据业务对于满足企业短期资金需求,降低农村物流企业经营风险及融资成本,提高资产质量和经营效益都有着特殊的作用。为了有效地控制风险,只有村镇银行的会员才有资格申请票据业务,且票据金额不能超过会员的最大贷款额度。村镇银行作为付款人,有根据承兑申请人的申请,承诺对有效商业汇票按约定的日期,向收款人无条件支付汇票款的责任。现代农村物流企业在农产品交易过程中,因购货现款不足,需要取得村镇银行信用支持,可向村镇银行申请办理票据承兑业务。此外,票据业务也是将未到期的商业汇票向村镇银行申请贴现,村镇银行按票面额扣除贴现利息后,将余额付给收款人的一项授信业务。农村物流企业在进行相应的票据业务时,也应跟贷款时一样,缴纳相应的贷款保险基金与储蓄。

② 储蓄业务。储蓄方面可以直接借鉴信用合作社的储蓄模式。农村物流价值链小组成员都有两个账户,即个人和特殊储蓄账户。两个储蓄账户都由个人操作管理,储蓄额根据贷款数量、贷款的期限变化而变化。储蓄额被等额地存入个人和特殊储蓄账户中,个人储蓄账户可以在任何时候支取,而特殊储蓄账户中的金额在成员存续期间不可支取。价值链小组成员可以运用特殊储蓄账户购买乡村银行至少一股的股票,且除了最初的一股外,其他股份按略高于储蓄利率的方式派发红利。

③ 支付与现金管理业务。村镇银行在为农村物流企业提供融资服务的同时,应该重视农村物流企业的支付与现金管理业务。会员企业都是价值链小组联保,在会员企业与非会员企业之间进行交易时,村镇银行还可以为会员企业提供信用担保,开具信用证,保证会员企业能够顺利完成交易。现金管理业务是结合日常结算手段,根据具体客户个性化需求和已有的收付款、账户管理、信息和咨询服务、短期融资等金融产品,进行整体打包的综合性现代农村物流金融服务产品。

(3) 分散风险业务。村镇银行在提供融资服务时可采用分散风险的业务方式。

① 贷款保险基金。村镇银行设立贷款保险基金是为了预防各种风险,开展农村物流金

融业务的贷款保险基金，可以采用 GB 模式。保险费通过从个人储蓄账户或小组基金账户中划转缴纳，如果个人储蓄账户或小组基金账户没有充足资金支付保险费，那么等到积累到所要求的数额时，务必缴纳。一旦存入的保险费达到未偿还贷款所要求的数额，就不再需要额外的保险费。如果未偿还贷款增长，仅为额外的数量交保险费；如果未偿还贷款减少，根据减少数量退回保险费。当成员离开村镇银行时，存入贷款保险基金的大部分数额将被退还。

② 贷款的利率期限与管理方式，可以避免有个人与机构套贷。因为村镇银行开展农村物流金融业务的利率，可适当高一些，也可介于民间高利贷与大型商业银行利率之间。

③ 村镇银行的营业机构位于农村，容易克服"逆向选择"与"道德风险"。现代乡村银行可以利用对现代农村物流业资金链条熟悉的优势，帮助现代农村物流企业合理安排运营资金，对会员企业进行流动性管理、资金保值升值管理，从而不仅促进现代农村物流企业的发展，壮大现代农村物流链的规模，而且还使乡村银行支持现代农村物流业的发展，更容易获得较高的回报，分散风险并实现自身的可持续发展。

本 章 小 结

本章根据农村物流金融"融资、结算、分散风险"的基本职能，借鉴美国、日本发达国家农村金融组织及金融制度支农的经验，运用传统经济理论、网络经济理论、知识经济理论、虚拟经济理论，构建了 3 个适应目前我国农村物流建设的现代物流金融运作模式。通过对各运作模式进行经济学分析，做出我国农村物流金融运作模式的理性选择，进一步论证了拓展农村物流融通仓模式，创建邮政储蓄银行、村镇银行开展农村物流金融业务的必要性。

研究表明，邮政储蓄银行、村镇银行开展农村物流金融服务，可有效地融合农村物流与资金流。选择农村物流金融运作模式，应与地区经济发展水平、农产品特征、地理环境相适应。目前我国西部地区宜采用契约型农村物流金融运作模式，中部地区与东北老工业区宜采用集成型农村物流金融运作模式，东部沿海地区宜采用虚拟型农村物流金融运作模式。

关键概念

农业电子商务　契约型　集成型　虚拟型　农村金融市场　农村物流金融风险　农村金融供应链　绿色农业物流金融产品　土地银行　邮政储蓄银行　村镇银行　授信反向担保　替代采购　买方信贷　融资模式

讨论与思考

1. 简述农村物流金融研究的内容。
2. 农村物流金融理论创新的模式有哪些？
3. 简述现代农村物流金融产品的主要运作模式。
4. 试举例说明农村物流金融的整合形式创新。
5. 简述农村物流建设的制约因素分析。
6. 试用经济学角度分析农村物流金融产品的创新。

第7章 供应链金融服务

【学习目标】

1. 掌握供应链金融的概念和特征；
2. 了解融资业务中存在的问题；
3. 领会供应链物流金融的本质和特点；
4. 掌握供应链物流金融产品设计的基本内容；
5. 认识供应链金融与传统信贷的区别；
6. 明确供应链物流金融的发展与运作模式、构成要素和特征；
7. 掌握物流金融与供应链金融的关系；
8. 了解农业供应链结构与融资需求；
9. 掌握农业供应链金融产品设计。

【教学要求】

知识要点	能力要求	相关知识
供应链金融	(1) 掌握供应链金融的基本概念 (2) 融资业务中存在的问题 (3) 明确供应链金融研究的对象 (4) 了解供应链金融与传统信贷的区别	(1) 相关概念 (2) 与供应链金融相关的理论
物流金融与供应链金融	(1) 了解物流金融与供应链金融体系框架 (2) 掌握二者区别与运作流程	(1) 掌握基本知识点 (2) 供应链金融的发展与创新
供应链金融的应用	(1) 熟悉供应链金融运作模式设计 (2) 了解供应链金融的发展与创新	供应链金融的整合形式创新
供应链融资担保	(1) 了解供应链融资担保的基本概念 (2) 掌握供应链融资担保应用模式与收费	融资担保的难点
农业供应链金融	(1) 了解农业金融与供应链金融二者关系 (2) 掌握农业供应链金融设计	农业供应链融资需求

资金链制约企业发展的案例分析

LS建材企业,主营建材业务,采购款占用了公司大量资金,同时账面上有数额巨大的建材存货,存货占有资金的情况也非常严重,由于企业经营扩张,流动资金吃紧,LS建材公司想到了贷款,但仅凭现有的规模很难从银行处获得融资,而公司又缺乏传统意义上的房地产作为担保,融资较为困难,眼下商机稍纵即逝,资金链制约了企业的发展。

上述这种状况普遍存在于中国各地的中小规模企业中,对于这样的问题,物流金融就可以轻易解决。LS建材企业在万般无奈之下,邀请亿博物流咨询有限公司前来为公司诊断。很快,LS建材企业在亿博物流咨询有限公司的帮助下采用物流金融的方法使公司出现了转机,快速解决了资金链的问题。亿博物流咨询有限公司的操作方法如下。

亿博物流咨询有限公司根据企业的实际需求和存在的问题,引入楷通物流设备有限公司作为质物监管方,为LS建材企业打开了通往银行的快速融资通道。针对存货,亿博物流咨询有限公司发现核定货值货物质押方式能够解决存货问题,将该公司的建材存货作为质物向招商银行取得融资,委托符合招商银行准入条件的楷通物流设备有限公司进行监管(仓储),招商银行根据融资金额和质押率,确定由楷通物流设备有限公司监管的最低价值,超过最低价值以上的存货由该物流公司自行控制提换货,以下的部分由LS建材企业追加保证金或用新的货物赎货。同时,楷通物流设备有限公司负责建材质押的全程监控,而监控的建材正是向招商银行贷款的质物,这就解决了采购款资金问题。

对于楷通物流设备有限公司来说,一项业务,可以获得两份收入,一项是常规的物流服务费,另一项是物流监管费。更主要的是,通过物流金融服务,稳定了客户关系。对LS建材企业来说,好处显而易见,通过该物流公司解决了资金链问题,经营规模得到扩张。对银行来说,扩充了投资渠道,并且风险性大大降低。

章前导读

金融服务创新的内容并不局限在融资服务上,在供应链的多数运营环节中同样存在很多的运营和金融集成创新服务,供应链金融服务创新工具为发达国家的实践界所重视。

不论在国外还是国内,中小企业都是国民经济发展不可或缺的重要组成部分,它们在加快经济发展、提高经济增长效率、解决就业等方面发挥了重要作用。但是,融资难已逐渐成为制约中小企业发展的瓶颈。一方面,供应链往往由那些资金和规模都较大的核心企业主导,中小型企业在供应链中处于弱势地位,缺少话语权,导致中小企业应收账款周期偏长,而应付账款周期偏短,影响其正常现金流周转。另一方面,中小企业的信用等级评级普遍较低,可抵押资产少、财务制度不健全。这些情况使得中小企业很难从银行获得贷款服务。中小企业的固定资产只占企业资产很少一部分,主要资产以产品库存、原材料等流动资产形式存在,这些却没有在中小企业融资时充分利用起来。

在这样的背景下,金融机构、物流企业及供应链上下游相关企业相互合作,开辟了基于供应链的中小企业融资业务模式——供应链金融,为解决这一难题提供了新思路。在这种模式下,金融机构从整个产业链的角度考察中小企业的融资需求,更大范围内为中小企业提供动产质押等信贷服务。第三方物流利用自身优势,积极参与供应链金融,一方面帮助供应链中处于弱势地位的中小型企业利用原材料、库存等流动资产等从商业银行获得质押贷款或信用贷款,另一方面为金融机构提供质物价值评估、监管及拍卖等服务,降低金融机构贷款风险。

7.1 供应链金融综述

一般来说，一个特定商品的供应链从原材料采购，到制成中间及最终产品，最后通过销售网络把产品送到消费者手中，将供应商、制造商、分销商、零售商、直到最终用户连成一个整体。在这个供应链中，竞争力较强、规模较大的核心企业因其强势地位，往往在交货、价格、账期等贸易条件方面对上下游配套企业要求苛刻，从而给这些企业造成了巨大的压力。而上下游配套企业恰恰大多是中小企业，难以从银行融资，结果最后造成资金链十分紧张，整个供应链出现失衡。

7.1.1 供应链金融的概念

供应链金融(supply chain finance，SCF)是商业银行信贷业务的一个专业领域，也是企业尤其是中小企业的一种融资渠道，是基于企业供应链管理需要而发展起来的创新金融业务。供应链金融，简单地说，就是金融机构、第三方物流和供应链上下游企业等充分发挥各自优势，相互协作，从整个产业链角度考察中小企业的融资需求，为供应链中处于弱势地位的中小企业提供融资服务。

1. 作用

供应链金融通过将核心企业与其供应链上下游企业联系在一起，如图 7.1 所示，银行客户结合动产，向核心企业提供融资和有针对性的信用增级、融资、担保、结算、理财、账款管理、风险参与及风险回避等金融产品和组合服务，同时向这些客户的供应商提供贷款及时收达的便利，或者向其分销商提供预付款代付及存货融资服务，可在为企业盘活资金流的同时提高企业供应链管理的质量和效率，是商业银行信贷业务的一个专业领域，也是企业尤其是中小企业的一种融资渠道。

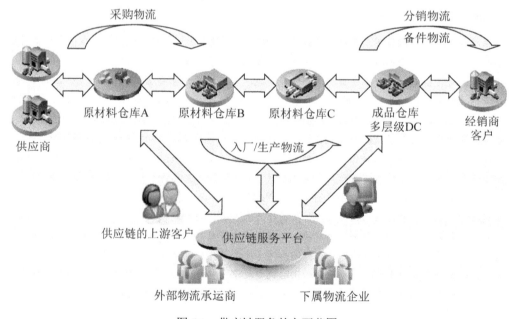

图 7.1 供应链服务的主要范围

供应链金融目前已经出现多种典型的业务模式,它们包括但不限于进口业务、出口业务、保兑仓、境内外物流、海陆仓和池融资等。

2. 定义

供应链金融是商业银行信贷业务的一个专业领域(银行层面),也是企业尤其是中小企业的一种融资渠道。银行向客户(核心企业)提供融资和其他结算、理财服务,同时向这些客户的供应商提供贷款及时收达的便利,或者向其分销商提供预付款代付及存货融资服务。

简单地说,就是银行将核心企业和上下游企业联系在一起提供灵活运用的金融产品和服务的一种融资模式。

以上定义与传统的保理业务及货押业务(动产及货权抵/质押授信)非常接近。但有明显区别,即保理和货押只是简单的贸易融资产品,而供应链金融是核心企业与银行间达成的、一种面向供应链所有成员企业的系统性融资安排。

3. 内涵

"供应链金融作为一项被国内外商业银行广泛关注的创新业务,不但给商业银行带来了新的市场和盈利模式,而且由于其有效地降低了供应链管理的成本而日益受到企业界的重视。现代意义上的供应链金融概念,发端于 20 世纪的 80 年代,深层次的原因在于世界级企业巨头寻求成本最小化冲动下的全球性业务外包,由此衍生出供应链管理的概念。一直以来,供应链管理集中于物流和信息流层面,到 20 世纪末,企业家和学者们发现,全球性外包活动导致的供应链整体融资成本问题,以及部分节点资金流瓶颈带来的"木桶短边"效应,实际上部分抵消了分工带来的效率优势和接包企业劳动力"成本洼地"所带来的最终成本节约。由此,供应链核心企业开始了对财务供应链管理的价值发现过程,国际银行业也展开了相应的业务创新以适应这一需求。供应链金融随之渐次浮出水面,成为一项令人瞩目的金融创新,并对供应链金融的内涵与外延给予了学理上的界定。"

4. 特点

供应链金融最大的特点就是在供应链中寻找出一个大的核心企业,以核心企业为出发点,为供应链提供金融支持。一方面,将资金有效注入处于相对弱势的上下游配套中小企业,解决中小企业融资难和供应链失衡的问题;另一方面,将银行信用融入上下游企业的购销行为,增强其商业信用,促进中小企业与核心企业建立长期战略协同关系,提升供应链的竞争能力。在供应链金融的融资模式下,处在供应链上的企业一旦获得银行的支持,资金这一"脐血"注入配套企业,也就等于进入了供应链,从而可以激活整个"链条"的运转,而且借助银行信用的支持,还为中小企业赢得了更多的商机。

5. 要素

供应链金融是一种较为复杂的融资模式,涉及多个企业之间的合作和协调,主要包括金融机构、第三方物流企业、中小融资企业及供应链中占主导地位的核心企业。另外,良好的外部商务环境能为企业的发展和相互合作带来很多方便,在供应链金融服务中也是一个很重要的因素,如图 7.2 所示。

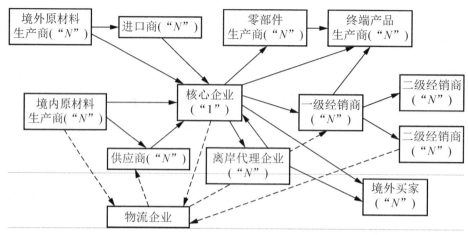

图 7.2 "1+N"供应链融资构成要素和相互关系分析

7.1.2 供应链金融与传统信贷的区别

虽然都是满足企业的融资需求,但供应链金融与传统信贷不只是个性化解决方案的营销口号的不同,而是思路、实现模式和管理方法都不同。供应链融资服务与传统信贷服务的区别在于以下几个方面。

(1) 从横向比较来看,国外供应链金融注重贸易融资,力图维护供应链稳定,避免核心客户流失,这是国外商业银行的竞争格局导致的,国内供应链金融有明显的新客户导向,以及缓解中小企业融资困境的政策背景,思路并不相同。从实现形式来看,国外注重应收账款,国内注重存货抵押。从客户群体来看,国外注重核心企业的上游供应商,国内注重下游分销商,关注资产抵押价值是国内供应链金融与传统信贷的相似之处。

(2) 对贷款风险控制的重点从单一企业的主体信用评估转变为通过控制供应链运作过程来降低风险,强调贷款的自偿性。为实现对供应链运作过程的控制,单纯依靠银行传统的信贷功能已经无法满足要求。因此,实践中银行通常与掌握供应链信息的物流企业进行合作,双方建立联盟(简称贷方)向有融资需求的供应链企业(简称借方)进行贷款。

(3) 传统信贷的评估聚焦于单个企业节点,贷款质量基本上由企业经营情况决定。而供应链金融的风险关键在于链条的稳定性,对于供应链的评价不仅优先,而且更加复杂。例如,供应链节点之间的关系是否"健康",这一超出经营数据之外的因素在供应链金融中至关重要。换句话说,单个节点的信用对供应链的贡献或破坏性没有节点之间的业务联系重要,因为良好的交易模式加上严格的监控流程可以消化单个节点的信用波动。

(4) 在实现模式上,传统信贷评估的是企业综合信用,这一动态指标相对难以掌握,这也是资产支持型融资成为主流的原因。但供应链金融强调的是交易确定性和资金封闭性,要求资金与交易、运输、货物出售严格对应,对供应链信息流的掌控程度,决定了供应链金融方案的可行性。传统信贷依赖报表和货权,在供应链金融中还要加上动态信息,因为风险已经从单一节点沿着供应链上移。

(5) 与一对一的传统信贷相比,供应链金融还附加了核心企业这一变数,其配合意愿、对成员企业的约束力也是影响供应链质量的重要指标。换句话说,既然供应链金融集成了整个链条的信用,那么单一节点的风险也会因此更复杂。

(6) 从客户群体来看,传统信贷更注重资产价值,对于所在行业的特征没有严格要求。

比较而言，供应链金融对行业运行模式的要求更苛刻。按照供应链的稳定性、产品市场需求的更新进度、核心企业的约束力度，以及未来市场的发展趋势，不同行业的供应链"健康"程度大不相同，现阶段供应链金融的推广应该分阶段进行。

7.2 物流金融与供应链金融的关系

物流金融与供应链金融是两种不同的融资方式。由于两者均包含了金融和物流两类服务，又都以中小企业为主要服务对象，因此在融资实务中经常被混淆。鉴于此，我们对这两种融资方式的概念、运作主体、运作模式等分别进行了论述、理清，进一步指出两者的区别和金融机构选择融资方式的流程，并对融资活动中可能产生的问题进行分析，提出了相应的对策，以期各运作主体均能达到收益最大化。

7.2.1 相关概念及两者区别

供应链不仅是资金链、产品链、信息链，还是一条信用链条，只不过节点之间的信用水平差异较大，并且会相互影响，核心企业不仅在供应链中处于强势，并且其融资能力也无可替代。

1. 两种融资方式概述

在产业经济快速发展的促进下，中国中小企业的数量急剧增加，截至目前已达到全国工业企业总数的99%以上，但其中的70%以上无法从银行获得贷款，中小企业融资难已成为一个长期存在并影响国家产业经济发展的重要问题。产生融资难的原因主要有以下3个方面。

(1) 银行市场结构的垄断特征、所有制歧视、企业规模歧视及外部环境发展滞后等因素的影响。

(2) 由于中国中小企业适于银行抵押的不动产数量少，在生产过程中存货及原材料等又占用着大量的流动资金，此现象在季节性、周期性等特征明显的企业尤为突出，同时中国银行业的分业经营制度不允许银行经营仓储业务，加之银行缺乏产品评估、仓储管理、商品拍卖等专业知识，使银行将企业动产质押贷款业务拒之于千里之外。

(3) 中小企业信息透明度差、非系统风险高、管理规范性差、平均融资规模小等一系列的问题，使其在银行的信贷评级中处于较低级别。分析表明，一方面中小企业"有款贷不到"，另一方面金融机构"有款贷不出"，造成资金无法得到有效利用。为解决上述矛盾，融合金融创新和新型物流增值服务的物流金融、供应链金融应运而生，除以往用固定资产或存款抵押以外，中小企业还能以自有原材料、在制品及产成品等进行抵押，获得贷款。这两种融资方式的发展弱化了企业担保及房地产抵押在借贷中的地位，大大缓解了中小企业融资难问题，受到了广大中小企业和金融机构的普遍欢迎。

在理论和实践过程中，物流金融常被认为是供应链金融的一部分，或者它们被看做是同一种融资方式的两个称谓，实际上，物流金融和供应链金融是服务于不同融资对象的两种不同融资方式。为正确区分它们，纠正当前使用上的混乱，以下将对这两种融资方式的概念、运作主体和运作模式等分别进行论述，进一步分析两者的区别、运作中的问题及应采取的相应对策，并为金融机构制定出合理选择融资方式的流程图。

2. 两种融资方式的可行性

在国外,众多的银行及大型物流公司(如 UPS)对物流金融和供应链金融业务进行了实践,获得了良好收益。在国内,经济的发展和中小企业融资的迫切需求为物流金融和供应链金融的发展提供了内在动力,和国外相比,它们虽然起步较晚但发展较快。这是因为:一是银行迫于竞争压力,需要对金融产品进行创新,如深圳发展银行及交通银行提出的供应链金融,招商银行提出的物流金融等服务,均表明中小企业的融资需求越来越受到金融机构的重视;二是物流企业的蓬勃发展、不断创新,以及第三方、第四方甚至第五方物流的服务方式相继出现,为物流金融及供应链金融提供了物流保障,目前,国内大型的物流公司,如中国外运、中国远洋、中国储运总公司等均与金融机构合作开展了商品融资及物流监管业务;三是目前中国中小企业仅存货就高达 3 万多亿元,若按 50%的贷款折扣率计算,这些资产可以担保生成约 1.6 万亿元的贷款。实践证明,这两种融资方式既能有效盘活中小企业存量资产,缓解融资难问题,又为金融机构及物流企业拓展了业务范围,开拓了广阔的市场。

3. 两种融资方式的相关概念

为了能正确区分两种融资方式,我们将物流金融和供应链金融的定义进行比较。

1) 物流金融的界定

(1) 定义。物流金融是包含金融服务功能的物流服务,指贷款企业在生产和发生物流业务时,其为降低交易成本和风险,通过物流企业获得金融机构的资金支持。同时,物流金融也是物流企业为贷款企业提供物流监管及相应的融资及金融结算服务,使物流产生价值增值的服务活动。物流金融模式如图 7.3 所示。

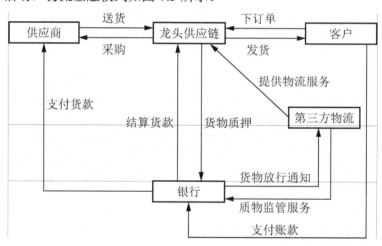

图 7.3 物流金融服务模式

图 7.3 为通常意义上的物流金融业务关系,从图中可以看出,物流金融仅为供应链或非供应链的某一贷款企业进行服务,由于仅面向一个企业,此融资方式流程简洁,不存在关联担保,且融资关系简单清楚,风险性小。

(2) 运作主体。从定义可以看出,物流金融主要涉及 3 个主体:物流企业、金融机构和贷款企业。贷款企业是融资服务的需求者,物流企业与金融机构为贷款企业提供融资服务,三者在物流管理活动中相互合作、互利互惠。

(3) 运作模式。根据金融机构参与程度的不同，物流金融的运作模式可分为资本流通模式、资产流通模式及综合模式。其中，资本流通模式是金融机构直接参与物流活动的流通模式，包含 4 种典型模式：仓单质押模式、授信融资模式、买方信贷模式和垫付贷款模式；资产流通模式是金融机构间接参与物流活动的流通模式，其流通模式有两种：替代采购模式和信用证担保模式；综合模式是资本和资产流通模式的结合。

2) 供应链金融的界定

(1) 定义。供应链金融指给予企业商品交易项下应收应付、预收预付和存货融资而衍生出来的组合融资，是以核心企业为切入点，通过对信息流、物流、资金流的有效控制或对有实力关联方的责任捆绑，针对核心企业上下游长期合作的供应商、经销商提供的融资服务，其目标客户群主要为处于供应链上下游的中小企业，如图 7.4 所示。目前供应链金融已应用在了汽车、钢铁、能源、电子等大型、稳固的供应链中。

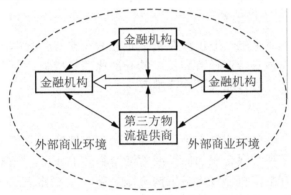

图 7.4　供应链金融构成要素和相互关系

由图 7.4 可以看出，供应链金融是为某供应链中一个或多个企业的融资请求提供服务，它的出现避免了供应链因资金短缺造成的断裂。在具体融资过程中，物流企业辅助金融机构完成整条供应链的融资，供应链金融模式不同其参与程度也不同。由于面对整条供应链的企业，金融机构易于掌握资金的流向及使用情况。

(2) 运作主体。供应链金融主要涉及 3 个运作主体，金融机构、核心企业和上下游企业。其中核心企业和上下游企业是融资服务的需求者，金融机构为融资服务的提供者，物流企业仅作为金融机构的代理人或服务提供商为贷款企业提供仓储、配送、监管等业务。

(3) 运作模式。从风险控制体系的差别及解决方案的问题导向维度划分，供应链金融的运作模式分为存货融资、预付款融资、应收账款融资模式。采取的标准范式为"1+N"，即以核心企业"1"带动上下游的中小企业"N"进行融资活动，"+"则代表两者之间的利益、风险进行的连接。

7.2.2　两种融资方式的区别

通过前面的论述可以看出，物流金融与供应链金融在具体的融资活动中既有共性也有差别，除去运作模式的不同，其他主要区别如下。

1. 服务对象

物流金融是面向所有符合其准入条件的中小企业，不限规模、种类和地域；而供应链金融是为供应链中的上下游中小企业及供应链的核心企业提供融资服务。

2. 担保及风险

开展物流金融业务时，中小企业以其自有资源提供担保，融资活动的风险主要由贷款企业产生。

供应链金融的担保以核心企业为主，或由核心企业负连带责任，其风险由核心企业及上下游中小企业产生。供应链中的任何一个环节出现问题，将影响整个供应链的安全及贷款的顺利归还，因此操作风险较大。但是，金融机构的贷款收益也会因整条供应链的加入而随之增大。

3. 物流企业的作用

对于物流金融，物流企业作为融资活动的主要运作方，为贷款企业提供融资服务；供应链金融则以金融机构为主，物流企业仅作为金融机构的辅助部门提供物流运作服务。

4. 异地金融机构的合作程度

在融资活动中，物流金融一般仅涉及贷款企业所在地的金融机构；对于供应链金融来说，由于上下游企业及核心企业经营和生产的异地化趋势增强，因而涉及多个金融机构间的业务协作及信息共享，同时加大了监管难度。

5. 融资方式的选择

通过上述分析，金融机构正确、合理地为贷款企业选择融资方式是各运作主体收益最大化的前提。若其未详细考察企业的内部经营情况和外部环境，仅凭以往放贷经验盲目地为贷款企业提供融资方案，将导致金融机构降低收益、失去潜在客户群及增加不良贷款，同时，影响贷款企业的生产经营，甚至阻碍其所在供应链的发展。

金融机构制定出正确选择融资方式的方案并提供个性化融资方案的流程图，如图7.5所示。金融机构接到企业的融资请求后，首先考察其是否为供应链中的核心企业，若是核心企业又仅为自身融资，则采用物流金融方式；若是核心企业与上下游企业合作提出的融资请求，金融机构则采用以核心企业为主的供应链金融融资方案；其他情况在此不再一一赘述。

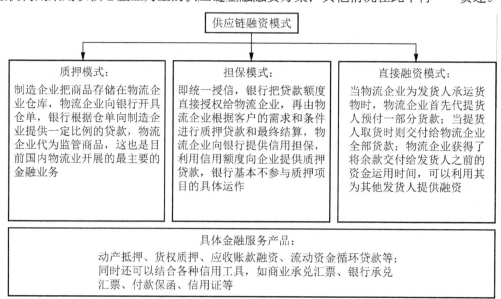

图7.5 供应链融资模式的选择

7.3 供应链金融的应用与创新

供应链融资与供应链管理密切相关,供应链管理是针对核心企业供应链网络而进行的一种管理模式,供应链融资则是银行或金融机构针对核心企业供应链中各个节点企业而提供金融服务的一种业务模式。

7.3.1 供应链融资的特点与方式

供应链融资是指金融机构充分利用供应链中的信息流、物流、资金流的特点,通过监控订单、物流、资金,建立可靠的风险防范平台,为供应链中的不同环节提供相应的资金支持的服务过程。

1. 供应链融资的概念和特点

(1) 供应链融资必须基于供应链信息的共享。企业间的订单、库存、物流等信息传统上都被认为是企业的商业秘密,供应链融资的基础就是对这些信息的共享,甚至是公开。只有这样才能有效建立供应链融资的风险防范平台,才能有效发挥供应链的融资功能。

(2) 供应链融资往往基于核心企业展开,以增强整条供应链的竞争力。从典型的供应链来看,供应链中占有主导地位的企业,往往是实力雄厚的生产企业,其供应商和分销商广为分散,处于供应链中的弱势地位。供应链金融服务就是要将资金流整合到供应链管理中来,既为供应链各个环节的企业提供商业贸易资金服务,又为供应链弱势企业提供有效的资金支持,以提高整个供应链的竞争能力。

(3) 供应链中资金和物流运转的不对称性,构成供应链融资的盈利和防范风险的空间。资金流反映出资本的货币功能及作用,它具有支付、信用等功能,在物流运动中起到重要的推动作用。但由于货币还具有很强的时间属性,尤其在借助信息载体后,它的运动速度非常快,可以用分秒来计算,运作成本相对较低。物流实体则由于受到时空、物理状态及运输环境等因素的制约,周转速度相对要慢得多,同时,运作成本较大。这种运转的不对称性构成了供应链融资的盈利和防范风险的空间。

2. 供应链融资的主要运作模式

实现供应链融资,前提是选定行业背景下的欲融资产,并对欲融资产在行业中的地位及作用进行全面系统的调研分析,据此锁定产能的上下游供求关系,明晰产品销售的网络渠道,梳理各种对应关系,整合资源形成完整的供应链系统。因此,必须本着资本从源头注入,到终端产品收回的流程规则,进行对客户的选择、考察,建立经济合理和供求完善的供应链系统。整体解决方案,首先是建立、理顺与供产销三方及物流企业相对称的信息流,然后再用其对称、稳定可监管的应收应付账款信息及现金流引入金融机构的参与。

从供应链融资来看,其大体上可以分为基于完整供应链的融资和基于供应链特定环节的融资。鉴于我国绝大部分的供应链融资是基于供应链特定环节的融资,在这里,我们只对这种方式进行分类讨论。

供应链融资无疑是金融市场中的"长尾",正被愈来愈多的银行发现并开发。供应链融资有如下几种方式。

1) 应收账款融资(Early-Payment Financing)

传统的应收账款融资是卖方(出口方)银行，直接向自己的客户——卖方(出口方)提供融资，而供应链融资中的应收账款融资是买方银行，向卖方提供融资，它成立的主要前提条件之一是买方必须是资信较高的客户，通常是跨国公司或供应链上的其他核心厂商。由于这里的卖方通常资信不是很高，其融资成本要高于拥有自有品牌的跨国公司，相应地，应收账款融资给银行带来的利润要高于传统的应收账款融资。显而易见，银行能够开展此项业务的前提是能够管理好买方(优质客户)的订单数据，接入卖方的发票数据并与前面订单数据关联/比对，管理好买方的应付账款以收回款项(在这种情形下，银行可能会要求应用系统直接提供 Data Matching 功能，而不是使用贸易服务设施系统(trade services utilities，TSU的 Lodge Mode)。

这种模式主要针对企业商品销售阶段。由于应收账款是绝大多数正常经营的中小企业都具备的，这一模式解决中小企业融资问题的适应面相应也非常广。

这种模式的具体操作方式是中小企业将应收账款质押给银行进行融资，并由第三方物流企业提供信用担保，将中小企业的应收账款变成银行的应收账款。之后核心企业将货款直接支付给银行，如图 7.6 所示。核心企业在供应链中拥有较强实力和较好的信用，所以银行在其中的贷款风险可以得到有效控制。

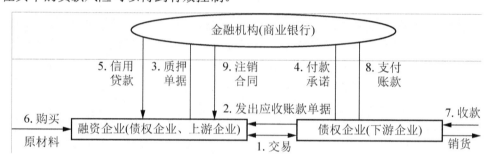

图 7.6　应收账款融资模式

参与主体主要是围绕供应链上的供应商和下游企业，以及参与应收账款融资的金融机构。基于应收账款的融资方案如下所述。

(1) 供应商与制造商进行货物交易。
(2) 供应商收到货物购买方的应收账款单据，货物购买方成为制造商。
(3) 供应商将应收账款单据质押给商业银行。
(4) 制造商向银行出具应收账款单据证明，以及付款承诺书。
(5) 银行贷款给供应商。
(6) 融资后购买原材料和其他生产要素。
(7) 制造商销售产品，收到货款。
(8) 制造商将应付账款金额支付到供应商在银行指定的账号。
(9) 应收账款质押合同注销。

其中，(3)、(4)、(5)、(7)、(8)、(9)都有商业银行的参与，这样通过供应链中应收账款在商业银行中的质押融资活动，供应商可以及时获得商业银行提供的贷款，不但有利于供应商乃至整个供应链的运作管理，而且有利于商业银行改善不良的集中信贷结构，提高贷款收益率，加快中小型企业健康稳定的发展和成长。

案例

应收账款融资的应用

2004 年,中国建设银行江苏省分行为江苏工业园区内的冠鑫光电公司(以下简称冠鑫公司)提供了应收账款质押贷款业务。冠鑫公司主要从事生产和销售薄晶晶体管液晶显示器成品及相关部件,其上下游企业均是强大的垄断企业。其在采购原材料时必须现货付款,而销售产品后,货款回收期较长(应收账款确认后的 4 个月才支付)。随着公司成长和生产规模扩大,应收账款已占公司总资产的 45%,公司面临着极大的资金短缺风险,严重制约了公司的进一步发展。中国建设银行江苏省分行详细了解到冠鑫公司的处境后,果断地为其提供了应收账款质押贷款业务,由第三方物流企业为该项贷款提供信用担保,帮助冠鑫公司解决了流动资金短缺瓶颈。

基于应收账款的供应链融资风险主要集中在制造商。一般而言,金融企业为了防范风险,选择的还款企业(制造商)应该是供应链的核心企业,是资金、产品、信息、技术的主要控制者。从目前我国的零售行业发展来看,除了具有行业垄断优势的企业以外,银行一般不会选择零售企业作为还款企业。

2) 库存商品供应链融资模式(Inventory-Financing)

这种动产质押融资方式为金融机构从卖方手中买下转运途中、仓库中的货物,直至买方一次或分批买下这些货物,从而减少买卖双方对流动资金的需求,动产质押模式如图 7.7 所示。开展这项业务必须有有效的手段跟踪货物的运输及仓库的进出,除了需控制客户的信用风险,还必须充分考虑各种市场风险。

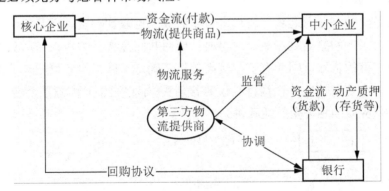

图 7.7 动产质押模式

库存商品供应链融资模式建立在"支付现金"至"卖出存货"期间的货币时间价值基础之上,由商业银行通过与第三方物流仓储企业的业务合作,共同为融资企业提供库存商品融资服务。银行必须具备存货融资服务的专门服务平台和管理账户,以及相应的信贷风险评估能力。第三方物流仓储企业在融资服务中为企业提供物流和信息支持。

库存商品融资模式中,融资企业、银行、物流企业签订三方协议,协议质押对象、质押期间、仓储费用、质押比例等;融资企业把存货仓单交给银行,并获得银行贷款;银行在质押期间可以不定期检查货物情况；物流企业有义务保证仓单所列货物与实际相符并及时向银行汇报货物情况。贷款到期后，融资企业还款，银行归还仓单给融资企业，融资企业凭仓单提货。

银行对仓单质押融资风险防范的关键在于对抵押货物变现能力的评估。一般而言，银行更加倾向于选取变现能力强的商品作为抵押物。例如，在铝行业的供应链融资，整条供应链的风险防范都是基于金属铝本身的变现能力而设定的。再如，中国建设银行 2006 年公布的可以作为库存抵押的商品目录，仅仅包括 3 个大类 20 个品种的商品，分别是钢材类、有色金属类、化工原料类。

这种库存商品融资运作模式主要针对中小企业运营阶段。该模式主要特征是以动产质押贷款的方式，将存货、仓单等动产质押给银行而取得贷款。第三物流企业提供质物监管、拍卖等一系列服务，如有必要，核心企业还会与银行签订质物回购协议(图 7.7)。这种模式将"死"物资或权利凭证向"活"的资产转换，加速动产的流动，缓解了企业现金流短缺的压力。动产质物具有很大流动性，风险很大。第三方物流企业和核心企业与银行等金融机构合作，可有效降低信贷风险，提高金融机构参与供应链金融服务的积极性。

3) 应付账款融资模式(Virtual Consignment Financing With Assignment of Proceeds)

这种运作模式主要针对商品采购阶段的资金短缺问题。该模式的具体操作方式由第三方物流企业或者核心企业提供担保，银行等金融机构向中小企业垫付货款，以缓解中小企业的货款支付压力。之后由中小企业直接将货款支付给银行，如图 7.8 所示。其中，第三方物流企业扮演的角色主要是信用担保和货物监管。一般来说，物流企业对供应商和购货方的运营状况都相当的了解，能有效地防范这种信用担保的风险，同时也解决了银行的金融机构的风险控制问题。

买方替其签约的制造商购买原材料，可以促成应付账款融资。近几年，一种新的融资方式是由买方、买方的签约制造商、原材料供应商共同签署相关协议，用买方的应付账款支付原材料供应商的货款。因为有资信较高的买方确定了原材料的价格与数量，从而使得交易能够成立。在这种情况下，银行不仅要管理买/卖双方的订单/发票及应付/应收账款，还要将原材料供应商的相关交易关联进来。

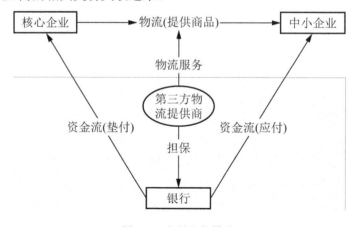

图 7.8 应付账款模式

应付账款融资模式的应用

重庆永业钢铁(集团)有限公司(以下简称永业钢铁)在当地是一家非常著名钢铁加工和贸易民营企业,2002 年曾获得"全国百强钢材营销企业"的称号。由于地域关系,永业钢铁与四川攀枝花钢铁集团(以下简称攀钢)一直有着良好的合作关系。永业钢铁现有员工 150 多人,年收入超过 5 亿元,但与上游企业攀钢相比在供应链中还是处于弱势地位。

永业钢铁与攀钢的结算主要是采用现款现货的方式。2005 年永业钢铁由于自身扩张的原因,流动资金紧张,无法向攀钢打入预付款,给企业日常运营带来很大影响。2005 年年底,永业钢铁开始与深圳发展银行(以下简称"深发展")接触。深发展重庆分行在了解永业钢铁的具体经营情况后,与当地物流企业展开合作,短期内设计出一套融资方案:由物流企业提供担保,并对所运货物进行监管,深发展重庆分行给予永业钢铁 4 500 万元的授信额度,从而缓解了永业钢铁的资金短缺压力。

应付账款这种融资方式为金融机构从卖方手中买下转运途中、仓库中的货物,直至买方一次或分批买下这些货物,从而减少买卖双方对流动资金的需求。开展这项业务必须有有效的手段跟踪货物的运输及仓库的进出,除了需控制客户的信用风险,还必须充分考虑各种市场风险。

7.3.2 供应链金融的主要内容及应用流程

供应链融资是指银行通过审查整条供应链,基于对供应链管理程度和核心企业的信用实力的掌握,对其核心企业和上下游多个企业提供灵活运用的金融产品和服务的一种融资模式。由于供应链中除核心企业之外,基本上都是中小企业,因此从某种意义上说,供应链融资就是面向中小企业的金融服务。

供应链融资和物流银行、融通仓相似,服务的主体都是资金严重短缺的中小企业,它围绕"1"家核心企业,通过现货质押和未来货权质押的结合,打通了从原材料采购,中间及制成品,到最后经由销售网络把产品送到消费者手中这一供应链链条,将供应商、制造商、分销商、零售商、直到最终用户连成一个整体,全方位地为链条上的"N"个企业提供融资服务,通过相关企业的职能分工与合作,实现整个供应链的不断增值。

供应链融资服务不同于传统的银行融资产品,其创新点是抓住大型优质企业稳定的供应链,围绕供应链上下游经营规范、资信良好、有稳定销售渠道和回款资金来源的企业进行产品设计,以大型核心企业为中心,选择资质良好的上下游企业作为商业银行的融资对象,这种业务既突破了商业银行传统的评级授信要求,也无须另行提供抵押质押担保,切实解决了中小企业融资难的问题。

供应链金融包括动产质押、标准仓单质押融资、先票/款后货、保兑仓国内保理、应收账款质押等业务。

1. 动产质押业务

动产质押业务是指融资企业在正常经营过程中,以其已经拥有的银行认可的动产作质押,交由银行认可的监管企业进行监管,以动产价值作为还款保障,以融资企业成功组织交易后的货物销售回笼资金作为融资企业第一还款来源,偿还银行信贷资金的融资业务。

银行提供静态质押和动态质押两种业务模式,静态质押模式下客户必须通过打款赎货的方式提货;动态质押模式下客户可通过以货换货的方式,采用银行认可的、新的等值货物置换已质押的货物。该融资产品优势和运作流程如下。

1) 产品优势

(1) 对融资企业(核心企业上下游企业)来说,提供了一种新的融资担保形式,降低融资门槛,拓宽了融资渠道;盘活了客户的存货资产,降低了因增加存货带来的资金周转压力;融资品种多样,操作简便灵活。

(2) 对核心企业来说,稳定与上下游购销关系,强化对上下游企业的控制力度,提升供应链整体竞争力;扩大了产销量及客户群体,提升了行业竞争力和品牌地位;减少直接融资,节约财务成本,优化财务数据。

2) 适用范围

(1) 除存货以外缺乏其他合适的(抵)质押物或者担保条件的客户。

(2) 客户所持有的存货应所有权清晰、性质稳定、规格明确、便于计量、价格波动不大且易于变现。

(3) 核心企业愿意在银行帮助下借助自身信用为供应商和经销商融资提供支持,从而稳定上下游销售渠道。

3) 申办条件

(1) 为经工商行政管理机关或主管机关核准登记的企(事)业法人或其他经济组织。

(2) 能够通过银行的债项评级。

(3) 拟质押动产为银行已批准开办质押的动产或符合《动产质押业务管理办法》要求的条件。

(4) 核心企业已经银行认定或符合《动产质押业务管理办法》要求的条件。

(5) 信贷用途符合国家法律法规相关规定和银行规定。

4) 客户需提供的资料

客户除需提供银行授信业务的基础资料外,还需提供如下资料。

(1) 动产质押业务申请书。

(2) 表明融资企业对动产拥有所有权、处分权证明(购销合同、付款凭证、发票等),及同意质押的有关文件、材料。公司作为出质人的,应根据其公司章程要求,提供由股东会或董事会出具的同意质押的决议。

(3) 提供质物清单,包括品种、规格、数量、生产厂商、进货价格、国家许可生产或进口证明、质量合格证明、产品说明书等。

(4) 最近两个年度与核心企业的购销合同、发票等过往交易记录。融资企业为核心企业下游经销商的,还应提供核心企业对于经销商的准入、退出机制,以及认定为核心企业经销商的证书等相关材料。

(5) 银行要求的其他材料。

5) 动产质押授信流程

(1) 在银行、客户、监管方三方鉴定《仓储监管协议》的前提下,客户向监管方交付抵押物。

(2) 银行对客户进行授信。

(3) 客户向银行追加保证金(或补充同类质物)。
(4) 银行向监管方发出发货指令。
(5) 监管方发货。

注：抵押物的价值随市价波动，客户应当密切留意有关市场信息。

2. 标准仓单质押融资业务

标准仓单质押融资业务是指银行以借款企业自有或有效受让的标准仓单作为质物，根据一定质押率向借款企业发放的短期流动资金贷款。在借款企业不履行债务时，银行有权依照《担保法》及相关法律法规，以该标准仓单折价或以拍卖、变卖该仓单的价款优先受偿。

1) 产品优势
(1) 保障客户现金流持续稳定。
(2) 提高客户资金使用效率。
(3) 节约客户财务费用。

2) 申办条件
(1) 企业法人或经授权的独立企业单位或其他经济组织。
(2) 在银行开立结算账户，保持良好结算关系，无贷款逾期记录。
(3) 有固定经营场所，合法经营并拥有稳定销售渠道和成熟的商业运行模式。
(4) 原则上有符合基本要求比例以上的存款保证金，融资期限一般不超过 6 个月，最长不超过一年。
(5) 标准仓单质押贷款的期限不能超过交易所规定的该标准仓单的有效期。
(6) 贷款质押率要根据借款人信用登记和仓单对应商品的性质差异来确定，不同的借款人及不同的标准仓单，质押率不同。

3) 客户需提交的资料
(1) 借款人提出申请时应填写《供应链金融业务申请材料清单》，一式两份。
(2) 营业执照、贷款证(卡)、法人代码证、法人代表身份证、特殊行业生产经营许可证或企业资质等级证书(若有)。
(3) 公司章程及验资报告。
(4) 连续 3 年经审计的财务报告(含报表附注与说明)，最近一期的财务报表，成立不足 3 年的企业，提交自成立以来的年度财务报告和最近一期财务报表。
(5) 近一年的主要银行账户对账单。
(6) 经营场所产权证明或租赁合同协议书。
(7) 提供其与银行认定的核心企业具有良好合作关系的证明等材料。
(8) 银行要求的其他相关资料。

4) 标准仓单质押融资流程
(1) 客户将标准仓单及《质押申请书》交给银行。
(2) 办理质押手续。
(3) 银行为客户提供出账。
(4) 客户补缴保证金或归还银行授信。
(5) 银行释放标准仓单。

(6) 在需要客户以标准仓单参与实物交割偿还银行授信的情况下，银行将标准仓单直接交给期货公司，授权其代理参与实物交割。

(7) 交易款项首先用于偿还银行授信。

注：仓单的实际价值以期货交易所发布的价格为准，请客户密切留意交易所的价格发布。

3. 先票/款后货

先票/款后货是基于核心企业(供货方)与经销商的供销关系，经销商通过银行融资提前支付预付款给核心企业并以融资项下所购买的货物向银行出质，银行按经销商的销售回款进度逐步通知监管企业释放质押货物的授信业务，如图7.9所示。

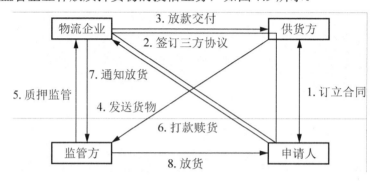

图7.9 先票/款后货基本流程

1) 产品优势

(1) 对核心企业来说，提高销售预测准确性，合作安排生产节奏，降低生产成本；减少应收账款对资金的占用，降低资金使用成本，提高资金使用效率；稳定销售渠道，提高市场占有率。

(2) 对下游经销商来说，突破担保资源限制，解决采购预付账款不足问题；增加向核心企业单次订货的规模，获得更大的采购折扣和其他优惠；提前锁定商品采购价格，防止涨价风险；融资工具多样，降低融资成本。

2) 适用范围

(1) 上下游明晰，卖方综合实力较强，所采购商品市场价格透明度高、变现能力强且适合质押存放的企业。

(2) 核心企业比较强势，要求经销商采用预付货款形式支付采购款的行业。

(3) 核心企业的销售政策表明，一次性大批量订货可以获得更多商业折扣。

(4) 核心企业愿意在银行帮助下借助自身信用为经销商融资提供支持，从而稳定下游销售渠道。

3) 申办条件

(1) 为经工商行政管理机关或主管机关核准登记的企(事)业法人或其他经济组织。

(2) 经销产品为核心企业主营产品，是核心企业主要经销商，如区域总代理、排名靠前的经销商；或使用核心企业的主营产品作为生产原材料的下游生产企业。

(3) 与核心企业合作年限不低于2年，或企业实际控制人与核心企业的合作年限不低于3年，或与核心企业长期订单。

(4) 有完善的销售渠道，销售能力强，货物周转速度较快，回款良好。

(5) 银行征信记录良好，履约记录良好，无重大违约事项，未涉及任何悬而未决的争议和债权债务纠纷。

(6) 核心企业推荐，如有核心企业信用增级措施可优先考虑。

(7) 银行核定的其他条件。

4) 客户需提供的资料

客户除需提供银行授信业务的基础资料外，还需提供如下资料。

(1) 先票/款后货业务申请书。

(2) 最近两个年度与核心企业的购销合同、发票等过往交易记录。核心企业对于经销商的准入、退出机制，以及认定为核心企业经销商的证书等相关材料。

(3) 供货商授予其经销权证书原件(如有)。

(4) 有权决策机构(人)同意办理银行先票/款后货业务的决议。

(5) 经办行需要的其他材料。

5) 先票/款后货流程

(1) 客户向银行缴纳一定比例的保证金。

(2) 向客户提供授信出账，并直接用于向卖方的采购付款。

(3) 卖方发货，直接进入监管方的监管仓库。

(4) 客户根据经济需要，向银行补充保证金。

(5) 银行根据保证金补充的量，通知监管方向客户释放部分质物。

(6) 客户向监管方提取部分质物。

注：客户应该根据自身生产的实际需要，斟酌需要向上游企业购买货物的数量。

4. 保兑仓业务

保兑仓是指以银行信用为载体，以银行承兑汇票为结算工具，由银行控制货权，卖方(或仓储方)受托保管货物并对承兑汇票保证金以外金额部分由卖方以货物回购作为担保措施，由银行向生产商(卖方)及其经销商(买方)提供的以银行承兑汇票为结算方式的一种金融服务，如图7.10所示。

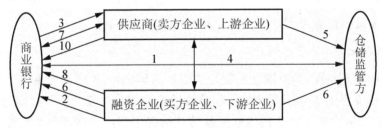

图7.10　保兑仓业务基本流程

1) 产品优势

(1) 对卖方来说，批量销售，增加经营利润，减少银行融资，降低资金成本，保障收款，提高资金使用效率。

(2) 对买方来说，提供融资便利，解决全额购货的资金，降低成本。

2) 申办条件

交易商品应符合以下要求。

(1) 适应用途广，易变现。

(2) 价格稳定，波动小。
(3) 不可消耗，不易变质，便于保全。

3) 卖方应具备的条件

卖方应为知名品牌(省级及以上)产品生产厂家，经营规模大，产品市场占有率较高。

4) 客户需提供的材料
(1) 核心企业的常规授信资料。
(2) 经销商所有的常规授信资料。
(3) 交易合同资料、货物物权凭证等。

注：客户应该根据自身生产的实际需要，酌情订购货物。

5) 三方保兑仓流程
(1) 客户向银行缴纳一定比例的保证金。
(2) 银行向客户提供授信放款，并直接用于向卖方的采购付款。
(3) 卖方向银行出具提货单用于质押。
(4) 客户根据经营需要向银行追加保证金。
(5) 银行通知卖方根据追加保证金金额向客户发货。
(6) 卖方向客户发货。

注：客户应该根据自身生产的实际需要，酌情订购货物。

6) 四方保兑仓流程
(1) 客户提出申请并签署三方协议。
(2) 银行提供授信出账，并直接用于向卖方的采购付款。
(3) 客户的供应商发货，直接进入监管方的监管仓库。
(4) 客户根据经营需要追加保证金。
(5) 银行通知监管方根据保证金的金额发货。
(6) 监管方向客户发货。

注：客户应该根据自身生产的实际需要，酌情订购货物。

5. 国内保理业务

国内保理业务是指保理商(通常是银行或银行附属机构)为国内贸易中以赊销的信用销售方式销售货物或提供服务而设计的一项综合性金融服务。卖方(国内供应商)将其与买方(债务人)订立的销售合同所产生的应收账款转让给保理商，由保理商为其提供贸易融资、销售分户账管理、应收账款的催收、信用风险控制与坏账担保等综合性金融服务，如图 7.11 所示。

1) 产品优势

国内保理作为一种金融创新产品，不仅能够解决卖方因赊销而产生的资金周转困难，提高卖方对于买方远期付款的市场竞争力，而且能够有效降低买方财务成本，并为银行带来可观的中间业务收入。

国内保理是一种全程信用控制管理的金融产品，涵盖了客户资信调查、应收账款预付款、应收账款管理、信用风险担保等金融服务。

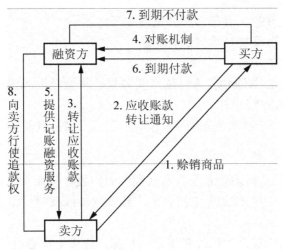

图 7.11 国内保理业务基本流程

国内保理业务不仅能够满足工商企业的流动资金信贷需求,而且与企业资金流、物流、信息流相连,能够防止企业过度贷款、套取贷款、挪用贷款,有效强化贷后管理。

2) 申办条件

(1) 申请人应当是经工商行政管理机关核准登记的企业,具备独立法人资格。

(2) 申请人资信良好,发展前景良好,产品销售渠道通畅。

(3) 供应商与买方间有稳定的商品买卖关系。

(4) 买方为信誉良好、具有履约实力的企业。

(5) 商品交易或提供的服务合法、有效、真实,购销双方没有争议。

(6) 应收账款权属清楚,没有争议,不受抵消权、质押权、留置权、抵押权及求偿权的影响。

(7) 应收账款账龄结构合理、坏账比例适度、风险能有效预测和控制。

(8) 购销合同中没有对应收账款禁止转让的条款。

(9) 银行要求的其他条件。

3) 客户需提供的资料

卖方向银行申请办理国内保理业务时,应提交下列材料。

(1) 基础资料。营业执照副本及年检登记文件、组织机构代码证、税务登记证及按时纳税证明、公司章程、验资报告、近两年财务报告(若有经审计的财务报告,则提供具有相应资格的会计事务所审计的财务报告)、有权机构的授权书或相关决议等,经人民银行年检的贷款卡(证)。

(2)《国内保理业务申请书》。申请书应由卖方法定代表人或其授权的有权签字人签字并加盖公章。

(3) 与特定买方签订的商务合同(如年度购销协议)。近两年销售及收款明细,以及交易中所使用的各种文件、单据(如发票、货运及质检单据等)样式。

(4) 法定代表人资格证明书、身份证及授权代理人办理相关申请手续的授权委托书、代理人身份证。

(5) 银行认为应当提供的其他材料。

4) 国内保理流程

(1) 客户在额度内向银行申请应收账款转让。

(2) 银行接受应收账款，并于客户共同通知买方。
(3) 买方对应收账款及转让事宜进行确认。
(4) 银行向客户发放融资。
(5) 应收账款到期日前通知买方付款，买方直接将款项汇入银行指定账户，银行扣除融资款项，余额划入客户账户。

注：本业务并无法完全规避交易对手风险，仅以改善流动资金周转为目的。

6. 应收账款质押业务

应收账款质押业务是指融资企业以合法拥有的应收账款质押给银行，银行以贷款、承兑等各种形式发放的、用于满足企业日常生产经营周转或临时性资金需求的授信业务。

1) 产品优势

(1) 对上游供应商来说，可以改善资金流状况，能接受核心企业较为苛刻的付款条件，提高谈判的主动性；获得银行授信，有利于扩大生产和销售规模，稳定与核心企业的购销关系；盘活应收账款，减少流动资金占用，降低财务费用。

(2) 对核心企业来说，可以稳定上游的合作关系，获得更加稳定、优质的货源供应；可以减少直接融资，节约财务成本，提高利润率；可以借助银行的供应链融资为供应商提供增值服务，减少支付压力。

2) 适用范围

(1) 与核心企业采用赊销结算方式，账期一般在15天以上，180天以内。
(2) 与核心企业具有稳定的、连续的贸易关系，且与核心企业无关联关系。

3) 申办条件

(1) 为经工商行政管理机关或主管机关核准登记的企(事)业法人或其他经济组织。
(2) 必须是自身经营活动现金流连续、稳定，有不断补充的现金流可以用来偿还银行贷款。
(3) 与核心企业履约情况正常，按照交易合同约定进行结算，交易记录良好，业务关系稳定。
(4) 与核心企业合作年限原则上不低于 2 年，或企业实际控制人与核心企业的合作年限不低于 3 年，或与核心企业有长期订单。
(5) 能够通过银行的债项评级。
(6) 拟质押应收账款符合银行相关规定。
(7) 承诺银行为所质押应收账款的唯一收款行。
(8) 信贷用途符合国家法律法规相关规定和银行规定。

4) 客户需提供的资料

客户除需提供银行授信业务的基础资料外，还需提供如下资料。

(1) 用于质押的应收账款的清单及基本资料，包括付款人名录和账户等情况。
(2) 与付款人之间一年以内的应收账款历史交易记录。
(3) 对已发生应收账款应提供应收账款交易双方签订的交易合同及该交易合同项下的发票，若需进一步证明应收账款真实性的，可要求借款人提供发货证明、运输单据等。
(4) 借款人以未来应收账款进行质押担保的，应提供未来应收账款对应的交易合同。
(5) 能够反映付款人经营状况和财务状况的材料，借款人确实无法提供的，经办行必须通过其他合理途径获取付款人资料。

(6) 经办银行需要的其他材料。

5) 应收账款质押流程

(1) 在银行和应付款方(合作企业)就其供货商应收账款质押贷款融资签署合作协议的基础上，申请借款方向银行申请贷款。

(2) 银行、申请借款方、应付款方签署三方协议，银行和申请借款方签署借款合同及相关担保合同，通知应付款方冻结质押部分应付款的支付。

(3) 核定贷款金额，放款。

(4) 到期贷款回收。

(5) 通知应付款方解冻。

(6) 应付款方支付货款。

注：本业务并无法完全规避交易对手风险，仅以改善流动资金周转为目的。

7.3.3 供应链金融的发展与创新

供应链金融近几年作为一个金融创新业务在我国得到迅猛发展，已经成为商业银行和物流供应链企业拓展业务空间、增强竞争力的一个重要领域。

供应链金融巨大的市场潜力和良好的风险控制效果，自然吸引了许多银行介入。深圳发展银行、招商银行最早开始这方面的信贷制度、风险管理及产品创新。随后，围绕供应链上中小企业迫切的融资需求，国内多家商业银行开始效仿发展"供应链融资"、"贸易融资"、"物流融资"等名异实同的类似服务。时至今日，包括四大银行在内的大部分商业银行都推出了各自特色的供应链金融服务。同时，随着外资银行在华业务的铺展，渣打、汇丰等以传统贸易融资见长的商业银行，也纷纷加入国内供应链金融市场的竞争行列。

基于以上问题，金融行业应从观念、技术、组织、制度上提供一些创新，以利供应链金融的运行与控制。

1. 观念创新

在观念创新上，要时刻牢记创新是金融发展永恒的主题，创新无处不在、无时不有。

2. 技术创新

在技术上，通过互联网的技术创新，建立我国产、供、销的完整供应链信息系统。通过传感器的技术创新，将互联网运用到基础产业和服务产业，建立起不同行业、产品的基础供应链信息管理平台，为供应链金融实现技术的整体管理创造条件。

3. 组织创新

在组织上，突破供应链金融仅仅作为银行业务创新的范畴，围绕着供应链管理，建立能够集提供物流服务、信息服务、商务服务和资金服务为一体的供应链第三方综合物流金融中介公司。它既有现有的第三方物流公司的职能，又具有充当银行和生产、供应、销售之间的融资角色的职能。对银行来说，有必要对其管理体制、业务流程和盈利模式进行相应的变革，可以围绕供应链金融业务建立相应的业务事业部制，通过供应链金融业务的整体外包或部分外包的合作形式与供应链第三方综合物流金融中介公司合作，提供全面的金融服务，建立全面的业务风险管理模式，实现企业、银行风险控制和绩效指标任务的顺利完成。

4. 制度创新

在制度上，实现从原有的银行分业管理向混业管理的转变，允许银行把非核心的业务合理有序地外包给专业的供应链第三方综合物流金融中介公司，允许诸如第三方综合物流金融服务公司中介服务的存在，并依法从事有关融资业务。在供应链金融服务中，由于银行作为质押人，不完全具备监管质物的条件，此时第三方综合物流金融中介的产生，不但可以担负起帮助银行看管质物的职责，而且还可以为银行提供相关的信息、商务服务，改善信息不对称情况，提高银行等金融机构的风险管理、市场控制和综合服务能力。从而形成服务于银行等金融机构的新的金融中介产业，适应社会经济的发展。

7.4 供应链融资担保

供应链融资是银行围绕相关行业中的核心企业，通过审查供应链，基于对供应链管理程度和核心企业实力的掌握，以企业的货物销售回款自偿为风险控制基础，对其核心企业和上下游多个企业提供的融资、结算、风险管理等综合性金融服务方案。银行不再单纯看重企业的规模、固定资产、财务指标，也不再单独评估单个企业的状况，而是更加关注其交易对象和合作伙伴。

7.4.1 融资担保分析

银行通过控制核心企业的物流关系，以现货质押和预付款融资模式，进而控制了企业的资金流，有效规避了银行资金的风险。

1. 融资担保分析概述

在国外，供应链融资已经被广泛使用，我国也在近两年加快了供应链融资方案设计和推行的力度。经过两年实践和探索，尽管各银行谋划行业不一，但操作路径却是一致的，即通过控制物流和资金流，实现动态风险管理的同时，系统化抢占行业市场。这意味着市场争夺将由一对一转变为一对多的模式，即为其上游的供应商、下游的经销商和终端用户。

在我国，信用体系建设落后于经济发展速度，金融机构不良资产过大，企业之间资金相互拖欠严重，三角债盛行，市场交易因信用缺失造成的无效成本巨大。社会信用体系建设是一个庞大的社会系统工程，不可能一蹴而就，要建立完全适应我国经济发展水平的信用体系将是一个长期不断完善的过程。从构建供应链融资下的担保体系来看，委托第三方专业担保机构负责担保的外包担保替代传统信用担保已成为一个必然发展趋势。展望未来，我国现行供应链融资方案将长期存在，进一步优化和完善现有供应链融资方案的设计需要，供应链融资担保作为一种创新型服务产品应运而生。

2. 担保项目分析

供应链融资方案中，银行通过"巧用强势企业信用，盘活企业存货，活用应收账款"三大路径将中小企业融资的风险化于无形，通过供应链融资的组合，却把原来中小企业融资难的三大障碍"信用弱、周转资金缺乏、应收账款回收慢"解决了，从而使这一模式具有低风险的存在基础。供应链融资担保是实现了银行、供应商、采购商、担保机构四方共赢的融资担保方案。

1) 银行
(1) 有效防控风险,拓展优质中小企业客户群。
(2) 实现公私业务联动,拓宽零售信贷发展空间。
(3) 提升重点客户服务水平,巩固重点客户银企关系。
(4) 实现结算资金体内循环,提高银行综合收益。
2) 核心企业

核心企业和供应商实行的是相互合作、共生共荣的关系。一方面,核心企业依赖于供应商提供优质的商品服务,同时,以日益增多的商业利润不断地扩大经营规模;另一方面,供应商又依赖于核心企业销售其商品,以腾出资金和赚取利润来扩大生产规模,进行可继续的发展。合作双方为了争取最大的利润空间,有时又互相矛盾。核心企业与供应商的对抗,对企业的长期发展是很不利的,必将从相互制约、互有所图的关系向新型的相互合作、共赢伙伴关系发展。核心企业将会对供应商给予一定的扶持和相关的资金帮助。供应链融资将切实地帮助核心企业扶持其产业链中的供应商。

3) 供应商

供应商作为供应链融资服务的受益者是显而易见的,利用应收账款"自偿",做到"借一笔、完一单、还一笔",自贷自偿。首先,从银行获得相应的融资帮助企业解决了贷款难的问题,解决了其资金问题,有利于其可持续性发展;其次,企业加快了资金使用的效率,赚取更多的利润。

4) 担保公司

担保公司在其间提供了新型的服务担保,获取了相关的收益。服务担保是指金融机构提供的综合融资服务项目,包括资产评估、财务服务与分析、不良资产处理等一系列融资服务。

担保公司在中小企业融资服务中的地位越来越重要。鉴于当前的银行资源、客户、风险、政策等综合性情况,银行希望并需要担保公司能提供配套的相关服务担保等一系列的融资金融服务来配合银行的核心工作。中小企业群体根据自身的条件也希望有担保公司配合来完成其对发展资金的需求。

7.4.2 融资担保的难点

供应链融资担保是集合了四方一起的新型金融服务。由于其涉及面广泛,企业沟通烦琐,且每个具体的供应链都有其独特的情况,这给担保公司在期间参与设置了各方面复杂的障碍。具体有以下几点。

1. 供应链的寻找

供应链的寻找即核心客户的寻找,所有的融资都是以一个供应链的核心企业为中心连接点的。核心企业是在一个行业内的知名企业,如上市公司或者中国500强企业。核心企业的资本实力雄厚,财务信用状况非常好,业务链庞大,有多个企业围绕在其旁边与其形成一个完整的供应链系统。而往往核心企业凭借其实力在与供应商合作的时候在资金结算方面都有一定的优势,表现在有一定时间的账期,这样势必占用供应商的资金资源,造成供应商资金出现问题,有相应程度的融资需求。

2. 核心企业

核心企业是供应链系统的连接点,也是供应链融资系统的关键,对供应商扶持的意愿是供应商是否能融资的关键。在整个融资方案中，核心企业愿意为其供应商提供相应的保证，确认供货单证及其承担相应的费用等责任都关乎整个融资服务。因此，获取核心企业的支持就变得特别重要，且核心企业为此项融资愿意付出的代价也相当重要。

3. 资金提供

银行在融资服务中是整个融资服务的资金提供者，根据核心企业与供应商的信用状况，银行结合自身的人力资源及资金状况，银行会考虑是否融资、融资额度多少，以及是否需要担保公司的介入，这也是供应链融资担保的一个重要方面。银行针对核心企业信用资质特别好的，且供应商的企业资质银行也能认可，核心企业在融资中愿意付出的代价也相对比较低，结合融资的难易度，银行可能觉得没有必要引入担保公司进行相关的担保金融服务；银行针对核心企业信用资质很好，但供应商的企业资质一般，或者核心企业的信用资质一般，在这几种情况下，银行可能会非常愿意担保公司参与降低银行风险。因此，核心企业的选择，银行的交流，权衡利益风险的谈判沟通变得也很重要。

4. 资金获得者

供应商是整个供应链融资的资金获得者。供应商获得相应的资金支持最关键的是融资成本问题，如果供应商能够接受融资成本，那么启动供应链融资担保就不是问题。

7.4.3 应用模式与收费

供应链融资担保流程开展业务可以通过由核心企业辐射供应商的模式，也可以通过供应商入手切入核心企业的模式。这里主要介绍其中一种模式，其流程如图7.12所示。

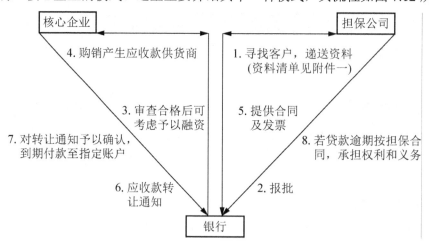

图7.12 供应链融资担保各方关联关系及流程

1. 前期接洽

(1) 针对核心企业的寻找，我们应通过报刊、杂志、电视、网络等媒体资源，寻找具备核心企业资质的相应企业信息，了解相关的供应链，通过电话营销(主要是采购部、财务部等主要部门)介绍相关的供应链融资服务，获取与企业当面会谈的机会。

(2) 在与核心企业会谈中，应详细了解相关的供应链信息，主要包括供应链金额、账期等付款结算方式、对相关供应链中相关企业的支持度等与项目相关的信息。经过协商，获取核心企业的相应支持及其相关条件。

(3) 与银行协商，详细介绍相应的供应链企业信息，获取银行融资额度的相关支持。

(4) 在三方协商一致的条件下，签订《三方供应链融资框架协议》。

(5) 在《三方供应链融资框架协议》的支持下，通过核心企业提供的相关信息与供应商进行联系融资项目，有意向者收集融资所需要的企业资料并签订相关的供应链融资担保协议和协助企业办理相关法律登记手续。

(6) 整理供应商资料报银行审批。

2. 中期执行

供应商融资资料报送银行后，应及时与银行保持联系，互通相关审批信息，及时按照银行要求完成相应的补充资料等工作，并将相关信息反馈给供应商。待融资审批成功后，根据协议收取相关费用，并按照协议内容完成相应的供应链客户管理等工作。

3. 后期跟进

(1) 融资合同到期前，定期回访客户，做好融资执行过程中的衔接工作，切实保证按合同顺利进行，并做好相应的风险控制。

(2) 融资合同到期时，督促企业还款，务必做到"借一笔、完一单、还一笔"，定时与企业联系，定期对企业回访，了解其贷款使用情况，企业的生产、经营状况，并督促客户及时按约定还款等事宜，对申请人进行监督。

(3) 融资合同到期后，被担保企业按合同约定到期偿还贷款本息，项目终止。被担保企业未能到期偿还贷款本息，担保公司履行其保证责任后，享有被担保企业的债权，应及时对该企业进行催收，尽量挽回担保损失。

4. 担保收费标准

供应链融资担保收费标准包括银行贷款利息佣金及企业担保费两部分。其中银行贷款利息佣金为银行基准贷款利率上浮30%的利息收入，由银行返还；企业担保费根据担保公司审批的条件收取，原则上也等于银行基准贷款利率的30%的利息收入，银行放贷之日企业收取。

7.5 农业供应链金融

金融支撑是中国农业产业化发展的基本经济要素和内在动力。金融支撑的核心功能是满足农业产业链中各类主体的融资需求。但农业金融具有高成本、高风险的弱点，难以匹配金融机构的风险特性，这一矛盾在中国一直未得到较好的解决。金融支持不力成为制约中国农业发展的主要瓶颈之一，目前理论研究者和社会各界提出了诸多对策，但对于怎样使用适当的金融方法和技术化解农业金融的高风险、高成本、低收益问题，理论研究一直存在争议。这一问题直接影响到中国农业金融目前面临的发展困境。

7.5.1 农业金融与供应链金融发展现状

近年来,中国商业银行开展的供应链金融实践,为中小企业融资的理念和技术提供了成功的解决方案。但农业在产业结构、生产运作特点上,与非农供应链相比差异较大。如何针对农业供应链特性,来设计农业供应链金融的应用模式和运作方法,实现降低融资成本和有效风险控制的金融功能,缓解农业供应链大量成员(中小微企业、农户)的短期融资需求,是业界所要研究的问题。

1. 农业金融

由于农业生产的天然弱质性和在国民经济的战略基础产业地位,世界各国都对本国的农业进行支持和保护。强化保护和增加投资一直是许多国家农业政策的主旋律。经济发达国家以其雄厚的经济实力为基础,通过多种方式对农业提供全面的金融支持,成功解决了"三农"问题。财政支持农业产业化实质上就是资金的支持,方式有无偿投入、担保贴息、补贴、投资参股、借给有偿资金、建立风险基金等。

改革开放后,国有商业银行从农村撤出,农业产业化金融支持出现缺位,金融机构单一、覆盖面少,金融市场竞争不足等是目前中国农业金融的现状。在中国大多数县级以下的农村地区,金融市场竞争活力不足,农村居民人均拥有的金融服务水平低下,农户金融产品需求难以满足。其中金融机构资金外流进一步加重了供给不足,农村金融资金流向发达地区、城市地区。在资金紧缺的情况下,小额贷款农户的贷款需求在正规金融机构没有得到满足,就会转向非正规金融机构融资,在民间借贷中,目前高利贷危害性日益显现,高息吞食了借款人的正常利润,对农业发展弊大于利。

可见,正规金融机构在商业化改革过程中,农业金融业务反而收缩;非正规金融(如民间高利贷)现象则在监管当局的打压下畸形发展,广大农户和农企的有效融资需求得不到有效供给。对供需失衡原因的研究表明,影响因素有制度缺失、风险控制、交易成本及资金存量等。其中交易成本是关键变量,从而信贷需求带有明显的被动性,有学者认为农村信贷市场失灵主要是由于信息不对称、道德风险,以及农户缺乏相应的抵押担保品。供需矛盾主要诱因来自农村金融制度,农村信用社处于垄断地位。

2. 供应链金融

对于供应链金融的研究,发达国家由于金融基础设施较为完善,相关研究工作主要着眼于供应链金融对供应链整体的财务贡献。关于供应链的理论前面已经有了较为全面的阐述,这里不再讨论。

当前,国内将供应链金融应用于农业研究的理论、实践和成果较少,供应链金融与农业产业链融资创新的重要理论也不多见,理论层面的分析不够深入。

近年来,国内对农业金融的关注日益升温,理论研究涉及农村金融机构、市场运行、借贷行为及金融制度构建等方面。但受制于农业金融风险的特殊性,研究多停留在对策层面,缺少在金融方法和技术上的创新。在第6章中,介绍了关于农村物流金融的具体内容,中国发展现代农业的大背景下,部分农产品的产业化已经初具规模,出现了一批有影响力的龙头企业,农业产业链也开始快步引入现代物流和供应链管理,为供应链金融的应用创造了条件。

运用农业供应链金融模式服务于"三农"

2010年,黑龙江省龙江银行,截至2010年年底,该行累计为47户涉农企业发放贷款43 851万元,覆盖土地3 870余万亩,惠及农户和就业人群550余万人。由于该行对推动农业规模化、设施化、合作社化发展的效果显著,被银监会评价为"全国第一家按照农业供应链来整体统筹谋划机构发展和农村金融服务的银行"。

宏河米业是大米产品的龙头企业,从事粮食收购及加工,拥有水稻生产基地,"嫩晶"和"金稻赢"牌长粒米和圆粒米已经取得绿色食品标志和QS质量认证。龙江银行通过"公司+农户"的供应链模式,以宏河米业的信用为基础对上下游进行融资,取得明显的金融效应。宏河米业累计获得贷款2 580万元,企业资产、收入和利润等指标均有大幅度提高。

永裕肉禽有限公司是一家以鸡肉类深加工项目为主的加工企业。龙江银行通过公司与养殖户签订养殖合同、肉鸡保价回收合同、房产抵押承诺书,同时以五户联保方式对公司做出书面承诺,构成自偿式融资。银行累计对永裕肉禽有限公司投放贷款1 550万元,对养殖户投放贷款209万元。

以上实例表明,农业供应链金融以龙头企业为核心,银行从供应链整体的运作状况来评估融资风险,而不采用传统以财务指标为主的标准,根据供应链的真实交易背景和龙头企业的信用水平来决定是否对上下游成员授信,借款人则是依赖供应链的整体实力来提高信用等级,以达到银行的评估标准。

7.5.2 农业供应链结构与融资需求

源物质有无生物属性,对整个供应链的运营管理及物流都产生根本而重大的影响,依此分为两类最基本的供应链,即涉农供应链和工业连接型供应链(或称非农原材料供应链、泛工业型供应链)。

1. 农业供应链基本概念

农业供应链的概念如同供应链的概念一样,至今尚未在理论界得到统一。一般认为农业供应链、涉农供应链、农产品供应链及农业物流网络等概念所指相同,可统称为农业供应链。它包含农业生产的产前采购环节、农副业的种植和养殖环节、农产品的加工环节、流通环节、以及最终消费环节等,涉及的所有组织和个人的网络结构,即从"种子到餐桌"的过程。

现代农业在经营上,以市场经济为导向,以利益机制为联结,以龙头企业为核心实行产销一体化经营。龙头企业是供应链中的核心企业,对整条链起主要的组织管理和控制作用,如大众养殖者、农业专业合作组织、农产品加工制造企业、大型批发中心、大型配送中心,以及大型零售超市等。龙头企业主导整个链条来对市场需求变化进行反应,也是链中利益分配的主导者。结合目前我国农业发展趋势,以及主要农产品供应过程的共性,农业供应链结构的简化模型如图7.13所示。

农产品加工后进入流通环节,进入方式有经销商直接采购、批发中心集中交易、物流中心等方式。物流的方向是自上游到下游,而资金流则是沿相反方向,由下游的消费者到最上游的农户,消费者是供应链资金流的最终来源。现代农业要求"物商分离",由第三方物流企业来执行产品由分散到集中,再配送到销售终端的过程,借助第三方物流企业专业化物流服务,可使得物流成本和服务水平得到最佳的平衡。

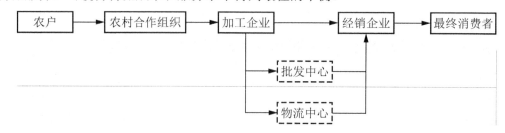

图 7.13　农业供应链结构

农业产业化的多种经营方式中,其中龙头企业带动型是最主要的组织模式,包括"公司+农户"、"公司+农业大户(专业户)+农户"、"公司+农村合作组织+农户"、"龙头企业+基地+农户"等。

2. 农业供应链的运作特点

农业供应链的实体对象具有生命体征,这一特性导致农业供应链在供应链运作和资金流方面具有显著特点。

(1) 生产对象固有的鲜活性导致产地分散、生产周期长、季节性强、供应刚性等特点。种养殖的收获集中在某一时段,但生产资金投入则远早于收获期,资金缺口出现于生产周期的开始。

(2) 产出与天然、自然条件,以及装备水平、科技应用等密切相关,对外部条件的弱质性导致供应的不稳定性,灾害性损失的概率较高,风险性高。

(3) 成品加工的时间短,农产品消费弹性小,销售周期长,大量的库存存在于加工企业或销售网络中,存货占用企业流动资金的比例高,资金回收慢。

(4) 部分产品的价值衡量缺少简便方法,需要专业机构对其品质、营业成本等按批量进行鉴定,增加了流通的成本。

3. 农业供应链的融资需求

农业金融具有周期长、季节性强、风险大等特点,融资需求在时间、数量、方式、偿还期、偿还方式等方面都与工业领域的中小企业融资存在本质的区别。流动资金缺口主要存在于"生产、加工、销售"等3个环节。

(1) 生产环节是供应链最薄弱的环节,即风险最高的环节。农户经济实力最弱,生产一开始就存在养殖、设备购置等方面的资金缺口。农户贷款具有分散、小额、缺乏抵押担保品等不利因素。商业金融机构面对成本收益严重不均衡的农户贷款,多选择退出。目前,我国农村金融机构缺乏竞争,创新金融产品、服务动力不足,无法满足农户在农业产业化过程中日益多样化的融资需求。

(2) 加工环节,初级农产品的上市、交易集中在较短的时间内完成,加工企业需要在短期内支付上游供应者大量的货款,形成较大的流动资金缺口。加工企业对上游农户的欠款,直接影响到农户的积极性和生产连续性。保证农户生产资金投入和及时获得货款支付,是农业供应链运作是否通畅的根本所在。

(3) 经销环节,存货占用销售企业的大量流动资金,存货成本最终沉淀在产品的最终销价上，降低了产品的竞争力。经销企业的资金缺乏最终也会将资金压力传导到上游，从而导致供应链整体的资金流不畅。

另外，供应链中的强势地位者要求对方尽快付款，给弱势地位企业带来极大的压力。缺少金融机构的贷款支持，借款人有时不得不借助民间的高息借贷，生产利润被高利贷侵占，十分不利于产业的健康发展。

7.5.3 农业供应链金融设计

核心企业不仅在供应链中处于强势地位，并且融资能力也无可替代。然而纵览这一由核心企业驱动的业务链条，核心企业的强大信用并未被充分利用起来。首先外部输入资金集中在核心企业，不能对整个供应链形成最佳分配方案；其次过多资金沉淀在核心企业，也降低了银行的博弈能力和资本收益。

1. 农业供应链金融的应用条件

农业供应链金融是构架于供应链管理理念和现代物流管理的基础之上的，缺少这一基础的支持将难以实施。供应链金融利用对物流/资金流的控制，以及面向授信自偿性来隔离借款人的信用风险。传统农业具有产业化程度低、行业集中度低、作业地点分散、交易不集中(现金交易为主)、物流自营等特点，难以达到供应链金融的应用条件。

通过农业产业化，农业生产的产前、产中、产后形成比较完整的紧密联系、有机衔接的产业链条，组织化程度高，有相对稳定、高效的农产品销售和加工转化渠道。大型的加工企业、经销企业，以及具有规模效应的物流中心成为供应链的龙头企业，为供应链金融的应用创造了条件。另外，农业供应链金融的动产融资涉及第三方物流企业的监管服务，银行必须依赖物流企业对借款人信息流和资金流的控制，才能有效降低风险敞口和形成风险隔离机制。所以农业物流现代化，也是供应链金融的必要条件之一。目前，我国部分农业产业化和专业化已经步入快速发展阶段，存在具有优质核心企业的供应链，具有了供应链金融创新的基本条件。

2. 农业供应链金融的设计原理

农业供应链中，成员的现金流缺口发生在以下 3 个环节。

(1) 生产环节，农户用于养殖、设备购置等方面的资金缺口。

(2) 收购环节，加工企业需要在较短期内支付大量的货款。

(3) 销售环节，经营企业需要支付向加工企业提货的货款。生产者、加工企业和经销商的势力不相等的，强势地位者则要求对方尽快付款，给弱势地位者带来巨大资金缺口压力。

供应链金融从 3 个环节来及时注入成员所需的流动资金，从而缓解供应链整体的资金短缺。风险管理始终是银行金融业务管理的核心；生产环节不存在可抵押的实物资产，可采用担保(保险)与动产融资相结合的方式；而加工和销售环节，成品是实物资产，具有性状和价值较为稳定的特点，可基于仓单质押来实现动产融资。农业供应链的原理与方法可归结为以下几点。

(1) 供应链竞争力和运作状况是银行授信的基础。其中核心企业(龙头企业)的信用水平和行业竞争力对银行授信具有重大的影响，核心企业为银行提供其交易对象的信用状况，有效解决信息不对称和信息获取成本过高的问题。

(2) 信用评级与债项评级相结合。不以考查借款人财务状况和担保为主，而是以贸易自偿性为基础,重视对交易背景的审查,将信用评级与业务评级相结合,提高债项评级权重。

(3) 将授信客户与核心企业、合作组织实施信用捆绑。核心企业要承诺为借款人承担回购、销售调剂和未发货退款等准担保责任,合作组织承担连带担保责任。

(4) 风险屏蔽与控制。银行与物流企业合作,依托后者的专业能力,对借款人的资金流、物流和信息流实施封闭控制,实现融资自偿性,当出现信用风险时,风险敞口能得到有效释放。

(5) 低成本化。目前,银行推广电子商业汇票,并实现供应链金融"线上化",银行、借款人和物流公司之间的交易信息实时传递,解决信息获取与监管成本的背反性问题。

3. 供应链金融创新模式设计

根据以上分析,结合供应链金融的基本模式,本章提出三种农业供应链的融资模式,分别针对生产、加工、销售等环节。

(1) 生产环节的预收账款池融资。生产环节需重点解决广大农户的资金短缺问题,但银行与数量巨大的农户直接建立借贷关系是不现实的。以生产者的未来预期收入为标的抵押给银行,同时加工企业向银行承诺收购标的,银行在生产周期的开始支付生产急需的资金投入,农产品收购后,加工企业的货款直接支付给银行以抵扣借款。这一原理在理论上是可行的,但必须解决融资成本与金融风险问题。

规模效应原理可解决融资成本问题。农户与合作组织的合同、龙头企业与合作组织的订单,以及龙头企业和合作组织提供的上游生产者信息,是银行筛选、过滤借款人的主要依据。经过筛选的大量农户融资需求形成"池";银行为借款人建立相应的预收账款"池",并根据"池"容量为借款人提供一定比例的融资,实现预收账款的快速变现。

农业的高风险性是天然存在的,必须有相应措施来释放银行的风险敞口。担保机构和保险机构为生产者可能遭遇的自然灾害等重大损失提供保险,直接受益人为银行。银行还必须同加工企业签订承诺收购协议,购货方拒绝付款或无力付款时,银行有权向加工企业要求偿还资金。上述模式可称之为预收账款的池融资模式,如图 7.14 所示。

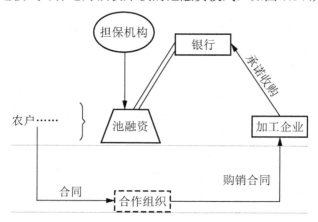

图 7.14 预收账款池融资模式

预收账款池融资模式的主要流程如下。

① 农户、合作组织和加工企业分别签订相应的合同,加工企业协助前者申请贷款,专门用于订单的生产。

② 农户依据合作向银行申请预收账款融资,以未来的货款支付作为还款。

③ 银行审查加工企业的资信状况和回购能力,审查通过则与加工企业签订回购协议。

④ 银行审查借款人的申请,形成"池",银行与借款人签订贷款协议,同时由担保机构提供担保,银行发放贷款给借款人。

⑤ 加工企业在收到借款人的货物后,加工企业将相应的货款直接支付给银行以抵扣借款,直到完成所有借款的抵扣为止。

预收账款池融资模式下,农户无须抵押便可获得用于生产的前期投入。此模式以加工企业的承诺回购为前提条件,由合作组织为借款人承担连带担保责任,再加上担保,使得银行的信贷风险可控。

(2) 加工环节的应付账款融资。收购并加工后的成品属于实物资产,可以用库存出售所获得的预期收益来向银行申请贷款,如图 7.15 所示。由银行指定仓库和委托物流公司进行监管,银行控制其提货权。银行根据评估机构的货值来发放贷款,库存出售后的货款作为还款。由于成品的性状比较稳定,具有可变现性,所以无须担保。

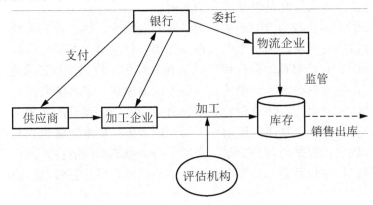

图 7.15 无需担保的应付账款融资模式

加工环节的应付账款融资的主要流程如下。

① 加工企业、物流企业、银行、评估机构达成合作协议。

② 加工企业收货并加工后,按批次向评估机构申请货值评估,向物流企业申请入仓和向银行申请应付款支付给供应商。

③ 银行收到评估机构的货值信息及物流企业的入仓信息后,向供应商支付货款。

④ 成品销售出库后,经销商支付的货款直接转入银行账户,以抵扣加工企业的借款。

⑤ 重复上述过程,直到完成所有借款的抵扣为止。

银行提供的代付款能有效缓解加工企业收购农产品的资金短缺问题。加工企业可做到"收购一批农产品,支付一批货款",及时的兑付确保农户利益不受损失。

(3) 经销环节的存货质押融资。未经加工的农产品不适合作为质物,但加工后进入流通领域的成品适合作为质物。供应链下的存货质押融资是由银行接受经销商的库存成品作为质押,并委托物流企业监管,向经销商发放贷款的融资模式。

存货质押融资模式运作的基本流程:经销商先以其自身的成品库存作为质物,存入银行指定的仓库,并据此获得银行的贷款,在质押产品后续的销售过程中逐步还款;物流企业提供质物的保管、监督和信用担保等服务。这种模式的实质是将银行不太愿意接受的流动资产(库存商品)转变为其乐意接受的动产质押产品。

农业产业化可以有效解决银行与农户之间信息不对称的问题，避免客户选择的盲目性，降低贷款的违约风险。通过龙头企业、合作社的担保或资金流监控，缓解了信贷人员的工作压力，节约了人力、时间等放贷成本。生产环节的预付账款融资保证了生产的顺利进行，加工环节的应收账款融资实现了加工企业的杠杆采购，经销环节的存货质押融资实现了经销企业的批量采购，从而使得"生产、加工、销售"各环节的资金缺口得到有效的补充，提高供应链整体的运作效率和竞争力。

本 章 小 结

本章主要从采购管理、销售管理、资金流管理，以及贸易管理4个方面探讨供应链中金融服务创新。当然，这4个方面的金融服务创新内容远远超过本章所涉及的内容。由于篇幅和研究侧重点的限制，本书并不能对上述的4方面内容进行深入和详细的研究。但可以预见的是，这4个方面将会是未来研究的方向。

本章阐述了供应链金融物流的产生背景及其发展状况。供应链金融物流的产生背景主要是第三方物流服务的革新、中小型企业融资困境、供应链"共赢"目标、金融机构创新意识增强等。此外，有针对性地对金融物流运作模式做了探讨。按照金融机构(如银行等)参与程度的不同，把金融物流运作模式分为资本流通模式、资产流通模式和综合模式。所谓资产流通模式，是指第三方物流企业利用自身综合实力、良好的信誉，通过资产经营方式，间接为客户提供融资、物流、流通加工等集成服务；资本流通模式是指金融物流提供商利用自身与金融机构良好的合作关系，为客户与金融机构创造良好的合作平台，协助中小型企业向金融机构进行融资，提高企业运作效率；综合模式是资产流通模式和资本流通模式的结合。

关键概念

供应链金融　供应链管理　资金链　产业链　金融服务创新　结算　理财　账款管理　仓储融资　仓储法案　融资担保　农业供应链金融　买方信贷　授信融资　反向担保　信用证担保　仓单质押

讨论与思考

1. 简述供应链金融与传统信贷的区别。
2. 简述供应链融资的特点与方式。
3. 简述供应链金融的主要内容及应用流程。
4. 试举例说明供应链金融的发展与创新。
5. 简述农业供应链结构。
6. 简述农业供应链金融设计。

第8章 物流金融服务创新

【学习目标】

1. 掌握物流金融创新的概念和内容;
2. 掌握物流金融创新的基本运作模式;
3. 领会物流金融创新的本质和特点;
4. 掌握物流银行产品创新的基本内容;
5. 认识供应链采购管理的创建;
6. 明确物流金融创新的发展、运作模式和构成要素;
7. 掌握融通仓运作模式运作和设计。

【教学要求】

知识要点	能力要求	相关知识
物流金融创新服务	(1) 掌握物流金融创新的基本概念 (2) 领会物流发展对金融创新的推动作用 (3) 明确物流金融创新研究的对象和内容 (4) 掌握我国的物流银行产品创新	(1) 相关概念 (2) 物流金融创新相关的理论知识
供应链采购管理	(1) 了解供应链采购管理体系框架 (2) 掌握供应链采购管理运作流程	(1) 掌握基本知识点 (2) 金融衍生品中的采购风险管理
国际贸易物流金融运作	(1) 熟悉跟单托收结算方式和运作流程 (2) 熟悉信用证结算方式 (3) 熟悉保理结算方式	物流金融在国际贸易中的优势
销售管理物流金融	(1) 熟悉现金折扣的供应链创新 (2) 熟悉电子商务平台供应链金融服务	销售组合管理决策
融通仓贸易创新管理	(1) 融通仓的价值分析 (2) 掌握贸易管理中的融通仓运作模式	资金流管理的自动化模式

引例

物流金融成功案例

深发展银行

自2005年7月深圳发展银行(以下简称：深发展)正式确定公司业务"面向中小企业"、"面向贸易融资"战略转型后，深发展贸易融资投放力度迅速加大。2005年全年，深发展累计投向供应链贸易融资的资金总额超过2500亿元，累计扶持超过一万家中小企业实现了业务成长。目前，深发展供应链金融业务保持了较好的资产质量，以货押业务为例，这项业务自开办以来，不良率维持在0.5%以内。在深发展的示范带动下，浦发银行、民生银行、华夏银行、光大银行、招商银行、平安银行等也纷纷开始涉足这一领域。

中远物流

中远物流依托中国远洋集团的良好信誉和业界声望，与深发展银行、民生银行等十三家银行结成了战略联盟，积极投身供应链金融服务，为有潜力的客户提供金融信贷支持，扶持了一批中小客户的快速成长。中远物流还在提升和充分挖掘客户价值的基础上，加大与码头运营商的合作力度，首创了"海陆舱"模式，并通过建立多个物流金融专业平台(实体公司)，强化了中远物流在码头进出口、远洋运输、船代、货代、报关报检、存储、货物质押贷款监管、公路运输、铁路运输、内贸海运等现有物流业务。在中远物流的示范带动下，中外运、中储、中海、中铁等国有大型物流企业也开始发展类似业务。

机遇与挑战

中国每年两万多亿美元的进出口贸易，以及快速发展的国内贸易正为供应链金融业务的发展提供着广阔的空间。我们也已经看到，国内和国际的商业竞争早已从传统的品牌、价格和服务的竞争转变为供应链与供应链之间的竞争。随着金融和物流服务的推陈出新，为客户提供商流、物流、资金流、信息流集成式一体化服务已经是大势所趋。

章前导读

近年来，我国物流金融业务得到快速发展。虽然国内开展物流金融业务时间不长，但物流金融的创新服务凭借自身特点和良好的融资优势得到许多中小企业的青睐。各金融机构也纷纷联合第三方物流企业开展物流金融服务，成为发展我国物流经济的重要力量。物流金融作为传统物流业务与现代金融业务相交合的产物在短时期得到快速应用。创新，从根本上说，就是要从思想深处改变观念。而观念的创新，就是一切创新活动的源泉。对于商业银行的创新工作来说，观念创新，是商业银行改革的前提。

物流是基础，资金流是保障。把物流服务与金融服务相结合进行服务模式的创新，是当前金融机构、物流公司等在市场竞争中求发展的重要途径。物流金融是物流服务和金融服务相结合的产物。物流金融也是供应链金融服务的创新产品，它为我们提供了一个新的思路和实施方法，具有一定的理论意义和现实意义。

通过综合考虑物料流、资金流和信息流的协调和管理，可为供应链创造更多的价值。在前面章节的介绍中，主要是通过综合管理物料流和资金流的运作来解决供应链中资金流的供应和需求不匹配的问题。由此，产生了供应链多种金融服务创新内容。其实金融服务创新的内容并不局限在融资服务上，在供应链的多数运营环节中同样存在很多的运营和金融集成创新服务。

8.1 物流金融创新概述

金融对物流的监督机制与激励机制是相辅相成的。金融体系在要求企业完善内部核算机制的同时，应激励物流业不断创新企业内部运行机制，通过减少库存和物资占压等手段，加速企业资金周转，降低占压资金成本，从而提高企业的资金财务管理水平，增强市场竞争力。

8.1.1 物流发展对金融创新的推动作用

面对物流全球化、信息化、网络化的高速发展，使得现实对超越空间限制的结算支付等物流金融综合服务的要求不断增强。因此，实现农产品物流与资金流的高效融合，构建我国物流建设金融创新模式理论体系和政策框架，具有相当重要的作用和意义。

1. 物流发展推动金融工具创新

物流发展要求资金流的协调发展，由此推动了网络银行及电子化结算手段的发展，它是金融电子化最新发展的产物，作为网络上的虚拟银行，用户可以不受时空限制享受全天候的网上金融服务。首先，网络银行改变了传统银行的经营理念；其次，网络银行改变了传统银行的营销方式和经营战略，它能够充分利用网络与客户进行沟通，来满足每个客户不同的金融和财务需求；再次，网络银行使银行的竞争格局发生变化，网络银行的全球化服务使金融市场全球开放，银行业的竞争不再是传统的同业竞争、国内竞争、服务质量和价格竞争，而将是金融业与非金融业、国内与国外、网上银行与网络银行等多元竞争格局。

2. 物流发展推动金融制度创新

由物流发展推动的网络金融使得银行业、证券业、信托业和保险业等金融服务业务综合化发展的趋势也在不断加强，传统金融服务领域的界限逐渐趋于模糊，证券、银行、保险三者之间的业务出现相互渗透的趋势。所谓金融制度的创新指的是关于资金融通的体系或系统的创新，它主要包括作为宏观调控的中央银行制度和作为基础结构的微观组织安排等方面的创新，具体体现就是制度的融合化趋势。

3. 物流发展推动金融监管创新

随着物流业的发展，对高效、准确、安全的"资金流"产生了巨大需求，这就对金融业提出了新问题，促进金融创新。金融创新又加大了金融业的风险与动荡，势必推动金融监管的创新。金融监管与金融创新是一个互动的过程，它们的动态变化使得金融制度得以调整和变革。金融管制虽然在一定程度上稳定了金融秩序，促进了经济的持续发展，但随着经济形势的发展和金融环境的变迁，传统的金融管制体制面临多方面的挑战。例如，电子货币和网络银行业务的开展对中国金融监管的内容和方法提出了挑战。网络银行以其方便、快捷、超时空等特点，通过计算机网络，可以在瞬间将巨额资金从地球的一端传到另一端，大量资金突发性的转移无疑会加剧金融市场的波动，网络快速传递的特性，会使波动迅速蔓延，而网络银行的整个交易过程几乎全部可以在网上完成，金融交易的虚拟化使银行业务失去了时间和地域的限制，交易对象变得难以明确，过程更加不透明。

电子货币的发行和流通也对央行货币供给调控能力提出了质疑，专家提出，第一，应由金融监管部门统一规划管理电子货币与网络银行，并建立一套相应的法律法规，明确消费者、商家、银行和清算机构的权利和义务，在发展电子货币的同时建立起对其发行、流量、统计的监控体系，将认证中心网络银行业务方式列入金融机构管理范围，建立专门的网络银行准入制度，制定网络安全标准，建立安全认证体系等。第二，金融监管应不断加强。随着金融管制的放松，金融体系的效率提高，金融创新活跃，但金融机构的经营风险加大。因此，在行政式的直接金融管制放松的同时，以风险控制为主要内容的金融监管应不断加强。

4. 物流发展推动金融组织创新

物流在实现即时、高效的多供应链服务的同时，伴随乃至渗透着"资金流"。"资金流"与高效物流的匹配需求促进了对传统的金融机构组织结构的创新。对金融机构组织结构创新的研究包括对产权结构和外部组织结构的分析，前者与金融机构的决策、动力和行为方式息息相关，后者与金融机构的合理配置及金融体系的运行成本、效率息息相关，而网络经济的发展也使得金融服务领域在组织结构上呈现出两大发展趋势：一是传统的金融服务领域出现大规模的并购浪潮。并购不仅可以扩大规模，增强竞争优势，而且可以低成本地实现向混业经营的演变。金融业并购的一大特点是强强合作、混业联合，其目的都是为了适应网络经济时代的要求，最大限度地降低交易成本，提高规模经济效益。二是非金融企业借助网络技术，利用成本优势向金融服务领域渗透，高新技术网络公司利用成熟的网络技术和低廉的费用优势广泛吸收客户开展金融服务，触角已涉及银行、证券、保险等金融领域。其初始规模虽然较小，但凭借网络利器仍在与传统金融企业争夺市场份额。目前，在国外已经出现了传统金融企业与新兴技术网络公司广泛合作、协同发展的趋势，金融企业与非金融企业共同向社会提供高水平、低成本金融服务的时代已经来临。

8.1.2　物流金融创新的基本运作模式

根据金融机构参与程度的不同，可以把物流金融运作模式分为资产流通模式、资本流通模式和综合模式。所谓的资产流通模式是指第三方物流企业利用自身综合实力和良好的信誉，通过资产经营方式，间接为客户提供融资、物流、流通加工等集成服务；资本流通模式是指物流金融提供商利用自身与金融机构的良好合作关系，为客户与金融机构创造良好的合作平台，协助中小型企业向金融机构进行融资，提高企业运作效率；综合模式是资产流通模式和资本流通模式的结合。

1. 资产流通模式

1) 替代采购方式

替代采购业务模式如图 8.1 所示，是由物流公司代替借款企业向供应商采购货品并获得货品所有权，然后根据借款企业提交保证金的比例释放货品。在物流公司的采购过程中，通常向供应商开具商业承兑汇票并按照借款企业指定的货物内容签订购销合同。物流公司同时负责货物运输、仓储、拍卖变现，并协助客户进行流通加工和销售。

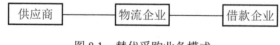

图 8.1　替代采购业务模式

2) 信用证担保方式

信用证担保业务模式如图 8.2 所示，物流企业与外贸公司合作，以信用证方式向供应商支付货款，间接向采购商融资；供应商把货物送至融通仓的监管仓库，融通仓控制货物的所有权；根据保证金比例，融通仓按指令把货物转移给采购商。

图 8.2　信用证担保业务模式

2. 资本流通模式

(1) 仓单质押融资方式。最简单的仓单融资是由借款企业、金融机构和物流公司达成三方协议，借款企业把质物寄存在物流公司的仓库中，然后凭借物流公司开具的仓单向银行申请贷款融资。银行根据质物的价值和其他相关因素向其提供一定比例的贷款。质押的货品并不一定要由借款企业提供，可以是供应商或物流公司，如图 8.3 所示。仓单质押融资业务在前面的章节中，已有相关方面的论述，这里不再展开讨论。

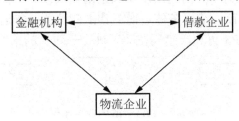

图 8.3　仓单质押融资业务模式

(2) 买方信贷方式。买方信贷业务模式如图 8.4 所示。对于需要采购材料的借款企业，金融机构先开出银行承兑汇票。借款企业凭银行承兑汇票向供应商采购货品，并交由物流公司评估入库作为质物。金融机构在承兑汇票到期时兑现，将款项划拨到供应商账户。物流公司根据金融机构的要求，在借款企业履行了还款义务后释放质物。如果借款企业违约，则质物可由供应商或物流公司回购。

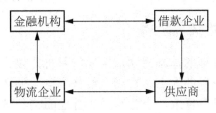

图 8.4　买方信贷业务模式

(3) 授信融资方式。该方案为统一授信贷款业务，就是物流公司按企业信用担保管理的有关规定和要求向金融机构提供信用担保，金融机构把贷款额度直接授权给物流公司，由物流公司根据借款企业的需求和条件进行质押贷款和最终结算。在此模式中，金融机构基本上不参与质押贷款项目的具体运作。物流公司在提供质押融资的同时，还为借款企业寄存的质物提供仓储管理服务和监管服务。其具体业务模式如图 8.5 所示。

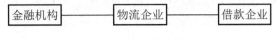

图 8.5　授信融资业务模式

(4) 反向担保方式。该方案，针对借款企业直接以寄存货品向金融机构申请质押贷款有难度的情况，由物流公司将货品作为反担保抵押物，通过物流公司的信用担保实现贷款；也可以组织企业联保，由若干借款企业联合向物流公司担保，再由物流公司向金融机构担保，实现融资；甚至可以将物流公司的担保能力与借款企业的质物结合起来直接向金融机构贷款。其具体业务模式如图 8.6 所示。

图 8.6　反向担保业务模式

3. 综合运作模式

综合运作模式(图 8.7)包括资产流通运作模式和资本流通运作模式,是物流金融高层次的运作模式,其对物流金融提供商有较高要求。例如,物流金融提供商应具有自己全资、控股或参股的金融机构,如我们所熟悉的 UPS 公司,在 2001 年 5 月并购了美国 FIB,将其改造成为 UPS 金融公司。由 UPS 金融公司推出包括开具信用证、兑付出口票据等国际性产品和服务业务。UPS 作为中间商在沃尔玛和东南亚数以万计的中小出口商之间斡旋,在两周内把货款先打给出口商,前提条件是揽下其出口清关、货运等业务和得到一笔可观的手续费,而拥有银行的 UPS 再和沃尔玛在美国进行一对一的结算。

图 8.7 物流金融综合运作模式

8.2 供应链采购管理中的金融服务

物流金融正是基于物流增值链中采购管理、供应商、终端用户、金融机构及物流企业等各方的共同需要而产生和发展的。物流金融作为一种新型融资模式,正在成为金融机构和物流企业共同关注的目标。

8.2.1 采购管理面临新挑战与机遇

采购管理是现代企业管理的基本活动,采购的目标是以合理的价格、适合的数量,在正确的时间将物料发送到正确的地点。在当今经济全球化的环境中,企业参与市场竞争的程度不断加深,采购活动日益复杂,企业的采购管理面临着诸多挑战。

1. 众多跨国公司在全球范围内进行资源配置

随着世界经济步入全球化和信息化阶段,国外供应商不断渗入中国市场,中国的生产和制造企业也不断通过各种形式走出国界,这使得中国企业的采购活动面临着前所未有的风险和挑战。例如,2004 年中国航油(新加坡)股份有限公司的破产事件就是由于采购风险所引起的。中航油买卖期权的初衷是保障中国航空燃油的可靠供应和规避燃油的价格风险,但其不科学的期权交易不但没有降低风险,反而造成 5.5 亿美元的巨额交易损失,并最终葬送了企业的前程。

2. 采购成本占企业总生产成本的比例不断增大

原材料或部件的采购成本在企业总生产成本中占据着相当高的比例,并且随着企业内部运营成本的不断降低,该比例还在持续地增大。据 Bender 等测算,生产和制造业的原料采购成本占销售额的 60%~80%,甚至更高,居各种成本之首。所以原材料采购管理对企业收益和经营风险具有巨大的影响。

3. 市场需求的不确定性增强

在经济全球化进程中,技术创新速度加快,新产品不断涌现,顾客流动性增强,从而导致市场需求的不确定性增强。一方面,企业对于新产品的需求缺少历史销售数据,预测未来需求的难度增加，预测精度降低；另一方面，顾客对产品更加挑剔，顾客对某一产品的喜好程度随着其他竞争产品的出现而不断改变，产品需求瞬息即变。

4. 产品的生命周期逐渐缩短

随着市场竞争加剧，产品的生命周期也越来越短。一方面由于科学技术的快速发展，不断创造新的需求，推动着市场前进，产品更新换代速度加快；另一方面市场竞争也要求企业通过不断地推出新产品，来保持市场的领先地位及获取市场的竞争优势。这种趋势加剧了市场需求的不确定性，使得采购活动更加复杂。

5. 物料采购的提前期更长

在经济一体化进程中，企业的采购已不仅仅限于国内，采购活动也拓展到国外。而在大多数行业中，国际采购的提前期较长，其采购的原材料和部件往往是通过海运来运输的，时间通常要3个月，甚至更长，而且往往物料的价值较大。企业既不愿意看到部件不足以致无法满足顾客的需求，也不愿意看到采购的物料变成库存，但是离市场实际需求越远，预测信息就越不准确，这给采购计划造成了很大的困难。

在面临着新挑战的情况下，许多企业经历着两种困境：当市场繁荣时，产品的库存不够，无法满足客户的需求，于是生产部门加班加点，但是可能因为物料采购不足而无法满足生产部门的供应；当市场萧条时，产品和原料库存大量积压，生产部门生产出大量库存。在这种新的市场环境下，采购活动给企业和企业所在的供应链带来了巨大的成本和风险，具体举例如下。

(1) 2000年3月，Ericsson某款手机芯片的唯一供应商Philps的某个半导体厂因火灾停产了几个星期，而竞争对手Nokia事先做出了快速的反应，超前购买了所有可以替代的芯片，这使得Ericsson由于供应链断裂造成了18亿美元的巨大损失，并丢失了4%的市场份额。

(2) 2001年，Cisco由于不准确的市场预测和僵硬的采购合同造成了巨大的损失，并宣布报废25亿美元价值的库存，裁员超过1 000名。

(3) 2002年，美国西海岸港口工人罢工使得中远集团的船舶无法卸货返航，造成中远集团超过2 400万美元的损失，而且中远集团的客户也因此损失惨重。同年，福特汽车由于原材料金属钯的市场价格和其定量合同约定价格的差异，导致10亿美元的采购损失。

(4) 2004年，美元对欧元的汇率下降20%~30%，而对人民币的汇率不变，这使得上海柴油机厂从德国进口的柴油机零部件成本大幅增加，造成企业一定的损失。

8.2.2 采购合同组合管理决策

供应链采购合同组合管理是指应用组合管理思想、理论和方法，设计、组合、执行和管理一批不同采购合同(如定量合同、期权合同、柔性合同或现货市场采购等)中合同参数的组合决策，使得采购企业实现降低供应链风险、降低成本和提高服务水平的目标。

1. 采购合同组合管理能有效地降低供应链风险

供应链风险主要来自采购活动。企业所处的采购外部环境和企业的运营决策，如采购决策、企业库存决策和供应商管理决策等，都会引起企业的采购风险，如价格风险、供应风险、需求风险、库存风险、支付风险等。由此可见，企业的采购风险也是企业所在供应链的最主要风险。所以有效管理采购活动，能降低供应链的风险。

企业对采购活动的供应链风险有多种控制、规避和管理的方式，主要包括运营手段和金融方法。如图 8.8 所示，从运营角度看，企业可以通过调整产品战略、合作战略、采购策略和库存策略等政策来控制风险；从金融角度看，企业可以购买保险和金融衍生产品来规避风险。

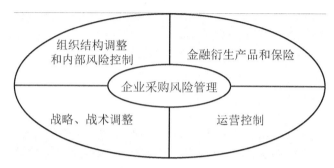

图 8.8　企业采购过程中的风险管理框架

从中国航油(新加坡)股份有限公司的破产事件和福特金属钯采购风险事件，以及从上述存在的供应链风险类型看，仅从运营角度或金融角度以单一类型的风险控制手段来管理企业的采购活动并不能有效地消除供应链综合风险。所以本节试图通过综合运用运营和金融两个领域的知识提出企业的采购合同组合管理策略，旨在控制供应链风险，降低采购成本，提高顾客服务水平。

2. 采购合同组合管理的重要意义

采购合同组合管理决策是作者在组合管理和供应链合同管理两者结合的基础上展开的，这是从运营和金融两个角度来控制、规避和管理风险的方式和方法。其包括两个方面的策略：一是基于产品组合管理的采购合同战略管理策略；二是基于现代组合管理思想的采购合同战术管理策略。

在采购合同组合管理决策时应注意以下几个方面。

① 所有采购合同必须综合分析成本、收益和风险的平衡。

② 合同的签订并不表示合同行为的结束，相反，只有完成合同的义务和权利，并且实现投资收益以后才算完成。

③ 采购合同管理应关注整体合同组合的计划、执行、管理和监督，而不是只分析单个采购合同是否正确。

采购合同组合管理在供应链风险管理中具有重要的意义。采购合同组合管理可以把企业的战略、商业运作过程和项目的开发与采购合同紧密联系起来，使得企业能够根据组合合同的需要来分配企业的资源；采购合同组合管理使得企业能根据已有的组合合同基础，评价增加一个新合同对公司总体利益和风险的影响；采购合同组合管理使得整个采购合同组合的风险分析能够同企业目标和风险管理实践紧密联系在一起；采购合同组合管理甚至可以把合同转化成为决策树(decision trees)分析的内容，使得净现值(net present value，NPV)分析的方法可以用于采购合同管理当中。

3. 采购合同的主要类型和风险承担者

供应链采购活动是通过采购合同来实现的，而不同类型的采购合同具有不同类型的风险。采购合同的分类可根据价格控制、数量控制和服务水平 3 个方面来划分。企业的采购合同有以下几种类型，见表 8-1。

表 8-1 供应链采购合同主要类型和风险承担者

合同类型	合同子类型	合同描述	风险主要承担者
结构性合同 (structured contract)	长期定量合同(包括远期和期货合同)	买卖双方约定在未来一定时间按约定价格交易一定数量的商品	采购商承担风险
	短期定量合同	买卖双方约定在不远的将来按约定价格交易一定数量的商品	
非结构合同 (unstructured contract)	柔性合同	买卖双方在合同中约定交易一定数量的商品，但采购商可以根据合同事先约定的比例调整具体采购数量	采购商和供应商共同承担风险
	期权合同	采购商向供应商先支付一小部分产品价格作为预订费用或期权价格(reser vation price)，并约定双方在将来某时间采购商有权以一定执行价格(exercise price)向供应商采购不高于合同事先约定数量的商品	
现货市场 (spot mairket)	现场采购合同	采购商以当前的市场价格向供应商采购所需的物品	采购商承担风险

4. 基于组合管理思想的采购合同战略管理策略

(1) 不同采购合同类型组合能有效降低供应链风险。单一类型的合同具有不同的风险，并能克服不同类型的风险。例如，单个定量合同可以降低采购物品价格上涨的风险，但对价格下降的风险却无能为力；单个期权合同管理可以降低库存风险却不能有效控制价格风险。同样，单个柔性合同管理可控制库存和顾客服务风险但不能管理采购企业的价格风险。

从财务管理的角度来看，每一种采购合同都是企业的一种独立投资。诺贝尔经济学奖得主 Markovitz(1952)提出分散投资组合方法可以降低投资者的风险和确保收益。Bruce 等(2003)指出，分散投资方法是指发动、组合、投资和管理一个正确的投资组合来实现收益最大、风险最小的目标。所以应用现代组合管理的理论和方法，将采购企业的不同合同进行组合管理，并设计不同采购合同中合同参数(如采购数量、采购价格和服务水平等)的组合决策策略，可实现企业综合控制采购风险、降低采购成本和提高顾客服务水平的目的。

(2) 基于组合管理思想的战略采购合同组合管理决策。战略采购指采购物品对企业有战略意义，不仅占总采购物品价值的比例大，而且供应商较少，采购商通常与供应商建立战略联盟以保证供应。战略采购风险包括供应链断裂风险、库存风险、成本风险和需求风险等。采购合同组合管理可管理这些风险问题。

① 相同合同类型的不同供应商的采购合同组合管理决策。在战略采购中，企业向单个供应商采购(single sourcing)成本可能较小，但必须面对供应链断裂风险。为降低这种风险，企业可以采用多元组合采购(multiple portfolio sourcing)策略来实现采购成本和风险最小化，以创造企业的竞争优势。

② 不同合同类型的不同供应商的采购合同组合管理决策。在成本有效条件下与不同的供应商签订不同合同类型(如数量合同、期权合同、柔性合同等)的组合决策参数，可实现企业降低供应链断裂风险、需求风险、价格风险和提高收益的目的。

(3) 基于组合管理思想的非战略采购合同组合管理决策。非战略采购指采购物品具有标准化性质，存在现货市场的采购机会，供应商数量众多，更换供应商对供应链影响不大，并且市场柔性比供应商建立战略联盟更重要。例如，电、钢材、农产品、计算机零件等日用品(commodity products)的采购等。

① 期权合同和长期合同采购组合管理决策。主要指采购商通过期权合同和长期合同组合向同一供应商采购物品，综合控制价格风险、库存风险和顾客服务风险的决策。

② 期权合同与现货市场采购组合管理决策。采购商对非战略采购物品选择现货市场采购，将面临成本风险和需求风险，所以采购商可能选择应用期权合同与现场市场采购的组合进行采购。

③ 多个期权合同采购组合管理决策。在非战略采购问题中，采购商会面对多个供应商提供多个期权合同的采购问题，并且不同供应商提供不同的期权价格和不同的执行价格。另外，采购商既可以通过期权合同提前订购商品，也可以到时在现货市场采购。

5. 基于产品组合思想的采购合同战略管理策略

(1) 组合管理思想在采购战略中的应用。组合矩阵可以区别不同物品和不同供应商的采购战略，可以识别原材料及其供应商的重要性。从产品组合管理矩阵可以清楚地了解企业在采购市场中的优势和劣势，并且能判别可能引起问题或供应风险的产品或产品群。应用于采购合同战略的组合矩阵如图8.9所示。

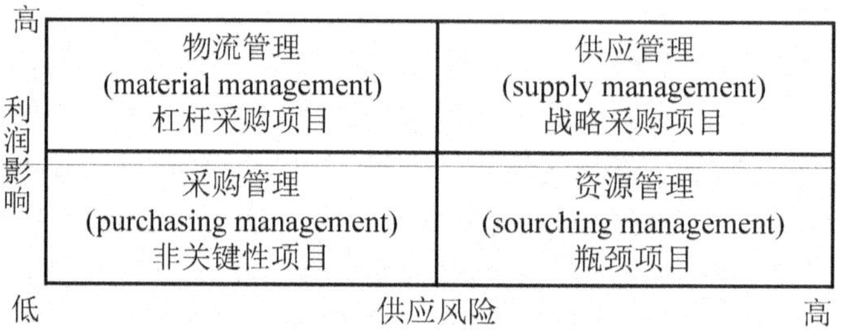

高	物流管理 (material management) 杠杆采购项目	供应管理 (supply management) 战略采购项目
利润影响	采购管理 (purchasing management) 非关键性项目	资源管理 (sourcing management) 瓶颈项目
低	供应风险	高

图 8.9 采购合同战略管理的产品组合管理矩阵

(2) 采购合同战略组合管理可降低供应链风险。基于产品组合管理矩阵，企业可以根据采购物品对利润的影响程度和供应风险(主要体现在供应商的数目上)把所有采购物品分为4个象限。不同的象限表示不同的采购成本和供应风险，并具有不同的采购战略。

① 战略采购项目。在战略采购项目中，供应商数目少，且采购物品对企业的利润产生较大的影响。供应商在供求关系中处于优先地位，其在质量、包装、配送等方面的谈判中占据有利的地位，而采购商没有更多的选择，只能接受供应商提出的合同要求。

战略采购项目的采购活动具有较大的风险，如供应风险或断裂风险等。企业的采购战略应该通过发展供应商的策略来实现，从单元采购向多元组合采购战略发展，使得采购物品所处的象限向杠杆采购项目方向移动。采购活动的战略核心具体体现在供应管理方面。

② 杠杆采购项目。杠杆采购项目中供应商的数目众多，企业的供应风险低，但供应链的需求风险、库存风险、运输风险等仍然存在。为降低这些风险，企业采购战略主要体现在与供应商建立合作伙伴关系。供应商的竞争优势是提供附加值服务，如准时化配送、库存管理服务，或个性化包装等；而采购商将不断检查供应商的具体表现，并动态地建立有效率的供应商组合，以实现有效的物料管理，降低采购成本和供应链风险。

③ 非关键性项目。非关键性项目主要体现为低价值物品的采购活动，其供应风险低。采购商的采购战略集中在提高采购流程的效率上，如采购流程标准化或电子采购等。通常

外包非关键项目的采购活动也是采购战略的一个重要选择,采购商可以把采购任务外包给大型的分销商,或者外包给战略采购和杠杆采购项目中的供应商。

④ 瓶颈项目。瓶颈项目的采购活动具有较大的供应风险。该项目的采购战略不在于寻求降低采购成本,而在于确保产品的供应。采购商应备有应急方案及必不可少的安全库存。

基于产品组合管理的采购合同战略管理为企业提供了一个非常清晰的供应商组合,可以使采购商能有效地配置企业资源,有效地控制供应链存在的一些战略风险,如供应风险、库存风险等。

8.2.3 金融衍生产品中的采购风险管理

正如前面所指出的,由于全球化竞争的日趋激烈,企业面临着巨大的采购风险,为了规避采购风险,越来越多的企业选择使用金融衍生产品进行采购风险管理。在国外,基于金融衍生产品的采购风险管理在电力行业、化工行业及旅店业等行业中已经取得了明显的成效。

1. 金融衍生产品在采购风险管理中的应用

金融衍生产品一般包括远期合约(forward contract)、期货合同(future contract)、期货期权(option on future contract)、实物期权(real object option)等。

远期合约和期货合同属于结构性合同,存在着价格风险,且风险主要由采购商承担,采购商预期未来的产品采购价格会高于合同价格,因此通过远期合约或期货合同与供应商约定在未来一定时间按合同价格交易一定数量的产品。若未来产品价格的确高于合同价格,采购商就实现了规避未来价格风险的目的,供应商则损失了单位产品的部分利润但获得了稳定的产品销路;若未来产品价格低于合同价格,采购商就要承担全部的价格风险,供应商则能获取更高的利润。

期货期权和实物期权都是期权合同,且属于非结构性合同,风险由采购商和供应商共同承担,采购商每预定一单位产品就需要向供应商支付一份保证金,每份产品期权为采购商提供一份权利(不包括义务)。只要采购商需要,每份期权保证其能以期权的执行价格购买一份产品。期权的引入为供应商和采购商提供了一种风险分享的机制。通过这种方式,采购商可以使用期权管理采购风险。当实际需求偏高时,采购商可以通过执行期权的方式来满足需求以规避供给不足的风险;而当实际需求低于期望值时,采购商可以选择不执行期权来规避供给过量的风险。但是降低风险是有成本的,采购商预先支付的保证金就是其规避风险的成本。即使采购商不执行期权,保证金也是要付给供应商的,供应商则保留保证金作为其分担采购商风险的补偿。采购商则可以通过改变预定期权的数量来决定承受需求风险的程度,以及为降低风险所支付的成本。

在正确预测和科学购买金融衍生产品的前提下,采购商能有效地规避采购风险,同时实现供应链中各方风险共担、信息共享,从而提高供应链效率,增加供应链总利润,节省共同成本,提高整个社会的效益。

2. 算例分析

为了能更清楚地揭示金融衍生产品在控制采购风险上的作用,下面通过算例加以分析。

考虑由一个旅行社和一个旅店组成的简单供应链,需求不确定性使得供应链处于供给和需求不匹配的风险之中。未来某天旅游市场繁荣的概率为 0.6,与此对应的客房需求为

1 500 间，客房标价为每间每天 120 元，在满足旅行社的需求后，旅店还能以 0.8 的概率找到散客入住剩余的客房。该天旅游市场萧条的概率为 0.4，与此对应的客房需求为 500 间，客房标价为每间每天 60 元，在满足旅行社的需求后，旅店还能以 0.4 的概率找到散客入住剩余的客房。旅店一共有客房 1 800 间，每间客房的日运作成本为 50 元。

若旅行社采用传统的短期定量合同的方式预订客房，则旅行社的期望成本为
$$0.6 \times 1\,500 \times 120 + 0.4 \times 500 \times 60 = 120\,000(元)$$

现在设旅行社还能以实物期权的方式预定客房，每间客房的保证金为 30 元，执行价格为 50 元，在实物期权的预定方式下，旅行社预定 1 000 间客房。在旅游市场繁荣时，旅行社执行全部期权，获得了 40 000 元的差价收益，从而规避了高价格的风险；在旅游市场萧条时，旅行社执行部分期权，损失了 25 000 元的购买期权的成本，与市场繁荣时获得的差价收益相比，市场萧条时的损失值要小得多。在实物期权合同下，旅行社的期望成本为
$$0.6 \times [30 \times 1\,000 + 50 \times 1\,000 + (1\,500 - 1\,000) \times 120] + 0.4 \times (30 \times 1\,000 + 500 \times 50) = 106\,000(元)$$

由于实物期权的应用，旅行社以固定的较少的购买期权的成本规避了客房高价格的风险，其期望成本降低了 14 000 元，成本节约率约为 11.7%。若在前文的供应链中再引入远期合约的方式预定客房，设在远期合约合同下，客房标价为每间每天 70 元，旅行社选择远期合约合同预定 500 间客房，再选择实物期权合同预定 500 间客房。

在旅游市场繁荣时，旅行社在执行远期合约和全部期权合同之后，再用短期定量合同预定 500 间客房，获得了 45 000 元的差价收益，比只用实物期权时获得了更高的差价受益；在旅游市场萧条时，旅行社只执行远期合约，损失了 15 000 元的购买期权的成本，比只用实物期权时的损失值更小。在同时选择远期合约和实物期权合同时，旅行社的期望成本为
$$0.6 \times [70 \times 500 + 30 \times 500 + 50 \times 500 + (1\,500 - 1\,000) \times 120] + 0.4 \times (70 \times 500 + 30 \times 500) = 10\,100(元)$$

在采用远期合约和实物期权合同组合策略时，旅行社的期望成本比采用传统的短期定量合同的情况下要减少 19 000 元，成本节约率约为 15.8%，比只用实物期权的情况下规避风险的能力更强，节约成本的效果更显著。

由上述算例可见，金融衍生产品能够在企业的采购风险管理中发挥举足轻重的作用。在现实中，企业往往采用多种金融衍生产品组合的方式进行采购风险管理。所以，在供应链采购管理中引入金融衍生产品的同时，采用合同组合管理的采购策略，能有效降低供应链风险，降低采购成本，提高供应链绩效。

8.3　国际贸易背景下物流金融的运作模式

从事国际贸易的企业希望银行能够提供一体化的完整产品组合，满足其货物和现金管理的各项需求。国际贸易融资也与一般的贷款不同，它直接进入流通环节，与商品的价值实现密切相关，银行面对的市场风险压缩在商品货币循环的狭小空间中。这一特征为银行与物流公司的业务协作提供了前提条件。

8.3.1　跟单托收结算方式中的物流金融运作模式

物流金融模式下国际贸易银行托收的运作流程如图 8.10 所示。出口方拟委托的托收行参加签约谈判，进口方所在的供应链中的银行 A、物流公司 B 参加谈判，以双方银行的信

用为基础,确保在物流、资金流的各个环节上各方充分信任。在签订买卖合同时,开展出口跟单托收结算方式的前提条件是进出口双方在所签买卖合同中订立了采用托收结算方式的条款。然后,出口方按合同规定装船发运,取得提单(为减少出口商风险,可以采用空白抬头、空白背书或将 A 行作为收货人的提单)和其他商业票据后,即可签发以进口方(受票人)为付款人的汇票,填制托收申请书,明确交单方式等,然后将跟单汇票和托收申请书送交托收行,委托收款,并取得回执。托收行根据托收申请书填制托收委托书,明确收款指示等,随附跟单汇票,邮寄给出口商指定的 A 代收行。代收行按照委托书的指示,向进口方提示跟单汇票。

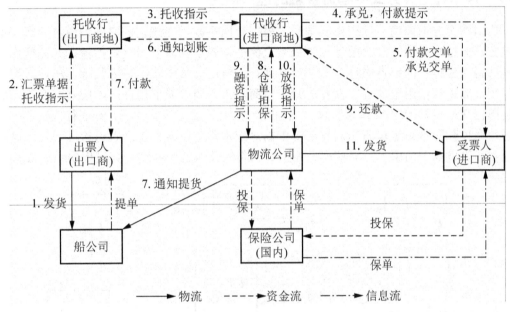

图 8.10 物流金融模式下国际贸易银行托收

(1) 在进口商不需要融资的情况下,进口方按照规定的交单条件,进行付款赎单或承兑取单,并于到期日付款,将提单交由 B 公司提货。代收行待进口方付清货款后将款项汇交托收行,托收行将款项汇交出口商,跟单结算业务到此了结。

(2) 在进口商需要向银行融资的情况下,业务流程发生了很大变化。代收行通知物流金融服务提供商 B,在授信额度内 B 代理银行 A 根据进口商的需求和条件进行动产质押贷款业务。之后,B 代理银行与进口商签订融资协议,物流公司负责货物的监管并将仓单交给银行质押,银行根据质押品的价值和其他相关因素向客户企业提供一定比例的贷款额并将款项汇交托收行。银行核定的贷款额与货款的差额部分以保证金的形式由进口商汇交银行。待进口商偿还贷款后,银行通知 B 公司将货物发运给进口商。

(3) 代收行对进口商的资金融通允许进口商在远期交单的条件下凭信托收据借单提货,即在远期付款交单的条件下,代收行可以允许进口商在承兑远期汇票后,但在付款前开立信托收据交给代收行,凭借出货运单据先行提货,以便出售,待售得货款后偿还代收行,换回信托收据。

使用这种凭信托收据借贷的方式,目的是避免货物先于付款日到达进口港后进口商不能付款赎单,致使货物滞留。但是,如果出口商和托收行未曾在托收申请书和托收委托书上允许这一融资条件,而是代收行想为其本国进口商提供融资,同意进口商凭信托收据借贷,则一切后果由代收行自己负责。这无疑增大了代收行的风险。

(4) 出口商有时会在进口地指定一名代表,万一进口方拒付或拒绝承兑,代收行向该代表询问如何处理单据,或由该代表料理货物的仓储、保险、转售、运输等事宜。此代表称"需要时的代理人"。基于进口商、代收行、物流公司的供应链战略合作关系,出口商或委托行在签订买卖合同时可以委托物流公司 B 为代表,当出现拒付或拒绝承兑时,物流公司按照出口商的指示处理货物,既节约了出口商另行委托代表的成本,又简化了手续。

8.3.2 信用证结算方式中物流金融的运作模式

进口商在与出口商签订买卖合同后,根据合同条款,在规定的时间内通过银行授信的物流公司向银行申请开立信用证,进口商交保证金或由物流公司提供担保。开证行应该是物流金融供应链中的节点银行。开证后开证行将信用证传递给出口方银行,出口方银行收到信用证后审核信用证的真实性并通知出口商。出口商接受信用证后,应立即发货,取得装运单据交议付行/保兑行议付货款。出口方银行议付后,寄单索汇。开证行接受单据,通知进口商付款赎单。进口商如同意接受单据,应将货款及应付手续费付给开证行。这时,开证行和进口商之间由于开立信用证而形成的契约关系就此终结。其过程如图 8.11 所示。

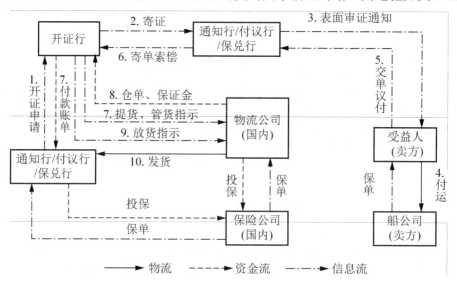

图 8.11 物流金融模式下国际贸易信用证结算

8.3.3 保理结算方式中物流金融的运作模式

保理作为一种金融创新工具,是为贸易中赊销或承兑交单方式提供的集销售账务管理、应收账款收取、信用风险担保和贸易融资为一体的综合性金融服务。

保理结算方式中物流金融的运作模式如图 8.12 所示。

保理结算方式中物流金融的具体流程如下。

(1) 出口商向进口国的保理商提出保理申请。

(2) 进口国保理商通过其授信的物流公司对进口商进行资信调查。物流公司确定进口商信用额度,通知保理银行,银行同出口商签订保理协议。进口商为了能取得充足的货物,有可能在资信不足的情况下请求同一供应链中的银行授信的物流公司虚报资信情况。为了促使物流公司尽职尽责和避免串通欺诈,银行应该要求物流公司提供担保。

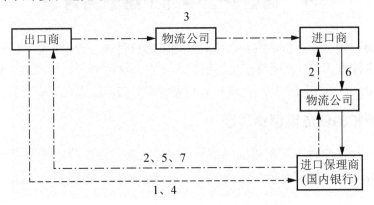

图 8.12 物流金融模式下国际贸易保理流程

(3) 出口商在信用额度内发货,并将发票和运输单据通过保理商转交给进口商,保理商收到票据后取得质押权并通知物流公司提货和监管货物。

(4) 出口商将发票副本寄给保理商。

(5) 出口商如要融资,则保理商在收到发票副本后即以预付款方式向出口商支付不超过发票金额的 80%的融资。保理商负责应收账款的管理及催收,并提供百分之百的风险担保。

(6) 到期后,进口商将货款付给保理商,也可以由物流公司垫付,进口商向物流公司提供货物质押或担保。

(7) 保理商扣除有关费用及贴息后将剩余的 20%的发票金额转入出口商的银行账户。

8.3.4 物流金融在国际贸易中的优势

在国际贸易中,物流金融供应链集物流、融资、保险、担保、资信评估、信息交换等服务为一体,具有许多优越性。

(1) 银行需要稳定的、信誉良好的客户群,进出口商也绝不可缺少能为其提供优质服务的银行。物流金融公司是银行的授信单位,进出口方与银行的融资关系通过物流金融公司得到紧密的结合,进口商能以动产得到及时的融资,物流金融企业与银行各自的业务都得到了拓展。

(2) 进口商与物流公司是供应链中的上下游节点,两者的合作关系为银行的授信提供了有利条件,使银行摆脱了融资过程中涉及的物流业务上的操作,同时也降低了银行对物资质押商品缺乏专业知识而造成的高风险,符合银行资产盈利性、安全性和流动性的原则。

(3) 物流金融公司的信息平台,也为供应链节点企业远期、互换等衍生金融工具的使用提供了充分的信息和便利,加速了资金流动、降低了资本成本,为物流的顺畅、高效运行提供了可靠的保障。

(4) 物流金融模式的有效运行需要很强的信用来作保证,进口商、出口商、银行、物流金融公司四方的风险通过银行的信用、物流公司的担保、进口商的货物质押、进口商对物流公司的反担保得到有效的抵消,实现"多赢"的局面。

8.4 销售管理中的金融服务管理

供应链现金折扣主要是指供应商直接对终端顾客提供产品价格折扣,代替向零售商提供批发价折扣的定价方式,以激励终端市场的产品需求。收益管理的内容,主要是指供应商可以利用市场的分区进行不同产品定价或者不同类型产品的产能设计以提高自身的收益。

8.4.1 现金折扣的供应链创新思想

供应链是一个多主体多层次的复杂结构,其中任何一环的行动都会引起整条供应链效率的改变。不仅如此,即便是同一主体的同一行为,如果使用的对象不同,引起的效果也会不同。

以供应链现金折扣为例,生产厂商可以向零售商提供,实际上就是降低批发价格,也可以向最终消费者提供,实际上就是降低零售价格。我们将看到同样是现金折扣,由于使用对象不同,所产生的效果,或者说对生产厂商利润的影响也是不同的。

这里所讨论的现金折扣(rebate)是指生产厂商直接向购买其产品的最终消费者返还一定数量销售所得的促销行为。从经济学中我们知道,企业进行生产的目的是为了获取利润,企业的最终目标是利润最大化。在实际经营中,虽然许多企业认为利润只是为顾客提供优质产品和服务的自然结果,但是,将利润最大化作为企业经营目标仍具有其合理性。为实现这个目标,企业必然会寻求各种各样的方法,现金折扣便是其中之一。那么,我们的问题是,现金折扣果真能实现企业的最终目标吗?首先,我们将介绍两个使用现金折扣的例子。

1. 尼康和夏普的现金折扣

尼康生产的一款 Coolpix 数码摄像机可于网上订购,也可以在销售门店购买,价格均为 600 美元。消费者不管是通过什么方式购买的 Coolpix 数码摄像机,均可从尼康获得 100 美元的现金折扣。消费者获得现金折扣的方法很简单,只需填写一张关于零售商及消费者个人信息的表格并邮寄给尼康即可。因而,这种方式可以被称为 Mail-in-Rebate。

无独有偶,夏普也采用了同样的方式来促进其一款数码产品的销售。与尼康一样,夏普的这款产品既可以在网上订购,也可以到各个销售门店购买,售价均为 500 美元;而消费者不管以何种方式购买,均可直接从夏普获得 100 美元的现金折扣。

同样的例子还有很多,在这里就不一一介绍了。这些公司采用现金折扣这样的方式,均获得了成功,有效地促进了销售,增加了企业利润。通过这些案例,我们可以清楚地看到现金折扣对于促进企业产品销售的作用,同时,我们发现,在这些案例中,生产企业都是直接向消费者提供现金折扣,实际上是降低了产品的售价,而不是通过降低企业给零售商的批发价格来促进销售。下面将通过一个算例来解释企业这样做的原因。

2. 企业采用现金折扣的原因

假设一个由生产厂商、零售商和消费者组成的三级供应链。零售商面临消费者需求 $P_R = 2\,000 - 0.22Q$ (图 8.13),并从生产厂商处定购产品。

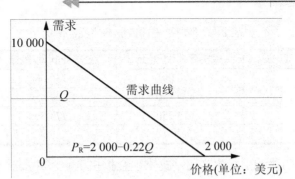

图 8.13　产品需求曲线

(1) 生产厂商不提供任何折扣的情况。

订购价格为

$$P_M = 900 美元，生产厂商可变成本为 C_M = 200 美元$$

零售商的利润函数为

$$\Pi_R = (P_R - P_M)(1/0.22)(2\,000 - P_R)$$

生产厂商的利润函数为

$$\Pi_R = (P_R - C_M)(2\,000 - P_R)$$

对于零售商，$P_M = 900$ 美元，容易知道，为使得 Π_R 最大，P_R 的值应为 1 450 美元。此时，

$$Q = 2\,500,\ \Pi_R = 1\,375\,000\ 美元$$

(2) 生产厂商向零售商提供折扣的情况。

假设生产厂商向零售商提供每单位 100 美元的折扣，这等于降低了商品的批发价格，所以

$$P_M = 800 美元，而零售商的利润函数变为$$

$$\Pi_R = (P_R - 800)(1/0.22)(2\,000 - P_R)$$

容易知道，当 $P_R = 1\,400$ 美元时，Π_R 达到最大值，为 1 499 850 美元。

生产厂商的利润为 1 499 850 美元。

(3) 生产厂商向终端客户提供现金折扣的情况。

假设生产厂商向消费者提供每单位 100 美元的现金折扣，这等于降低了商品的零售价格，从而增加了消费者的需求。此时消费者的需求函数为

$$Q = (1/0.22)[2\,000 - (P_R - 100)]$$

将 $P_R = 1\,450$ 带入上式得：$Q = 2\,954$

此时，$\Pi_R = 1\,625\,250$ 美元，$\Pi_M = 1\,773\,000$

(4) 生产商采取直销模式或对整个供应链决策的情况。

此时，生产商的目标函数为

$$\Pi_M = (P_M - 200)(1/0.22)(2\,000 - P_M)$$

当 $P_R = 1\,100$ 美元时，Π_M 到达最大值，为 3 681 900 美元。

将 4 种情况下零售商、生产商以及两者的总利润列表见表 8-2。

表 8-2 供应链不同情况下的收益情况

生产商采取的策略	零售商利润/美元	生产商利润/美元	总利润/美元
1	1 370 096	1 750 000	3 120 096
2	1 499 850	1 499 850	2 999 700
3	1 625 250	1 773 000	3 398 250
4			3 681 900

从表 8-2 中可以明显看出，生产商不提供现金折扣策略，并且对于生产商的优势更加明显。这是因为现金折扣使得供应链成员从原先的个体独立决策转向供应链整体决策。同时，由于并非所有的消费者都会向生产商索求现金折扣，生产商得到的实际利益增加必定大于上例中的情况。更重要的是，现金折扣使得生产商能够跨过零售商对价格直接发生影响，从而更好地控制价格，同时也能够更快地了解市场信息，有助于提高各项决策的正确性。

8.4.2 收益管理

收益管理是早期航空公司经济管理活动、价格策略和座位存量控制实践的自然延伸。从本质上讲，收益管理的基本原理没有发生变化。只是随着航空运输业外部环境的改革，航空市场中竞争者日益增多以及旅客需求特性的多样化，收益管理问题的复杂程度变得越来越高。

1. 收益管理的概念

收益管理目前尚无明确定义，按照美国学者杰佛烈和伽勒特的提法，为追求最大的预期收益(利润)，对不同的订座级别进行座位定价的控制行为称为收益管理，即 right seat to right person at right time for right price，简称为 4R 管理。航空公司通过运用预测和优化等科学手段，对价格和座位进行适时有效管理，使自己经营的每一航段的每个座位以最适当的价格出售，从而实现企业整体收益的最大化。

收益管理重点用于服务行业，尤其适用于不可存储的商品或不可存储的服务对象，如运输行业和酒店业，拥有大量流动性的商务旅客或休闲旅客需求，都存在如何利用收益管理技术，确定合适的服务价格，找到一种有效的合理配置机制，分配不可存储商品，如机上可用座位、酒店床位等的最优控制与管理的技术问题，从而实现收益最大化，整个执行过程就是实施收益管理的过程。

收益管理又是一种较新的先进管理技术。伴随着超售和动态定价，收益管理在服务行业发挥了重要的创新作用。美国的美利坚航空公司引用收益管理技术每年新增 5 亿美元收入，美国的德尔塔航空公司使用相似系统每年多增加 3 亿美元的收入。航空公司是收益管理技术最早的实践者，也是收益系统最复杂的用户，收益管理技术除了在航空公司重点应用之外，其他服务行业也开始了投入使用。例如，Marriott 饭店(连锁系统)使用收益管理技术后，每年新增 1 亿美元收益，这里所提的新增收入都扣除了相对较小的生产投入成本。收益管理技术有着广泛的应用前景，其应用对象通常具有以下 6 个特征。

(1) 投入生产的剩余量是不可储存的或者说储存是不经济的，如航班起飞后，未售出的机上座位不可储存，又如五星级饭店不能够储存当日房，将其预留到明晚使用。

(2) 当未来的需求具有不确定性时，需要做出某种必要的承诺。也就是说，在确切掌握需求量之前，必须先预留高价位商务旅客的座位或房间，再满足低价位休闲旅客的需要。

(3) 企业具有区别不同用户群体的能力。每个消费群体都有不同的需求曲线，可以通过购买限制和赔付要求来实现对商务旅客和休闲旅客的群体细分。

(4) 不论对于商务旅客还是休闲旅客，提供的座位或房间都是同一标准。

(5) 存在多种不同的产品或服务需求和复杂的定价结构。

(6) 企业是利润最大追求者，并有广泛的选择自由。

2. 收益管理提高销售收益

收益管理在使用中的一个基本方法就是产品或服务提供商根据对不同消费者的分类，对不同类别的消费者设定不同的价格。下面以一个具体算例来表明设定不同价格对于收入提高的作用。

在图 8.14 中，生产商面临的需求函数为 $P=2\,000-2Q$，当它以 $P_0=1\,200$ 美元的价格售出商品时，它的收入 $P_0=480\,000$，图中的 P_0 为生产厂商因确定单一价格而失去的收入，因为处于这一区间的消费者是愿意以更高的价格来获得产品的，由于生产商只为其产品确定了一种价格，它失去了本来可以得到的收入。在经济学中，这一部分收入称为消费者剩余。

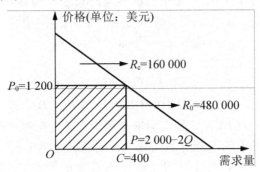

图 8.14 统一产品定价的销售收益

为了增加收入，生产商向那些愿意付出更高价格的消费者提供了额外的服务，并向他们收取更高的费用。假如此时生产商采取两级价格结构 $P_1=1\,200$ 美元和 $P_2=1\,600$ 美元(图 8.15)。根据需求函数，愿意支付价格 $P_2=1\,600$ 美元的需求量为 $Q_2=200$，愿意支付价格 $P_1=1\,200$ 美元的需求量为 $Q_1=400-200=200$。所以生产商的总收入为 $R_1=1\,600\times200+1\,200\times200=560\,000$(美元)。

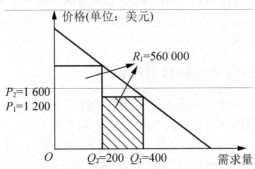

图 8.15 两级产品定价的销售收益

可以想象，当生产商采用更多级的价格结构时，它的收入也会相应增加，如图 8.16 所示。

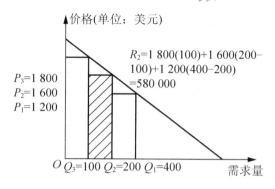

图 8.16 多级产品定价的销售收益

多级价格结构能够提高生产商的收入水平，那么，生产商又怎样来分配每种价格水平下的产能？很显然，生产商为较高价格准备的产能应当满足这样的条件，即从愿意支付较高价格的消费者那里得到的边际期望收入应当等于较低的那一种价格。

假设 P_L 为向低端用户收取的较低价格，P_H 为向高端用户收取的较高价格，D_H 为高端用户需求的期望值，σ_H 为高端用户需求的标准差。σ_H 表示为高端用户准备的产能，此处，它正是我们需要确定的值。$R_H(C_H)$ 表示高端用户产能的边际期望收益，可以表示为

$$R_H(C_H) = P(D_H > C_H) \times P_H$$

则使得生产商收益最大的 C_H 应当满足：

$$R_H(C_H) = C_H$$

故，$C_H = F^{-1}(1 - P_L/P_H, D_H, \sigma_H) = \text{NORMINV}(1 - P_L/P_H, D_H, \sigma_H)$。其中 NORMINV( ) 是 Excel 中求正态分布反函数的工具。如果需求是属于正态分布时，我们可以容易应用上面的表达式求出不同价格市场中的产能分配问题。下面通过数学案例加以说明。

假设有两个消费者群体 A 和 B，对于群体 A 收取的价格 $P_A = 3.5$ 美元，对于群体 B 收取的价格 $P_B = 2.0$ 美元。A 群体需求期望值 $D_A = 3\,000$，标准差 $\sigma_A = 1\,000$。由上可知：$C_H = \text{NORMINV}(1 - 2.0/3.5, 3\,000, 1\,000) = 2\,820$。

若 $P_A = 5.0$ 美元，$C_H = \text{NORMINV}(1 - 2.0/5.0, 3\,000, 1\,000) = 3\,253$。也就是说，当高端用户群价格进一步提高时，生产商应当为这一部分用户准备更大的产能。这一结果是相当自然的。

所以，在服务业中，可以通过不同价格组合来提高供应商的收益，当产品市场的竞争较为激烈时，供应商可以通过设计不同价格类型产品的产能分配问题，以提高销售收益。当然，收益管理相关的内容是非常丰富的，本节仅仅是介绍最简单的思想，有兴趣的读者可以查阅相关的书籍和文献。

8.4.3 电子商务平台供应链金融服务创新

我们在研究供应链问题时，多数是围绕供应链环节中的产品流、信息流及资金流来进行的，整个供应链最终的利润来自于终端用户，然后各企业之间再进行博弈，最后实现利润的分配。但其实银行及其他的金融机构对供应链各环节上的企业融资活动一直都存在着。下面就针对基于电子商务平台的供应链融资问题展开讨论。

1. 供应链的类型

我们可以按照不同的划分标准，将供应链大概分为几种类型，即稳定供应链与动态供应链、平衡供应链与倾斜供应链，以及有效性供应链与反应性供应链等。

(1) 稳定供应链与动态供应链。按照稳定性可以把供应链分为稳定供应链及动态供应链两种。一些以市场需求相对单一、稳定的产品为核心所组成的供应链具有较强的稳定性，而一些以市场需求变化多样、复杂的产品为核心所组成的供应链则动态性较强。在实际的运营过程中，要按照需求的不断变化对供应链的组成进行相应的调整与优化。

(2) 平衡供应链与倾斜供应链。按照供应链的容量及用户需求关系可以将其分为平衡供应链及倾斜供应链。如果一个供应链的设备容量及生产能力相对稳定，但是用户的需求却在不断地发生变化，当供应链的容量可以满足用户的需求时，则证明供应链处于一个平衡的状态；反之如果市场出现变化，供应链成本也会随之增加，其库存、浪费现象等也均不断增加，企业的运作状态无法保持最佳水平，则此时供应链就处于一种倾斜的状态。通常平衡的供应链可以实现各个主要职能间的均衡。

(3) 有效性供应链与反应性供应链。按照供应链不同的功能模式，即其物理功能与市场中介功能划分，可以将其分为有效性供应链及反应性供应链两种。所谓有效性供应链主要体现出供应链的物理功能，即在将原材料转化为零部件或者半成品及成品的过程中，其成本可以控制到最低的水平；而反应性供应链所体现的主要是市场的中介功能，即将产品向各个市场进行分配，以满足客户的需求，并且对未预知的需求迅速做出反应。

2. 供应链融资

供应链融资与传统的贷款业务相比还是有区别的。所谓供应链融资是通过对物流中货权动态的监管及企业专用的托管账号来控制银行贷款风险，而对贷款主体的审查工作也可得到进一步的简化，因此一些急需资金但是贷款困难的企业可以得到满足。通常而言，一个商品的供应链由原料采购开始，到中间的制造及最终的销售，形成一个供应链整体。这其中一些规模大、综合竞争能力相对较强的企业会在一些贸易条件方面有着较大的优势，从而使其上下游的相关配套企业受到比较大的压力。而供应链融资就是将供应链中最大的核心企业找出来，并以其为出发点，为整条供应链提供相应的金融支持。基于供应链融资的模式，供应链中的各企业如果可以获得银行等金融机构的支持，整个链条的运转就会被激活，从而使供应链中的各企业得到更多商机。

3. 银行主导的电子商务供应链模式

(1) 银行对供应链中的中小企业融资有着独特的优势。在供应链中，由于银行与企业处于一种战略关系，因此一直存在的信息不对称的问题可以得到有效的缓解。各企业在供应链中的关系为战略联盟关系，因为上下游企业相对比较稳定，受到市场经营环境影响的风险比较小，因此其经营风险也随之降低，企业的综合竞争力也得到了提高。而且由于存在供应链，所以银行放贷的积极性也有所提高，在银行进行零售型放贷业务时，其交易成本相对较高，如企业的前景预测及信息的收集等。但是如果处于同一个供应链中，企业之间进行信息的交流与沟通，从而产生信息聚集效应。银行和供应链中的企业进行合作时，其信息收集体成本就会有所降低，从而银行放贷的积极性就会更高。

此外，供应链融资模式还为各企业的信用担保创造了良好的条件。因为现阶段我国的信用担保体系还相对不完善，一些中小企业获得担保支持比较困难，因此贷款的难度也比较高。而供应链融资可以由供应链中的其他企业为各中小企业担保，使得中小企业的贷款相对比较容易。

(2) 银行主导的电子商务供应链模式的自循环系统。基于银行主导的虚拟供应链自身有一个内在的自循环系统。由于该供应链模式是基于电子商务平台的，因此在收集、存储及处理海量数据和各企业间的交易运作数据的收集与整理方面非常有利。基于电子商务平台对供应链中的企业交易信息数据进行全面的分析，帮助银行了解各个企业间的产业信息，从而在放贷过程中始终处于主动地位。并且银行可以按照一定的集成化供应链评价标准，针对供应链中的各企业进行综合评级。在银行评出优质供应链及企业后，供应链或者企业可以以评级结果为依据向银行申请贷款。评级良好的企业不仅可以贷到资金，而且也获得了银行的信用评价，并以此为基础与银行进行其他业务的合作，如第三方物流企业与银行的合作，可以帮助供应链中的其他企业展开贷款业务。其基本过程如下：供应商将其所采购的原材料存储于第三方物流企业所开设的融通仓内，在向银行提出质押贷款时可以以此为依据，银行再根据融通仓所出具的相关证明材料向有贷款业务需求的企业发放相应比例的短期贷款，然后银行再按照供应商企业的还贷情况向融通仓发出允许放贷的通知。

(3) 该模式对社会生产会产生积极的影响。如果银行主导的虚拟供应链模式经过成熟的发展与运营，不仅可以改善我国现阶段的商业氛围，提高企业的诚信度，使得粗放型经营向着精细化经营转变，而且电子商务模式对于核心企业操纵供应链所产生的权利复归问题的解决也十分有利。因为计算机网络技术、信息技术在不断地发展与创新，虚拟化的运作模式也会越来越成熟，可以制定相关的规则对供应链中核心企业的强权统治做出一定的限制，尽量将供应链的解散成本及重新组合的成本降至最低，使得供应链中各企业均能得到进一步的发展。

8.5 供应链资金流管理的自动化模式

供应链管理主要是指包括对物流、资金流和信息流的计划、控制和管理。但是，物流和资金流的管理往往是分开的：采购、生产、销售等部门负责物流；而资金流管理则是财会和出纳等部门的职能。这种物流和资金流的分离管理丧失了一些供应链整合和协调的宝贵机会。物流和资金流的集成既能实现物流、资金流和信息流的统一管理与协调，又可成为企业的一个重要的利润源泉，从而进一步提高供应链效率并能够增强其竞争力。

8.5.1 供应链资金流管理中存在的问题

现在，供应链中资金流管理中比较突出的问题包括发票处理和确认过程烦琐低效，应收账款的回收期较长，以及为应付在资金流入、流出过程中的不确定性而准备了大量的运营资金(working capital)。

绝大多数企业都需要准备大量的运营资金来处理其资金流入与流出过程中出现的不确定性。总体来看，资金流管理中面临的问题或者说挑战，如票据处理缓慢、现金流不稳定且难以预测、处理过程成本较高、应收账款的回收期较长，以及不合理的信用期安排等直接导致了企业运营资金居高不下。如果这些问题得到解决，那么企业就可以将有限的资金投入更具有价值的用途中去。为了能够在战略上采取合适措施来解决这些问题或者挑战，企业必须对造成这些问题的原因进行分析。具体问题及造成原因见表8-3。

表8-3 资金流管理存在的主要问题及原因

问 题	造成原因
票据处理缓慢	手工处理
现金流不稳定且难以预测	缺乏及时信息
处理过程成本较高	不同部门协调和数据共享效率低下
应收账款的回收期较长	发票协调的延迟
不合理的信用期安排	人工确定最优信用安排

1. 手工处理

手工处理通常效率低下、错误频出、不可预测，而且在最终分析时，往往产生比自动化解决方案更高的成本。

2. 缺乏及时信息

在许多情况下，资金流(financial flow)并不包含手工或自动化分析所需要的详细信息。因此，为了获得这些信息，往往需要额外的时间和精力。这些信息包括详细的发票信息，如库存数量、产品数量、订单序列号等。

3. 不同部门协调和数据共享效率低下

如果个人操作的采购行为没有得到很好的监管与控制，就有可能发生不必要的费用，从而违背了企业控制成本、控制战略性采购的初衷。战略性采购要求公司对其从每个供应商处为各种产品的生产而采购的物料数量有一个很好的掌握。为了有助于监管支出，很好地同关键供应商就战略性采购进行谈判，企业必须进行周期性的分析，产生相应的报告。然而，如果在进行这个工作时所需的数据不是由电子系统自动获取的，那么，此项工作的时间和资金成本往往是相当高昂的。

4. 发票协调的延迟

发票协调的延迟是导致运营资金增加的关键因素，它直接延迟了已支付款项相关收据的获得，增加了应收账款的回收期(Days Sales Outstanding(DSO)for Accounts Receivable(A/R))。

5. 人工确定最优信用安排

企业往往自己设定客户的信用期。然而设定最优信用期往往需要高深的数学工具，而这是一般非金融企业难以胜任的。

8.5.2 资金流管理的新趋向

供应链中资金流管理的改进已经远远落后于供应链管理其他方面。供应链资金流管理正处于变革的关键时期。崭新的自动化解决方案显示了减少流动资金的极大潜力，它们能够加速资金流动，使其流动更加可靠，更加具有可预测性，同时具有更低的成本。它们能够提高运营过程的透明度，带来了应收与应付账款不确定性的降低，减少了运营资金。另外，这种自动化解决方案加速了采购过程，连带地增加了支付与发票协调的速度，减少了应收账款的回收期等。

这些自动化解决方案包括下列几个方面。

1. 采购卡系统

信息技术的发展，特别是电子商务的发展，使得采购业务流程简单化成为可能，采购卡(purchasing card)类似于信用卡，是电子采购的一种工具。持卡人不需要任何审批手续，可以直接向指定的供应商采购，采购过程无纸化，即可以免去向供应商下订单，与供应商签订采购协议及产品的详细运输合同等烦琐的手续而直接采用柜面交易、网络采购或电话采购等形式向供应商采购。

在美国企业中，采购卡是企业与银行联合开发，通过企业的七层采购部门，对基层或者其他部门的有关人员进行授权，让其能够不通过采购部门，自主向企业的合格供应商采购本部门所需要的物资。有关部门的采购数量、获得的采购折扣、采购金额、缴税情况、供应商的状况等有关信息都能够在采购卡的数据库中采集，通过相应的发卡银行将这些信息传达到企业的上层采购部门。这些信息还能够实时地直接导入企业的ERP系统中运行，大大简化了企业的采购业务流程。

我国企业于2000年年初才逐步接受电子商务，采购卡也是在2000年年初才被企业所关注，针对这种发展趋势，中国工商银行与金贸网络中心于2001年年底联合推出"牡丹金贸国际信用卡"，该卡能够作为企业电子采购卡，企业不用预付现金，就能从卡中获取一定的易货额度，随时上网采购所需材料。不过多数企业并没有接受采购卡的管理理念，到目前为止，该卡的运用并不成功。

2. 分销卡系统

分销卡(distribution card)系统通过对现金、客户信用期及客户承诺记录的重新布置，来重新设计分销商和批发商的应收账款处理过程。通过把原先的人工处理过程，以及从分销商处收集信息的压力转移给银行，分销卡系统把原先的信息收集过程转换成一种迅速的无纸化电子收支系统，从而从根本上降低了应收账款成本。

3. EIPP系统

电子账单和支付系统(electronic invoice presentment & payment，EIPP)工具为企业同时处理资金流与信息流提供了极好的机会。EIPP能够在传输有关已支付金额信息的同时，传输详细的账单信息(invoice-level information)。这时的供应链能够避免在人工处理过程中经常出现的错误。

8.5.3 物流金融与资金流管理

传统的供应链管理主要关注供应链物料流和信息流管理的设计和优化问题。然而，在供应链管理实践中必然存在着资金流循环。尽管通过整合管理供应链的物料流和信息流可能降低供应链的运作成本，提高供应链效率，但是在整合管理中必然不能回避供应链的资金流问题，所以供应链的资金流管理要素也应该纳入供应链管理的内容。

强调资金流在物料流和信息流的整合和协调的供应链，称为"金融供应链"(the financial supply chain)。在金融供应链中，资金流周期将决定供应链的长度。对于企业而言，资金流是企业的血液，企业净现金流的状况将决定企业的命运。资金流可通过企业经营转化为产品，产品经企业销售后可产生更多现金。

1. 供应链物流金融成本及其影响要素

传统供应链管理主要关注那些可以触及的成本，如运输和仓储成本，而贯穿整个供应链的金融服务的成本往往被忽视。这些成本不仅包含库存融资成本，而且还包括金融信用风险、贸易信用风险、以及保险等方面的成本。有效管理供应链的资金流，必须了解供应链金融成本的主要构成和影响因素。

(1) 时间会影响供应链物流金融成本。例如，库存成本是与整个交易时间长度相关的。另外，应收账款周期越长，交易支付资金成本越多等。

(2) 风险会影响供应链物流金融成本。库存融资包含着较高程度的风险，风险可通过供应链中支付的保险金来反映。另外，在银行短期库存融资的贷款利率也可反映供应链物流金融风险。由此可见，减少整个供应链的库存水平，可以明显降低库存融资的利息，有效地降低了供应链物流金融成本。

(3) 供应链的金融服务程序可影响供应链金融成本。除了库存融资外，还包括开票、管理和监督应收账款的整个流程。例如，快速和准确地开票将影响现金流和应收账款的管理。

2. 降低物流金融成本——供应链管理的新趋势

随着企业界和学术界对金融供应链的实践和研究的深入，降低供应链物流金融成本将成为供应链管理的新趋势。

物流金融成本是由供应链物料流、信息流和资金流不断循环活动产生的，有效控制物流金融成本的关键在于将供应链金融服务整合至供应链管理中。所以，不同供应链过程存在着降低物流金融成本的机会见表8-4。

表8-4　降低供应链物流金融成本的整合

物流成本驱动力	销售活动前期 物流产生之前	销售过程 物流发生期间	销售活动后期 物流产生之后
时间		库存融资	支付条件
风险	风险管理，信用排序，信用资格确认	库存融资 保险活动	支付条件
销售程序			开票，支付平台，应收账款管理，应收账款融资

以供应链销售物流(outbound logistics)的过程为例，探讨降低供应链物流金融成本的潜在机会。

(1) 降低销售活动前期(物流产生之前)的物流金融成本。物流产生之前的销售程序或活动为供应链的风险和时间管理提供机会。例如，顾客信用等级评价和排序将决定顾客合适的支付条件，如预先支付或现金交易，这将帮助企业建立一个风险相关的客户组合管理系统。另外，信用卡资信认证服务将决定客户的付款周期，根据确认的付款周期，企业的库存资金将得到优化，因为企业能够较准确预测未来的资金流水平。

(2) 降低生产和销售过程(物流发生期间)的物流金融成本。供应链信息共享活动能够降低库存融资成本。库存融资的资金成本是由库存融资的利率和贷款者的资金成本决定的，这个利率反映出资金筹措成本、贷款者风险收益，以及审计和监督相关的成本等。其中审计和监督库存成本是受物料流的水平和位置的准确信息所影响的。

降低供应链生产和销售过程中的物流金融成本，可以从增加信息共享和提高协调两个方面实施。

(3) 降低销售活动后期(物流产生之后)的物流金融成本。降低物流金融成本的机会还可从供应链销售后期的基本活动(如与开票据相关的活动,或者支付的监督活动等)开始。显然,就降低这些活动的成本而言,电子账单系统(electronic billing)是很好的选择。电子账单系统是把供应链金融服务无缝隙整合进入物流和信息流的活动中,因为开票数据是基于物流服务商提供的订单和配送的信息产生的。

电子账单系统可以通过网络开具票据,加速处理整个交易过程;可以减少手工检查票据和其他相关活动的成本。另外,银行也可以通过电子服务系统提供在线服务,相关的活动可整合在企业的电子账单系统的服务范围内。此外,应收账款和应付账款的管理同样可以通过电子账单系统和电子支付系统,以及其他相关活动来降低供应链的风险和成本。

3. 物流金融是金融供应链管理的重要工具和方法

物流金融是一种物流和金融集成的创新服务,能为供应链企业提供物流一体化服务,并能为供应链企业提供多种金融和配套服务。物流金融服务能够全面管理供应链物料流、信息流和资金流的活动和循环,能够从供应链全局出发,实现信息共享,降低供应链中物料流、信息流和资金流的运作成本,并提高整个供应链管理的绩效。

由于物流金融服务可以通过整合或协调供应链物料流、信息流和资金流的活动和循环,以降低供应链的成本,所以本书认为,物流金融是金融供应链管理的重要工具和方法。

管理物流活动的金融流是供应链管理的一个任务,但是无论是学术界还是产业界都没有引起应有的重视。随着供应链管理实践和研究的日益深入,挖掘供应链物流金融服务的成本将成为未来供应链管理的趋势之一。

整合和协调供应链物料流、信息流和资金流的活动,有效降低上述"三流"成本,特别是"资金流"的运作和循环成本,已成为供应链管理的新趋势。结合本书以前对物流金融理论和服务的讨论,我们可以认为,物流金融服务将成为新时代供应链管理的重要工具和方法。

本 章 小 结

本章简要介绍了融通仓服务的特性、概念和融通仓服务在贸易管理中的应用模式,同时对融通仓中质押方式进行了较详细的论述,希望为企业界在融通仓的实践和业务创新中提供参考的作用。应该指出的是,融通仓也是物流金融的一部分。在物流金融服务的介绍中,以第三方物流为主导的运作模式,可以认为是融通仓模式。由于物流金融的概念更加通用,也容易为读者理解,因此,我们倾向采用物流金融服务来代替融通仓的概念进行介绍。

供应链金融服务创新服务的内容是多样的,不仅仅是供应链融资服务的创新内容,而且还包括金融服务思想、方法在运营管理中的运用。因而,我们可以把供应链中物料流和资金流相互协调而形成的创新的服务,理解为供应链的金融服务创新。这种服务不仅可以解决供应链资金约束问题,甚至可能创造供应链的价值。不同于以前关于供应链融资服务创新的研究,本章主要从采购管理、销售管理、资金流管理,以及贸易管理几个方面探讨供应链中金融服务创新服务。当然,这几个方面的金融服务创新内容远远超过本章所涉及的内容。由于篇幅和研究侧重点的限制,本书并不能对上述的4方面内容进行深入和详细的研究。但可以预见的是,这4个方面将会是未来研究的方向。

关键概念

金融创新　金融工具创新　网络银行　虚拟银行　金融监管　金融组织创新　替代采购方式　信用证担保方式　资本流通模式　买方信贷方式　授信融资方式　反向担保方式　金融衍生品　采购风险管理　保理结算方式　采购卡系统　分销卡系统　EIPP 系统

讨论与思考

1. 简述物流和金融结合的必然性。
2. 简述物流金融创新的作用。
3. 简述物流金融创新的产生背景。
4. 试举例说明物流金融创新模式及其特点。
5. 简述物流金融创新需要注意的问题。
6. 简述物流金融创新的发展前景。

第 9 章 物联网环境下的物流金融

【学习目标】

1. 熟悉物联网的基本概念、特点和成因;
2. 了解物联网的本质及性能指标;
3. 熟悉无线传感器网络基本知识;
4. 了解物联网金融服务发展的态势;
5. 掌握动产质押管理系统的基本方法;
6. 了解银行智能联网监控管理系统的体系框架;
7. 掌握物联网金融的基础理论。

【教学要求】

知识要点	能力要求	相关知识
物联网的概念 物联网的技术框架	(1) 理解物联网的基本概念、特点和创新性 (2) 掌握物联网与互联网的区别与联系 (3) 熟悉射频识别技术的特点、工作流程 (4) 了解传感器网络技术	(1) 传感器网及泛在网相关概念 (2) 功能数据 (3) 物联网的构成体系
物联网金融服务	(1) 了解相关技术的主要内容 (2) 掌握基本知识点 (3) 掌握动产质押管理系统的体系框架	(1) 物联网的建立模式 (2) 物联网运行系统结构 (3) CPS / WSN/Wi-Fi
物联网的应用	(1) 掌握物联网金融服务类型 (2) 熟悉物联金融发展优势	(1) 通用设计基本内容和原则 (2) 体系框架 (3) 云计算技术

引例

国际高尔夫俱乐部会籍智能一卡通系统案例

1. 案例背景

湖南梓山湖国际高尔夫俱乐部是由香港天英国际(集团)有限公司(以下简称天英公司)和湖南广播电视产业中心合作投资的,建有具国际 PGA(professional golfers association)赛级标准的 27 洞高尔夫球场。球场地处益阳中心城区,清新秀丽的梓山湖生态区内,高尔夫球场总占地面积 2 400 亩(1 亩 ≈ 0.067 公顷),投资总额为 10 亿元。已建成 18 洞、72 杆的标准球场,总长 7 140 码,由国际知名设计师倾心打造。球道设计充分利用得天独厚的天然地势和自然环境,使梓山湖水库、郁郁葱葱的山林与球道景观山水辉映,完美演绎了山地滨湖型森林球场的风格。俱乐部拥有完善的休闲配套设施,包括园林式五星级度假酒店、商务中心、中西餐厅和多功能宴会厅、高尔夫专卖店、运动休闲中心(游泳池、网球场、健身房)、儿童室外游乐场、社区生活中心等,集高尔夫运动、休闲、社交、商务等功能于一体。

2. 智能一卡通管理

湖南梓山湖国际高尔夫俱乐部采用会籍制管理,员工使用企业一卡通管理,俱乐部在球场建设初期就寻找能提供一卡通会籍管理系统的供应商。于 2004 年年底招标。俱乐部对一卡通会籍管理系统要求如下。

(1) 完善的会员信息库,可自定义修改会员信息。

(2) 会员卡采用非接触式 IC 卡,会员卡不仅仅是消费,同时也是客户身份识别,需印刷精美,并能打印会员彩照。允许一张主会员卡对应多张副卡,消费方式内定。

(3) 完善的会员管理功能,从球童管理到人性化的客户关系管理。

(4) 一卡通系统可扩展酒店门禁,更衣室门柜自动门锁等功能。

(5) 配套员工一卡通系统,完善员工考勤、门禁、就餐。

3. 智能一卡通系统解决方案

长沙灵动电子设备贸易有限公司参与投标并设计演示软件得到俱乐部老总认可。解决方案简述如下。

(1) 在公司的原系统上进行二次开发,扩展软件功能来达到俱乐部会籍管理要求。

(2) 会员卡由俱乐部设计部门精心设计,天英公司承印,卡面不覆膜,可使用证卡打印机二次打印会员相片、使用事项。

(3) 会员来俱乐部先使用会员卡在会员专区读卡,电脑上立刻能读出该会员的所有会籍信息,会员管理专员核对信息后通过管理系统为会员配备球童等功能。

(4) 会员卡同时具备门禁功能,能刷卡进出浴室,并能通过会员卡开关浴室柜门。

会籍管理系统结构如图 9.1 所示。

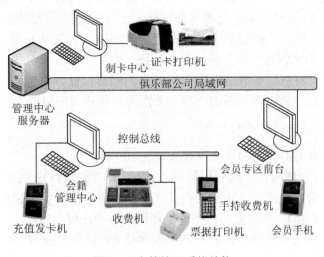

图 9.1 会籍管理系统结构

物流金融

章前导读

用于连接目标物的物联模块种类繁多，物联模块的这种通用性使其具备广阔的适用性，也可以满足金融业的各种物联控制需求。金融业一直是新技术的先行实践者，物联网技术在金融业有着广阔的应用前景，物联网技术的应用可以有效提升行业的运行水平和管理水平，物联网技术在金融业应用，说明物联网技术在该行业的健康发展十分必要。我们从现代服务产业发展角度，剖析了物联网环境下以银行卡为核心的金融支付服务的基本概念与现状、应用模式与实践，以及发展需求与展望。

《国家中长期科学和技术发展规划纲要(2006—2020 年)》及我国信息产业振兴规划都将物联网及相关技术列入重点研究领域，加快建设物联网已经提升为国家战略。物联网在经济全球化的今天已成为提升未来国家竞争力的突破口。物联网的产品已应用到金融业的各个领域。在安防、联网收费、支付、内部管理等领域都能见到物联网的身影。

最新的一项物联网便民技术应用是电信智能卡与银行电子钱包功能整合后推出的移动支付服务。通过手机支付给用户带来更好更新的体验，而手机支付只是物联网在移动电子商务领域迈出的一小步。这预示着手机支付已经开始进入人们的生活中。

物联网带来的手机支付具备四大优势：一是远程支付功能更加强大，银行卡网上银行所具备的所有支付功能，如转账、消费、查询等都能实现；二是支付服务更加全面，在商户使用时不仅支持小额支付而且支持大额支付；三是商户受理环境不断完善，目前我国最大的手机现场支付商户群已经在银行卡产业内初步形成；四是技术支持安全可靠。

9.1 物联网与金融服务

物联网是在"互联网概念"的基础上，将其用户端延伸和扩展到任何物品与物品之间，进行信息交换和通信的一种网络概念。物联网的"物"要满足特定的条件才能够被纳入"物联网"的范围。物联网是以实现智能化识别、定位、跟踪、监控和管理的一种网络概念。

9.1.1 对物联网金融服务的认识

金融服务与物联网之间可以从以下方面做一些说明。支付产业，特别是银行卡支付发展比较迅猛，截至 2010 年年底，全国累计发行银行卡 21 亿张，联网商户 156.65 万户，联网 POS 机具 240.83 万台，ATM 机具 21.49 万台。2010 年，发生银行卡业务 196.9 亿笔，金额 166 万亿元。整个银行卡的交易，包括转账、汇款，银行卡已成为国内普遍的非现金支付工具。随着移动互联网的发展，国内银行卡的配套建设、完善，如网上支付、互联网支付、手机支付、机顶盒也在不断渗透到方方面面，用新兴的渠道代替了支付的手段。

1. 物联网金融服务的作用和意义

金融服务与物联网的作用和意义主要表现在以下两方面。

(1) 金融服务是物联网重要的应用领域之一，我国联网的 POS 机具已发展到数百万台，可以充分利用这些资源尽快建立物联网产业在金融服务业的服务，建设金融服务产业的示范工程。例如，以金融 IC 卡为载体，结合物联网的行业应用，实现一卡多用，统一跨行业支付标准，采用安全的金融标准，把实施手机移动支付应用于支付产业的重点来抓。还有借助互联网和射频识别技术(radio frequency identification，RFID)完善安全取款，防范 ATM

取款诈骗。例如,将数百万台 POS 终端,通过物联网管理,远程维护可以把终端技术延伸到县城、乡村。

(2) 金融支付是物联网产业不可或缺的支撑,物联网的发展,特别是可持续发展的市场化运作必然伴随着支付体系的配套,现在国内已经形成成熟完整的支付产业,这为构建物联网金融服务体系准备了充分的软硬件条件和市场基础,如何嫁接到物联网产业,如何创新 RFID 也是创新服务的课题。金融服务业不光是卡支付,其实针对银行的网络之间的转账汇款、公对公的支付,人民银行有一整套的完整体系,可以为物联网的运作提供很好的效率,物联网是智能化的网络,只要有经济价值转移必然带来支付,如何支付对整个物联网也会带来影响。

2. 物联网金融服务的难点和问题

当前,开展物联网金融业务的难点和问题体现在两个方面:一是移动支付的标准还不统一;二是现有支付体系与物联网产业对接并适应于物联网产业的服务需求,需要专题研究。

针对上述问题应该从 3 个方面着手解决:一是将支付纳入物联网产业发展整体规划,建立统一、完善的物联网支付标准;二是推动手机支付标准的统一;三是推动以 RFID 为主导应用的金融服务产业物联网示范工程。

3. 物联网金融服务的内容

众所周知,金融业的所有业务区域的安全防范都列为高风险等级,依照中国银行业安保实务的要求,银行的营业网点、自助银行、金库、总部办公楼都必须实施全面的安全防范措施。

另一方面,与其他行业类似,银行的这些业务区域都存在一些用传统安防技术难以防范的安全隐患,如自助银行的安全防范尚无有效的整体解决方案。对破坏自助设备的即时报警,对自助设备附着非法物品的即时报警,对现场恶性抢劫事件的即时报警等,都期盼能有应对的解决途径。又如,现钞箱的押运、储存、开启都十分敏感,涉及人员无不高度紧张,如果能对每一个钱箱精准定位、授权开启、授权交接,则能确保现钞箱安全无虞。事实上,物联网技术在银行业可以获得多方面的应用。

(1) 常规安防的技术延伸。由于无线网络组件可以内嵌到红外、微波、摄像机等各类常用探测器内部,再以无线方式传输数据和操作指令,这就方便了安防网络的部署,特别是对文件柜、网络设备等要害目标的接近和操作都可以得到贴身防护。

(2) 银行业务流程的辅助监管。例如,金库涉库人员的定位、钱箱定位等运动目标的动态管理只能依靠无线网络技术的帮助。

(3) 应急指挥。例如,ATM 机取款被劫时发出求救呼喊,现场声强传感模块通过物联网报警,物联网控制装置迅速启动应急预案并锁闭自助银行房门,发出警讯震慑劫财者,启动音视频设备采集取证,为后续处警人员的到达做好先期处置。

(4) 其他方面的金融服务。目前市场存在以下两条金融服务发展路径。

① 以银行为中心的物流银行、物流保险、物流租赁、物流信托、物流基金等现代物流产业金融服务体系。

② 以商品交易所为核心的,以商品、信息和定价权的驾驭为特征的供应链金融发展模式。所谓供应链金融主要表现为"以信息流和资金流的整合助推商流和物流"。信息流的整合平台最终发展为电子商务与现代物流的结合,而资金流的整合在中国则离不开以银行为

核心的各种金融资源支持。风险投资作为一种催化剂,加速了中国现代物流产业金融服务体系的建设。

4. 物联银行系统

物联网技术的银行系统究竟是什么,即物联网技术的产品形态是什么,这是当前人们讨论的焦点之一。学术界寻求高起点且统一的解决途径,而知名的大企业则设法在符合市场规律的商务模式下推动新产品、新服务的诞生。这里给出的一类物联网产品模式相对成熟,适合银行业应用,产品体系由两部分组成,现场物联架构和远程服务(云服务),如图9.2所示。

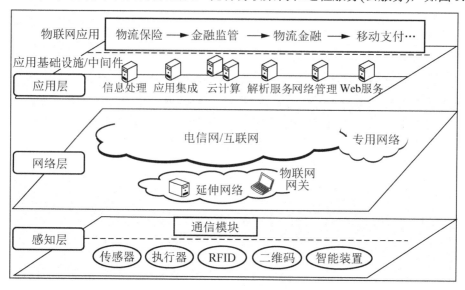

图 9.2　物联网网络架构

物联服务器可以解算并执行预案逻辑,这个预案逻辑其实是以模板方式事先存放在物联服务器内的,而这些模板的创建和维护就是借助云的平台服务实现的。银行分管部门的职能终端连接自有云,授权获得预案维护界面。这是一个流程图编辑界面,依照既定的业务预案,拖放流程图的图标,顺从银行安防业务逻辑连接流程框,逐步实现复杂的安防业务流程,再针对预案的具体要求,如物品数量、控制时间等设定流程图的参数。与此同时,编辑器后台据此流程图形成机器可执行的预案模板,仿真运行所创建的模板,验证无误后指令云服务将模板推送到指定的现场物联服务器中,模板的维护即告完成。

自有云除了依托局域网(local area network,LAN)之外,Wi-Fi 和 3G 的无线网络也已成为新的接入手段,与自有云连接的职能终端可以是更为简洁的平板电脑、3G 手机一类的装置,银行安保业务相关人员得以随时随地了解各自职能范围的安全状况,手持监控设备对于突发状况的应急处置也将更为迅速。授权的职能终端通过自有云远程操作物联服务器,及时掌握物联模块所连接的目标物及其状态,自动或手动操作这些目标物。当前阶段,银行用于物联网的自有云可以通过完善或升级在用的安防服务平台,如流媒体集成平台逐步建立起具体的业务需求,在条件成熟的情况下获得更为专业的自有云。

9.1.2　动产质押管理系统

动产质押是指债务人或者第三人将其动产移交债权人占有,将该动产作为债权的担保。债务人不履行债务时,债权人有权依照中国《担保法》的规定以该动产折价或者以拍卖、变卖该动产的价款优先受偿。前款规定的债务人或者第三人为出质人，债权人为质权人，移交的动产为质物。动产质押的设定：设定动产质押，出质人和质权人应当以书面形式订立质押合同。

1. 需求分析

金融电子化发展快速、成果丰富，为银行业的发展做出了极大贡献。将金融电子化最新成果应用于动产质押管理，产生了动产质押管理系统(Chattel Mortgage Management System，CMMS)。

CMMS 应适合以下条件。

(1) CMMS 的用户主要包括银行、监管公司、仓库。

(2) 银行内部分为分行和支行，主要角色为系统管理员和业务操作员，业务操作员又分为操作岗和复核岗。

(3) 监管公司大部分是从小银行内部分出来的，可以使用银行的网络和管理软件，但必须和银行内部的业务操作员分开，并且只有查看和借款人相关的出入库部分的监管功能。

(4) 仓库目前大部分是处于弱势地位的，本身实力不强，可以通过软件强制安装、加强使用培训达到对仓库端的流程监控，但要考虑仓库端操作人员的文化程度和计算机使用水平及软硬件配置。

(5) 仓库不能直接通过银行网络，二者是物理断开的，可以通过邮件形式进行文件传输，但必须对不同仓库不同分支行的文件传输进行身份验证和数据加密。

(6) CMMS 必须实现对动产质押的 3 种业务类型。

2. 应用背景

动产质押融资是指企业或个人以银行认可的货物为质押申请融资。企业或个人将合法拥有的货物交付银行监管，不转移所有权。企业既可以取得融资，又不影响正常经营周转。质押的货物涉及黑色金属、有色金属、石油化工、粮油、煤炭、纸浆纸张、矿石、橡胶、农化、塑料、交通工具、家电、纺织、电缆等。

目前银行接收和归还质物时大多采用人工交接、手工登记的方式，盘点质物时大多采用人工核对的方式。造成质物出入库及盘点的效率较低，而且容易出错。因此有必要使用自动识别系统来提高质物出入库及盘点业务的效率，减少差错。

汽车是众多质物中的一种。银行汽车质押业务的客户绝大多数是销售汽车的 4S 店。4S 店与银行办理汽车质押时，大多数情况只将车辆的合格证交给银行，车辆本身还留在 4S 店。也存在将车辆及合格证同时交给银行的情况，车辆由银行委托给仓储监管公司管理。

目前银行入库(接收合格证)、盘点(去 4S 店及仓储监管公司盘点)、出库(归还合格证)，仓储监管公司入库(接收车辆及合格证)、盘点、出库(归还合格证及车辆)业务大多使用人工交接、手工登记的方式。以上业务中都可以使用条码标签、扫描枪、企业移动数据终端(enterprise digital assistant，EDA)、条码打印机等自动识别产品。

3. 解决方案

银行在入库和出库时使用扫描枪采集合格证条码标签。使用车辆的车辆识别码(vehicle identification number，VIN)标签或者合格证标签作为车辆盘点的标签，在 EDA 设备上开发盘点软件。银行在盘点时使用电子设计自动化(electronic design automation，EDA)设备采集车辆标签，盘点完成后通过无线服务技术(general packet radio service，GPRS)、无线网络(Wi-Fi alliance)、通信座等连接方式将采集信息提交给银行的动产质押融资系统。

仓储监管公司在入库和出库时可以使用扫描枪采集合格证条码标签，也可以在 EDA 设备上开发出入库软件，使用 EDA 设备采集车辆的 VIN 标签和合格证标签，采集完成后通过 GPRS、Wi-Fi、通信座等连接方式将采集信息提交给仓储监管公司的仓库管理系统。在 EDA 设备上开发盘点软件，仓储监管公司在盘点时使用 EDA 设备采集车辆标签，盘点完成后通过 GPRS、Wi-Fi、通信座等连接方式将采集信息提交给仓储监管公司的仓库管理系统。

系统中使用的条码相关设备如下。

(1) 条码阅读器。条码阅读器可分为有线和无线两大类，主要在银行用来扫描合格证条码。

(2) 无线产品。通过无线蓝牙的通信方式传输数据，通信距离可以在 30 米以上，设备本身无线缆、操作方便、工作范围大，适合在场所范围较大的网点使用。

(3) EDA。用户可以把应用程序和数据下载到数据采集器中，并在数据采集器上运行。数据采集器设备配备了条码阅读引擎，可以扫描 VIN 码及合格证条码，并且可以通过 Wi-Fi 或 GPRS 等通信方式将条码信息上传到管理系统中。

数据采集器主要在银行及存储监管公司用来扫描 VIN 码及车辆合格证条码。

(4) 条码打印机和标签。条码打印机是专业打印条码标签的设备，用来打印合格证标签。条码打印机打印速度快，可长时间持续工作，比激光或喷墨打印机的打印效果更好，可以在铜版纸和 PPT 材质的标签上打印条码，PPT 标签防水、防热、防刮划，更适合在外部恶劣环境中使用。

4. 用户收益

在工作中心采集准确数据，建立统一源数据库，提供基础数据关联查询，提高可视性，同时兼顾流程的固化，实现业务过程的规范化运作。实时数据分析，通过消息控制中心和风险控制中心，为业务操作提供依据。系统重点放在提供有效的数据采集方案，以及适用于物流金融体系的业务信息化。需求针对五大部门，即市场部、业务部、区域管理部、风险控制部、财务部。其作用主要体现在以下几个方面。

(1) 通过自动识别技术，实现了盘点业务的电子化、信息化、自动化、流程化管理，有效避免误盘、错盘等现象的发生，达到安全、便捷、风险可控的效果。

(2) 后期可以在 EDA 设备上开发出入库程序，与银行及存储监管公司的仓库管理系统对接，实现出入库业务的电子化、信息化、自动化、流程化，保护了客户的投资。

(3) 采用自动识别技术车辆条码，避免了人工输入信息所带来的时间长，容易出现错误操作等问题，大大提高了工作效率和准确率。

(4) 通过此系统的运行，银行的人力资源成本也有大幅度的降低。

建立物流金融系统业务管理综合信息系统平台，通过此平台提高物流金融业务开展的效率，大幅度降低手工操作比例，实现业务开展全过程的有效控制。逐步形成在同行业中有特色、高效率、高技术含量的业务管理平台，增强市场核心竞争力，为银行高层及部门领导的决策提供支持。 决策支持中心提供数据分析及报表功能，消息控制中心提供实时企业动态，风险控制中心为风险规避提供支持，代替重复烦琐的手工业务操作，优化业务流程，为业务管理提供准确一致的数据。

9.1.3 二维码的安全应用

中国银行是我国内地最大的五大国有商业控股银行之一，每天都有大量现金等资产在金库和各营业网点之间流动，这些重要资产的出入库登记对于财产追踪和安全保障起着至关重要的作用。为保障资产安全，中国银行决定采用二维码技术对尾款箱进行严格的记录和管理。

1. 背景

中国银行每天都有大量现金和支票、汇票、存单等重要空白凭证在银行的金库和各营业网点之间流动，这些重要资产的出入库登记对于财产追踪和安全保障起着至关重要的作用。为了实现这一目标，中国银行选用了美国霍尼韦尔公司的 Xenon 1902 无线二维影像扫描器，实现了银行尾款箱条码扫描出入库登记的自动化，并确保了准确性，为银行的资产安全筑起了一道坚实的屏障。

中国银行拥有近百年的发展历史，是中国国际化程度最高的商业银行，业务范围涵盖商业银行、投资银行和保险领域，在全球范围为个人和公司客户提供全面和优质的金融服务。凭借多年来的信誉和业绩，中国银行曾先后 8 次被《欧洲货币》杂志评为"中国最佳银行"，连续 18 年入选美国《财富》杂志 500 强。

作为世界领先的金融机构，中国银行此前一直采用人工录入的方式对转移支票和现金等重要资产的尾款箱进行出入库登记。每天，金库的工作人员需要将出库的每一个尾款箱的编号人工输入电脑系统，各营业网点的职员也以同样的方式进行入库记录。这种机械的人工键盘录入每天会发生成千上万次，占用了大量人力和时间，并存在较大的出错隐患，难以保障对重要资产的有效管理。随着银行网点的不断扩张，这种低效方式显然已经无法满足整个集团资产管理的发展需求。

2. 解决方案

为了提高管理效率和更准确地追踪这些流动资产，中国银行决定启用二维码这种目前广为流行的数据管理方式，为每个尾款箱都配备了一个 QR(quick response)条形码，每个 QR 码中含有唯一的编号信息。这样，当尾款箱出入库时，工作人员只需扫描条形码即可识读编号信息，并自动传送到电脑系统中。

QR 码是一种二维矩阵式条形码，相比一维码具备更强的容错能力、更大的信息存储量和更高的译码可靠性等优点，完美地满足了中国银行对尾款箱流动追踪和管理的需求。由于银行尾款箱每日被频繁押运，箱上的条形码折旧、破损的速度很快，而具备高容错能力的二维码即使在破损的情况下也能根据条码本身的编译格式最大限度地保留数据信息。此外，二维码更大的信息储存量方便日后增加更多信息至条码中，具有更高的译码可靠性，确保尾款箱信息的安全性。

具备众多优点的二维码对识读设备也提出了更高的要求，为达到高效识读和便捷使用，中国银行在南京金东康信息系统有限公司推荐下选用了霍尼韦尔公司的 Xenon 1902 无线二维影像扫描器。在出入库时，中国银行各金库和各营业网点的工作人员只需手持 Xenon 1902，在没有数据线牵绊的情况下，逐个扫描尾款箱上的条形码，随后扫描器通过蓝牙通信底座将数据实时上传至电脑系统，便可即时完成银行重要资产的出入库登记，避免了以前冗长的人工输入过程，同时显著提高了输入数据的准确性。

3. 产品优势

二维码的扫描与自动识别一直是霍尼韦尔公司的优势领域所在。Xenon 1902 无线二维扫描器采用了霍尼韦尔公司享誉业内的第六代 Adaptus 6.0 影像技术,具备出众的条形码扫描和数字图像捕捉性能,即便对破损条码也具有强大的纠错识别能力。Xenon 1902 拥有专为条码扫描优化定制的传感器和革命性的解码架构,并具有延长的景深、高度的运动灵敏性和增强的影像识别功能,令二维码的识读更高效、方便。蓝牙 Class2,v2.1 无线技术使 Xenon 1902 能在基座周围 10 米范围内自由移动而进行数据采集,在无障碍物情况下移动范围可扩大至 30 米,避免了数据线的牵绊而增加了使用的便捷性。此外,霍尼韦尔公司的 Shift-PLUS^{TM} 电源管理技术能为扫描器的锂离子充电电池提供长达 14 小时的不间断工作能力,保证银行一线工作人员在同班次内的无间断使用。

9.2 物联网技术在金融行业的应用

物联网技术的具体应用在技术层面需要解决三个问题:一是如何做到目标物的自由接入。要将所关心的对象物连入互联网,特别要解决物在接入时的便利性。二是如何感知和操作目标物。要能获得目标物的即时状态,并能够按要求控制或操作目标物完成既定的动作。三是如何使附着于目标物的接入装置微纳米化。要使高智能的接入装置做得足够微小,以便能够嵌入微小物品,如一张纸制车票、一张银行卡、一把锁。在专业层面解决这些问题就奠定了物联网产业化的技术基础。

9.2.1 云计算金融服务

物联网技术在银行业应用,说明物联网技术在银行业健康发展十分必要。从市场和厂商角度回顾过去数年来公有云和私有云的市场百态,同时展望即将要发展的云技术所具有的新的趋势。

1. 云计算技术简介

云计算(cloud computing)、云终端(cloud terminal)。向任何一位 IT 人询问当今 IT 业最受关注的话题,相信超过 90%的回答都会是"云技术"。自被称为云技术元年的 2010 年起,各类软硬件厂商似乎都在一夜间纷纷将产品和方案与云技术挂钩,在市场上打造声势;在用户方面,伴随着对于云技术的狂热追求,现在用户在选择方案和应用部署时更为成熟。

云计算是基于互联网的相关服务的增加、使用和交付模式,通常涉及通过互联网来提供动态易扩展且经常是虚拟化的资源。云是网络、互联网的一种比喻说法。过去在图中往往用云来表示电信网,后来也用来表示互联网和底层基础设施的抽象。狭义云计算指 IT 基础设施的交付和使用模式,指通过网络以按需、易扩展的方式获得所需资源;广义云计算指服务的交付和使用模式,指通过网络以按需、易扩展的方式获得所需服务。这种服务可以是与 IT 和软件、互联网相关的服务,也可是其他服务。它意味着计算能力也可作为一种商品通过互联网进行流通。

云终端是基于云计算商业模式应用的终端设备和终端平台服务的总称,云终端的终端技术可实现共享主机资源,桌面终端无须许可,大幅减少硬件投资和软件许可证开销,绿色环保省电、省维护,是信息发展时代的高端产品。

云终端作为一种精巧别致的网络计算机，既可以作为迷你 PC 单独运行，进行网页浏览，又可以构架共享计算网络。

最近一段时间，"云"成了 IT 行业最热门的名词。自从 Google 推出"云计算"以来，IT 行业的各大厂商无一例外都卷入了一场"云中的战争"。从"云计算"延展开来，很多 IT 厂商也根据自己所处行业的实际情况推出了相应的"云计划"，像 IBM 的"蓝云计划"、EMC 的"云存储"，等等。

2. 云物联银行系统

物联网技术的银行系统究竟是什么，即物联网技术的产品形态是什么，这是当前人们讨论的焦点之一。学术界寻求高起点且统一的解决途径，而知名的大企业则设法在符合市场规律的商务模式下推动新产品、新服务的诞生。这里给出的一类物联网产品模式相对成熟，适合银行业应用，产品体系由两部分组成，现场物联架构和远程服务(云服务)。

1) 现场物联架构

典型的现场物联架构有 3 个部分，即物联服务器、物联模块及短程无线网络。物联模块放置在目标物的近旁或嵌入到目标物内部，通过功能内嵌、采集操作、网络植入的三种方式之一或组合做到物联网面向目标物的自由接入。功能内嵌是指物联模块设计时使其自身具备的某些功能，如声强报警功能、定位功能、锁具功能、抓拍功能、环境检测功能(如温湿度、照度)等。功能内嵌模块可作为物联网的神经末梢单独使用，无须连接其他装置或设备。监控操作是指物联模块具备标准的或非标的工业接口，如开关量输入输出接口、模拟量输入输出接口、数据通信接口(如 RS485，CAN)等。监控操作物联模块可以直接与各类工业设备、家电、厨电及银行中的标准设备相连接，采集并操作这些设备。网络植入是指将无线网络组件植入到提供专业功能的装置和设备中，如指纹仪、血压计等，使得传统的装置和设备增加了短程无线网络接口。这 3 类物联模块通过与目标物的连接，获取目标物的状态、目标所处环境的状态，通过无线网络传输给物联服务器，在物联服务器的授权下物联模块操作目标物。物联模块多为超低功耗设计，纽扣电池或普通电池可以维持模块连续工作 3～5 年，这将为物联模块的工程应用奠定良好基础。

物联服务器的功能之一是组织并管理网络内的所有物联模块，物联服务器即可以通过现场总线方式连接物联模块，也可以通过个人局域网或类似的无线网络管理物联模块。

从实用性来看，无线网络方式有更好的发展前景。在物联服务器和每一个物联模块内部都设置了短程无线网络组件，这些网络组件依托专业化的芯片技术构建了无线网络的最小拓扑，使用者可以根据不同的现场环境部署物联服务器和物联模块数量，做到目标区域网络的无缝衔接与覆盖，这个部署过程可以自助完成，甚至无须专业工程师的参与。

用于连接目标物的物联模块其种类繁多，物联模块的这种通用性使其具备广阔的适用性，也可以满足银行业的各种物联控制需求。图 9.3 是物联网现场架构及 3 类物联模块在银行业应用的示意图。在限定区域，用一台或多台物联服务器管理数十台或数百台物联模块，依既定的方式操作物联模块有序工作。在图中可以看到，功能内嵌模块多用于银行自助环境、公用设备看护、现钞箱跟踪等。监控模块用于自助设备防护、公用设备检测和故障报警、仓储和物资跟踪。网络植入模块用于入侵探测、环境监测、出入口管理等。

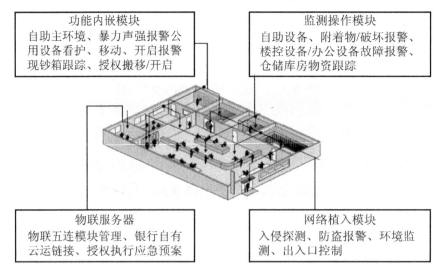

图 9.3 云物联服务器模块

2) 云物联远程服务

远程服务(云服务)。云计算或云服务是一种远程服务。与以往的远程服务不同，云服务突出了与之相连客户端通信的实时性，这是由有线的、无线的宽带网来保障的。在银行物联网业务中物联服务器与职能终端之间的数据传送就希望借助云服务的推送操作来实现。云服务还强调了它的开放性，即提供软件服务、架构服务和平台服务。换言之，以往依靠本地计算机、服务器所做的操作都可以交由更为专业的云服务来做，业务的规模、速度、存储量和业务质量都会大幅提升。未来的云是基于城市超算中心搭建的公用云，普遍使用的 PC 将回归为单纯的客户终端，自身功能将会大为简化。不过对于银行这样的特殊行业而言，其主要业务是否会交由公用云来承担尚不明朗，或许某银行的自有云或银行业的共有云将会是长期存在的形态。图 9.4 是物联网现场架构、自有云、职能终端之间的网络关联关系。

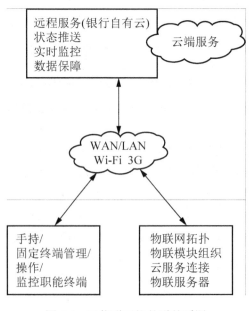

图 9.4 云物联网络关联关系图

3. 金融业的云计算主流技术

云计算已经从神秘的技术管理模式转变成为能够改变企业业务模式、领导企业评估及支撑业务增长的主导力量。特别是在金融市场，目前，服务供应商尚未明确定义云计算对金融业务的影响。当然，一般的消费者也并不了解云计算对金融业务的影响有多大。

早期服务供应商对云计算的定义和描述，往往需要依赖于比喻和类比的方式，而没有具体的专业术语和价值定义去解释。

1) 金融云的崛起

2008年的经济大衰退，成为云计算在金融服务行业得以广泛应用的催化剂。当时，金融服务行业也将云计算及其在该行业的适用性得以广泛的传播。虽然这次经济衰退确实增加了一些新的云计算的使用者(大多数使用者希望通过云计算的部署，在萧条的市场中实现更大的效益)。不过，对冲基金和私人股本公司早就进行了云计算的部署并且形成长期的部署趋势，在这些另类投资领域中，云计算早期的部署者通常具有更加独立的商业模式，可以为他们提供更大的灵活性以采用新技术和提高工作效率。

早期云计算使用者的成功案例(包括2007年早期的高频交易公司，经常利用私有云的服务在专用硬件上部署同位战略)引发了其他金融服务企业对云计算的关注。2010年年初，云计算在金融服务行业的部署出现了转机。2011年，金融服务行业云计算的部署率继续增加，金融市场已经做好了迎接"云计算主流趋势"的时代到来。

特别是近期，金融服务行业已经出现了云计算行业适用性的明确迹象。虽然有一些公司仅宣布使用公有云来提供电子邮件和日历服务(西班牙对外银行和谷歌的合作就是其中一个案例)，但是目前，金融行业普遍接受的模式还是私有云的模式。

私有云与公有云不同，私有云能使企业通过利用安全的中央网络和存储能力来增加效率，同时允许他们使用专有的硬件部署来运行关键业务应用程序。私有云计算模式为用户提供了效率保障，同时对性能及安全并没有影响。

2) 定义私有云的未来

私有云服务平台将提供对网络、计算、存储和应用程序管理资源的按需访问。供应商将提供低延迟度的市场数据和市场访问，以及为技术和服务供应商提供方便、快捷、安全的方式来向他们的客户提供解决方案。

金融市场的最终用户——投资银行、经纪商、做市商和资产管理公司，越来越多的用户开始将更复杂的应用程序推向私有云。例如，订单管理系统、投资组合财会系统和企业风险管理系统。而之前，这些应用程序大多被认为太过复杂而不适合部署在企业外部，现在这些应用程序将进入私有云的时代。

云计算在金融市场的应用，主要驱动力是底层基础设施和管理所需要的人力、物力成本的降低。最终用户将复杂的应用程序转移到私有云，而另一个驱动力是他们将能够方位标准化应用程序管理资源，并具备服务供应商水平的专家系统管理能力。与此同时，最终用户将他们的技术转移到私有云，将会加快供应商社区进入云环境的步伐，这也将会加快行业范围迁移到私有云的步伐。

3) 金融云的成熟与发展

这些发展(其中不少已经正在进行中)说明金融行业的云计算已经足够成熟，并且行业长期以来所担心的安全问题，供应商通过为金融市场参与者提供服务定制化的手段而进行解决。云计算在金融行业的部署将迅速增加，这些技术已经达到其临界点。云计算长期以来的正面形象——成本效益、灵活性，将会越来越多的吸引市场参与者，也会促使越来越多的供应商进入这一市场。

2012年，随着金融云服务供应商的增加，预计随着供应商之间的良性竞争，将会出现一种动态的、具有丰富应用程序和服务的环境，确保最终用户能够按需选择技术和服务来管理他们的业务。绑定了一套应用程序到其产品的云服务供应商，可能对于追求可持续发展的最终用户并不适合。最终发展趋势也即将朝着顺应最终用户发展的灵活性的道路而进行。

随着私有云服务供应商之间的竞争，市场中将会出现一些公司合并，最终将会出现几个主要供应商占领大部分市场。这些供应商将需要提供灵活性、多样性的解决方案逐步推向市场，当然，越来越多的最终用户希望能够从私有云服务中得到更广泛的服务和市场。

9.2.2　金融行业中物联网应用示例

物联网是在"互联网概念"的基础上，将其用户端延伸和扩展到任何物品与物品之间，进行信息交换和通信的一种网络概念。其定义是通过RFID、红外感应器、全球定位系统、激光扫描器等信息传感设备，按约定的协议，把任何物品与互联网相连接，进行信息交换和通信，以实现智能化识别、定位、跟踪、监控和管理的一种网络概念。

1. 物联网金融发展战略方向

《国家中长期科学和技术发展规划纲要(2006—2020年)》及中国电子信息产业振兴规划，都将物联网及相关技术列入重点研究领域，加快建设物联网已经提升为国家战略。物联网在经济全球化的今天，已成为提升未来国家竞争力的突破口。物联网的产品已应用到金融业的各个领域。在安防、联网收费、支付、内部管理等领域都能见到物联网的身影。最新的一项物联网便民技术应用，是电信智能卡与银行电子钱包功能整合后，推出的移动支付服务，通过手机支付给用户带来更好更新的体验，而手机支付只是物联网在移动电子商务领域迈出的一小步。

物联网带来的手机支付具备三大优势。

(1) 远程支付功能更加强大。银行卡网上银行所具备的所有支付功能，如转账、消费、查询等都能实现。

(2) 支付服务更加全面。在商户使用时，不仅支持小额支付，而且支持大额支付。

(3) 商户受理环境不断完善。目前中国最大的手机现场支付商户群已经在银行卡产业内形成，商户数量预计可达百万家。

(4) 技术支持安全可靠。2007年原国务院信息化工作办公室和中国移动成立联合工作组，发布了《国家移动电子商务试点示范工程总体规划》，确定了转变经济发展方式、方便百姓生活和带动战略产业发展三大目标。新的技术和政策给金融业的管理方式、支付方式和业务运作流程带来了革命性的技术更新和巨大的市场空间，物联网作为一次信息技术革命对各个行业各个方面都带来强大的推动力。

下面，通过选取金融行业应用案例，探讨物联网技术在金融领域的应用。

2. 金融业人员定位系统

金融业人员(来客)定位、管理解决方案目前的金融安防整体解决方案提供了人防、物防、技防等多方面的安全防护措施，提供录像监视、门禁控制等多方位的安全防护机制。但就人员实时监控手段来说比较单一，通过录像监视人员活动，其效果更多体现在事后监督环节。通过采用 RFID 技术，实现人员(包括外来访客)的主动式实时监控，可以从根本上转变人员管理方式，为业务安全防护提供一个自动、简易并且强有力的人员监控管理手段，并实现无纸化，从而彻底取代现有的手工或者半手工的管理方式。

1) 管理流程

一般企业传统的外来访客管理流程如下。

(1) 访客登记取得访客单副本。

(2) 在保安处抵押证件换取访客证。

(3) 进入企业内部办事。

(4) 出门前需接待人在访客单上签字。

(5) 交还访客证及访客单换回抵押证件。

为消除现有管理系统上的弊端，可将外来访客或员工管理的需求归结如下。

(1) 主动式管理。实现对于人员的实时跟踪管理，以局部区域为单位，对人员实施监控。要求做到实时掌握人员所在区域，实时掌握某人何时进入该区域及何时离开该区域，同时不需要被监控人员主观配合。

(2) 历史信息管理电子化。将人员信息及行动记录以电子化的方式保存在数据库中，以方便管理人员实时查询及日后的历史查询。彻底取代以往纸张式保存人工管理查询的方式。

(3) 与监控录像相关联。提供可按时间、姓名等方式查询的历史数据，并且与录像监控画面相关联从而为无法及时发现的偷窃及破坏行为提供有力的线索及证据。

2) 解决方案

(1) 采用 RFID 人员定位软件产品。实现与现有监视录像系统、门禁管理系统等不同安防系统的全面整合，可以实现对人员(包括外来访客)的有效监控和管理。

(2) 通过部署 RFID 人员定位系统。可以很好地支持 RFID 数据的快速、及时、高效的采集，并通过结合简单明了的用户反馈设施(如声光设备、液晶屏等)，有效监控和管理受控人员，同时支持海量数据的存储和维护，提供一致、高效的数据查询机制，实现对历史监控数据的查询和分析。

(3) 方案采用的 RFID 相关硬件产品，建议采用 2.4GHz 频率的有源 RFID。因为人体对无线电波具有很强的吸收作用，而普通的无源 RFID 因为功率较低，穿透能力较弱，应用于人员管理时，容易造成射频标签无法被正常识读。而有源 RFID 内装有电池，标签的工作电源完全由内部电池供给，一般具有较远的阅读距离和较强的穿透能力，可以穿透所有的非金属物质，人体的遮挡也不会造成标签的识读错误。而且可以确保每个运动方向的人员的信息都能够有效地被自动采集到，不需要出入人员主动进行配合，效果较好。

(4) 物理部署架构。在远程监控现场(如大门和关键区域)，部署 RFID 硬件设备(RFID 阅读器和天线)，一旦人员进入受控区域，其有源标签就会发送信息给阅读器，上传给人员定位软件系统进行处理或存储。图 9.5 为 RFID 人员定位系统，其天线的具体布置方案应该根据现场的实际情况设计和实施。

① 大门受控区域。每个大门使用一台 RFID 阅读器，实现人员进出数据的自动采集和传输。两个天线分别安装在大门内部和外部，调整无线射频控制范围，使两个天线的监控区域分别覆盖门内和门外的进出通道。当携带射频卡的员工通过大门时，其射频卡内的信息将被大门内外的两个天线依次采集到，并由中间件传输到后端系统。对人员的进出判断由软件系统依据内外天线采集数据的先后顺序确定。例如，外部天线为天线 A，内部天线

为天线 B。当射频卡数据的采集顺序为天线 A、天线 B 时，系统判定为入；反之，当顺序为天线 B、天线 A 时，则系统判定为出。也可以根据人员的行动轨迹判断进出。

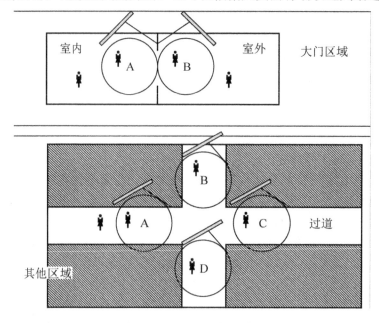

图 9.5　RFID 人员定位系统

② 过道或其他受控区域。在过道或受控区域部署 RFID 阅读器，调整阅读器的射频控制距离。当携带射频卡的人员进入受控区域时，其射频卡的信息被自动采集并通过中间件传输到后端系统。后端系统可以实时完成对采集数据的统计分析，显示人员当前所在的区域。

3) 业务功能

业务功能可实现的基于 RFID 技术的相应业务功能如下所述，同时，客户可以基于自身的业务需要提供更丰富的功能实现。

(1) RFID 射频卡分配和回收流程，提供人员信息录入界面。

(2) 实时监控各区域内人员，通过图像化方式查看所有被监控人员的状态。

(3) 提供人员定位历史的多样化查询机制及报表显示，如人员所在区域实时查询，按区域实时查询人员信息，按姓名、单位、性别等关键字查询历史记录，按时间范围查询历史记录。

(4) 根据时间和区域，在地图上查看被监控人员的行动轨迹及停留时间。

(5) 电子地图可随意更换，动态设置 RFID 阅读器在地图上的位置。

(6) 提供基于角色的权限管理机制，为不同级别的管理人员提供不同的信息展现。

3. 银行安防管理系统平台

现金柜的安全、管理和运输追踪是银行不可缺少的安全管理环节，也是银行安防管理的重点，也是要点环节。细小的安全管理环节疏忽就可能给不法分子可乘之机，威胁到人员的安全，造成重大的经济损失，造成恶劣的社会影响。银行数据中心的资产不同于一般的 IT 资产，数据中心资产的安防管理和资产的管理也非同一般的安防、资产管理，因为数据中心所涉及的信息非常的重要和敏感，即便是微小的事故和差错，都可能会造成灾难性的后果。随着经济的发展，金融行业数据中心的设备也成倍的增长，但是数据中心的设备管理依旧采用纸面单据定时巡检的方式，巡检人员进入数据中心的权限依然靠传统的人员授权登记。

数据中心管理人员劳动强度明显增大，但仍无法实现实时监控，只能待问题出现后进行补救。数据中心资产在管理上也曾尝试使用条码管理系统，由于条码自身易污损、可被复制、无法定位的局限，仍然需要大量人员的人工操作来完成对设备的管理，并没有实现真正意义上的实时监控。

1) 业务新思路

业务新思路采用 RFID 技术及网络和"安全管理软件平台"为现金柜、人员、数据中心资产等重要人员、业务和资产监控提供更快、更仔细、更准确的日常管理。实现了实时的现金柜、人员、重要资产的监控、定位、自动记录、自动盘点等功能。形成以 FRID 技术为核心，网路和软件为传输和管理媒介的"人与人"、"人与物"、"物与物"相互通信与交流的"安防与管理平台"。通过地区间各个"网点"的网络互联，真正实现"金融安防管理的物联网"。

2) 解决方案

(1) 概述。解决方案数据中心通常都是在一个有限的区域里高密度地集中放置昂贵的设备，且温湿度等基础环境均非常的良好，数据中心的基础环境非常有利于应用 RFID 技术，这种环境可以降低部署 RFID 的成本，并提高其效率。RFID 技术，主要由读写设备和电子标签组成，读写设备和电子标签之间通过射频信号自动识别目标对象，获取其相关的数据，从而实现对物体的识别，并将采集到的数据传输到应用系统平台进行汇总、分析、处理。该技术具有读取距离远、穿透能力强、抗污染、效率高(可同时处理多个标签)、信息量大的特点。利用 RFID 的上述原理和特点，对机柜及其内部设备等固定资产加装 RFID 电子标签，机房出入口及机柜内部安装 RFID 识别设备，再结合软件平台，实现资产全面可视和信息实时更新，能够实时监控资产的使用和流动情况，具体体现为设备所在位置实时查询，设备移动跟踪记录，报警；设备的管理统计报表等管理目标，建立一套先进的、规范的、优化的管理机制。

现金柜上粘附了专用于粘附金属的有源 RFID 标签，该标签采用了专有的空中接口协议用来与连接到一对安装在银行入口处的单向天线的 RFID 读写器通信，以检测每个现金柜的离开和抵达。全方位天线也被安装在银行内，来追踪内部现金柜的踪迹。现金柜管理系统采用 RFID 技术来追踪并跟踪整个银行的现金柜在部门之间的传送。现金柜中往往装有大量现金，因此在传送时，需要一名警卫陪同。采用了 RFID 技术之后，当现金柜抵达银行时，保安会被提醒此信息，并采取相关的安全措施。此外现金柜确切的运送路线也可查询，极大地提高了安全性。每个标签定期发出唯一编码信号，现金柜位置不断更新并存储在该应用程序的数据库中，还可以用来确定行动路径。

(2) 系统组成和架构。银行安防管理平台总体架构：银行安防管理平台由电子标签、读写器、服务器和系统软件组成。

机柜内的每台设备都装有 RFID 电子标签。每台机柜内都装有 RFID 识读系统，机房出入口安装有 RFID 识读系统。工作人员使用手持式 RFID 读写器，人员监控定位由电子标签、读写器、服务器和系统软件组成。在远程监控现场(如大门和关键区域)，部署 RFID 硬件设备(RFID 阅读器和天线)，一旦人员进入受控区域，其有源标签就会发送信息给阅读器，上传给人员定位软件系统进行处理或存储。现金柜监控定位由现金柜专用电子标签、读写器、服务器和系统软件组成。每个标签定期发出唯一编码信号,现金柜位置不断更新并存储在该应用程序的数据库中,可以用来确定行动路径。

3) 解决方案实现功能

银行安防与管理平台解决方案可实现如下功能。

(1) 机柜内部设备监控。机柜内部安装 RFID 识读系统,覆盖机柜内部设备的 RFID 标签;系统可实时读取设备上的 RFID 标签;当设备被操作和移动时,自动形成工作记录;系统可根据预设的报警值,实现资产的监控报警。

(2) 数据中心出入口监控。数据中心出入口、监控机房出入口安装的 RFID 识读系统,覆盖通道区域;任何安装有 RFID 标签的设备在通过该区域时都会被系统识别到;数据实时上传到监控平台,进行相应数据记录和处理。

(3) 追踪服务器建立设备设施数据库,把机房中的所有设备设施加入到该数据库中,以清晰管理各个设备设施,为监控提供必要的基础数据;对设备的位置进行图形化管理;实现对设备的位置查询;实时地、自动地对设备位置的变更进行记录;为在监控界面动态显示各位置的设备,在新增设备时,可选择原有设备型号,或者新增设备型号,如果新增设备型号,需要提交该设备正面实物的等比例照片;报警功能由部署在监控节点的报警引擎实现。首先,建立告警策略库,为每个采集状态数据设置告警阈值,每当采集到设备数据后,都调用告警引擎做阈值检查,判断是否触发告警,如果超过阈值(即设备的非法操作和移动)则引发告警,触发告警后,在告警记录中增加一条记录,并向总控中心提交。其次,调用发送告警通知模块,向其他系统发送报警信息。

追踪现金柜每个标签定期发出唯一编码信号,现金柜位置不断更新并存储在该应用程序的数据库中,可以用来确定行动路径。

4. 银行固定资产管理系统

(1) 概述。银行固定资产管理系统是银行管理中的一个重要组成部分,固定资产具有价值高、使用周期长、使用地点分散、管理难度大等特点。在固定资产管理过程中会遇到以下问题。资产折旧数据不准确,账面价值统计不准确,导致资产流失;繁重的盘点工作,耗时耗力,信息反映不及时,影响了工作效率,导致资产重复购置。

由于固定资产使用地点分散的特点,即使在管理系统的支持下,固定资产标签的制定、填写或打印、粘贴、资产状态的跟踪、盘点等工作的性质和工作量并没有得到良好的改变和改进,固定资产管理依然是手工和计算机管理相结合。

(2) 资产管理新思路。业务新思路采用先进而成熟的 RFID 技术,赋予每个实物一个唯一的"资产全息身份证"标签,从而达到对固定资产实物在企业中的全流程环节进行跟踪管理。解决了常见的账、卡、物不符的现象,提高了资产盘点的准确性,提供了丰富而强大的管理功能,达到全程全面、精准细致、及时动态的固定资产管理要求。因此,引入射频标签能有效解决固定资产数据分散采集输入的瓶颈难题,这样才能将固定资产管理系统的功能最大化地发挥出来。

(3) 解决方案。RFID 资产管理系统组成架构有流程系统组成架构 RFID 标签、RFID 读写器、网点资产数据管理软件、总行资产管理软件。RFID 固定资产管理除了常规资产管理流程外,主要有下列两大特色流程。

① 资产信息上行流程。资产信息上行流程主要实现资产录入,对资产信息管理的信息反馈。资产设备粘贴带有 RFID 的资产标签。读写器读取 RFID 标签内容,主要为资产信息

和 RFID 唯一标示号码。读写器上传数据至网点资产数据处理中心，网点资产数据中心自动处理并存储相关数据后将数据上传至总行资产数据中心。

② 资产信息下行流程。资产信息下行流程主要实现数据中心对资产操作和处理等功能操作。总行资产数据处理中心或网点资产数据处理中心对资产进行操作处理，如资产变更、报废、毁损、折旧、分配使用部门、使用部门变更。

(4) 实现功能。RFID 固定资产管理具有如下主要功能。

① 资产日常管理功能主要包括固定资产的新增、修改、退出、转移、删除、拆分、调拨，资产的运行、借用、领用情况，计算折旧率及残值率等日常工作。

② 通过 RFID 标签唯一码定义资产唯一编码功能。

③ 盘点功能按照 RFID 阅读器中的数据与数据库中的数据进行核对，并对正常或异常的数据做出处理，得出固定资产的实际情况，并可按网点、部门生成盘盈明细表、盘亏明细表、盘亏明细附表、盘点汇总表、盘点汇总附表，此外还有实物信息现场转移的功能。

④ 固定资产报表生成与导出根据网点、部门、时间等条件查询分类统计月(年)报、本月增加固定资产月报、本月减少固定资产月报、固定资产折旧月报(年报)，并提供导出和打印功能。

⑤ 固定资产综合查询可以对单条或一批固定资产的情况进行查询，查询条件包括资产卡片、保管情况、有效资产信息、部门资产统计、退出资产、转移资产、历史资产、名称规格、起始及结束日期、单位或部门，此外还有动态查询结果导出功能。

⑥ 资产折旧包括计提固定资产月折旧，打印月折旧报表，对折旧信息进行备份，恢复折旧工作、折旧手工录入、折旧调整。

⑦ 与财务工作有关的功能。

⑧ 系统维护功能。

⑨ 安全管理功能。

⑩ 远程通信功能。提供无差错的远程通信，实现通过内部网或专线准确的传递数据。以 RFID 技术实现固定资产的管理，除了具备常规固定资产管理所需的功能外，还具备以下特点：对固定资产进行全程跟踪，快捷的资产批量转移和现场转移功能，高效的网络和远程数据传输识别方便，可远距离识读，读取快速，可迅速在手持机里显示，读取准确，每个标示的固定资产都有唯一的标签，耐磨损、不易损坏，比条码更能接受环境的挑战，抗冲突性能良好，可瞬间大量读取芯片内容，可以重复写入 10 000 次以上。芯片内 2kB 内存，可储存资产名称、状态等信息。

9.2.3 城市智能一卡通应用系统

随着市场经济的不断发展，公共事业行业的传统观念和发展现状发生了很大变化。一方面，水、气、热资源由原来取之不尽、用之不竭的自然资源，变为一种面临匮乏而且具有一定经营成本的特殊市场商品；另一方面，公共事业管理部门由原来依靠国家财政预算补贴的政府职能部门逐渐转变为自主经营、自负盈亏的企业单位。传统的收费模式已经不能适应新形势的发展，经常造成严重拖欠和流失，并不时产生纠纷，给管理日常工作带来很大的困难和压力。公用事业城市智能一卡通系统应用现代高新技术解决收费困难问题，形成了新形势下的收费管理模式。

城市物流业务也可以在城市智能一卡通平台上设计相应的对接业务(平台设计时预留接口)，根据物流金融的需求，随时可以接通城市物流业务。

1. 城市智能一卡通发展概况

城市智能一卡通属于银行卡和收费管理 IC 卡的最新形式的结合与应用。公用事业采用 IC 卡收费管理，实施城市智能一卡通项目，在许多国内城市已经进行试点，并逐渐得到管理部门和广大用户的认可。城市智能一卡通包括纵向应用和横向发展的一卡通含义，纵向应用一卡通解决地区分割的某个行业一卡通问题，如公共交通行业；横向应用一卡通实现同一地区不同行业一卡多用。目前，城市一卡通的试点主要侧重于公共交通的收费管理。随着城市一卡通事业的不断发展，公用事业水、气、热等行业均将纳入城市一卡通。

2. 一卡通系统原理及相关技术

目前国内各城市的一卡通，如香港的八达通、深圳的深圳通、广州的羊城通等应用的主要是 RFID 技术。RFID 是一种非接触式的自动识别技术，它通过射频信号自动识别目标对象并获取相关数据，识别工作无须人工干预，可工作于各种恶劣环境。RFID 技术可识别高速运动物体并可同时识别多个标签，操作快捷方便。

最基本的 RFID 系统由以下 3 部分组成。

(1) 标签(Tag)。由耦合元件及芯片组成，每个标签具有唯一的电子编码，附着在物体上标示目标对象。

(2) 阅读器(Reader)。读取(有时还可以写入)标签信息的设备，可设计为手持式或固定式。

(3) 天线(Antenna)。在标签和读取器间传递射频信号。

当标签进入磁场后，接收解读器发出的射频信号，凭借感应电流所获得的能量发送出存储在芯片中的产品信息，或者主动发送某一频率的信号；解读器读取信息并解码后，送至中央信息系统进行有关数据处理。

以一次搭乘公车的支付过程为例。当持卡人踏上公车，把内置 RFID 芯片的智能卡靠近安装在公车上的阅读器，阅读器读取智能卡中储存的信息后，发出付费成功或不成功的声音提示。完成整个支付过程只需不到一秒钟的时间。

3. 智能芯片选型、应用分类和应用规划

IC 卡是实施城市一卡通的重要信息载体，IC 卡的选型和应用规划是项目能否成功的关键技术环节。

1) 卡片选型

IC 卡根据内部芯片结构和功能不同，分为存储器卡(包括逻辑加密卡)和微处理器卡(即智能卡)。

存储器卡内部芯片只是一个存储器，最多增加一个逻辑电路保护，应用于一卡通项目存在如下技术隐患。

(1) 安全性较差，卡内数据很容易被修改和伪造。

(2) 读写可靠性较差，卡自身无法知道卡内的数据读写和存储是否正确，在用户插拔卡不规范或其他不确定因素下，可能造成数据混乱。

(3) 可兼容性和可扩展性较差。

从国际 IC 卡技术发展趋势看，非智能 IC 卡技术已趋于萎缩，而智能卡技术应用处于方兴未艾。因此，一卡通系统在产品设计上应跟上国际形势发展。

智能卡芯片具备微型电脑的软硬件配置，如 CPU、RAM、ROM、EEPROM、芯片操作系统(COS)，同时还具有用于信息安全保护的加密器、随机数发生器及物理攻击自毁电路。而非智能卡的芯片上只是一个简单存储器逻辑电路。因此，从可靠性、安全性和智能性而言，智能卡具有天生的优势。

智能卡芯片内的物理资源由贮存在 ROM 内的 COS 来进行统一管理和调度，我们可以根据具体应用要求设计卡片应用规则和规范，建立卡片应用安全结构体系，并通过 COS 实现智能卡的具体应用功能。因而，智能卡具有灵活性较强的、开放式的应用设计平台。因此，在城市一卡通公用事业应用系统中选用智能卡。

2) 应用分类

智能卡在城市智能一卡通应用系统中按功能不同分为如下应用类型卡片。

(1) 中央级总控卡。由国家有关主管部门领导生成，存储 IC 卡应用总控密钥。

(2) 部级主密钥卡。由中央总控卡和相应业务密钥代码生成部级业务主密钥，如公交行业消费主密钥、TAC 主密钥、应用维护主密钥等。

(3) 城市主密钥卡。由部级主密钥卡和各地区行政编号生成各地区的城市主密钥卡。

(4) 城市总控卡。存储由各城市主管领导生成的地方总控密钥。

(5) 城市密钥母卡。存储由城市主密钥卡和城市总控卡生成的城市应用主密钥。

(6) ISAM 卡。即充值权限认证卡。嵌入 POS 机内，用于城市各充值销售网点的充值授权和认证。

(7) ESAM 卡(或 ESAM 模块)。即安全模块。安置在表具终端内，用于存储表具运营参数，并实现用户卡和表具交易安全认证和信息交换安全保护。

(8) 用户卡。发放给城市居民用户，作为用户充值和消费的电子信息介质。

3) 用户卡应用规划

智能卡的一个重要技术特征是能够通过统一技术规划实现一卡多用技术功能。

在用户卡设计上，可以进行不同应用分区，并对不同的应用分区定义独立行业应用名称。不同应用分区存储不同的应用信息，并建立不同的密钥安全系统，使得卡内不同应用分区独立受控于不同的应用提供方，保证各个应用提供方的利益互不干涉。城市智能一卡通公用事业应用系统用户卡规划如图 9.6 所示。

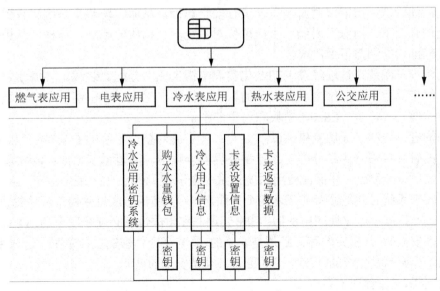

图 9.6　用户卡一卡多用分区规划

4. 系统结构和组成

如图 9.7 所示，整个系统由密钥管理子系统、发卡充值管理子系统、用户信息管理子系统、业务信息管理子系统及用户卡和表具终端组成。

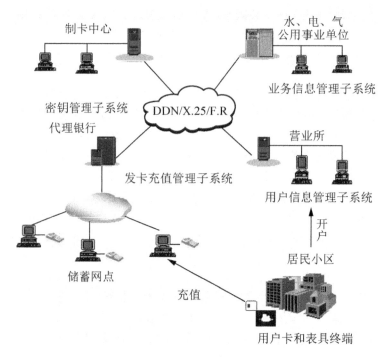

图 9.7　城市智能一卡通应用系统结构

图示资料来源：http://news.rfidchina.org/news/

1) 密钥管理子系统

密钥管理子系统完成整个系统的各种密钥生成、分配、装载和更新功能。通过密钥管理子系统，使管理部门能够对整个系统进行安全布控，从而实现整个系统运行置于管理部门的安全控管之下，消除了研制、生产单位对系统安全构成的威胁。这样，从根本上保护了应用管理部门的利益不受侵害。

密钥管理子系统通过逐级发卡初始化实现密钥生成、分配、装载。各城市首先由主管领导生成城市总控卡，并结合全国发放的城市主密钥卡生成城市密钥母卡。由城市密钥母卡生成并装载 ISAM 卡、ESAM 模块和用户卡密钥。

密钥管理系统的目标功能包括以下 6 点：①实施对整个系统的安全布控和监控；②实现对系统的管理权限分割和分配；③抵御外界安全攻击，防范系统崩溃；④实现开发人员和生产厂家的安全脱钩；⑤保证应用系统正常安全运营；⑥保护应用提供方利益不受侵犯。

密钥管理系统必须能够保证下述几个方面事项：①密钥生成只受控于应用提供方；②开发人员和生产厂家不能掌握应用密钥；③密钥调制和生成过程必须是安全的；④密钥的装载过程必须是安全的；⑤密钥的存储必须是安全的；⑥某个个体密钥被侦破不能造成系统崩溃；⑦密钥的工作必须是安全的；⑧密钥的更新必须是安全的。

2) 发卡和充值管理子系统

发卡和充值管理子系统实现对空白用户卡的开户发卡，并完成对用户卡的充值功能。

发卡和充值管理子系统安装在发卡和充值代理网点，应用管理部门通过配备 ISAM 卡授权代理网点进行发卡和充值。

网点进行发卡或充值时，发卡和充值管理子系统使用 ISAM 卡对用户卡进行身份合法认证，并对用户卡发卡或充值操作进行权限认证，认证通过后才能有权限往用户卡写入相应的开户信息或充值交易处理，如图 9.8 所示。

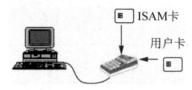

图 9.8　发卡和充值管理子系统

在进行充值交易前，开户发卡和充值管理子系统自动读入用户卡内的抄表数据，存入相应的数据库，供应用管理部门进行数据统计和分析。

应用管理部门同时可以把某些卡表运行设置参数在充值时写入用户卡，通过用户卡插入卡表终端时自动更新卡表的某些运行设置参数。

3) 用户信息管理子系统

用户信息管理子系统实现对用户进行开户登记，并完成对用户的登记信息进行各种查询、统计、报表生成和打印等功能。

登记信息管理功能包括开户登记、开户单打印、登记修改、用户冻结、用户注销、登记查询、统计和报表生成等。

用户信息管理子系统必须根据应用管理部门的具体业务需求进行设计。

4) 业务信息管理子系统

业务信息管理子系统实现对应用管理部门日常运营管理，并通过和代理银行联网实现数据共享。一方面，为银行代理网点提供用户开户信息，作为网点开户和充值依据；另一方面，银行把充值交易明细及抄表数据传送给应用管理部门，供业务管理部门分析统计。具体设计必须在对应用管理部门进行详细的系统调研和需求分析后，才能确定设计方案。

5) 表具终端

根据国家有关部门《建设事业 IC 卡管理技术》要求，表具内部必须安装安全模块，而且，用户卡和表具交易流程必须符合交易规范。

安全模块是一种具有特殊密钥管理功能、特殊封装形式的智能卡，其内核芯片和智能卡芯片一样，其内部功能结构如图 9.9 所示。安全模块是表具终端最核心部件，储存卡表内有关应用数据，以及装载用户卡的各种权限密钥，并完成和用户卡的各种权限认证。

5. 系统建设规划

(1) 建立统一的技术管理规范和平台。
(2) 建立相应的业务管理规范和模式。
(3) 制定相应的政策和法规。
(4) 符合国内外行业标准或应用规范。
(5) 建立安全体系结构和密钥管理系统。
(6) 实现一卡多用，保证城市一卡通。

(7) 建立完善的应用业务信息管理系统。
(8) 实现和银行业务管理系统的联网。
(9) 建立完善的售后服务管理系统。
(10) 保证系统具有较高的安全性和可靠性。
(11) 能够提供较好的可扩展性和可维护性。

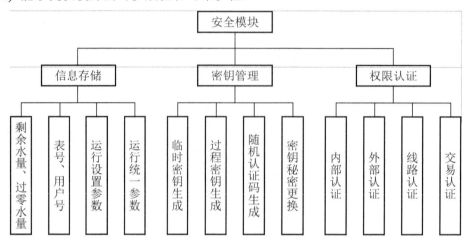

图 9.9 安全模块内部功能结构

9.3 物流金融安全监控

智能联网视频监控系统是基于国际领先的行为识别技术、人脸识别技术和专用设备研发技术,针对当前银行视频监控系统,专门介绍了一套智能化、网络化视频监控系统方案。

9.3.1 银行智能联网监控管理系统

银行智能联网监控管理系统可以最大限度地节省资源、降低运行和人力管理成本,它本着"安全、节约、稳定"的原则,利用远程网络通信技术和视频处理技术,建设银行营业网点监控联网系统和异地守库综合监控管理系统。

1. 需求分析

经过多年的发展,银行的业务量不断扩大,各级管辖支行、二级支行、无人值守的自助银行和 ATM 系统减少了工作人员的工作强度并提高了工作效率,但随着银行股份有限公司股份制改革的加深,对各个职能部门在各项工作内控管理上提出了更高要求,同时如何更好地保障支行、离行式 ATM 系统的安全运行也对银行安防系统提出了更严格的要求。

银行从加强内部管理和满足全新安全防范的需要,实现金融行业现代化、高效管理的具体要求出发,提出了结合现今安防行业发展水平,利用先进技术,采用安全可靠的设计方案,对全分行监控系统进行数字化改造,实现安防系统和职能管理的集中控制的要求,以提高全行安全防范和综合保障管理水平。基于此,以分行作为整个系统的网络中枢,支行为二级网络节点,储蓄点和分理处为三级网络节点,建立一个安全、高效、先进的智能安全联网管理系统远程网络监控体系势在必行。

为了降低基层人员的工作负荷和提高全行的综合安全管理水平，可采取如下步骤。

(1) 数字视频监控系统管理权限从网点向分行中心转移。以各二级分行科技管理部门牵头，建立城市二级分行联网监控中心，对原先分散在各地管理的营业网点、自助银行、ATM 机和各地金库的数字图像监控系统和报警系统进行集中监控管理。

(2) 整合专业接警和各类门禁系统的管理功能。增加对其他安防监控系统的集成，除了对已经建设的原 110 报警系统的整合外，尤其注重对各种门禁出入管理系统的建设和集成，包括营业网点双门互动互锁门禁管理系统、离行 ATM 机设备间门禁管理系统、自助银行设备间门禁管理系统、重要机房门禁出入管理系统和金库多指纹门禁管理系统。

(3) 将监控范围扩大到移动目标并和城市治安监控联网。增加对移动的运钞车辆和库包押运车辆的监控管理，增加对 GIS 地理信息系统和 GPS 定位系统的整合，便于对移动运钞车辆的监控。

2. 设计思想

随着银行监控系统数字化的完成或即将完成，银行对综合监控系统的需要已经十分迫切。但是不少银行保安和科技部门的调研，以及对银行现有系统的研究表明，目前市面上很多产品和方案已经不能满足新的业务需求，一套系统核心的部分是它的体系结构设计和价值观。

体系结构决定了系统本身是否能够适应银行监控规模的变化而进行伸缩、是否能够在用户需求变化的时候快速响应并无缝集成到原有的系统中去。体系结构也决定了一套系统是否会在很短的时间内被淘汰，还是能够随着信息、视频、智能、安全技术的发展而不断自我完善。

价值观决定了系统是不是能够真正为客户提供所需要的东西，以及是否能满足客户日益发展变化的业务需求。它也决定了系统实现的每一个功能、每一个特点是否为了实现更多的业务价值，还是只是为了功能而功能、产品而产品。

智能安全联网管理系统采用了 J2EE 体系架构，J2EE 具有跨平台、高伸缩性、易扩展性的特点，被业界称为世界上大型企业级应用和关键任务应用的首选体系结构。

从银行的角度来讲，综合管理系统的最终目的应该是能够提供一个平台，在这个平台的管理之下，所有的组织结构(分行、支行、网点等)、设备(监控设备、报警设备、存储设备等、外部设备)、主机、系统等所有的被管理对象应该组合成为一个有机体，协同一致地为银行的监控管理目标服务。换句话说，平台内所有的设备和系统对银行来讲，就好像只是同一台无所不能、可以不断扩展的设备，为银行的各种机构、各种人员提供所需的服务。每一项功能模块的增加、功能的使用方法都遵循这样的思想。不管是组织结构管理、权限设置、实时监看、录像、存储、回放、检索、报警、门禁、设备巡检、故障处理，以及所有可能增加和扩展的其他功能都是从集中、统一、分层的方法来设计和管理的，按照操作者的权限和要求，在实际的使用中它们都能够覆盖到系统的所有、部分、特定的相关设备，从而提供极高的管理价值和个性需求满足。

3. 系统架构功能设计

根据以上金融系统对机房监控系统要求的分析，智能安全联网管理系统按照以下方式搭建金融监控系统。并把它细分为监控前端、通信网络，监控中心几个主要部分。银行联网监控管理系统总体结构如图 9.10 所示。

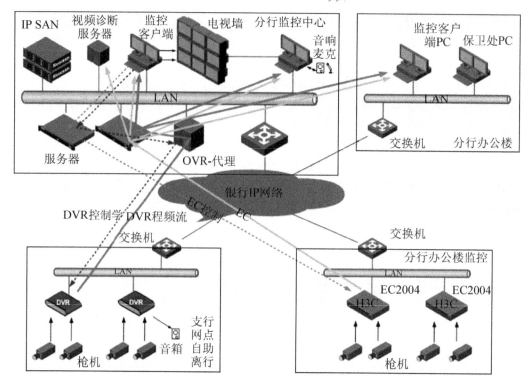

图 9.10 银行网络监控系统图

图示资料来源：http://image.baidu.com/i?ct=503316480&z=0&tn

系统架构整体功能设计如下所述。
(1) 现场监控。
(2) 中心主控。
(3) 中心分控。
(4) 中心网络数字矩阵和电视墙控制。
(5) 中心系统管理服务。
(6) 中心 Web 客户端软件下载服务。
(7) 中心流媒体转发服务。
(8) 中心网络存储管理服务。

9.3.2 物流金融产品安全监控设计架构

物联网是一项新兴的技术，是一个将各种信息传感设备(如 RFID 装置、红外感应器、GPS、通信装置等)与互联网结合起来而形成的巨大网络。物联网的相关技术由于可追溯、可视，所以一旦被运用于防范和规避金融物流的不确定性，将极大提升金融物流产品的安全性。然而，目前将物联网与金融物流结合起来的创新研究几乎没有。

物流金融产品风险主要是由业务过程的不透明，缺乏有效的安全监管造成的。通过物联网技术的引进，可以对金融物流产品进行追溯，从而进行实时跟踪与监控。以下分别从信息的获取与信息的监管来设计架构。

1. 物联网金融质押品信息获取系统构架设计

利用物联网技术实现信息获取的一般过程为，在物品上贴上 RFID 标签，读写设备通过读取 RFID 标签中的信息，尤其是 ID 信息，通过这个 ID 信息向物联网名称解析服务器请求以获取该 ID 所对应的进一步详细信息的统一资源标志符(uniform resource identifier，URI)，读写设备通过这个 URI 进行进一步的信息获取，实现信息的全面和透彻感知，其基本原理如图 9.11 所示。

图 9.11　基于标签的信息获取类服务基本原理

为了获取质押品在整个供应链过程中的动态信息，我们需要研究从原料市场到产品市场这一过程中质押物品信息的读取与采集，业务流程如图 9.12 所示。

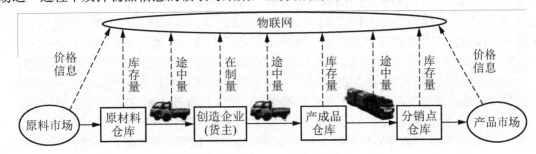

图 9.12　基于物联网的质押品动态信息获取图

2. 供应链流动中的质押品的信息监管系统设计

在上述获取信息的基础上，银行需要对这些信息进行监管，一旦有关质押品信息出现异常，物流金融的各参与方均可以通过信息监管系统了解风险隐患(图 9.13)。风险数据库中包含了通过实际调研所获得的大部分风险的类型及其对应的解决方案。这样，通过信息监管系统的设计，不仅可以共享风险隐患，还能够使得风险关联方利用风险数据库进行风险的基本应对。对于未列入数据库的风险，需要参与方在协调的基础上做出最终优化措施。

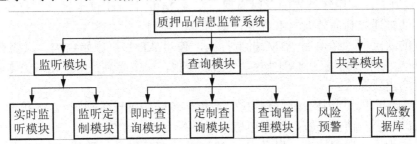

图 9.13　质押品信息监管系统图

在整个监控过程中，主要采用了三大关键技术，即感知技术、网络通信技术和智能处理技术。运用这些可视化技术，对质押品从出厂到目的地进行全程跟踪，能有效保证质物的数量和质量。在存储的过程中，能有效避免人员操作的失误、内部作案等问题。将实体货物信息存入数据库，随时对入库出库量进行统计，设立最低值警戒线，以确保库存量。通过物联网可视化可追溯技术，对物流的整个过程进行全程控制，组成一个巨大的网络控制平台，监控供应链的每一步流程。

9.3.3 银行物联网反盗卡系统

银行安防系统的发展在过去主要经历了三个阶段：一是以独立网点防盗防抢报警系统建设为主的阶段；二是以模拟监控和防盗防抢报警相结合的阶段，并实现了银行网点与当地公安 110 的联网；三是数字化改造阶段，将原有的以磁带录像为主的全模拟的监控系统改造为以数字硬盘监控录像为主的数字化监控系统，有些二级分行还利用硬件设备附带的客户端软件实现了简单的网点远程监控。

1. 系统描述

随着社会发展和人民生活水平的提高，金融服务需求不断增长。ATM 机和自助银行由于其便捷高效，已经成为人民生活密不可分的部分，而涉及自助银行、ATM 机的犯罪活动也在日益增加。当前的自助银行与 ATM 机虽然都安装了闭路电视监控系统，但是由于其数量庞大，传统人工值守的方式很难及时发现和打击犯罪行为，也缺乏对视频内容的智能分析，给事后调查带来了困难，难以适应新时期自助银行与 ATM 机安全防范的实际需要。

由于 ATM 机厂家和型号众多，形状不一，普通持卡人很难辨别正常插卡口与异常插卡口的外形区别，常常落入犯罪分子布设的圈套，导致大量案件不断发生。在 ATM 机的插卡口加装盗码器(盗卡器)已经成为 ATM 机上发生的最普遍的犯罪形式。虽然目前绝大多数 ATM 机上安装有视频监控系统，但这些单纯的视频监控系统一般只能作为案发后犯罪取证之用，对于及时发现并阻止犯罪并没有多大作用。面对复杂的 ATM 机用卡环境，视频监控系统不能及时有效地提供预警防范能力也是 ATM 机上犯罪频发的重要因素。安防系统最基本的作用是及时发现并阻止犯罪，但事实反复证明，单一的视频监控已经不能有效阻挡 ATM 机上疯狂的银行卡盗码犯罪。

2. 方案选择

ATM 机等自助设备上的防盗卡技术一般可采用各种方式探测自助设备读卡器周围是否有异物(如盗码器)存在。

(1) 光线判断。利用红外光的反射原理，在 ATM 机上位于读卡器周围打通光孔，从自助设备内部通过通光孔向外发射红外光，如有遮挡则判定存在盗卡器。

该方式的缺点在于必须在 ATM 机上打孔，破坏 ATM 机原始结构，只要有异物(灰尘等)堵住通光孔或环境光线变化等因素就会出现误报，误报率高，一旦出现盗卡器安装时绕过通光孔就会出现漏报。

(2) 电磁场判断。利用磁场强度传感器或电磁场强传感设备探测 ATM 机读卡器周围电磁场变化情况与正常情况比较，如有电磁场异常判定为存在盗卡器。

该方式属于近程探测技术，也必须在 ATM 机上打安装孔，改变 ATM 机原始结构，如果 ATM 机是金属外壳，探测设备就必须外置，本身就成为一个安全隐患。该方法从原理上只要周围有能改变磁场强度的物体存在就会误报，如果调低探测灵敏度又会漏报，并且灵敏度调整尺度很难把握。

(3) 技术分析。利用图像处理技术分析，ATM 机读卡器的图像找出特点，与原始读卡器图像比较，如有异常则判定存在盗码器。

该方式对图像的亮度敏感，对图像清晰度要求很高，因此导致很高的误报率，但其最大的缺点还在于无防伪功能，如果安装的盗卡器外观及颜色和原始读卡器相像则无法分辨，就会产生严重漏报。

3. 反盗码系统特点及优势分析

对于任何在柜员机上发生的银行卡盗码犯罪都具备一个共同的特征：即加装设备(盗码器、假键盘等)。任何加装都意味着柜员机上某些重要部位(插卡口、键盘等)的空间高度产生了变化，通过高精度测量传感器实时监测这些敏感部位的空间高度情况就可以判断正常插卡口是否加装了盗码器等改造行为，从而能够在加装的过程中就发出报警、预警，为及时阻止和抓捕犯罪赢得时间。

4. 实现原理

首先通过高精度激光测距系统对 ATM 机等自助设备的读卡器及其周围进行多点测距，并将测量结果作为参考值保存。在正常工作时，按照一定周期或预设条件对 ATM 机等自助设备的读卡器进行测量，并根据收到的测量距离值与保存的参考值进行比对，当测量距离值没有超出报警距离参数值时，维持当前状态；当测量距离值超出了报警距离参数值时，说明读卡器周围的物理状态或形态发生了变化，则向控制模块发出报警信号，并对持续报警时间进行统计，如果持续报警时间统计超过了设定的预警时间参数阈值，则控制模块经物联网模块向外发出预警指令和预警警报信号，同时避免了插卡等正常动作行为产生的误报。

该系统利用相位式激光测距模块实现高精度的激光多点测距，可以在读卡器周围形成激光防护网，由于设备吊装在自助设备前方一定距离，不仅设置方便，隐蔽性好，且无须破坏自助设备，安装位置灵活，可以安装在离 ATM 机读卡器 0.05～20 米的距离内。此外，该装置的激光光路不仅探测范围大，而且不易受环境影响和电磁干扰，有效解决了传统设备误报和漏报的问题。

系统中特别设置了物联网模块，可以通过中心联网实时监测各个网点 ATM 机的插卡口状态，对于发生的各种插卡口异常情况可以及时主动上报中心。同时可以和短信报警模块连接向相关人员或公安部门的短信报警平台发出短信报警。

9.3.4 金融 IC 卡的密钥管理

随着金融电子化的发展，金融 IC 卡将逐步取代磁条卡，成为人们日常消费的结算工具。IC 卡比磁条卡具有更安全、交易成本低、使用方便等优势，IC 卡具有保密性好、文件管理安全等特点，适应未来更为复杂的业务需求，为医保、社保等领域提供服务。金融 IC 卡的密钥管理系统，IC 卡管理体制使发卡行和持卡人得到安全保障。

1. 密钥的类型

根据《中国金融集成电路(IC)卡规范》，全国共建立三级密钥管理系统。人民银行总行建立一级密钥管理系统，各商业银行总行和人民银行各中心支行建立二级密钥管理系统，商业银行地区分行建立三级密钥管理系统，分级负责生成不同级别的密钥管理系统，维护不同级别的密钥管理系统。

根据密钥级别的不同，在密钥管理系统中的密钥可分为三大类：公共密钥、分行专有密钥、管理密钥。

(1) 公共密钥是指由人民银行总行生成的全国消费主密钥和各商业银行总行生成的行内公共密钥，安全存放在各总行的母卡中。全国消费主密钥是由人民银行总行生成和维护的公共密钥，简称为 GPK。人民银行通过其一级密钥管理系统向各二级密钥管理系统分散，用于金融 IC 卡的消费/取现交易。

(2) 分行专有密钥由商业银行地区分行生成和维护，安全存放在分行的母卡中。分行生成其他交易使用的主密钥，包括部分 IC 卡片的维护密钥。在金融 IC 卡应用中，分行专有的普通密钥有 7 种，分别用于圈存、圈提、修改密码和 PIN 维护等操作。如圈存主密钥 MLK、圈提主密钥 MULK、修改主密钥 MUK、签名主密钥 MTK、重装 PIN 主密钥 MRPK、解锁 PIN 主密钥 MPUK、应用维护主密钥 MAMK。分行还可以选择生成其他应用的主密钥。

(3) 管理密钥分为认证密钥和保护密钥。认证密钥用于对卡片做外部认证，出厂密钥、洗卡密钥、认证密钥是位于卡片密钥文件的同一位置的卡片不同阶段的密钥，一般记为 ADMK，认证密钥还包括出厂认证密钥 PRDK、密钥卡管理主密钥、分行密钥卡认证密钥、PSAM 卡认证密钥等。

保护密钥(传输密钥)是用来对主密钥进行加密保护，输入到卡片或输出到另一张卡片。保护密钥分导入密钥和导出密钥两种。导入密钥保存在金融 IC 卡标准应用下的导入密钥文件中，导出密钥保存在金融 IC 卡标准应用下的导出密钥文件中。所有保护密钥都用外层的认证密钥加密保护进入卡片中，保护密钥也称传输密钥。传输密钥被传递给下一级机构或安全设备，下一级机构利用该密钥进行主密钥的导出，传递密钥可以通过卡片也可以通过信封传递，如分行发卡传递密钥 TK1。

三级密钥系统中有些密钥是由一级、二级密钥系统产生、传递而来。在传递过程中必须经过一定的运算，这个过程称为密钥的分散。

2. 密钥的分散

人民银行总行生成的主密钥是消费/取现主密钥，称为根密钥，标志为 G*K。分行生成和使用的密钥称为主密钥或称为分行专有密钥，标志为 M*K。用户卡使用的经过主密钥分散的密钥称为用户卡密钥，标志为 D*K。用户卡交易过程中使用的过程密钥标志为 S*K。由 G*K 到 M*K、D*K 的过程就是密钥的分散过程。

1) 公共密钥的分散

人民银行总行将消费/取现根密钥(GPK)根据各商业银行特征号和人民银行中心支行地区号进行分散，传递给二级密钥机构。各商业银行总行的二级密钥机构根据地区分行号、人民银行二级密钥机构根据各商业银行特征号进行分散，生成三级密钥系统的分行消费/取现主密钥(MPK)分散过程标志为 MPK=DIVERSIFY(GPK，IPI)。

① 人总行将消费/取现根密钥（GPK）根据各商业银行特征号进行分散。
② 人总行将消费/取现根密钥（GPK）根据人行中心支行地区号进行分散。
③ 各商业银行总行的二级密钥机构根据地区分行号进行分散。
④ 人行二级密钥机构根据各商业银行特征号进行分散。

2) 用户卡密钥的分散

用户卡的消费/取现密钥(DPK)用分行的消费/取现主密钥(MPK)根据卡片应用序列号(ASN)分散生成，即 DPK=DI VERSIFY(MPK，ASN)。用户卡的其他密钥 DLK、DTK、DULK、DUK、DRPK、DPUK、DAMK 用相应的分行专有密钥 MLK、MTK、MULK、MUK、MRPK、MPUK、MAMK 分散生成。

消费/取现过程密钥(SPK)由用户卡中的消费/取现密钥生成，标志为 SPK=SESSION(DPK，DA-TA)。

3) 密钥的传递

在不同级别的密钥管理系统中，密钥用密钥卡来承载。密钥卡保证密钥在总行密钥管理系统内、总行和分行、分行和用户卡之间进行安全的传递。

密钥的传递过程就是密钥卡密钥的导入和导出过程。导入密钥文件里存放着导入密钥，导入密钥是用来对输入的主密钥密文进行解密的，导出密钥文件里存放着导出密钥，导出密钥是用来对输出的主密钥进行加密的。进入导入密钥文件的导入密钥和进入导出密钥文件的导出密钥必须用管理密钥文件的管理密钥加密。

主密钥进入主密钥文件必须用导入密钥加密，导出主密钥时，卡片会用导出密钥对该主密钥加密。为了保证主密钥正确无误地写入，密文需要附加签名段，签名的算法根据金融 IC 卡规范中定义的安全报文格式设置。

卡片中预设有计数器，限制主密钥的导出次数，同时卡片受 PIN 保护。

3. 密钥卡的生成

密钥管理系统用于生成各种主密钥，制作各种密钥卡。下面以三级密钥系统为基础，介绍密钥卡的生成和控制。

(1) 生成分行专有密钥。密钥生成系统由密钥生成卡来实现其算法，主密钥生成卡相当于一个密钥生成器，由主管人员输入种子 A 和种子 B，主密钥生成卡便会产生一些"强度较高"的主密钥作为分行专有的主密钥。同样的种子对不同的主密钥生成卡产生的主密钥是不一样的，主密钥生成卡、种子 A 和种子 B 应该分开安全保存。

密钥系统在生成银行主密钥的时候，每个主密钥会生成多个版本和多个索引。以用户卡的使用期为 10 年计，若每个版本的使用期为 2 年，则密钥系统会生成 5 个版本的主密钥在母卡 A 和母卡 B 中。某一个版本密钥的使用周期为 2 年。在发卡母卡、用户卡中只有其中一个版本的密钥，是当前使用周期内的密钥版本，每 2 年更新一次。

总控卡的主密钥由分行母卡 A 和分行母卡 B 导入，它含有分行的全部密钥。总控卡用于生成系统其他控制卡，由总控员掌握，该主密钥有输出次数控制。

(2) 将密钥导入二级密钥机构。提供的发卡母卡中，合并消费/取现根密钥(MPK)，形成分行发卡母卡，分行发卡母卡是由二级密钥管理中心发行的，一般不能导出。只能由总控卡和操作员卡一起，将本行生成的其他专有密钥的某一个版本注入发卡母卡。发卡员利用分行发卡母卡和分行发卡控制卡来发行用户卡。

用户卡的密钥由发卡系统导入，其密钥由发卡母卡上的主密钥分散而成。

(3) 生成 PSAM 卡和 HSAM 密钥传递卡。总控卡和操作员卡一起，导出 HSAM 控制卡和 PSAM 控制卡。HSAM 控制卡、PSAM 控制卡是总控卡的子卡。总控员持有 HSAM 控制卡，将密钥导入加密机，HSAM 控制卡的主密钥只能导出一次；操作员持有 PSAM 控制卡，将分行的 M^*K 导入 PSAM 卡，PSAM 控制卡的主密钥导出次数和 PSAM 卡数有关。

加密机和 PSAM 卡中则存在多个版本的密钥，这样它可以对不同版本的用户卡进行交易密钥效验。

4. 密钥的更换

在实际运行的过程中，IC 卡密钥的安全相当重要。为保证密钥的可靠性，发卡母卡的密钥每 2 年更换一个版本，同时用户卡每隔 2 年必须做展期交易，已验证用户卡的密钥版本是否在有限期内。

为保证银行密钥的安全，在 IC 卡交易系统中，密码的效验都通过加密机来进行。密码是存放在加密机中的，如果因意外因素导致密钥泄露，必须更换已泄露的交易主密钥。为保证已经发出的用户卡在更换交易主密钥后能继续使用，密钥管理系统采用了交易密钥多个索引的办法。对于每一个版本的某一个密钥，其实也有多组，由多个索引值来区分。对某一版本的一个用户卡,每一个交易密钥有多个索引。正常时使用第一索引的密钥,异常情况下(如密钥泄露)启用下一个索引。此机制保证在异常情况下更换密钥时,不需收回已发出的用户卡,而只需将应用系统(包括 PSAM)中的密钥更新为新的索引。

密钥管理系统是金融 IC 卡管理的核心部分。随着人民银行总行在北京、上海、长沙等地金融 IC 卡试点工作的开展,各地的三级密钥系统将逐渐建立,IC 卡密钥的安全体系也会更加完善。

本 章 小 结

通过本章学习,深刻认识到物联网技术在金融行业中的应用是当前金融科技创新产品最为重要的领域,物流行业运用物联网金融服务这项新兴的技术,将会使现代物流业进入一个快速增长时期。

本章详细介绍了银行智能联网监控管理系统,在整个监控过程中,主要采用了三大关键技术,即感知技术、网络通信技术和智能处理技术。运用这些可视化技术,对质押品从出厂到目的地进行全程跟踪,能有效保证质物的数量和质量。在存储的过程中,能有效避免人员操作的失误、内部作案等问题。将实体货物信息存入数据库,随时对入库出库量进行统计,设立最低值警戒线,以确保库存量。通过物联网可视化可追溯技术,对物流的整个过程进行全程控制,组成一个巨大的网络控制平台,监控供应链的每一步流程。

 关键概念

三维信息通信技术　传感网　射频识别系统　红外感应器　激光扫描器　条码与二维码　全球定位系统　泛在网络　传感网　GPS　GIS　CPS　EPC　WSN　蓝牙技术　ATM　Wi-Fi　GSM　3G 通信技术　GPRS　金融 IC 卡　物联服务器　CMMS 系统　云计算　云终端　云服务　公有云　私有云　智能一卡通　密钥管理系统

 讨论与思考

1. 简述物联网的技术框架。
2. 物联网的关键技术是什么?
3. 什么是云计算金融服务?
4. 简述金融科技创新的发展前景。

第10章 物流金融移动支付

【学习目标】

1. 掌握移动支付的基本概念和特点；
2. 了解移动支付平台应用背景；
3. 熟悉移动支付技术的基本知识；
4. 了解USSD的手机银行技术；
5. 掌握手机支付的商业模式和基本方法；
6. 了解非接触支付移动NFC的体系框架；
7. 掌握无线支付智能卡的安全技术。

【教学要求】

知识要点	能力要求	相关知识
物流金融移动支付	(1) 掌握移动支付的基本概念、特点和创新性 (2) 了解支付模式与方式 (3) 熟悉支付平台系统的特点、工作流程	(1) 物流金融支付相关概念 (2) 功能数据
手机银行	(1) 了解相关技术的主要内容 (2) 掌握USSD的手机银行技术基本知识点 (3) 掌握手机支付的商业模式	(1) 手机银行的建立模式 (2) 运行系统结构
非接触支付移动NFC	(1) 熟悉移动支付组网技术 (2) 熟悉EasyPay移动支付平台以及发展优势	(1) 通用设计基本内容和原则 (2) NFC技术标准
移动支付安全	(1) 熟悉无线支付智能卡的安全技术 (2) 了解WPKI的安全移动支付系统	速卖通平台应用

引例

基于 RFID 的电子支付在上海世博的应用

作为 2010 年上海世博会全球合作伙伴，中国移动与上海世博局共同推出世博手机门票，为 160 多年历史的世博会带来创新性的突破。

手机钱包，是中国移动开发的、基于无线射频识别技术的小额电子支付业务。中国移动"手机钱包"业务的载体为 RFID-SIM 卡，一种新型 SIM 卡。更换该卡后，客户的手机号码不变，而只需将钱存入与号码相连的专属支付账户中，就能在中国移动合作的轨道交通、合作商户等场所进行 POS 机刷机消费，类似于公交卡刷卡。

2010 年是世博年，中国移动"手机钱包"可以说是大展拳脚：你不仅可以在星巴克、麦当劳等刷"机"购美食，还可以直接刷手机乘坐地铁去看世博会，甚至在参观世博会的时候，也能够一刷而就！手机现在已经集交通卡、超市卡乃至银行卡于一身了！带着它逛世博，让你全面体验更美好的信息新生活！

订世博手机票，免费换"钱包"。作为 2010 年上海世博会全球合作伙伴，中国移动与上海世博局共同推出世博手机门票，为 160 多年历史的世博会带来创新性的突破。世博手机票同样基于 RFID 技术，即将门票信息集成在手机 RFID-SIM 卡内，在园区门口"刷"一下手机，就能顺利进园参观，更可通过手机钱包在园区内的商户进行消费。这样，一部手机便具备了通信、入园门票及手机钱包的三重功能。

章前导读

随着计算机网络、通信技术的迅速发展，特别是互联网的普及应用，互联网和无线通信的发展给人们的生活带来了巨大影响，人们可以通过互联网获取信息，通过移动电话方便地进行随时随地的交流与沟通。作为信息技术变革的产物——电子商务以前所未有的速度向社会生活的各个领域渗透，并迅速演变为一场全球性的发展浪潮，而计算机技术和移动技术的日益完善的结合，手机使用者的不断增加和手机终端的高速替换，正在驱动电子商务与物流从网络时代逐渐步入移动时代，移动电子商务和移动银行业务将在未来呈现高速增长趋势。互联网发展到今天，人们已经不再满足于个人计算机的连线上网，越来越多的人希望能随时随地收发电子邮件、查阅新闻及股市行情、订购各种急需商品，即实现移动互联。所有这些为农村物流金融与支付业务的发展提供了难得的机遇。同时，基于互联网基础上物联网概念的提出也对移动电子支付的发展起到了巨大的促进作用。

在市场需求和政策利好的双重作用下，各地掀起了投资农产品物流建设的高潮，为了理顺城乡农产品流通渠道，解决农产品物流金融支付的"梗阻"问题，需要推荐一些适合农村积极推动农产品物流发展的金融支付技术和解决方案。农村金融机构应关注几方面的金融支付业务，相关金融机构可以发挥自身优势，积极介入符合条件的相关项目。

10.1 物流金融移动支付平台

移动支付平台系统一般指的是为移动电子商务支撑的一种支付方式。由于物流与移动电子商务二者的关系密切且相互关联，二者支付系统均属同一个范畴，应用于同一类软件和支付平台，电子商务支付平台即是物流支付平台，在这里就不再单独分别阐述。我们结合物流支付业务，尤其是农村和农产品物流支付难的现状，介绍适合农村物流和农产品物流的移动银行支付平台系统，并探讨手机支付的解决方案与发展前景。

10.1.1 支付模式与方式简介

研究表明，支付习惯是移动电子商务的最大问题，如何提供极具吸引力的商业手机支付模式来改变大众的消费理念成为诸多银行和企业关注的焦点。下面简要介绍几种我们生活和工作中经常见到的支付模式。

1. 支付模式

目前主流的 BtoC 物流支付模式有第三方支付账户、货到付款、网银等业务形式。

(1) 第三方支付账户。目前第三方支付账户占的市场份额最大，主要代表有支付宝、财付通、快钱、IPS、首信易等。其本质是一个拥有充值、取现接口的网银网关加一个后台账户系统，添加上一定的信用、资金担保功能。

目前第三方支付公司没有依靠支付赚钱的，更准确地说是没有盈利的。主要原因在于中国的金融监管政策。第三方支付公司不能做银行相关业务，不能靠存贷差盈利，如小额的信用贷款、用户账户的充值、套现都有很大的制约。具体以账户充值为例，一般都有手续费以及充值金额的限制，其中银行卡向账户充值、账户取现有额度控制，一般充值手续费是 0.5%。大的第三方支付公司采取向银行一年支付几十万手续费打包买断的方式，摊薄单笔充值手续费。没有其他增值应用，纯做账户只是一个亏多少的问题。支付宝号称每年有千亿之多的交易量，主要盈利是靠跟商户收取打包手续费。快钱靠 BtoB 的资金归集及神州付业务、点卡业务。首信易是外币方面有些突破。

(2) 货到付款。货到付款(to cash on delivery，COD)是指快递送货员进行收费，货先送到后，同时客户把钱给快递送货员。也就是我们常说的"一手交钱一手交货"。

货到付款是中国特色的产物，号称第三方支付最大杀手。加上低费率的无线 POS 生命力旺盛。原因在于，中国用户的使用习惯。存在的主要问题是中国的物流体系发展不均衡，中小城市的覆盖能力有限；1%～2% 的手续费及用户账期导致的资金占压。物流方面随着圆通、宅急送等物流公司的发展、全国的直营、直管覆盖，相较以往的物流公司层层转包、货物出问题无人负责的情况已经有了较大改善。1%～2% 的手续费因为对用户的体验及自建物流体系的诸多问题，电子商务公司还是愿意买单的。

(3) 网银的繁荣主要归功于企业的对公账户，网银对 BtoC 的好处在于可以给第三方账户充值。银行受限自身体制，主要还是专注传统的对公、零售方面的转账、理财等产品，不会大力发展 BtoC。前几年做网银网关的公司太多，一般的 BtoC 商户随便接一个网银网关就好，没必要主动去接银行。

(4) 邮局汇款。邮局汇款是客户将订单金额通过邮局汇到电子商务网站账户的一种结算支付方式。

(5) 公司转账。公司转账是不直接使用现金，而是通过银行将款项从付款公司账户划转到收款公司账户完成货币收付的一种银行货币结算方式。

(6) 分期付款。分期付款方式通常由银行和电子商务公司(分期付款供应商)联合提供。银行为消费者提供相当于所购物品金额的个人消费贷款，消费者用贷款向电子商务公司支付货款，同时电子商务公司为消费者提供担保，承担不可撤销的债务连带责任。

(7) 在线支付。在线支付是指卖方与买方通过互联网上的电子商务网站进行交易时,银行为其提供网上资金结算服务的一种业务。

2. 在线支付方式

在线支付是一种通过第三方提供的与银行之间的支付接口进行支付的方式,这种方式的好处在于可以直接把资金从用户的银行卡中转账到网站账户中,汇款马上到账,不需要人工确认。

(1) 支付宝。支付宝最初作为淘宝网为了解决网络交易安全所设的一个功能,该功能为首先使用的"第三方担保交易模式",由买家将货款打到支付宝账户,由支付宝向卖家通知发货,买家收到商品确认后指令支付宝将货款放于卖家,至此完成一笔网络交易。

(2) 贝宝。贝宝是由上海网付易信息技术有限公司与世界领先的网络支付公司——PayPal 公司通力合作为中国市场量身定做的网络支付服务。贝宝利用 PayPal 公司在电子商务支付领域先进的技术、风险管理与控制及客户服务等方面的能力,通过开发适合中国电子商务市场与环境的产品,为电子商务的交易平台和交易者提供安全、便捷和快速的交易支付支持。

(3) 网银在线。网银在线以"电子支付专家"为发展定位,联合中国银行、中国工商银行、中国农业银行、中国建设银行、招商银行等国内各大银行,以及 VISA、MasterCard、JCB 等国际信用卡组织,致力于为国内中小型企业提供完善的电子支付解决方案。

(4) 快钱。快钱是国内领先的独立第三方支付企业,旨在为各类企业及个人提供安全、便捷和保密的综合电子支付服务。目前,快钱是支付产品最丰富、覆盖人群最广泛的电子支付企业,其推出的支付产品包括但不限于人民币支付、外卡支付、神州行卡支付、联通充值卡支付、VPOS 支付等众多支付产品,支持互联网、手机、电话和 POS 等多种终端,满足各类企业和个人的不同支付需求。

(5) 财付通。财付通致力于为互联网用户和企业提供安全、便捷、专业的在线支付服务,构建全新的综合支付平台,业务覆盖 BtoB、BtoC 和 CtoC 各领域,提供卓越的网上支付及清算服务。针对个人用户,财付通提供了包括在线充值、提现、支付、交易管理等丰富的功能;针对企业用户,财付通提供了安全可靠的支付清算服务和极富特色的 QQ 营销资源支持。

(6) 环迅支付。环迅支付是中国银行卡受理能力最强的在线支付平台,环迅支付集成了银行卡支付、IPS 账户支付及电话支付等几大主流功能,并自主研发了包括酒店预定通、票务通等新产品,为消费者、商户、企业和金融机构提供全方位、立体化的优质服务。

(7) 手机支付。手机支付,也称为移动支付(Mobile Payment),就是允许用户使用其移动终端(通常是手机)对所消费的商品或服务进行账务支付的一种服务方式。

10.1.2 支付平台系统分析

支付平台是应用在网络交易但不限于网络虚拟物品交易的一种新兴的第三方支付系统,可以说只要需要支付问题的都可以用第三方支付的平台,所以这个市场是非常广阔的。

1. 移动支付平台的功能及特点

利用模块化、通用、先进、实用的移动支付平台,客户可以进行用户注册、支付申请、支付撤销申请、支付记录查询;而商户可以进行支付确认、商户结算、商户结算记录查询等。并且基于最新技术开发的改进移动支付平台，具有很高的扩展和兼容能力，适应不断满足技术和业务快速发展的要求。其功能的最大特点和优势如下。

(1) 进一步扩大银行用户。通过具有普遍应用的移动终端作为开展金融业务的工具，其安全性、易用性、方便性、智能性都使用户能随时随地开展金融业务。一方面具有 Java 功能的移动终端快速的推广和应用使得移动终端的客户越来越多，另一方面移动金融服务的优异特性很容易被接收和使用，从而吸引更多的移动终端客户成为银行的忠实客户。

(2) 加快银行资金流转。利用移动终端进行支付使用户消费不受限制，缩短用户消费支付过程，从而增加银行资金流转速度。

(3) 增加各种类型商户的加入。由于该方案的移动支付具有方便、安全、快捷的特性，很多受限于传统支付方式的商户，如电子商务、网上商城、异地邮购消费等；经常性消费商户，如票务、后付费账单(水、电、气、电话、物业管理、住宿、用餐等)；签约消费商户，如各种会员制商户、长期固定客户消费的商户等；小商户，如没有能力建设 POS 系统或其他支付系统的商户等都可以方便支付。通过充分挖掘移动支付的特性能使更多的各种类型的商户加入，从而实现多赢。

(4) 适应未来技术发展。随着移动通信技术的迅速发展，3G 的脚步离我们越来越近，数据业务大行其道，Java 的成本降低。预计不久的将来手机更加普及，而且 80%将是具有 Java 功能的移动终端。该方案具有前瞻性的挖掘 Java 和移动通信技术的未来发展动向，将银行的金融业务达到一个新的高度。

(5) 提升银行企业形象。紧跟时代潮流，引领新技术、新模式，为用户提供革命性的支付手段，大大提升银行企业形象，加大银行的核心竞争力。

(6) 改变消费方式。通过移动支付，用户将享受丰富多彩的增值服务，真正享受 7×24 跨时间、跨地区的无障碍购物新体验。

2. 移动支付平台的系统安全机制

手机系统是开放的设备、开放的代码、开放的网络，但同时作为个人私有设备，其诸多限制(手机的电池、待机时间、通话时间要求、网络下载速度、运行环境要求)对移动支付的安全机制提出了更高的要求，安全的加密认证算法、交易密码长度的选择和代码规模的大小都是保证移动支付安全快捷的重要因素。如何在安全与易用之间权衡是系统设计的难点，既不能片面地强调系统的安全导致客户操作复杂度过大、客户输入量过大，导致在实际操作环境中不可用、不好用，又不能因片面追求算法的国际通用和用户操作的快捷而忽视了安全准确的根本要求。所以在最优加密算法的基础上提出两限两定和操作安全设计相结合的方案。

1) 两限两定设置

限时——设置一个有效的时间段，确认时超过该时间段的密码是无效的。

限额——可以先申请一个一定金额的支付确认密码，确认时只要金额低于该限额即可。

定值——申请时输入当前的消费金额，确认时必须是相同的金额才行。

定点——申请时指定商户代码，确认时必须是相同的商户代码才行。

2) 业务操作环节中的安全设计

(1) 客户申请开通。随机生成客户注册密码，加密后记载在银行移动支付前置机中，同时通过柜台打印密码信封或网上银行安全页面的形式交客户本人。客户申请开通业务后也可以在手机上实现。从数据安全角度出发，应该在手机中合理的存储空间与运行时间条件下能够完成 X509，RSA1024 位认证加密运算的条件下实施。

(2) 客户手机注册。以客户注册密码作为客户手机与银行移动支付前置机之间的安全认证密码，完成 Diffie-Hellman 密钥交换过程，生成随机的客户支付认证交易密码。客户支付认证交易密码分别加密存放在客户手机与银行移动支付前置机中。

(3) 客户支付授权申请。以客户支付认证交易密码作为客户手机与银行移动支付前置机之间的安全认证密码。

(4) 客户发生手机丢失、保护密码遗忘情况经挂失停用流程，然后从步骤 1 重新开始。

3. 发展前景

目前中国已成为世界上最大的移动市场，根据工信部最新发布的统计公报，截至 2012 年底，我国手机用户已超过 11.12 亿，把手机变为信息中心和支付终端无疑会带来滚滚商机。然而业内人士表示，目前"手机银行"仍以查询为主，真正代理支付业务并不普及。即使在欧美和日本这些发达国家，虽然其技术相对先进，服务更加完善，但移动支付的推广普及也并不乐观，大部分消费者还没有做好改变支付习惯的准备，对移动支付的便利未能充分体会，对技术和安全的担忧使一些潜在用户仍处于观望状态，需求高潮的到来还要等待时日。

在中国，市场上已有的手机支付解决方案形形色色，技术并不复杂，但行业技术标准尚未统一，业务流程需要重组，企业管理或体制跟不上新技术的发展，特别是业务背后涉及的电信、银行、运营商等多方尚无定数的利益博弈，使得手机支付的长足发展仍有赖于开发商、运营商及银行在内的整个产业链的推动。

10.2 手机银行与支付

手机在人们生活中扮演的角色不断丰富，客户在任何时候、任何地方，使用任何可用的方式都可以得到任何想要的金融服务的强烈需求有机会以金融业与移动 IT 的结合而实现，金融业务形成一种新的趋势——移动金融服务。

科学技术革命正在把我们带入到一个全新的时代，20 世纪 90 年代兴起的电子商务，实现了商务活动向互联网的转移。诸多成功的 BtoB、BtoC、CtoC 范式，把网络经济的作用发挥到了极致。随着计算机技术和移动技术的日益完善的结合，新型的移动计算的概念影响到了社会各个领域和阶层，移动商务已经成为当今广义互联网领域炙手可热的话题之一。

移动电子商务和移动银行业务会随着手机使用者的不断增加和手机终端的高速替换而呈现高速增长态势。

10.2.1 手机银行概述

通过移动设备的随身携带、无线接入，从而实现随时随地处理银行业务这一趋势得到了业界的广泛认同。专家们预计无线银行服务将成为今后银行业的必备服务内容，就像现在 ATM 业务是银行不可或缺的服务一样。不过，手机银行服务乃至手机支付的重要性还不仅限于开创一项成长空间巨大的新业务这么简单。一方面，如何吸引手机支付的上下游服务提供商，形成有利益的增值链；另一方面，降低银行的服务成本，丰富客户服务手段，提高客户服务质量已成为银行竞争的关键。特别是如何更好地吸引和服务优秀客户，成为银行能否更好发展的重中之重。

1. 技术服务形式

1) SMS

短信服务(short messaging service，SMS)是一种在移动网络上传送简短信息的无线应用，是一种信息在移动网络上储存和转寄的过程。世界上第一条短信息是1992年在英国沃达丰集团股份有限公司(以下简称沃达丰)的全球移动通信系统(global system of mobile communication，GSM)网络上通过PC向移动电话发送成功的。与话音传输及传真一样，短信服务同为GSM数字蜂窝移动通信网络提供的主要电信业务，它通过无线控制信道进行传输，经短信息业务中心完成存储和前转功能，每个短信息的信息量限制为140个8位组。

从发送方发送出来的信息(纯文本)被储存在短信息中心，然后再转发到目的用户终端。这就意味着即使接收方终端由于关机或其他原因而不能即时接收信息的时候，系统仍然可以保存信息并在稍后适当的时候重新发送。

2) STK

STK是SIM Tool Kit的英文缩写，即用户识别应用开发工具。它包含一组指令用于手机与SIM卡的交互，这样可以使SIM卡运行卡内的小应用程序，实现增值服务的目的。之所以称小应用程序，是因为受SIM卡空间的限制，STK卡中的应用程序都不大，而且功能简单易用。目前市场提供的主流STK卡主要有16kB和32kB、64kB卡。

STK卡与普通SIM卡的区别在于，在STK卡中固化了应用程序。通过软件激活提供给用户一个文字菜单界面。这个文字菜单界面允许用户通过简单的按键操作就可实现信息检索，甚至交易。STK卡可以有选择性地和公钥基础设施(public key infrastructure，PKI)结合使用，是通过在卡内实现的RSA算法来进行签名验证。从而使利用手机来从事移动商务活动不再是纸上谈兵。

3) GSM/GPRS

GPRS的英文全称为General Packet Radio Service，中文含义为通用分组无线服务，它是利用"包交换"(Packet-Switched)的概念所发展出的一套无线传输方式。所谓的包交换就是将Date封装成许多独立的封包，再将这些封包一个一个传送出去。GPRS是一种新的GSM数据业务，它在移动用户和数据网络之间提供一种连接，给移动用户提供高速无线IP和X.25分组数据接入服务。GPRS采用分组交换技术，它可以让多个用户共享某些固定的信道资源。

4) Wap

WAP(wireless application protocol，无线应用协议)是无线网的标准，由多家大厂商合作开发，它定义了一个分层的、可扩展的体系结构，为无线网提供了全面的解决方案。WAP协议开发的原则之一是要独立于空中接口，所谓独立于空中接口是指WAP应用能够运行于各种无线承载网络之上，如TDMA、CDMA、GSM、GPRS、SMS等。

5) GSM/USSD

USSD(Unstructured Supplementary Service Data)即非结构化补充数据业务，是一种基于GSM网络的新型交互式数据业务，它是在GSM的短消息系统技术基础上推出的新业务。USSD业务主要包括补充业务(如呼叫禁止、呼叫转移)和非结构补充业务(如证券交易、信息查询、移动银行业务)两类。

6) 无线Java

无线Java业务是一种新的移动数据业务的增值服务，开辟了移动互联网新的应用环境，能更好地为用户提供全新图形化、动态化的移动增值服务。用户使用支持 Java 功能的手机终端,通过 GPRS 方式接入中国移动无线 Java 服务平台,能方便地享受类似于互联网上的各种服务,如下载各种游戏、动漫画、小小说等,也可进行各种在线应用,如联网游戏、收发邮件、证券炒股、信息查询等。无线 Java 业务使得手机终端的功能类似于可移动上网的个人电脑,将可以充分利用用户的固定互联网使用习惯,以及固定互联网应用资源,为用户提供高性能、多方位的移动互联网使用体验。

7) CDMA/BREW

高通公司从芯片出发设计了 BREW(Binary Runtime Environment for Wireless)平台。BREW 并不仅仅是为 PC 或 PDA(Personal Digital Assistant,个人数字助理)开发的产品的缩减版本,它比其他应用程序平台或成熟的操作系统小许多倍。BREW 平台位于芯片系统软件之上,启用了快速 C/C++本地应用程序,以及浏览器与基于 Java 技术和扩展的虚拟机(如游戏引擎和音乐播放器)的简易集成。开放除本地 C/C++以外,BREW 还支持其他多种语言,包括 Java、可扩展标识语言(X Exrensible Markup Language,XML)、Flash 等执行环境。而且,由于它可以驻留在采用 Palm 等任何移动操作系统的智能手机上,因而可使用 BREW 发布系统(BREW Distribute System,BDS)无线下载为这些操作系统编写的应用程序,并像 BREW 应用程序一样使之商品化。BREW 对基本的电话和无线网络运行提供保护。

2. 技术比较

1) USSD/SMS/WAP

(1) 尽管目前 USSD、SMS 和 WAP 都属于电路承载型的业务,但它们所使用的电路信道各不相同:通话状态下,USSD 和 SMS 使用相同的信令信道即独立专用控制信道(Stand-alone Dedicated Control Channel,SDCCH),数据传输速率大约为 600b/s;而非通话状态时,USSD 使用快速随路径控制信道(Fast Associated Control Channel,FACCH),数据传输速率大约为 1kb/s,比 SMS 传输速率高。目前,用户只能在非通话状态下使用 WAP,数据通过话音信道(Traffic Channel,TCH)进行交换,其传输速率大约为 9.6kb/s;随着 GPRS、3G 等移动通信技术的发展和成熟,WAP 将演进为分组交换型业务,其数据传输速率也将达到 115.2kb/s (GPRS 的一般速率),甚至达到 2Mb/s。

(2) USSD 在会话过程中一直保持无线连接,提供透明管道,不进行存储转发;而 SMS 在物理承载层没有会话通道,只是一个存储转发系统,用户完成一次查询需要进行多次会话过程。因此,USSD 每次消息发送不需要重新建立信道,就响应时间而言,USSD 比 SMS 的响应速度快。WAP 与 USSD 类似,交互中保持一个会话过程,但由于 WAP 服务器和互联网速度等因素的影响,其目前的响应速度比 SMS 还慢。

(3) USSD 和 WAP 都可以在服务器端对服务内容进行相应的调整,尤其是 USSD 可以在服务器端方便地修改菜单,使运营商可以迅速针对市场需求情况的变化做出反应;而以 SMS 平台为基础的 STK 卡则无法随时修改菜单选项,在业务开拓方面要稍微麻烦一些。

最后,根据上述分析给出 SMS、USSD、WAP 三者异同点。

随着 USSD 应用的进一步推广和日渐成熟,运营商可充分利用当前的 GSM 网络资源,整理建设思路,并可以将 USSD 和 SMS、WAP 等集成在一起,提供满足各种用户需求的移动数据业务。

2) 无线 Java/BREW

无线 Java 和 BREW 在交互方式、交易速度、界面表达能力方面均有较强的优势,同时 BREW 在安全性上则更完善，而无线 Java 则在用户群和开发商方面更有优势。

据悉，在中国移动强推"百宝箱"业务后，中国联通也开展了支持 Java 的业务，而高通公司业务将在 CDMA 芯片中同时支持 BREW 和 Java 平台。

3. 应用比较

国内一些商业银行在最近几年陆续推出了"手机银行"服务业务，使得手机不只是一个通信工具，但主要模式都是基于 STK 的手机银行，最近随着无线通信技术的发展，出现了基于手机的不同通信模式的应用，使手机银行的模式越来越多。下面主要对几种主要模式进行一些比较。

1) 基于 SMS 的银行应用

该技术是基于手机短信提供银行服务的一种新的手机银行模式，客户和银行通过手机短信交互信息，是简单的存储转发模式，致命缺陷是交互性差、响应时间不确定。其特点如下。

(1) 技术基础成熟，几乎现有的所有手机均支持这种方式，对用户来说不需要任何设备更新。

(2) 成本不确定，不论交易者在何地，每次交互需 0.1 元。

(3) 面向非连接的存储—转发方式，只能实现请求—响应的非实时业务。

(4) 无法实现交互流程，不同业务需要使用不同的代码完成。

(5) 信息量少。

2) 基于 STK 卡的手机银行

该模式是使用银行提供的 STK 卡替换客户的 SIM 卡，事先在 STK 卡中灌注银行的应用前端程序和客户基本信息，客户使用该卡完成银行业务。其特点如下。

(1) 内置银行密钥，可实现端到端的安全。

(2) 基于 STK 卡(解决菜单、密钥和个人信息存放)，有较少支持 WAP。

(3) 有特定的运营商限制(中国移动或中国联通)。

(4) 有手机型号限定(主要是为了支持 STK 卡操作)。

(5) 业务扩展较难，新增服务或客户信息变更时需要重新写卡，业务的交互流程限制在卡内，无法方便实现银行对用户调整定制的服务。

(6) 推广成本高(STK 卡和配套设备)，用户需要更换 STK 卡，或更换支持 STK 卡的手机。

(7) 技术标准不统一，它受处理器技术发展的限制，技术发展空间小。

(8) 32KB STK 卡的容量决定了在一张卡上只能使用一家银行的服务。

3) WAP 模式

WAP 是全球性的工业标准，支持动态伸缩的数据装载，不受服务种类、联机方式限制，应用存在手机上使用特定的终端设备。因终端特性和开发难度而导致目前无大规模应用。其特别如下。

(1) 面向连接的浏览器方式，可实现交互性较强的业务，可实现网上银行的全部功能。

(2) 终端设置较复杂。

(3) 客户可能需要更换终端设备。

(4) 交易成本高，不适合进行频繁小额支付。

4) GSM/USSD 模式

USSD 是实时互动的全新移动增值业务平台，为最终用户提供交互式对话菜单服务，支持现有 GSM 系统网络及普通手机，提供接近 GPRS 的互动数据服务功能。其特点如下。

(1) 传输速度较 SMS 快。
(2) 面向连接的，提供透明的交互式会话，容易实现银行为不同客户定制的交互流程。
(3) 交易成本低，可以以接近 SMS 的价格实现接近 WAP 的业务功能。
(4) 手机无须进行任何设置。
(5) 相对 SMS，信息量较大。
(6) 不支持 USSD 交互的手机，可通过类似 SMS 的功能代码方式交易。
(7) 不是所有地区的移动服务商都支持此模式，但可以漫游。
(8) USSD 应用接口协议是 SMPP(Short Message Peer to Peer)。SMPP 协议是无线数据市场上使用最广泛的消息协议，SMPP 的使用为 USSD 使用现有的应用(如 SMS)提供了可能。USSD 服务器提供了对 SMPP 应用开发的一系列支持，开发包支持 Windows 和主要 UNIX 版本的 C 语言开发库。

5) BREW/无线 Java 模式

此模式主要具有以下特点。
(1) 图形化界面，可以和用户有良好的交流。
(2) 提供透明通道，实时通信，响应迅速。
(3) 支持的终端较少。
(4) 全机制较完善，适合电子商务运作。
(5) 需为不同终端编译不同的版本支持。
(6) 功能更新需客户下载新版本。

可以看到较新的技术总是支持的终端较少，而速率快、交互强、安全性高。的确，随着手机通信技术日新月异的发展，手机银行可以依托的手机技术也朝着客户界面日益友好、交易速度越来越快、安全性逐渐增强的方向发展。因此建立手机银行的解决方案不应追逐或拘泥于某种接入技术、某个特定的通信服务器提供商，而应在提供强大的向后兼容的基础上，注重银行业务在移动通信渠道上的集成，无论接入技术如何变化，不变的是银行业务本身的逻辑。

10.2.2 USSD 的手机银行技术

手机银行业务的推广势在必行，为适应农产品和农村物流的需求，在这里我们给出了几种手机银行的实现方式后，介绍一种手机银行系统的解决方案。

1. USSD 手机银行的特点

USSD 可以提供比 SMS 更为复杂的无线业务，也就意味着业务的开发和部署更加复杂。基于 GSM 的 USSD 技术的出现和成熟，解决了 WAP 方式交易成本高和 SMS 方式无法实现业务交互流程、表达能力差的弱点，提供了面向连接的透明传输通道。

USSD 接入模式主要有以下优点。

(1) 相对于短信的存储转发，USSD 是面向连接的接入模式，其在会话过程中一直保持无线连接，在一次连接中可进行多次交互，可实现实时的交互式银行业务。
(2) 通信费用低，一次连接最多可保持 7~10 分钟，一次连接中交互次数不限，目前一次连接通信费为 0.1 元。
(3) 进入门槛低，无须终端增加硬件配置(如更换支持 WAP 的手机或更换 STK 卡)，普通手机无须任何设置即可使用(较老的型号的一些手机不支持)。

(4) 传输速率较 SMS 高，适合银行业务的数据量。

(5) 客户菜单和交互流程完全由银行控制，可随时升级手机银行，客户端不需要重新部署。

(5) 可以为不同客户个性化定制不同的产品，实时反映到客户的手机上。

2. 可承载的业务范畴

1) 使移动终端成为一种接受银行或各种金融信息的接受者

将客户在银行或其他金融业务及银行代理的其他业务，如水电费等的变化、提醒、结果通知给客户。让银行可以根据既定时间表、日程或某种触发为客户提供消息和提醒服务。从另一方面来说，客户可以根据自己的需求向银行定制信息，同时一些需要确认的信息，如银行需要客户对某笔交易进行确认等也可以实现。银行为客户提供了一种个性化、低成本并且及时的传递有效信息的服务，建立了银行和银行客户之间良好的沟通手段。

2) 使移动终端成为一种银行或其他金融产品交易的发起者

绑定银行账户实现手机的查询、转账支付甚至提现等业务。手机银行中集成了个人与个人之间、个人与商户之间的无线资金支付和划拨功能，它通过以手机和个人识别码来对交易进行授权和银行卡上敏感信息加密网间传输来确保交易的安全性。一旦连接到银行的关联账户之后，手机银行功能就可以借助联网接入设备、手机和 ATM/POS 丰富起来。使手机可以在 ATM 上提现，在 POS 上支付。将手机作为发起者，将原有电子交易渠道甚至虚拟的商户编号作为结果的实现。利用这项技术，用户在餐厅、商店、加油站、书店等时，可以利用手机直接支付货款，甚至坐出租车。

手机银行作为一个重要的交易渠道和客户沟通渠道，有以下业务目标。

(1) 提供具备客户自助实现金融服务的产品功能，如转账、查询、汇款、各种代缴、证券等业务功能，并能够易于添加今后可能推出的金融产品功能。

(2) 结合其他自助设备，如 POS、ATM、家加 e 银行等实现低成本占领商户市场。

(3) 为在手机银行系统中提供面向客户的业务模式，实现为客户提供按需定制服务功能和为客户提供个性化的交互流程。

(4) 充分利用移动通信渠道方便快捷地开展银行业务，有效地降低银行高交易成本渠道的业务量，降低在新兴业务渠道上的资金及人力投入。

(5) 建立银行和银行客户之间良好的、精确的、高效的沟通手段。

(6) 为移动通信渠道在银行业务中的应用提供更高兼容手段的解决方案，提供更强大的系统向后兼容功能，使系统功能可随移动通信系统的发展而发展。

(7) 支持多家运营商(中国移动、中国联通和中国电信)的多种接入模式。

3. 交易模式

(1) 移动用户。可以发起各种查询、结算、定制交易，也可以接受交易结果。

(2) 商户。可以移动终端或联网的商户款台，接受移动客户支付的结果。

(3) 移动通讯服务提供商。提供多种移动通信渠道和相关安全技术，如 GPRS/GSM/CDMA、WAP、SMS/USSD/STK。

(4) 银行。按客户从移动服务提供商传送来的交易请求，完成交易并将结果按需发送给客户或商户，保存相关交易痕迹。

4. 手机银行系统及实现方式

手机银行作为一个实时在线、交互性强的交易渠道，首先它是基于银行账户的交易，而不是基于手机话费的交易，因此需要客户将手机和其银行账户对应绑定；其次，一方面银行将有大量金融产品通过该渠道发布，需要将银行的金融产品解释成手机银行渠道的业务流程，另一方面，由于其贴近客户的特定，而且由于手机这种移动终端的界面表达能力的限制，不可能把所有的功能一次性全部展示在客户面前，需要为不同客户提供不同的定制服务；最后，手机银行系统需要支持多通信服务提供商和多接入技术。

因此在系统设计时，结合信息系统实际情况，通过手机银行系统的建设，需要集中签约(个性化设置)系统、交互流程控制、业务集成系统相互协调，共同完成手机银行的完整业务。

手机银行系统主要由3个部分组成，即集中签约系统、业务集成系统和SP前置系统。

1) 集中签约系统

通过集中签约系统，实现客户信息的集中共享，为以客户为中心的服务模式提供基础，通过多渠道签约，方便客户完成签约过程，降低营销成本。目前，手机银行的集中签约系统主要包含实现以下功能。

(1) 客户信息集中管理，实现了客户信息的最大化利用的基础。

(2) 提供客户定制的个性化的信息，初步体现了客户的差别化服务。

(3) 产品管理功能，提供抽象的产品要素和交互流程管理，提供了同样的产品在不同渠道上的一致表现。

(4) 统一的渠道属性管理，包括渠道信息维护管理、统一的渠道交易状态控制、统一的渠道交互安全控制、渠道产品控制、客户渠道产品的签约控制。

(5) 统一的产品计费管理，按客户需要提供相应的功能的统一机制，针对不同客户进行针对性定价和优惠的策略，为客户提供套餐、优惠等计费服务，集中签约系统中记录了客户定制的所有渠道、产品信息，可在此基础上实现统一的产品计费管理。

2) 业务集成系统

业务集成系统，由于手机银行本身仅为一个交易渠道，真正的银行商业逻辑是由核心产品层的功能组件提供，而这些功能组件往往不是直接面向客户的产品。因此，业务集成系统主要包含两个方面的能力：对于可单独提供产品能力的服务将其通过配置进行发布；对于需组合使用的服务，提供封装服务，以达到通过配置使其以新的产品服务形态表现的目的。同时，业务集成系统根据客户预先定制在签约系统中的定制信息，自动组织并完成核心产品需要的交易信息。这样，同样的金融功能由于不同客户定制信息的不同而对不同客户体现出个性化特性。业务集成系统提供面向技术的配置化的产品—服务封装功能。

3) SP前置系统

SP前置系统实际包括两个部分：一是针对具体渠道的协议转换，二是对签约系统中制定的产品要素流程的具体交互控制。由于USSD接入模式的特性(面向实时连接)和手机终端表达能力的限制，客户在手机上对每个产品的每个交互步骤的控制均由SP前置系统控制。在设计和实施中除去与移动USSD平台的SMPP协议转换部分，SP前置系统实际上是一个通用的交易交互流程控制系统，能够保持客户在具体渠道终端上的交易流程状态，并交互式地向渠道终端提供交易序列。SP前置系统的交互流程控制通过与不同渠道的内容管理组件的配合，可以提供基于文本、语音、图形、图像等不同表现形式的业务流程，可以方便地将业务集成系统包装的产品实现在诸如多媒体终端、电话银行、电视银行等渠道上。

4) 系统安全与风险控制

由于通过 USSD/SMS 移动接入模式的限制，整个系统的安全建立在移动 GSM 网络的安全基础上，手机银行无法提供端到端的安全，因此无法在技术上实现系统的抗抵赖，只能通过与移动服务商的协定，约束其必须提供真实有效的交易信息。鉴于这个原因，在系统安全控制上除与移动通过协议约束其必须提供安全可靠的接入服务外，系统还提供了大量的风险控制手段，主要有以下控制机制。

(1) 基于签约系统提供产品的访问控制，限制客户访问自己定制的产品和服务，在某些产品和服务存在一定的风险或者是不安全因素时，客户有权根据自己的选择不使用该项产品和服务，以保护自身的利益，同时避免银行与客户的纠纷。

(2) 记录所有移动 USSD 平台发送的消息，供事后安全审计使用。

(3) 在手机银行渠道上使用与客户账户、卡密码不同的专用渠道密码，防止客户账户、卡密码的泄漏。

(4) 提供高粒度的客户风险控制手段，客户在系统最大允许范围内，可以在产品和渠道一级分别自行定制其能够承受风险的周期交易最大交易额度和交易次数。

(5) 身份认证，在第一次签约时验证用户的有效身份证件，手机银行渠道签约时用户提供的手机号码发送随机确认码验证客户身份，并为手机银行渠道单独设置一个支付密码，需要通过手机银行渠道发生账务时，客户必须每次提供该密码以确认其身份。

(6) 访问控制的目的在于限制客户访问允许访问的产品和服务，在该项产品和服务存在一定的风险或者是不安全因素时，客户有权根据自己的选择不使用该项产品和服务，以保护自身的利益，同时避免银行与客户的纠纷。访问控制功能由集中签约系统统一提供，其粒度应当到渠道和产品级，即客户可以选择只在指定的渠道(可以是多种)享受或者不享受银行提供的某一种或者多种产品和服务。

(7) 抗抵赖，由于通过 USSD/SMS 方式的手机银行无法提供端到端的安全，因此无法在技术上实现系统的抗抵赖，只能通过与移动服务商的协定，约束其必须提供真实有效交易信息，而客户的抗抵赖由移动服务商平台上的安全机制完成(使用手机置于手机 SIM 卡上的 IMSL 码对交易信息进行签名)。

10.2.3 手机支付的商业模式

目前中国已成为世界上最大的移动市场，中国移动的"移动梦网"和中国联通仅仅依靠短信这个起初并不被看好的小功能获得了巨大的成功，并成功打造了一个新的产业链，其成功的关键点之一就是成功地解决了小额支付的问题。

1. 手机支付商业模式概述

目前手机支付的解决方案形形色色，银行必须抓住机会建立有自己参与的支付方案，否则电信运营商极有可能采用和类似"银联"这样的机构合作使银行脱媒，丧失机会。据统计，中国手机用户数已突破 11 亿。这其中即使只有 10%的用户利用"信用卡-手机"模式参与购物，也将是一个巨大的商机。银行不但可以为客户提供移动通信与金融支付相结合的先进产品，也可以充分利用移动的技术和资源优势，提高自身的市场竞争力。

把手机变为信息中心和支付终端无疑会带来滚滚商机。技术并不复杂，但业务背后涉及的电信、银行、运营商等多方尚无定数的利益博弈才是导致美好构想难成现实的最大瓶颈。

首先,移动运营商或其他中间商能否成为银行?手机支付的款项直接从账号中划账,由于每次交易金额不大而且频次较多,这个账号如果由移动运营商自行建立,即移动运营商首先要成为银行,而大宗买卖还是通过银行的消费账号划转,当移动运营商账户的消费金额不足时,这个账号也可以成为补充账号。在欧洲,运营商自己成为银行,或者通过与银行合资开展预存业务的方式很常见。但在中国,移动运营商能否经营金融业务尚需讨论。其次,如果银行账户成为绑定的支付账户,商户、消费者、银行、移动通信运营商、中间商利益如何划分?从目前已有的合作模式来看,各家都只做自己最擅长的业务,似乎是最完美的结合。然而,任何发展模式都是要交由市场来验证的。手机银行一旦进入市场,一切相关利益就将变得赤裸裸。

著名无线行业分析机构 Northstream 公司发表的一篇白皮书说,尽管移动支付为无线运营商、金融机构和新的无线行业参与者提供了新的机遇和挑战。但是,还没有充分的理由让用户把手机当做钱包使用。要让大众接受移动支付服务,需要把一些关键的因素结合起来。要使移动收费成功就需要服务的简单和实用、市场知识和理解,以及与恰当的合作伙伴结盟。

支付习惯是移动电子商务的最大问题。全球电子货币的发展并不平衡,欧美、日韩等发达国家发展较为普及,而大部分发展中国家基本上处于起步阶段。随着经济的发展,电子货币将是 21 世纪的主要金融支付工具,也将是国家管理金融的的重要基础。发展电子货币与电子货币工程具有新的战略意义,有利于我国与世界各国交流、合作和贸易,参与国际经济发展与竞争。人们对消费方式的认识和习惯一开始就给手机银行带来了一种天然局限性。

"kill application"是手机银行生命力的源泉。手机银行这种新兴的电子支付方式,无非是看中了移动的广大用户资源及巨大潜能。然而,假如该业务正式全面进入市场,用户是否愿意接受新的模式?如果总是交易不成功,或是买一瓶可乐需花费几分钟,那又何必如此长久的"等待"呢?这可能是"移动支付"难以逃脱的尴尬。

对商家而言,现金交易或刷卡消费其实都很简单,没有必要把消费弄得那么复杂。对用户而言,要是手机支付能在短期内达到信用卡那么多终端数量,大概可以接受。另一方面,手机购物到底能让我们在多少地方买到东西,能买到什么东西?手机银行是无法替代钱包的困惑。

发展从来都是注定要与困难、挫折甚至灾难紧密相连的,"要"得越多,困难也就越大,平衡点越难找。要创新、要发展就注定要面临更多的困难,迎接更多的挑战。先行一步作为市场的领先者,就要有承受各种压力的能力。关键是要清醒地制定出一套成熟的解决方案,才能成功打造出一条新的价值链,并使链条上的各个环节都得到利益,同时还要给未来留下发展空间。

2. 手机银行支付的应用

在为商户服务方面,可以支持实时支付消费款项是手机银行系统最大的优势。如果可以尽量多的发展手机银行特约商户将会大大改善手机银行的使用环境,提高其他银行进入手机银行市场的门槛,因此我们设计了两种解决方案以满足不同商户的需要。

1) 利用手机直接支付消费款项

(1) 手机—手机的支付。指付款方和收款方均为手机银行客户,付款方通过手机银行向收款方支付消费款项,双方均通过手机银行得到结算结果的通知。适用于有固定营业人员的消费场所,如出租车、批发市场等。

(2) 手机—收银机的支付。指收款方为和银行联网的商城、超市等，付款方通过手机银行支付消费款项，收款方通过收银机接受收款信息。

(3) 手机—专用设备的支付。接受收款结果的专用设备，特别是中国电信的"家加e"推出后，极其适合承载小型商户。适用于小型商店、摊位等营业人员不固定的场所。

2) 申请一次性密码(Once pass)电子支票

利用手机申请一次性密码(Once pass)电子支票，并在商户家加e银行上使用，当然今后也可能在其他自助设备上使用电子支票以支付消费款项。这种模式大大增强了手机支付的灵活性，将复杂的手机支付交易分为两阶段分别提交，即申请、使用。从而使手机支付更加安全、稳定。

在建立新型消费模式时，作为先行者必然将承担市场是否接受这种消费模式的风险，如果这种消费模式没有能经过良好的倡导，或者经过大力的市场引导仍然不能为市场所接受，或市场的总份额仍然不够大的风险。

通过手机银行和家加e银行的完美结合，形成消费者利用手机支付、商户利用家加e银行接受手机支付的封闭通道：消费者的银行账户—手机—移动通信服务提供商—固定通信服务提供商—商户的银行账户。大大增加了手机支付的应用可能。

3. 手机银行支付业务展望

当线管部门把手机银行乃至手机支付的商业模式小心翼翼地推向市场时，可以预见，手机移动支付很可能是手机作为一种移动通信终端，从单纯的语音传输工具向数据传输工具跨越的又一个推动力量。而且也是金融业开始向移动金融服务大举进军的推动力量。随着移动通信技术的日趋完善，手机银行将打造一个全新的价值链，手机银行将给银行增加的中间业务收入并使银行卡增值。同时作为一种优质高效、低成本的交易渠道，其替代银行柜面这一高交易成本渠道业务的替代效益也不可小视，大大降低经营成本。除了获得实在的利益外，银行还可以通过为客户提供新的价值来提升客户的忠诚度。

为了在这场即将到来的战役中占得先机，中国移动与中国联通联合各自的力量，在力拼短信、彩信和彩e的同时，又分别推出了无线Java和BREW。作为移动通信数据业务平台，无线Java和BREW的推出，标志着手机银行数据业务的开发与应用进入了新阶段。而银行方面，如果不能迅速开发并占领市场，那么"银联"和通信服务提供商的联合将使银行方面"脱媒"。巨大的商机将吸引各种力量，无论市场最终选择了任何模式，手机支付的时代即将来临。

10.3 物联网环境下的移动支付

说到手机支付，大部分的用户想到的就是近场无线通信技术(Near Field Communication，NFC)功能刷地铁卡、公交卡，而手机支付可不仅仅是刷地铁卡这么简单了。只需要简简单单地在手机上增加一个配件就可以刷银行卡的设备已经开始出现。

10.3.1 非接触支付移动 NFC 概述

非接触支付移动的应用琳琅满目，取得了很多卓有成效的工作。从运营商、银行和行业应用的角度来看，移动支付相互的关系、移动支付技术方案的应用面非常广，不仅涉及电子产品制造业、软件业和通信运营业、信息产业链各环节面临一卡多用的难题，其完整解决方案应充分考虑商业模式的灵活可操作性，移动支付业务是一种新兴的支付方式，目前存在多种业务模式和技术解决方案，随着移动支付业务的快速发展和市场推广，相关管理部门在技术领域提出了对统一、规范、安全的要求。

1. 手机上的银行卡

目前手机刷银行卡业务在国外已经有成功案例，那就是 Square。这家公司通过一个小巧的设备连接 iPhone 的耳机插口即可完成刷卡工作。目前在全球范围 Square 已经获得了超过 90 万商家的支持，业务在急速扩展当中。此次国内出现的产品与 Square 非常类似通过耳机插口就可以完成支付，成本仅需 20 元左右，非常适合大面积推广。

目前手机刷卡业务在国外比较成功，但是国内还没有先例。设计到安全、保密目前也没有清晰的模式，ZOL 手机频道也将会密切关注此项新技术，相信不远的将来我们就能够使用上这种方便廉价的刷卡方式。

2. NFC 技术简介

目前，非接触支付技术主要包括飞利浦的 Mifare 技术、索尼的 FeliCa 技术和 NFC 技术。其中飞利浦的 Mifare 技术和索尼的 FeliCa 技术是非接触式智能卡领域的两强。

NFC 技术符合国际标准化组织的 ISO18092、ISO21481 标准，兼容 ISO14443、ISO15693、MIFARE、FeliCa 等射频标准，符合欧洲计算机协会的 EMCA-340、352 和 356 标准。这使 NFC 技术充分具备了未来近距离无线互连设备所应有的低功率、低价格、兼容性等特点，而使 NFC 成为近距离无线互连领域一种极富竞争力的技术。

NFC 是由非接触式 RFID 及互联互通技术整合演变而来，通过在单一芯片上集成感应式读卡器、感应式卡片和点对点通信的功能，利用移动终端实现移动支付、电子票务、门禁、移动身份识别、防伪等应用。NFC 采用 13.56MHz 作为近距离通信频率标准，兼容国际标准 14443：2008-《非接触式 IC 卡标准协议》和国际标准 15693：2010-《识别卡、非接触式集成电路卡、感应卡》、FeliCa 等射频标准。其典型操作距离通常只有几厘米，运行距离范围在 20 厘米内，数据传输速度可以选择 106kb/s、212kb/s 或 424kb/s，将来可提高至 1Mb/s 左右。NFC 技术中信息传递是通过频谱中无线频率部分的电磁感应耦合方式实现的。

NFC 终端与其他设备通信时可以采用主动通信模式或被动通信模式，主动通信模式下通信的双方均产生射频场；被动通信模式下通信双方只有一方产生射频场，产生射频场的一方为另一方提供通信所需的工作电源。

NFC 终端根据应用场景的不同可以采用 3 种不同的工作模式，卡模拟模式、读卡器模式、点对点模式。在卡模拟模式和读卡器模式下，终端与其他设备通信时采用被动通信模式。在点对点模式下，NFC 终端与其他设备通信时可以采用被动通信模式，也可以采用主动通信模式。卡模拟模式中读卡器是主动设备，产生射频场；NFC 终端为被动设备，模拟成为一张符合 ISO 14443/ISO 15693/Felica 标准的非接触式卡片与读卡器进行交互。

读卡器模式中 NFC 终端是主动设备，产生射频场；而外部的非接触卡作为被动设备。NFC 终端具有符合 FeliCa 标准的非接触式 IC 卡阅读器功能，可以读取采用相同标准的外部非接触式 IC 卡。点对点模式中工作的双方都分别可作为主动设备或被动设备，进行点对点的数据传输。点对点模式下，NFC 终端应符合国际标准 ISO 21481：2005-《信息技术系统间远程通信和信息交换近场通信接口和协议-2(NFCIP-2)》中的相关规定。

3. 智能手机推动 NFC 支付

随着智能手机的发展和普及，手机移动支付也越来越广为人们所熟悉，其中，NFC 技术的应用范围正在逐渐扩展开来。作为一种新兴的支付手段，NFC 支付跨越电信、金融、第三方支付、移动互联网几大行业，它无疑是一项具有打造产业链能力的全新业务。根据调研公司 Juniper Research 预计，受店内支付和公交车票支付的推动，2015 年 NFC 交易额将达到 740 亿美元，相当于 2011 年 NFC 交易规模的 3 倍多。移动支付产业链上的移动运营商、手机制造商、网络运营商等相关力量正在积极挖掘手机 NFC 应用的巨大价值。智能手机、平板电脑的大发展，宣告移动商务时代已悄然而至。

当智能手机逐渐成为人们生活的标配，NFC 也开始逐渐成为智能手机的标配。借势智能手机的发展和日益普及化，NFC 也得到越来越多的认可。根据市场研究公司 Forrester 的报告估计，2012 年年末，预计全球有约 3 亿部手机/PDA 将具备 NFC 功能，将占据智能手机市场总量约 20%。

自 2007 年诺基亚手机的 NFC 技术商用掀起了移动支付的热潮以来，随着 3G 平台的成熟和物联网的起步，作为物联网典型应用的 NFC 技术也正受到越来越多的手机厂商和操作系统平台的关注。2010 年 12 月，谷歌便宣布新版便携设备软件平台 "Android 2.3" 支持 NFC，并且在该公司的智能手机 "Nexus S"(韩国三星电子公司制造)中嵌入了 NFC 功能。谷歌表示，未来所有 Android 手机将内置 NFC 芯片。

事实上，看好 NFC 的并非谷歌一家。苹果公司、加拿大 RIM、韩国三星等智能手机行业的枭雄也都在密切关注着 NFC。

2012 年，苹果一项名称为 "家长控制"(parental controls)的专利技术获得批准。有业内人士认为，该公司或许将在下一代 iPhone 智能手机中增加 iWallet 移动支付服务。此前，《福布斯》杂志称，苹果的下一代 iPhone 将确定支持 NFC 技术。用户可以通过此项技术与苹果 iTunes 支付方式相通，从而实现手机支付。如果这项技术能得以实现，必将进一步推进 NFC 技术的普及发展。

4. 智能手机支付与移动电子商务

随着塞班、苹果 iOS、安卓等手机客户端软件的开发和应用，手机支付手段的不断完善，移动电子商务渐渐崭露头角。电子商务们都想通过开发自己的手机品牌，利用自身的用户量与移动互联网结合，打造新型的电子商务平台，从而进军移动电子商务领域，在未来的竞争中分得"一杯羹"。

预测到将有更多用户通过智能手机购物和支付购物款，移动商务业务将快速增长，eBay 一直在大力推动移动商务业务。eBay 预计，2012 年移动商务业务营收将达到 80 亿美元，而它旗下电子支付系统贝宝处理的移动支付金额将占到 70 亿美元。由此可见手机移动支付市场的发展前景。

与此同时，亚马逊也正在与 HTC 洽谈开发智能机，该手机将使用 OMAP4 处理器，成本价在 150~170 美元。这不由让人联想到阿里集团推出的阿里云手机。电商如此热衷推出自己的智能手机，不难看出其目标就是瞄准了移动电子商务领域这块大蛋糕。

事实上，除了电子商务平台，互联网巨头、通信运营商等也正尝试联合相关产业链各方布局这一领域。谷歌首先宣布了测试移动支付系统 Google Wallet，用户只需将一款内嵌 NFC 芯片的移动设备在特殊终端前扫过，即可完成付款。随后，沃达丰与 Visa，西班牙电信与万事达，三星与 Visa 均将在 NFC 领域展开合作。

5. NFC 技术普及的瓶颈

虽然移动支付手段的不断普及为移动电子商务发展创造了必要条件，各大电商、互联网公司、手机终端厂商也一致看好 NFC 支付技术的发展空间。不过，目前安全问题、消费者认知度仍是制约 NFC 技术及移动电子商务发展的最大因素。

(1) 由于涉及资金流动的问题，NFC 的安全性成为人们在利用这一先进技术中最为关注的问题。

(2) 人们接受新事物的速度并不是那么的快。人们对传统的支付方式已形成习惯，即便新技术明显比原来更加方便，也难以令用户改变行为，用户习惯的培养及 NFC 手机的普及将会是两大主要挑战。

(3) 统一的标准。目前各平台之间并不兼容，各平台互不认可对手的标准，如果没有一套可以得到各方认可的统一标准，传来的信息不是乱码就是内容错位，跨平台应用依然遥不可及，那么 NFC 的普及更无从谈起。

尽管 NFC 技术普及之路还很漫长，但 NFC 凭借着成本低廉、方便易用和更富直观性等特性，在不久的将来普及已属大势所趋。

6. NFC 的应用

近年来由于手机的功能与普及度快速的成长，使早期的电子钱包有了推广的机会。NFC 的演进取自于 RFID 的特定频段，由于手机的市场应用使得 NFC 可在较快的时间点取得标准接口与平台。电子付费系统中，目前应用于手机系统上最完整的解决方案是以 NFC 为主，市场上也已经有相关产品流通着，如 NOKIA3220、Samsung SGH-X700、Visa Wave 及台北捷运优游卡等，皆兼容于 NFC 系统。除了个人识别与电子付费系统外，NFC 也在数据传输与交换上有了一些吸引人的功能。例如，电子海报的数据下载(包括入场券、会展信息)。此外，NFC 还可以作为蓝牙设备配对及输入密码的简化功能，若是使用者具有负载 NFC 的蓝牙设备，即可将 NFC 分别靠近两组具有 NFC 的蓝牙设备，如此即可不需要透过蓝牙搜寻及输入密码的配对过程实现快速联接。目前韩国、中国及欧美已经在电信业者、芯片商与手机制造商的合作下于公交付费系统中进行多次的验证，预期 NFC 将有快速的成长。

10.3.2　3 种非接触式移动支付技术标准比较

非接触移动支付是指用户使用手机和 POS 终端通过 NFC，采用非接触的方式来完成支付。目前，非接触式移动支付所用技术方案主要有 3 种，分别是 SIMpass、RF-SIM 和 eNFC 技术标准。

1. SIMpass 技术

(1) 实现方式。SIMpass 是一种双界面 SIM 卡技术，可通过两种方法实现：一种是定制手机方案，这种方案将天线组件内置在手机之中，手机中只要装入 SIMpass 卡片就可以实现非接触通信。另一种是低成本天线组方案。这种方案不需要对手机进行任何改造，整个系统包括 SIMpass 卡片和一个与之配合的天线组件，只需将 SIMpass 卡片和天线一起安装在手机中便可工作。

(2) 优势。用户不需要更换手机，运营商项目启动的成本小。

(3) 劣势。采用 SIMpass 技术进行移动支付，业务将占用用于 OTA 业务的 C4/C8 接口，对运营商的网络将会造成一定的压力，而且只具备被动通信模式，不具备点对点通信功能，此外产业链相对单薄。

(4) 推广情况。湖南移动 2006 年下半年开始进行 SIMpass 试点工作，目前试用人数达 500 人，应用包括湖南移动办公大楼门禁、食堂消费、小卖部消费、美容美发消费及停车场缴费。厦门移动采购两万张双界面 SIM 卡用于公交一卡通的应用，目前已经发放 500 张卡片，使用效果良好；厦门移动与厦门 e 通卡及中国建设银行正洽谈移动支付平台的建设。广东移动已经确定搭建基于双界面 SIM 卡的移动支付平台，主要应用在广州的地铁项目；广东移动省公司及江门公司在一卡通内部应用上已经换卡 2 000 张。

2. RF-SIM 技术

(1) 实现方式。RF-SIM 卡是双界面智能卡(RFID 卡和 SIM 卡)技术向手机领域渗透的产品，是一种新的手机 SIM 卡。RF-SIM 卡既具有普通 SIM 卡一样的移动通信功能，又能够通过附予其上的天线与读卡器进行近距离无线通信，从而能够扩展至非典型领域，尤其是手机现场支付和身份认证功能。

RF-SIM 卡的用户能够通过空中下载的方式实时更新手机中的应用程序或者给账户充值，从而使手机真正成为随用随充的智能化电子钱包。

(2) 优势。RF-SIM 更容易让运营商控制产业链，且用户使用门槛低。

(3) 劣势。RF-SIM 技术采用 2.4GHz 通信频率，而对于银行机构来说，他们更青睐于基于 13.56MHz 的 SIMpass 或 NFC 标准，而对于注重产业链协同的移动支付业务来说，在初期，运营商推广的难度会较大。

(4) 推广情况。该协议目前已通过欧洲电信标准协会(European Telecommunications Standards Institute，ETSI)、中国移动等的认可，所有的 SIM 卡厂商也支持该协议。它主要应用是在小额支付。例如，在法国巴黎地铁运营商就把公交票、地铁票下载到 SIM 卡上，手机在读卡器上轻轻一晃就可以坐地铁。

而目前，中国移动在湖南、上海、重庆、广东四省市试点手机小额支付业务也是采用 RF-SIM 标准。

3. NFC 技术

(1) 实现方式。NFC 技术基于 RFID 技术和互联技术的融合。这种超短距离通信技术的主要应用目标之一是取代智能卡，因为 NFC 收发器可以直接集成到手机中。付款时，用户只需将手机贴近读卡器或在其周围一英寸左右的地方晃动一下，款项就会自动从用户的信用卡账户上扣除。

(2) 优势。NFC 具有工作稳定、支持主/被动通信模式、支持点对点通信、支持高加密、高安全性、产业链完整等特点。

(3) 劣势。这种方式的最大缺陷在于用户若要使用手机支付，必须更换带有 NFC 功能的手机，实施成本较大。

(4) 推广情况。欧洲某些运营商主要采用 NFC 手机推广移动支付业务。在我国，中国联通在上海发布了首个基于 3G 网络的增值业务，即基于 NFC 技术的手机支付业务。用户只要购买内置 NFC 芯片的联通 3G 手机，以及购买 NFC 手机贴卡(挂坠)就可以体验手机支付。

10.3.3 NFC 终端的实现

非接触支付技术在手机上的应用为运营商和银行扩展了业务，也方便了消费者和商家。本书给出了非接触支付在移动终端的 4 种实现方案，分析了各种方案的特点和优缺点，并从运营商态度、产品成熟度、价值链各方态度、用户使用感受等方面对 4 种方案进行了充分的比较，最终得出终端/卡协作方案是目前比较理想的方案。

1. 非接触支付移动终端的实现方案

非接触支付移动终端有别于普通终端的两个重要特点是非接触支付终端具有非接触通信模块和安全模块，其中非接触通信模块负责非接触通信，安全模块负责存储安全数据，如用户账户余额等信息。根据非接触通信模块和安全模块与终端的位置关系，非接触支付移动终端的实现方案有如下 4 种，即贴片方案、全终端方案、双界面卡方案、终端/卡协作方案。下面将一一介绍各种方案的特点及优缺点。

1) 贴片方案

贴片方案的特点是将非接触卡片直接贴附在终端上，与 SIM 卡在物理上没有任何连接。本方案的优势是终端和 SIM 卡无须改动、成本低、贴片卡易于实施，天然支持各行业标准。劣势是贴片卡的发放、运营等环节由各行业掌控，运营商难以在价值链中体现价值；用户体验差；贴片卡在终端上的物理连接很难保证，容易脱落；贴片方案只支持卡模拟模式。

2) 全终端方案

全终端方案的典型代表是诺基亚(图 10.1)。本方案的特点是安全数据模块与非接触通信模块集成在终端主板上，天线集成在终端中。本方案的优势是 SIM 卡无需改动，且诺基亚已有成型产品，可支持 NFC 相关标准，支持卡模拟模式、读卡器模式、点对点模式 3 种工作模式。用户使用感受较好。劣势是运营商不能主导产业链，被产业链旁路。且本方案为私有解决方案，没有标准化，不利于推广。

3) 双界面卡方案

双界面卡方案的特点是安全数据模块与非接触通信模块集成在 SIM 卡上，天线与 SIM 卡相连，从 SIM 卡引出(图 10.2)。该方案的优势是 SIM 卡由运营商发放，运营商可以有效控制价值链；部分终端无需改动。劣势是需要外接天线且易损坏；用户感受较差；SIM 卡与天线的通信占用了两个预留接口，影响大容量 SIM 卡上的相关业务；且该方案只支持卡模拟模式；没有相关国际标准。

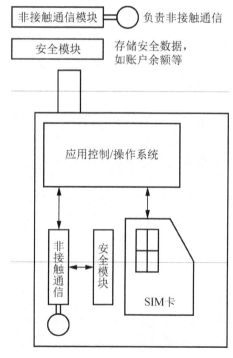

图 10.1 全终端方案

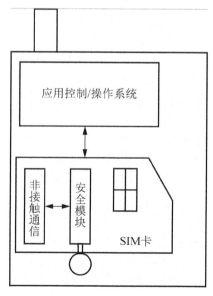

图 10.2 双界面卡方案

双界面卡升级方案与双界面卡方案相比升级点在于天线做到终端或后盖上,与SIM卡相连,从SIM卡引出。该方案的优势是由于SIM卡由运营商发放,运营商可以有效控制价值链;且用户感受较好。劣势是技术不成熟,还未有试点产品;SIM卡与天线的通信占用了两个预留接口,影响大容量SIM卡相关业务;且只支持卡模拟模式;没有相关国际标准;需要用户更换终端和SIM卡。

4) 终端/卡协作方案

终端/卡协作方案的特点是安全模块集成在SIM卡上,非接触通信模块集成在终端上,天线也集成在终端上(图10.3)。该方案的优势为,安全数据存储在SIM卡上,移动运营商可以有效控制价值链;国际主流运营商认可该方案,并通过GSM协会(GSM assembly, GSMA)协调价值链各方推动该方案;价值链各方目前认同该方案,正在朝该方案过渡,可实现规模量产;相关接口正在进行标准化的工作,Gemalto公司已有Demo产品(Gemalto);可支持NFC相关标准,支持卡模拟模式、读卡器模式、点对点模式3种工作模式;用户感受较好。劣势为需要用户更换终端和SIM卡。

2. 方案比较

在表10-1中,我们从各运营商的态度、产品成熟度、价值链各方态度、用户使用感受、终端/卡的国际标准、非接触标准支持情况、模式支持、终端/卡的更换、对其他业务的影响等方面对上述几种实现方案进行了比较。

在双界面卡方案、双界面卡升级方案、终端/卡协作方案下,由于与用户账户相关的安全数据存储在SIM卡上,而SIM卡的主人是移动运营商,因而移动运营商可以有效地规划和管理非接触式业务,主导手机支付产业的价值链;而在贴片方案和全终端方案下,安全模块并不存储在SIM卡上,因而移动运营商难以在手机支付产业价值链中体现价值。

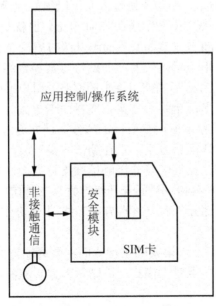

图10.3 终端/卡协作方案

表 10-1 4种方案比较

项目\方案	各运营商态度	产品成熟度	价值链各方态度	用户使用感受	终端/卡的国际标准	非接触标准支持情况	模式支持	终端/卡的更换	对其他业务的影响
贴片方案	不能主导价值链,不支持	现有技术	现有技术	不好	现有技术	不同贴片支持不同非接标准	只支持被读	不需要更换终端/卡	无
全终端方案	不能主导价值链,不支持	个别厂家已提供产品	个别厂家支持	好	无	支持NFC要求的相关非接标准	支持被读、识读、P2P 3种模式	需要更换终端	无
双界面卡方案	可以主导价值链,但未考虑此方案	个别厂家已提供产品	个别厂家支持	不好	无	支持ISO 14443 TYPE A/B	只支持被读	需要更换卡,部分终端需要更换	影响大容量SIM卡相关业务
双界面卡升级方案	可以主导价值链,但未考虑此方案	极个别厂家提供产品,还未有试商用的案例	极个别厂家支持	好	无	支持ISO14443 TYPE A/B	只支持被读	需要更换终端和卡	影响大容量SIM卡相关业务
终端/卡协作方案	可以主导价值链,较多运营商支持该方案	个别厂家已提供产品	价值链各方均表示支持,预计可实现规模量产	好	GSMA正在积极推进国际标准的制定	支持NFC要求的相关非接标准	支持被读、识读、P2P 3种模式	需要更换终端和卡	无

(1) 在手机支付价值链各方态度方面,价值链各方均表示支持终端/卡协作方案,并且预计可实现规模生产;而全终端方案、双界面卡方案和双界面卡升级方案仅有个别厂家支持;贴片方案为现有技术。

考虑到手机支付的便携性,终端/卡协作方案可以很好地满足手机支付的便携性要求,因为在终端/卡协作方案下,安全模块集成在SIM卡上,也就是用户换手机后,所有原来的服务还可以继续使用;双界面卡方案和双界面卡升级方案安全模块虽然集成在SIM卡上,但需要外接天线且易损坏,用户感受较差;而贴片方案和全终端方案由于安全模块并不存储在SIM卡上,用户换手机后将不能使用原来的服务,用户感受较差。在终端/卡的国际标准方面,贴片方案为现有技术;全终端方案、双界面卡方案、双界面卡升级方案均无国际标准;终端/卡协作方案为国际主流运营商认可的方案,并通过GSMA协调价值链各方推动该方案,价值链各方目前认同该方案,正在朝该方案过渡,亦可实现规模量产,且相关接口正在进行标准化的工作。在终端对非接触标准支持方面,贴片方案下不同贴片支持不同的非接触标准;双界面卡方案和双界面卡升级方案只支持国际标准 14443-《非接触式IC卡标准协议》的第一和第二部分;而全终端方案和终端/卡协作方案支持所有NFC要求的相关非接触标准。

(2) 在终端对近距离通信工作模式的支持方面,全终端方案和终端/卡协作方案可以支持卡模拟模式、读卡器模式和点对点模式;而贴片方案、双界面卡方案和双界面卡升级方案只支持卡模拟模式。

(3) 在终端/SIM卡的更换方面,贴片方案将非接触卡片直接贴附在终端上,与SIM卡在物理上没有任何连接,因而不需要更换终端和SIM卡,成本最低;全终端方案由于安全数据模块与非接触通信模块集成在终端主板上，因而无需更换 SIM 卡，但需要更换终端；双界面卡方案由于安全数据模块与非接触通信模块集成在 SIM 卡上，天线与 SIM 卡相连，从 SIM 卡引出，因而需要更换 SIM 卡，部分终端无需改动；双界面卡升级方案由于安全数据模块与非接触通信模块集成在 SIM 卡上，天线做到终端或后盖上，天线与 SIM 卡相连，从 SIM 卡引出，因而需要更换 SIM 卡和终端；终端/卡协作方案由于安全模块集成在 SIM 卡上，非接触通信模块集成在终端上，天线集成在终端上，因而需要更换终端和 SIM 卡。

(4) 在非接触支付业务对其他业务的影响方面，双界面卡方案和双界面卡升级方案由于 SIM 卡与天线的通信占用了两个预留接口，影响大容量 SIM 卡相关业务；贴片方案、全终端方案、终端/卡协作方案对其他业务没有影响。

(5) 在多应用支持方面，双界面卡方案、双界面卡升级方案、终端/卡协作方案比较有优势，因为 SIM 卡支持 Global Platform(GP)技术架构，这种架构保证了在 SIM 卡中可以按照一套完整的安全标准创建多个独立的安全域，以存储多种完全不同的应用，如移动通信、公共交通、电子钱包、票务应用、门禁等；而贴片方案、全终端方案由于应用不存储在 SIM 卡上，所以不能很好地支持多应用。

(6) 在安全性方面，双界面卡方案、双界面卡升级方案、终端/卡协作方案具有明显的优势，因为 SIM 卡本身的安全机制为存储在卡中的交易提供了一个安全的运行环境，同时，基于 GP 架构的 Java 卡更实现了不同应用之间的隔离，有效防止未授权的恶意攻击行为；而贴片方案、全终端方案由于安全模块不存储在 SIM 卡上，所以其安全性尚需检验。

(7) 在远程管理方面，双界面卡方案、双界面卡升级方案、终端/卡协作方案也具有明显的优势，SIM 卡可以通过空中下载(over-the-air technology, OTA)的方式，使用户获得各种应用，而 OTA 是可以通过各种标准协议来管理的；而贴片方案、全终端方案由于应用不存储在 SIM 卡上，所以其无法进行远程管理。在终端/卡协作方案下，NFC 芯片与 SIM 卡之间采用 SWP(Single Wire Protocol)协议实现单线数据通信。SWP 是由 Gemalto 公司提出的基于 SIM 卡 C6 引脚的单线连接方案。在 SWP 方案中，接口界面包括 3 根线，即 VCC(C1)、GND(C5)、SWP(C6)，其中 SWP 一根信号线上基于电压和负载调制原理实现全双工通信。SWP 方案要求 SIM 卡和 NFC 模拟前端芯片同时重新设计，涉及的面比较广，市场推进的难度较大。另外，NFC 应用非常关注掉电模式下的应用，SWP 的负载调制通信方式带来接口的功耗损失，对掉电模式下的性能有不利影响。

从有利于价值链各方发展的角度考虑，我们建议实施终端/卡协作方案，由移动运营商来推动整个业务的发展，这样既可以有效地规划和管理非接触业务，控制非接触业务的服务质量，保证非接触业务的运营，又可以实现价值链各方的共赢。由于手机支付的最终实现方案为 NFC 方案，建议贴片方案和全终端方案不做试点，双界面卡方案控制在现有试点规模，不再扩大。

10.3.4 物联网的移动支付组网技术与应用

物联网的关键技术是 RFID 技术，移动支付作为物联网的一个分支也称为手机支付，就是允许用户使用其移动终端(通常是手机)对所消费的商品或服务进行账务支付的一种服务方式。

1. 组网技术简介

物联网已被明确列入《国家中长期科学技术发展规划(2006—2020 年)》和 2050 年国家

产业路线图。移动支付是物联网的典型应用,在电信重组后,电信运营商均确定了企业主流 3G 技术标准,因此从移动通信为平台的移动支付市场将有很大的发展潜力,移动支付技术也给芯片设计、制造、封装及制卡厂商带来丰厚的经济效益。

物联网是指通过 RFID、红外感应器、GPS、激光扫描器等信息传感设备,按约定的协议,把任何物品与互联网连接起来,进行信息交换和通信,以实现智能化识别、定位、跟踪、监控和管理的一种网络,即"物物相连的互联网"。

物联网概念是在 1999 年提出的两层意思:第一,物联网的核心和基础仍然是互联网,是在互联网基础上延伸和扩展的网络。第二,其用户端延伸和扩展到了任何物品与物品之间,进行信息交换和通信。物联网产业细分为 RFID 行业应用产业、移动支付产业、M to M(Machine To Machine)产业和无线传感器(Wireless Sensor Network,WSN)网络产业。移动支付是物联网的典型应用。移动支付价值链包括移动运营商、支付服务商(如银行、银联等)、应用提供商(公交、校园、公共事业等)、设备提供商(终端厂商、卡供应商、芯片提供商等)、系统集成商、商家和终端用户。

2. 组网方案功能设计

该方案基于 RFID 2.4GHz 频率融合手机 SIM 卡的技术实现方式,兼容 13.56MHz 频率应用方式。系统服务器放置在中心机房,各类消费终端、机具结合现场情况布放在各自的实验场所,终端支持联网和脱机交易,以便覆盖所有功能应用。

建议采取 2.4GHzRF-SIM 卡与 13.56MHzMifare 卡同时应用的方案,模拟业务应用的各种场景。

2.4GHzRF-SIM 卡是可实现中距离的手机智能卡,专利技术是一个可代替钱包、钥匙和身份证的全方位服务平台。它的最大特点是不需换手机,只要手机换一张智能卡后就成了类 NFC 手机,使用的频率是 2.4GHz,通信距离可在 500 厘米内自动调整,单向支持 100 米(数据广播),RF-SIM 卡在逻辑上分为标准 SIM 功能(GSM11.11 和 GSM11.14)部分组件和模拟 Mifare One 逻辑加密卡的数据机制(模拟 Mifare 数据逻辑结构并符合 PBOC2.0 及 EMV 电子信用卡的规范要求)组件。

(1) SIM。用户识别模块。
(2) CPU。中央处理器(数据处理、控制功能)。
(3) SRAM。静态存储器(存储程序)。
(4) RFIC。射频集成电路(完成对无线电波的调制与解调)。
(5) EEPROM。可擦写可编程存储器(存储数据)。

CPU 与 SIM 卡通过智能卡协议 7816 通信,CPU 与 RFIC 通过 SPI 接口通信。

SIM 卡部分用于正常的手机移动通信、鉴权,仅用作与手机的物理连接。

内置软件用于管理高安全度的 RFID、基于 Mifare 模拟逻辑加密卡,可内置 e-credit 电子信用卡、EMV 电子钱包等。使用微型 RF 模块并通过内置的天线与外部设备通信。

SIM 芯片与 2.4GHz 芯片融合,形成具备射频通信能力的 2.4GHzRF-SIM 卡,RF-SIM 卡通信特征如下。

(1) 使用 2.4GHz 频段,自动选频。
(2) 通信速率 1Mb/s,高可靠性连接与通信。

(3) 支持自动感应和主动出发连接两种通信方法。

(4) 双向通信距离 500 厘米内，可以根据应用设定。

(5) 支持 STK 菜单进行通信距离调整。

(6) 单向数据广播(半径 100 米)。

(7) 刷卡感应功能可自行启闭(节电)。

(8) 数据空中传输自动采用三重数据加密标准(Triple Data Encryption Standard，TDES)加密，防窃听数据，刷卡时双向认证 RF-SIM 存储结构。

目前主流应用的 RF-SIM 存储容量在 64~256 之间；除去通信应用以外，至少能为移动支付应用预留 30KB 空间。一般情况下规划 4KB 应用空间(可根据实际需求调整)；通过应用识别码保障应用的安全性和独立性。

10.3.5 EasyPay 移动支付平台

2.4GHz 移动支付技术自 2009 年开始商用，以其只需换卡即可实现移动支付、刷卡距离一致性好、用户使用可靠性高等特点得到了快速推广。

1. EasyPay 移动支付平台简介

EasyPay 移动支付平台是基于 RFID/NFC、Java Card/J2EE、互联网及移动网络 GPRS/3G 开发的新一代移动支付平台。可以集成到当前已经在小额支付系统及其他各种小额系统中，如城市智能一卡通，市民卡等。其主要特点如图 10.4 所示。

图 10.4　EasyPay 移动支付平台特点

平台支持的移动终端支持包括 NFC 手机、NFC-SIM、NFC Micro SD 卡、贴片卡等最新的 NFC 终端设备，这些新的功能和特性满足不同运营企业快速而简单的部署和开展移动支付的业务，非常方便而快捷地集成到当前的小额支付系统，而且为用户提供了安全及简单移动支付的用户体验。

2. 系统架构

EasyPay 移动支付平台主要分以下几个模块：OTA 发卡管理系统、OTA 充值系统、手机端电子钱包管理、移动支付平台营运管理系统。体系架构如图 10.5 所示。

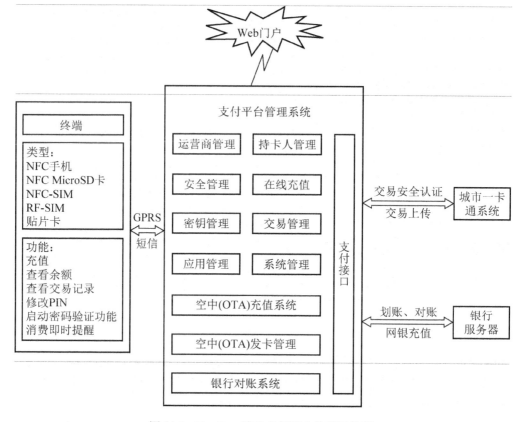

图 10.5　EasyPay 移动支付平台体系架构图

3. 应用模式

EasyPay 支付平台提供下各种使用场景，覆盖从持卡人申请手机电子钱包到日常使用及运营商日常运营管理。

(1) 空中发卡。
(2) 手机终端空中充值。
(3) 银行 ATM 对手机钱包空中充值。
(4) 余额交易记录查询(手机终端电子钱包)。
(5) 即时消费提醒。
(6) 网络自助充值(在线)。

EasyPay 移动支付平台三层安全措施保证系统安全性，系统安全性已经完全符合当前的金融系统标准 PBOC2 安全标准，甚至比目前银行业的网络银行更加安全可靠。

10.4　移动支付安全策略

物联网已提到国家的议事日程，是由感知层、应用层和网络层 3 方面构成的，是建立在应用服务基础上的服务型网络体现，更重要的是安全应用和服务，这将来是中国信息化建设的新的目标和亮点。

10.4.1 无线支付智能卡的安全技术

无线网络自身的发展和越来越多的移动终端的加入极大地促进了无线支付的发展。无线支付是指利用手机等手持设备通过无线网络进行贸易的行为。基于移动通信的电子商务因为其便捷、灵活的特点而越来越受到人们的欢迎，然而无线支付尚未得到广泛普及，其中的一个因素也在于无线支付的安全问题。

无线支付网络与手持系统的有限处理能力和当前基于复杂性的安全计算也制约了移动电子商务的快速发展。基于移动终端的智能卡等无线支付形式，包括基于位置的应用、移动交易服务、移动娱乐、移动多媒体、移动信息点播等各种增值业务。

1. 无线支付的流程与框架

用户通过手持终端等访问电子商务提供方构造的电子商务平台，然后经由用户的 ISP 对服务中的安全予以保障。其中可以有银行和可信第三方的参与，从而确保交易双方间的权益与日后的仲裁纠纷。基于这种方案还可以在自由用户间进行贸易行为。无线支付可以使用微支付、无线电子钱包和无线电子现金。无线电子钱包和无线电子现金是对我们日常所使用的货币的数字化，需要用户预先储备一定的现金才可以使用。

无线支付中的安全应确保交易双方的合法权益所涉及的内容不受非法入侵者的侵害。通常，主要涉及以下几个方面的内容。

(1) 数据的机密性(Confidentiality)。防止合法或隐私数据为非法用户所获得，通常使用加密的手段实现，从而确保在交易过程中只有交易的双方才能唯一知道交易的内容。

(2) 完整性(Integrity)。确保交易他方或非法入侵者不能对交易的内容进行修改。

(3) 可用性。授权者(交易的双方)能随时且安全使用信息和信息系统的服务，可用性是在大面积拒绝服务攻击发生后保障交易的一项安全行为。

(4) 鉴别(Authentication)。交易双方是可以信任的，即确保服务间的相互身份认证，防止欺诈行为的产生。

(5) 授权的安全。保证在交易过程中对无线(有线)网络与计算资源的使用。

(6) 不可否认性(Non-repudiation)。确保交易行为的正确性，交易双方不能否认交易行为的产生。

2. 无线支付可能受到的攻击行为

(1) 窃听。窃听是最简单的获取非加密网络信息的形式，这种方式可以同样应用于无线网络，利用具有指定方向功能的天线，让无线网络接口集中接受某个方向的信号，就可以很容易地监控局域网。

(2) 病毒。病毒不但可以影响网络，甚至可以对手持终端造成影响。虽然目前国内发现的手机病毒不会对手机造成本质的支付损害，但随着手机功能的完善，这种问题有可能更趋于明显。同时，蠕虫与炸弹都会对无线网络产生根本的破坏。

(3) 欺骗与木马。欺骗可以隐藏信息的来源，或对合法用户进行欺诈。无线支付中可以使用改进的重放攻击和中间人攻击来蒙骗客户，套取用户的隐私与保密信息。木马等服务程序可以直接或间接地骗取用户的信任，从而驻留内存，往往会给系统留有后门，对交易双方的敏感信息进行记录与跟踪。

(4) 口令攻击与协议安全。过于简单的口令和不完善的协议也会给非法入侵者提供便利，系统的脆弱性也有可能导致系统的崩溃。

(5) 拒绝服务攻击(Denial of Services，DoS)。DoS 是使无线网络或支付系统丧失服务功能和资源能力的一种攻击行为。无线支付系统除非单独建立，否则由于 DoS 对语音通信的影响远比对网络服务大得多，无线支付在网络中更易于受到各种形式的 DoS 攻击。

3. 无线支付的安全手段

基于网络的安全行为——处于网络通信中的无线网络和支付系统，其面临的网络威胁可以通过防火墙等安全手段实现。但考虑到无线支付系统本身的特性，除了我们通常使用的关键安全技术外，还应侧重于以下几个方面。

(1) 防止窃听。防止窃听的最好方式是对所有可能的地方进行加密，同时关闭网络身份识别的广播功能。就目前的技术而言，不可能从本质上防止窃听，但可以保护机密信息的安全(如果加密不被破译的话)和禁止非授权用户对网络的访问。

(2) 防止数据丢失。数据丢失就意味着有必要重新传送数据，这样极有可能产生重传攻击和中间人攻击，从而导致欺诈行为。

(3) 审计追踪。应该在可信第三方的准许或帮助下，追踪和记录无线网络和支付系统的活动，并且可以把这些活动与具体用户的账号或活动发起者联系起来。审计追踪不但可以确保授权用户使用且仅使用正确的授权，还能为以后的调查取证提供依据和在一定条件下进行数据恢复。

(4) 过滤 MAC(Media Access Control)地址。MAC 地址过滤是一种适合小型网络、简单实用、可以降低攻击威胁的网络安全机制，使用这种机制时应该考虑记录和监控 MAC 地址过滤，防止更改 MAC 地址的欺骗行为。

4. 无线支付的展望与挑战

无线电子货币正悄然走进我们的生活，由于无线支付本身具有的省时、方便、快捷的特性，其必然会有更为广阔的前景。据有关部门统计，我国目前的 3G 智能手机用户已经高达 1.3 亿。据保守估计，到 2015 年，将会有 3 亿的用户通过手机进行简单的贸易支付。

当然，在无线支付进入我们的日常生活的同时，我们也面临一些挑战。首先，无线支付的交易业务通常是基于移动终端中的智能卡来实现的，就目前的技术来看，智能卡是处理能力受限的微处理器，在这个环境中来实现安全不但要增加支付系统的投资，还会大额度增加用户的成本，那么用户是否乐于承受尚是未知；其次，安全中尚需对用户匿名性等问题进行考虑，即用户可能不想暴露自己的身份与敏感信息；再次，手机与网络之间的安全传输的标准问题；最后，还应该降低无线支付中的用户费用，大力开拓无线支付的市场。

10.4.2 无线支付智能卡安全解决方案

近年来智能卡以其较高的安全性，被广泛应用于社会各个领域。随着智能卡的日益普及，针对智能卡的一些专用攻击技术也在同步发展，智能卡也随之呈现出安全漏洞，从而导致整个应用系统安全性降低。针对上述问题，本书研究探讨智能卡安全机制及防范策略。

1. 无线支付智能卡的安全机制

与磁条卡相比较，智能卡的优势不仅在于存储容量的大幅度提高、应用功能的加强和扩充，更重要的是 CPU 所提供的安全机制。其中安全机制可以归纳为认证操作、存取权限控制和数据加密 3 个方面。

(1) 认证操作。认证操作包括持卡人的认证、卡的认证和终端的认证 3 个方面。持卡人的认证一般采用提交密码的方法，也就是由持卡人通过输入设备，输入只有本人知晓的特殊字符串，然后由操作系统对其进行核对。卡的认证和终端的认证多采用某种加密算法，被认证方用事先约定的密码对随机数进行加密，由认证方解密后进行核对。

(2) 存取权限控制。存取权限控制主要是对涉及被保护存储区的操作进行权限限制，包括对用户资格、权限加以审查和限制，防止非法用户存取数据或合法用户越权存取数据等。每个被保护的存储区都设置有读、写、擦除的操作存取权限值，当用户对存储区进行操作时，操作系统会对操作的合法性进行检验。

(3) 数据加密技术。数据加密技术是为了提高信息系统和通信数据的安全性及保密性，防止秘密数据被外部破析而采取的技术手段。数据加密技术按照密钥的公开与否可以分为对称加密算法和不对称加密算法两种。

2. 对智能卡的常用攻击方法

对智能卡的攻击可分为 3 种基本类型，即物理攻击、逻辑攻击和边频攻击。下面就这 3 种攻击技术的具体实施方式加以分析。

1) 物理攻击

物理攻击主要是分析或更改智能卡硬件。用于实现物理攻击的手段和工具包括化学溶剂、蚀刻与着色材料、显微镜、亚微米探针台及粒子束(Focnsed Lon Beam，FIB)等。用于实施物理攻击的主要方法包括以下 2 个方面。

(1) 微探针技术。攻击者通常在去除芯片封装之后，通过恢复芯片功能焊盘与外界的电气连接，最后可以使用微探针获取感兴趣的信号，从而分析出智能卡的有关设计信息和存储结构，甚至直接读取出存储器的信息进行分析。

(2) 版图重构。利用高倍光学及射电显微镜研究电路的连接模式，可以迅速识别芯片上的一些基本结构，如数据线和地址线。

2) 逻辑攻击

逻辑攻击是在软件的执行过程中插入窃听程序。智能卡及其 COS 中存在多种潜在的逻辑缺陷，如潜藏的命令、不良参数与缓冲器溢出、文件存取、恶意进程、通信协议、加密协议等。逻辑攻击者利用这些缺陷诱骗卡主泄露机密数据或允许非期望的数据修改。

3) 边频攻击

边频攻击是通过观察电路中的某些物理量，如能量消耗、电磁辐射、时间等的变化规律，来分析智能卡的加密数据；或通过干扰电路中的某些物理量，如电压、电磁辐射、温度、光和 X 射线、频率等，来操纵智能卡的行为。

3. 防范策略

针对智能卡的以上种种攻击方法，下面分析应对各种攻击的防范策略。

1) 物理攻击的防范策略

(1) 减小形体尺寸。使攻击者无法使用光学显微镜来分析芯片的电路结构，但仍无法抵制高倍显微镜。

(2) 多层电路设计。将包含敏感数据的层隐藏在较不敏感的层之下，使得微探针技术的使用受到一定限制。

(3) 顶层传感器保护网。在芯片的表面加上一层格状的带有保护信号的激活网络，当入侵行为发生时，该信号中断，使内存的内容清零。

(4) 锁存电路。在智能卡的处理器中设置锁存位。当出现异常情况时，它会发出锁存信号，立即清除芯片中的敏感数据。

2) 逻辑攻击的防范策略

(1) 结构化设计。以小的功能模块构建软件，使程序易于理解和校验。

(2) 正规的校验。使用数学模型进行功能校验。

(3) 测试。对软件的运行情况进行测试。

3) 边频攻击的防范策略

应对边频攻击的安全策略基本分为 3 个层面，即硬件、软件和应用层面。

(1) 硬件层面的防范措施。

① 采用平衡电路降低信号能量，以及设置金属防护以抑制电磁发射。

② 执行并用随机处理来提高幅值噪声水平。

③ 随时处理中断引入的时间噪声和不同的时钟频率。对差分轨迹进行计算机处理的基础是轨迹可排列。在加入轨迹之前处理器的工作步骤应是同步的。时间噪声会防止或至少妨碍轨迹很好地排列。

(2) 软件层面的防范措施。

① 采用随机处理顺序来减少相关的信号。例如，算法中的平行置换(如 DES 中的 S 盒)可依随机的顺序来完成，置换的数目重新排序，则可将一次置换产生的信号分解。

② 利用随机延时和改变路径来增加计时噪声。计时噪声会妨碍轨迹的排列，并降低差分轨迹的质量。

(3) 应用层面的防范措施。

① 设置计数器，用于限制攻击者试探的次数。连续 3 次 PIN 校验失败后自锁是防范差分能量分析的有效方法。

② 限制加密算法中输入输出的控制和可见度。如果只能选择部分输入，或只有部分算法的结果返回，攻击者就无法完成差分能量分析。

智能卡应用系统的安全环境很复杂，智能卡攻击方法的有效性以攻击者所获得的效益高于其耗费的时间、精力、经费等作为标准，防范措施的技巧多在于增加攻击成功的难度和成本。然而这些防范措施将增加设计的复杂程度和成本。因此在具体应用时必须根据系统所要求的安全级别，来探索在降低安全威胁与增加安全成本之间寻找最佳平衡点的安全设计策略。

10.4.3 WPKI 的安全移动支付系统

移动电子商务是有线电子商务的延伸和发展。企业现有的环境、系统和模式都可以技术性地移植到电子商务中，避免重复投资和资源浪费。但是加入移动电子商务的系统，其复杂性也带来一系列的安全问题。由于移动电子商务的特殊性，移动电子商务的安全问题尤其重要。安全性是影响移动电子商务发展的关键问题。

1. 移动电子商务和移动支付

1) 基于 WPKI 的移动电子商务

PKI 以 WAP 的安全机制为基础，从传统的公钥基础设施 PKI 中发展而来。WPKI 与 PKI

都是通过管理密钥和证书来执行移动电子商务策略。WPKI 主要解决管理移动电子商务的策略问题,并为无线应用环境提供安全服务。WPKI 的优化主要包括对证书格式的简化,以减少存储容量。另外 WPKI 采用了先进的 ECC 公钥算法,而非传统的 RSA 算法,这就可以大大提高运算效率,并在相同的安全强度下减少密钥的长度。由于 WPKI 证书格式是 PKIX(Public Key Infrastructure on X.509)证书的子集,所以可以在标准 PKI 中保持互操作性。

2) WPKI 移动电子商务安全框架

鉴于目前大部分手机计算能力的低下,下面提供一种适合移动电子商务的 WPKI 移动交易安全框架,即引入验证服务器 VA(Validation Authority)的 WPKI 移动交易安全框架,如图 10.6 所示。

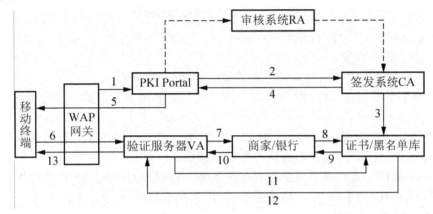

图 10.6 采用 VA 的 WPKI 移动电子商务支付平台

VA 作为所有无线终端的代理,完成各种复杂的证书验证和加密/解密操作(如多级证书链的验证)。此时,手机只需要处理单级证书验证,即只需对验证服务器回送的结果进行验证。其验证过程如下。

(1) 手机用户使用生成密钥对和证书请求,向 PKI Portal 申请证书。

(2) PKI Portal 在完成审核后向 CA 签发系统申请签发证书。

(3) 签发系统签发证书并通过证书库发布。

(4) 签发系统将用户证书回送给 PKI Portal。

(5) PKI Portal 将证书回送给手机终端,存放在手机内的智能卡中。

3) 3A 优势的移动支付

移动支付是借助手机、掌上电脑、笔记本电脑等移动通信终端和设备,通过无线方式进行的银行转账、缴费和购物等商业交易活动。与传统支付方式相比较,移动支付的优点是真正实现了 3A(任何时间、任何地点及任何方式),也就是将无线通信技术的 3A 优势应用到金融业务之中。它的优势从与以往支付方式(传统的支付方式与电子支付的方式)的比较中体现出来。但由于安全性和易用性问题尚未得到很好的解决,所以目前国内的移动支付主要是以小额支付为主。

2. 系统分析和设计

1) 安全移动支付系统功能模块设计

安全移动支付系统组成如图 10.7 所示。该移动支付系统以 WPKI 为基础,依据移动支付业务需求设计,各模块功能如下。

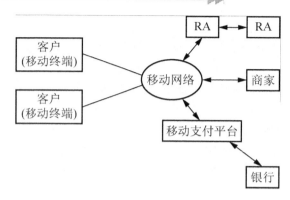

图 10.7 安全移动支付系统构成

(1) RA 服务器提供 HTTP/HTTPS 服务，为用户提供申请证书的检查和审核，并提交给 CA 服务器进行证书签发。

(2) CA 服务器提供证书目录和证书签发、注销、更新等。

(3) 商家服务器提供 HTTP 服务，为用户提供商品浏览和定购，并提供支付平台分布式接口。

(4) 移动支付平台提供与银行的接口，提供用户手机号码与银行账号绑定的功能，提供与智能终端支付接口，以及与商家信息交互接口。

客户在申请移动支付服务业务时，应先到银行(或银行网站上)开户或使用已有的账户来绑定手持设备 ID(如手机号)，这里手机 ID 用客户的数字证书来表示。

2) 系统安全解决方案

整个系统的实现由 4 部分组成，它们包括商家安全支付软件 MSS、客户安全支付软件 CSS、交易中心安全支付软件 TSS 和商业银行安全支付软件 BSS。

(1) 安全功能设计。根据系统实体、交易流程及安全要求，4 个软件模块的主要安全功能设计如下。

① MSS。该软件构成了卖方交易平台。首先应提供商品订购过程中所需的安全功能：与客户之间的双向身份认证，验证客户对订单的数字签名，生成商家对账单和承诺的数字签名，加解密与客户之间传递的信息。其次提供支付过程所需的安全功能：与交易中心之间的双向身份认证，验证银行返回的支付结果的数字签名。最后还需记录客户签名后的订单信息，记录支付信息，以及保存自己签名后的送货信息等。

由上述功能可知，该软件模块应提供身份认证、数字签名、客户定购及支付信息的处理、密钥及证书管理等服务。

② CSS。该软件构成了买方交易平台。它首先提供产品订购过程中所需的安全功能：与商家之间的双向身份认证，产生客户对订单的数字签名，验证商家对账单和承诺的数字签名，加解密与商家之间传递的信息。其次提供支付过程所需的安全功能：与交易中心之间的双向身份认证，采用银行的公钥加密提交的转账信息，生成交易中心需保存的交易证据，产生对交易证据的数字签名。

该软件模块应提供身份认证、数字签名、交易与支付历史数据存储管理、支付交易查询、密钥与证书管理等服务。

③ TSS。该软件构成了安全交易平台。它记录了交易过程中传输的各种重要信息、可供争议解决的证据。其安全功能：与商家之间的双向身份认证、与客户之间的双向身份认证、与银行之间的双向身份认证、验证客户提交的交易证据的数字签名、验证银行响应的

支付结果的数字签名,并在出现争议时验证争议各方提交证据的真伪。

该模块应提供身份认证、数字签名、与商业银行业务系统联系的公共接口、交易与支付历史数据存储管理、支付交易仲裁、密钥与证书管理等服务。

④ BSS。该软件提供支付网关功能,其主要作用是完成银行网络与互联网及移动网络之间的通信、协议转换及数据的加解密,以保护银行内部网络的安全。实现与第三方信任实体(Trusted Third Party,TTP)之间的双向身份识别,验证客户的数字签名,产生支付结果的数字签名,解密客户传来的转账通知,用商家的公钥加密支付结果。

该模块应提供身份认证、数字签名、与交易中心业务系统联系的公共接口、支付历史数据存储管理、密钥与证书管理等服务。

(2) 数字证书的配置。模块 MSS、CSS、TSS、BSS 均为基于 WPKI 的安全应用软件,因此需配置相应的数字证书。具体配置情况如下。

① MSS。配置商家服务器证书,用于与客户 CSS 之间的身份识别、消息加密和生成数字签名;用于与交易中心 TSS 之间的身份识别、消息加密和生成数字签名。

② CSS。配置客户服务器证书,用于与 MSS 之间的身份识别、消息加密和生成数字签名;用于与 TSS 之间的身份识别、消息加密和生成数字签名。

③ TSS。配置交易中心的服务器证书,用于与 MSS、CSS、BSS 之间的身份识别、消息加密和生成数字签名。

④ BSS。配置商业银行的服务器证书,用于与 TSS 之间的身份识别、消息加密和生成数字签名。

3. 系统的应用

1) 系统原理和交易步骤

该系统包括 5 个实体,商家、客户、银行系统、认证中心如中国金融认证中心(China Finance Certificate Authority,CFCA)和交易中心 TTP。其中,商家和用户完成订单及账单的提交和生成;银行系统负责处理支付信息;CFCA 和 PKI Protal(RA)用来保证系统的安全性;TTP 记录了交易过程中传输的各种重要信息、可供解决争议的证据。系统原理如图 10.8 所示。

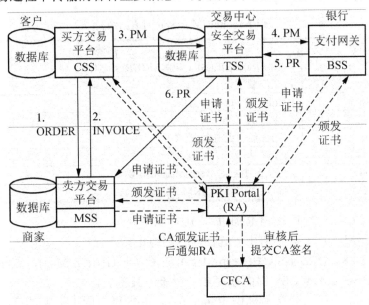

图 10.8 系统原理

图中虚线代表 CA 分别向商家、客户、TTP 和商业银行颁发身份证书，实线代表系统的交易流程。根据网上交易过程的步骤分析，并参考了各种支付协议的数据流程，确定了该系统的信息流、数据流、资金流按下列步骤进行。

(1) 客户向商家下订单。客户通过手机浏览器在商家的 Web 服务器定购商品。客户根据商家的要求向商家提交订单，商家根据订单形成相应的账单，并将账单及商家的说明及承诺发到客户手机浏览器。

(2) 客户通过手机支付货款。客户通过 TTP 的安全移动支付服务平台到银行支付货款。首先，客户将支付消息 PM(Pay Message)提交到 TTP 的安全移动支付服务平台；其次，TTP 安全移动支付服务平台将 PM 转发到银行；银行验证客户对 PM 的数字签名，取出支付指令 PI(Pay Instruction)，根据 PI 进行转账，并将支付结果 PR(Pay Result)(包括支付金额、是否成功等信息)告知 TTP 安全支付平台；最后 TTP 安全移动支付平台将支付结果 PR 实时告知商家。

2) 安全移动支付系统工作流程及实现

以客户提交订单的过程为例说明安全移动支付系统的工作流程及系统实现。

(1) 客户在商家的 Web 服务器上选择要订购的产品，并填写完其他必要信息(如送货时间、地点等)后，单击页面上的提交按钮，此时激活 CSS 软件。CSS 软件发送一个初始请求(InitPM-Requ)给商家的 MSS 软件，InitCM-Requ 的数据结构见表 10-2。

表 10-2 InitCM-Requ 的数据结构

数据单元	描述
InitCM-Requ	Message，IDC
Message	客户向商家发出购买信息
IDC	客户软件产生的本地 ID

(2) MSS 收到 InitPM-Requ 后，向 CSS 发送初始回答(InitPM-Resp)；InitCM-Resp 的数据结构见表 10-3。

表 10-3 InitCM-Respu 的数据结构

数据单元	描述
InitCM-Resp	CertM,Resp-Msg,SIGN-SKM(H(Resp-Msg))
CertM	商家的数字证书
Resp-Msg	Random-T,message,IDM
Random-T	标志这次交易
Message	说明已经收到初始请求
IDM	商家软件产生的本地 ID
H(Resp-Msg)	用 Hash 函数对 Resp-Msg 求摘要
SIGN-SKM	商家用签名私钥 SKM 对摘要签名

(3) CSS 收到 MSS 的 InitCM-Resp 后，进行以下几步。

① 核实 CertM，若核实，则往下进行，否则终止。

② 判断 DE-PKM(SIGN-SK(H(Resp-Msg)))是否等于 H(Resp-Msg)，若相等，则往下进行，否则终止(DE-PKM 为 CSS 用商家签名公钥验证其签名)。

③ 从 Resp-Msg 中获得交易标识 Random-T，并根据页面上订购的产品，生成订货指令(Order-Instruction，OI)，OI 的数据结构见表 10-4。

表 10-4　OI 的数据结构

数据单元	描述
OI	Order,Random-T,Datetime-C
Order	订单及其相关描述
Random-T	从 InitPM-Resp 得到
Datetime-C	标示定货时间

④ CSS 发送购买请求(Purchase-Requ)给 MSS，Purchase-Requ 的数据结构见表 10-5。

表 10-5　Purchase-Ruqe 的数据结构

数据单元	描述
Purchase-Requ	CertC,en-OI,OI-Envelop,SING-SKC(H(OI))
CertC	客户的数字证书
en-OI	EN-KC(OI) CSS 软件随机生成对称密钥 KC 加密 OI
OI-Envelop	EN-PKM(KC) CSS 软件用商家公开密钥加密 KC 形成数字信封
OI	订货指令
H(OI)	用 Hash 函数对 OI 请求摘要
SING-SKC	客户用签名私钥 SKC 对摘要签名

该安全移动支付系统提供了通过 WAP/WTLS 无线环境与第三方支付机构建立联系的安全支付方式。各参与实体所使用的公钥由 CFCA 签发的证书来分配，可以充分保障移动电子商务支付的机密性、认证性、公平性和完整性。同时，完整性中的数字签名技术也提供了安全移动电子支付的不可否认性。实现了从传统网上购物及网上银行卡支付向手机 WAP 无线购物及在手机终端直接使用银行卡进行网上支付的延伸，扩充了网上购物和支付的渠道，为人们的日常生活提供更多的便利性。

本 章 小 结

针对物流金融支付的业务，我们选择了以移动支付为主的金融支付模式，并对其进行了的论述，介绍了移动支付平台的应用背景，物流金融移动支付平台的体系架构。

移动支付也称手机支付，就是允许用户使用其移动终端(通常是手机)对所消费的商品或服务进行账务支付的一种服务方式。整个移动支付价值链包括移动运营商、支付服务商(如银行、银联等)、应用提供商(公交、校园、公共事业等)、设备提供商(终端厂商、卡供应商、芯片提供商等)、系统集成商、商家和终端用户。

移动支付主要分为近场支付和远程支付两种，所谓近场支付，就是用手机刷卡的方式坐车、买东西等，很便利。远程支付是指通过发送支付指令(如网银、电话银行、手机支付等)或借助支付工具(如通过邮寄、汇款)进行的支付方式，如掌中付推出的掌中电商、掌中充值、掌中视频等属于远程支付。目前支付标准不统一给相关的推广工作造成了很多困惑。

本章对物联网环境下的移动支付——NFC 手机银行与支付做了详细的介绍，同时对物联网的移动支付组网技术也做了阐述。

手机银行与支付业务是由移动运营商、移动应用服务提供商和金融机构共同推出的、构建在移动运营支撑系统上的一个移动数据增值业务应用。手机银行与支付系统将为每个移动用户建立一个与其手机号码关联的支付账户，其功能相当于电子钱包，为移动用户提供了一个通过手机进行交易支付和身份认证的途径。用户通过拨打电话、发送短信或者使用 WAP 功能接入移动支付系统,移动支付系统将此次交易的要求传送给移动应用服务提供商，由移动应用服务提供商确定此次交易的金额，并通过移动支付系统通知用户，在用户确认后，付费方式可通过多种途径实现，如直接转入银行、用户电话账单或者实时在专用预付账户上借记，这些都将由移动支付系统(或与用户和移动应用服务提供商开户银行的主机系统协作)来完成。巨大的商机将吸引各种力量，无论市场最终选择了任何模式，手机支付的时代即将来临。

关键概念

移动支付平台系统　第三方支付　货到付款　在线支付　网银在线　手机支付　手机银行　非接触支付移动　NFC 技术　手机银行卡　双界面卡　移动终端　EasyPay 移动支付平台　无线电子货币　无线支付　移动电子商务

讨论与思考

1. 简述移动支付模式与一般方式。
2. 简述移动支付平台系统的流程。
3. 手机支付有哪些商业模式？
4. 试举例说明物流金融创新模式及其特点。
5. 简述非接触支付移动 NFC 技术及需要注意的问题。

参 考 文 献

[1] 陈李宏，彭芳春．供应链金融：中小企业融资新途径[J]．湖北社会科学，2008，11：101-103．
[2] 崔显林．我国物流业开展物流金融服务的风险及对策[J]．物流科技，2009，6：48-50．
[3] 丁勇萍．物流金融业务模式及其风险控制[J]．中国农村信用合作，2009，5：26-27．
[4] 董秋月．物流业与金融业发展物流金融业务比较分析[J]．物流技术，2009，7：69-72．
[5] 段伟长，张仲义．物流金融风险管理体系及评价方法研究[J]．石家庄学院学报，2009，7：14-17．
[6] 郭清马．供应链金融模式及其风险管理研究[J]．金融教学与研究，2010，2：2-6．
[7] 何铮铮，林灯．新农村物流金融的整合形式创新[J]．特区经济，2009，3：181-182．
[8] 胡剑，李伟杰．物流金融：实务操作与风险管理[J]．物流技术，2009，7：65-68．
[9] 胡瑜，柳思维．物流金融及其运作问题讨论综述[J]．经济理论与经济管理，2008，2：75-79．
[10] 胡瑜，谢慧娟．现代农村物流金融中心的风险识别、评估与控制[J]．中国流通经济，2009，5：15-18．
[11] 胡愈．现代农村物流金融产品的设计与创新[J]．中央财经大学学报，2009，8：82-85．
[12] 李建军．基于物流金融的第三方物流融资模式研究[J]．商场现代化，2009，3：103-104．
[13] 李雪梅，陆音．物流企业的衍生服务：物流金融[J]．物流技术，2009，1：32-35．
[14] 李毅学．物流金融创新：订单融资业务的贷前评估[J]．统计与决策，2008，24：168-170．
[15] 栗媛．物流金融活动风险研究[J]．合作经济与科技，2009，2：83-84．
[16] 梁丽英，罗毅成．物流金融中的银行风险研究[J]．现代商业，2008，29：15-16．
[17] 刘佳，王喜成．物流金融信用风险综合评价指标体系的构建[J]．商场现代化，2009，2：135．
[18] 罗娟娟．新型物流金融模式：海陆仓模式探析[J]．中国集体经济战略研究，2008：5：24-25．
[19] 马文姬，顾幼瑾．国内物流金融理论研究文献综述[J]．金融理论与实践，2008，1：109-110．
[20] 全国物流标准化技术委员会．中华人民共和国国家标准物流术语．2005．
[21] 宋焱，李伟杰．物流金融：出现动因、发展模式与风险防范[J]．南方金融，2009，12：41-46．
[22] 万泉．论物流金融服务模式：第三方物流企业的服务创新[J]．电子商务，2009，7：25-28．
[23] 王鑫．我国物流金融需求浅析[J]．商场现代化，2009，6：62-63．
[24] 肖伟，李政嘉．面向物流金融的供应链动力学分析[J]．管理科学文摘，2008，12：351．
[25] 谢岸隆．应收账款融资的模式设计[J]．财务与会计，2008，9：74-76．
[26] 熊莎．物流企业参与物流金融服务的风险研究[D]．长沙：长沙理工大学，2009．
[27] 徐欣彦．应收账款融资的典型形式及其风险防范[J]．浙江金融，2009，8：26-27．
[28] 杨凤梅，毛思星．银行开展物流金融业务的风险及对策研究[J]．全国商情：经济理论研究，2009，5：40-42．
[29] 张子林，陈有禄．浅析中小企业应收账款融资[J]．企业导报，2010，5：148-149
[30] 赵道致，白马鹏．解析基于应收票据管理的物流金融模式[J]．西安电子科技大学学报：社会科学版，2008，3：46-52．
[31] 赵晶晶．物流金融理论下商业银行信用风险管理研究[J]．金融纵横，2007，3：46-48．
[32] 郑升，熊莎．物流金融服务风险评价指标体系的改进研究[J]．物流采购与研究，2009，2：47-49．
[33] 中国物流与采购联合会．中国物流发展报告(2001～2002)．北京：中国物资出版社，2008．
[34] 中国物流与采购联合会．中国物流发展报告(2008～2009)．北京：中国物资出版社，2009．
[35] 中国物流与采购联合会．中国物流发展报告(2009～2010)．北京：中国物资出版社，2010．
[36] 中国物流与采购联合会．中国物流发展报告(2010～2011)．北京：中国物资出版社，2011．
[37] 周波．应收账款融资模式中道德风险的博弈论分析[J]．边疆经济与文化，2010，1：28-29．
[38] 庄靖瑶．物流企业在物流金融业务中的风险及其防范[J]．黑龙江对外经贸，2009，5：40-42．

[1] Andrew C, Laura M V. Storage and warehouse receipts as financing instruments[EB/OL]. http://www.eea-esem.com/files/papers/EEA-ES EM/2046/2046/WR_malaguzzivaleri.pdf [2009-12-25].

[2] CFA. Study concerning a possible convention on inventory fiancing[J]. The Secured Lender, 2001, 7:15.

[3] Coulter J P, Norvell N. The Role of Warehousing in Africa: Lessons from Four Continents[C]//Proceedings of the UNCTAD Development Conference, Lyon. Geneva: UNCTAD, 1998.

[4] Coulter J P, Shepherd A S. Inventory Credit: An Approach to Developing Agricultural Markets[M]. Rome: FAO, 1995:120.

[5] Daniele G, Panos V, Don L. Warehouse Receipts: facilitating credit and commodity markets[EB/OL]. http://ssrn.com/abstract=952596 [2009-12-25].

[6] Don P H, Craig A. Hollingshead: Differential pricing of industrial services: the case of inventory financing[J]. Journal of Business & Industrial Marketing, 1999, 14(1):7—16.

[7] John A B, Rachel Q Z. Inventory Management with Asset-Based Financing[M]. Management Science, 2004: 1274—1292.

[8] Kwadzo, George. Inventory Credit: A Financial Product in Ghana[C]//Presentation at the conference on Advancing Microfinance in Rural West Africa, Bamako, Mali: 2000.

[9] Michael C E, Eugene F B. Corporate Finance: A Focused Approach[M]. 3rdE. South-Western College Pub, 2002:575—615.

[10] Pascal Q, Maurizio D, Yann L F, etal. Corporate Finance: Theory and Practice[M]. New Jersey: John Wiley & Sons Ltd, 2005:956—969.

[11] Richard L, Panos V. Using Warehouse Receipts in Developing and Transition Economies[J]. Finance & Development, 1996, 9:36—39.

[12] Robert E C, Steven M F, Bruce C P. Financing Constraints And Inventory Investment: A Comparative Study With High-Frequency Panel Data[J]. The Review of Economics And Statistics, 1998, 5:513—519.

[13] Stephen A. R, Randolph W, Jeffrey F J. Corporate Finance-6th. ed[M]. New York: The McGraw-Hill Companies, Inc., 2002:751—811.

[14] Vance. D E. Financial Analysis And Decision Making: Tools and Techniques to Solve Financial Problems and Make Effective Business Decisions[M]. New York: The McGraw-Hill Companies, Inc., 2003:217—249.

[15] Viktoriya S, Beth E. New Strategies for Financial Supply Chain Optimization: Rethinking Financial Practices with Your Suppliers to Maximize Bottom Line Performance[EB/OL]. http://www.aberdeen.com [2009-12-15].

[16] Viktoriya S Beth E. Supply Chain Finance Benchmark Report[EB/OL]. http://www.aberdeen. com [2009-12-15].

[17] Xiao T, Qi X. Price competition. cost and demand disruptions and coordination of a supply chain with one manufacturer and two competing retailers[J].Omega, 2008,36(5): 741—753.

北大版·物流专业规划教材

精美课件

在线答题

图文案例

教学视频

课程平台

三维模型

本科物流

物流信息管理 | 物流项目管理 | 物流运作管理 | 物流运筹学 | 供应链管理 | 交通运输工程学

第三方物流 | 国际物流管理 | 采购管理与库存控制 | 物流配送中心规划与设计 | 航空物流管理 | 现代物流信息技术

高职物流

物流设备技术与应用 | 采购管理实务 | 物流运作与实训 | 采购与仓储实务 | 采购与仓储管理实务 | 企业物流管理

 扫码进入电子书架查看更多专业教材,如需申请样书、获取配套教学资源或在使用过程中遇到任何问题,请添加客服咨询。